A ÉTICA NO PENSAMENTO E NA OBRA PEDAGÓGICA **DE LORIS MALAGUZZI**

Alfredo Hoyuelos

A ÉTICA NO PENSAMENTO E NA OBRA PEDAGÓGICA **DE LORIS MALAGUZZI**

Tradução
Bruna Heringer de Souza Villar

Tradução do prefácio de Carla Rinaldi
Thais Bonini

São Paulo, 2021

Phorte editora

Rua Rui Barbosa, 408
CEP: 01326-010
Bela Vista – São Paulo – SP
Tel.: (11) 3141-1033
Site: www.phorte.com.br
E-mail: phorte@phorte.com.br

CIP-BRASIL. CATALOGAÇÃO NA PUBLICAÇÃO
SINDICATO NACIONAL DOS EDITORES DE LIVROS, RJ

H849e

Hoyuelos, Alfredo
A ética no pensamento e na obra pedagógica de Loris Malaguzzi / Alfredo Hoyuelos ; tradução Bruna Heringer de Souza Villar. - 1. ed. - São Paulo : Phorte, 2021.
; 21 cm.

Tradução de: La ética en el pensamiento y obra pedagógica de Loris Malaguzzi
Inclui bibliografia
ISBN 978-65-88868-06-5

1. Malaguzzi, Loris, 1920-1994. 2. Reggio Emília, Abordagem (Educação de crianças). 3. Ética. 4. Educação pré-escolar. I. Villar, Bruna Heringer de Souza. II. Título.

21-70429 CDD: 372.21
CDU: 373.2

Meri Gleice Rodrigues de Souza - Bibliotecária - CRB-7/6439
ph2467.1

Este livro foi avaliado e aprovado pelo Conselho Editorial da Phorte Editora.

Impresso no Brasil
Printed in Brazil

A Loris Malaguzzi e à cidade de Reggio Emilia,
por seu trabalho constante em favor dos direitos universais
e concretos de todos os meninos e meninas do mundo.

AGRADECIMENTOS

A Bea, por todo o seu carinho, tempo e apoio para a realização deste trabalho.

A Asier e a Julen, por todo o tempo roubado e pela sorte de tê-los por perto.

A Isabel Cabanellas, por tudo, mas sobretudo pela paixão, pela amizade, pelo rigor e pela criatividade com que viveu este trabalho.

A Imanol Aguirre, sempre, por sua disponibilidade, suas correções e suas críticas constantes da investigação e da redação deste texto.

À minha família e aos meus amigos, por ter lhes causado tantas preocupações com este trabalho.

A Orazio, Rosanna e Samuele, minha família em Reggio.

A Maddalena Tedeschi, por sua ajuda constante, em Reggio Emilia, para coordenar este trabalho.

A Pusi, Silvia, Beatriz e Teresa, que com tantos desafios e tanto carinho me presenteiam.

A Carla Rinaldi, por suas ideias e por seu trabalho.

A Marina Castagnetti, Gino Ferri e Mariano Dolci, por sua ajuda para encontrar material documental e por suas contribuições para este trabalho.

A Sergio Spaggiari e à toda a *Équipe* Reggio Emilia, por seu interesse.

A Sandra Piccinini, por seu apoio institucional.

A Antonio Malaguzzi, pela ajuda e pelo interesse prestados.

A todas as pessoas que trabalham no Centro Documentazione e no Reggio Children, pela ajuda oferecida.

A Vea Vecchi, Mara Davoli, Giovanni Piazza, Mirella Ruozzi e Antonia Ferrari, pelo confronto contínuo de ideias.

A Eletta Bertani, Franco Boiardi, Renzo Bonazzi, Magda Bondaballi, Simona Bonilauri, Sonia Cipolla, Renza Cristofori, Liliano Famigli, Tiziana Filippini, Amelia Gambetti, Sofia Gandolfi, Carla

Gherpelli, Loretta Giaroni, Martina Lusuardi, Laila Marani, Carla Nironi, Evelina Reverberi e Laura Rubizzi, pelas entrevistas concedidas com tanto entusiasmo.

A Laura Artioli, Adriana Bigi, Idilio Bonaccini, Ferruccio Cremaschi, Walter Fornasa, Aldo Fortunati, Alberto Ghidini, Sergio Masini, Marta Montanini, Sandro Panizzi, Stella Previdi, Lucia Selmi e Francesco Tonucci, por poder ter compartilhado com todos eles algumas recordações emocionantes de Loris Malaguzzi.

Às *scuole dell'infanzia* e *asili nido*[1] do Município de Reggio Emilia e a seus trabalhadores, por sua acolhida e pela amabilidade oferecida.

Ao Istoreco, por seu trabalho realizado e oferecido.

Ao Departamento de Enseñanzas Universitarias y de Investigación del Gobierno de Navarra[2] e à Fundación Santa María, pelas bolsas concedidas para realizar este trabalho.

A todos os colegas, meninos e meninas das Escolas Municipais da Infância de Pamplona,[3] por me permitirem e me possibilitarem conduzir algumas das ideias contidas neste trabalho.

Ao Organismo Autônomo das Escolas de Infância da Prefeitura de Pamplona,[4] pelas autorizações concedidas para realizar esta investigação.

A Irene Balaguer, a Francesca Majò e a Enric Batiste, e a toda a *Revista Infancia*, pela ajuda oferecida.

A Rosa Sensat e Octaedro, pela oferta de publicar este trabalho.

À Biblioteca Panizzi, de Reggio Emilia, pela ajuda documental oferecida.

A Ana, Luchi, Susana e Inma, pela leitura apaixonada e crítica do texto.

---

[1] N. da T.: escolas da infância e creches, respectivamente.

[2] N. da T.: Departamento de Ensino Universitário e de Investigação de Navarra, que é uma província e comunidade autônoma espanhola localizada ao norte, no País Basco.

[3] N da T.: cidade espanhola localizada na província de Navarra, no País Basco.

[4] N. da T.: Organismo Autónomo de las Escuelas Infantiles del Ayuntamiento de Pamplona, no original.

A Nerea e Alicia, pela ajuda com as traduções do inglês e pelo apoio para levar a cabo esta tese.

A Belén, Susana e Alicia, por sua ajuda e seu trabalho de edição e de revisão.

E, sobretudo, a Loris Malaguzzi, por dar tanto sentido à minha profissão e à minha vida, e por me permitir sonhar algumas noites com ele.

APRESENTAÇÃO

O encontro ético-estético entre teoria, coerência e prática

Conheci Alfredo Hoyuelos pessoalmente, em uma viagem que fiz a Pamplona, em abril de 2019.

Ele me esperava na estação de trem. De lá, fomos para a escola. Conheci os espaços, conversamos, almoçamos juntos e, depois, ele me levou para conhecer a cidade, a pé. Andamos muito, fazia muito calor, e ele ia contando as histórias das ruas, dos monumentos e das praças.

Eu, que admirava de longe o educador, passei a admirar de perto o ser humano, educador, que me recebeu com tanto respeito e carinho.

Na escola, enquanto ele me mostrava os espaços, eu reconhecia a teoria sobre a qual ele escreve brilhantemente: quando ele se deitou no chão para falar com uma criança e, depois, no almoço, quando ele falou de um projeto sobre a alimentação cultivada pela comunidade e distribuída entre todos, e quando ele me apresentava Pamplona com um brilho contagiante nos olhos.

Ali aprendi, na prática, sobre ética, sobre estética e sobre humanidade.

Em julho do mesmo ano, nós o recebemos em São Paulo, para o lançamento do livro *A estética no pensamento e na obra pedagógica de Loris Malaguzzi*. Foi um reencontro em terras brasileiras; um reencontro meu com o Hoyuelos e seus olhos estrangeiros e encantados.

Enquanto eu ia apresentando São Paulo a ele, com suas perguntas, ele ia me provocando a "re-olhar" para aquilo que eu pensava conhecer. Ele queria conhecer a Avenida Paulista em um dia de domingo, porque lhe contaram que ela, fechada para carros, era excepcionalmente linda. Também fomos a um rodízio de carnes, algo que ele não conhecia. A legítima caipirinha, ele achou muito forte e não gostou.

Fomos conhecer algumas escolas. Ele, com generosidade e carinho, falava das suas impressões e contribuía com ideias.

Na escola em que aconteceu o Seminário Internacional para o lançamento do livro, ele pulou na cama elástica e deu autógrafos até a última pessoa que estava na fila. Perguntava o nome, sorria, brincava e escrevia para cada um uma mensagem única.

Nos trajetos entre um lugar e outro, com todo o trânsito de São Paulo, ele aproveitava para contar piadas. Em uma das vezes, passamos uma hora em um "campeonato de piadas", Hoyuelos, eu, Arodi, Dubovik e Cippitelli. Ríamos com alma de criança.

Mas foi em uma exposição na Pinacoteca que vi o "menino" brincando em cada obra interativa. Entrava, saía, pulava, dava gargalhada, voltava à sua obra preferida. Brincava.

Nesse reencontro, novamente aprendi, na prática, sobre ética, sobre estética e sobre humanidade. Na leitura deste livro, aprendi, na teoria, sobre ética, sobre estética e sobre humanidade.

Na convergência entre o homem que brinca como menino e o educador que escreve sobre a complexidade do pensamento de Loris Malaguzzi, existe coerência e reciprocidade.

Ler Hoyuelos implica ter coragem. Ler Hoyuelos escrevendo sobre o pensamento e a obra de Loris Malaguzzi exige esforço e ousadia.

De toda forma, ler Hoyuelos significa travessia em uma roda viva, o que me faz lembrar da música de Chico Buarque:

Tem dias que a gente se sente
Como quem partiu ou morreu
A gente estancou de repente
Ou foi o mundo então que cresceu

O livro *A ética no pensamento e na obra pedagógica de Loris Malaguzzi* é uma roda viva. Não se engane: ele tem uma labiríntica travessia. Entretanto, ao "atravessá-lo", você chega ao estado de maravilhamento que provoca o saber com sentido.

Este livro é um privilégio.

Aprender sobre ética é um dever atribuído ao humano.

Ler Alfredo Hoyuelos é uma licença ético-estética essencial.

Tais Romero
Mestra em Educação pela Pontifícia Universidade
Católica de São Paulo (PUC-SP)
Formadora de professores na Pedagogia Subjetividade

PREFÁCIO

Conhecer Loris Malaguzzi não poderia, nem pode, deixar alguém indiferente, e isso vale tanto para quem o conheceu pessoalmente quanto para aqueles que dialogam com ele por meio de seus textos. É possível compartilhar, admirar ou amar suas ideias, suas opiniões, ou, pelo contrário, encontrar-se com o que discorda em relação a elas ou questioná-las. Entretanto, não se consegue se manter "indiferente", visto que, graças à sua contribuição, as diferenças se fazem evidentes, tornam-se presentes, impõem reflexões e decisões.

Talvez seja porque Loris Malaguzzi não suportava as "indiferenças", fossem elas sinônimo de "desapego" desinteressado e acomodado, fossem elas indiferenças derivadas da incapacidade de distinguir – ou melhor, de valorizar – as diferenças como essência própria de trocas e do diálogo vital.

Malaguzzi amava os tons fortes, claros, porque amava a dialética, a confrontação plena, às vezes apaixonada, às vezes dolorosa, mas sempre extrema e sempre honesta.

Eu o conheci em 1970, quando procurava, ou melhor dizendo, quando o Departamento de Escolas da Infância do Município de Reggio Emilia[5] (as "creches" ainda não existiam; nasceriam pouco tempo depois) procurava uma jovem pedagoga que lhe fizesse crescer: as três escolas de gestão municipal, nascidas na década de 1960, funcionavam muito bem, mas era necessário ampliar a rede.

Foi assim que me contrataram, e isso me permitiu passar com os colegas dos demais departamentos e das escolas os anos mais frutíferos de minha existência.

Queria paixão, e a encontrei; queria rigor e honestidade intelectual, e os encontrei.

[5] N. do E.: município localizado no norte da Itália.

Loris Malaguzzi foi professor de tudo isso, com quem compartilhei 24 anos, dia após dia, construindo o significado da experiência e da minha vida.

A paixão da razão: assim poderia definir a procura que Loris tentava realizar no cotidiano.

Um dos últimos debates que mantivemos foi em relação ao conceito de "pensamento fraco" e de pós-modernidade; teses e teorias fascinantes, provocantes, capazes de suscitar reflexões e questionamentos. Malaguzzi se sentia atraído por elas, escrevia alguns pressupostos, mas sempre lhe balançavam as implicações que tinham.

A crise da idade moderna e a crise da ciência clássica estavam nos conduzindo ao limiar de uma nova era. Malaguzzi se atraía pelo futuro, habitava o futuro, mas sentia que atravessar aquele limiar o obrigaria a assumir o controle de tudo o que a tradição moderna tinha tratado de diferir ou de atenuar. Sentia-se obrigado a confrontar e a viver os acontecimentos em toda a sua crueza e em toda a sua potência, sem confiar em que a intervenção de alguma ordem oculta ou de algum sentido preestabelecido pudesse, de uma maneira ou outra, desativá-los ou interrompê-los.

Mas esse era um signo de grande liberdade e criatividade, de novas liberdade e criatividade sociais, das criatividades e inteligências plurais que tinha e tínhamos saboreado já a princípios da década de 1960.

Eram, aqueles, anos de euforia; momentos nos quais o futuro era visto como algo necessariamente melhor, em que as certezas letais tinham entrado em crise, e o novo avançava (ou assim parecia) generosamente.

Era o pensamento de uma "utopia do cotidiano", ou seja, em que cada dia era verdadeiramente uma forma concreta de utopia realizada.

O livro de Alfredo Hoyuelos fala daqueles anos, mas eu me lembro em especial (porque a memória, trapaceira, decide recordar os lugares e os momentos nos quais você compreendeu ou acreditou compreender) do ano de 1973, quando, em Reggio, por iniciativa de Luigi Nono,[6] com o

[6] N. do E.: compositor italiano da segunda metade do século XX, que misturou práticas vanguardistas com militância política em sua abordagem musical.

apoio dos maestros de orquestra Claudio Abbado, Armando Gentilucci e Maurizio Pollini, o extraordinário pianista, começou a série de iniciativas *Música e realidade.*

Pretendia-se iniciar um trabalho cultural, por assim dizer, "de base": o programa incluía concertos nas fábricas e nas escolas, discussões e apresentações públicas sobre temas de música clássica, com provas abertas e debates políticos e culturais. Era uma sensação fantástica: a Música, com "M" maiúsculo, deixava-se tocar, convertia-se em "utopia do cotidiano", ou seja, utilizável, tratável, manipulável ao máximo.

Era uma sensação fantástica ver o derrubar dos "muros", os limites entre as disciplinas, entre o lícito e o ilícito, entre o ortodoxo e o transgressor: era como perceber o ruído, e era bonito perceber esse ruído.

Pois bem, também naquela ocasião, Malaguzzi quis que as crianças, as escolas de infância da cidade se incluíssem entre aqueles "lugares" em que compositores, maestros, instrumentistas, músicos fossem tocar e se deixassem entrevistar, escutando, falando e fazendo música com as crianças.

Então, começou a se esclarecer em minha mente o que significam conceitos como "as escolas como lugares culturais da cidade", as escolas como lugares não apenas de divulgação disciplinar, mas, também, de promoção e de produção cultural. Sobretudo, comecei a ver claro o alcance ético e político da expressão: "a criança como cidadã de hoje, e não apenas como investimento para o futuro".

De fato, o menino, a menina, cidadãos, portadores de direitos; ou seja, a criança, a infância, não como entidade incompleta, como fase evolutiva do homem, mas como entidade humana em si mesma, como expressão máxima do conceito de humanidade.

Proclamando o valor da criança, sua importância-chave, Malaguzzi pretende proclamar o valor do homem.

Sim, o valor do homem, ou, talvez, melhor, o homem como contexto e gerador de contextos, o homem em relação.

Encontram-se aqui a origem, a meu entender, das concepções sistêmicas do pensamento pedagógico desenvolvido em Reggio, em virtude, sobretudo, da contribuição de Loris Malaguzzi. E se encontram na origem, embora claramente expressos, os elementos que caracterizam as conceitualizações da teoria das *cem linguagens*, que têm como pressuposto o homem como entidade em relação, definida na relação e na comunicação.

Porém, na minha opinião, parece identificável, também, a dimensão altamente ética, da justiça social "[...] para que cada homem, cada criança, tenha a possibilidade [...]".

A possibilidade: o ser e o poder ser, tema caro a muitos debates filosóficos e políticos, converte-se em direito do menino ou da menina, do homem e da mulher.

Não é ao acaso que, na década de 1980, o título que Malaguzzi dera à Mostra das experiências das *creches* e das escolas de infância do município de Reggio Emilia fosse: *El ojo se salta el muro: pedagogía de lo posible* [*O olho salta o muro: pedagogia do possível*, em tradução livre].[7]

Os muros, as barreiras, as divisões que pretendia que se saltassem... O possível dentro de nós se gera pelo encontro com o imprevisto, com a dúvida, com a incerteza.

Apenas agora percebo de forma profunda quão *visionários* eram aqueles discursos, quão atuais são e, precisamente por isso, o inapreensível que é Malaguzzi: classificá-lo, defini-lo... É claro que pode ser feito, porém, foge de tudo, de todos os cânones tradicionais de catalogação.

Transgredir (e isso o dirá também Alfredo Hoyuelos em sua sábia análise) significava para ele, às vezes, também trair; como, de certa forma, trai-se tudo o que se transforma.

No entanto, seu pensamento jamais foi solitário: isso não pode ser esquecido nunca. Loris se confortava e se confrontava culturalmente com textos de todos os gêneros, com livros, com jornais, com revistas, conosco, seus colaboradores, mas, sobretudo, com os professores, com os pais e com as pessoas em geral.

---

[7] Hoje, a Mostra denomina-se *As cem linguagens*.

As pessoas. Ele amava as pessoas, escutava as pessoas. As pessoas do mundo. Sentia-se, nós nos sentíamos (e ainda nos sentimos), parte do mundo: daí o interesse despertado por nossa experiência em todo o mundo, e daí o conceito de justiça geral e de justiça social que impregna a vida e a obra de Malaguzzi.

De fato, do meu ponto de vista, há três elementos que a caracterizam:

a) a obstinada ênfase à educabilidade do homem;
b) o compromisso direto a favor do tema da justiça entre os homens;
c) uma coerência interna entre pensamento e ação acima de fracassos e de impopularidades.

Educabilidade, dizia ele. Educar é um processo permanente, que implica quem educa e quem é educado. É um direito que tem o homem desde o seu nascimento, que o acompanha durante toda a sua vida, onde quer que seja e quem quer que seja.

Por isso, a escola deveria exercer, em sua opinião, um papel de resgate cultural e social.

A mensagem, com profundas raízes socialistas, encontrava um novo impulso e uma nova originalidade interpretativa precisamente no fato de destacar o papel da escola como lugar de promoção desse conceito de educabilidade, não apenas como aquisição de uma cultura compartilhada, mas, sim, como produção de cultura.

A escola, não limitada ao papel educativo, converte-se em lugar de encontro dos diversos sujeitos (família, comunidade, instituições culturais...), na tentativa de compor o sentido do educar e da educabilidade, e, em especial, de garantir uma ação educativa que ofereça à comunidade um lugar de procura do significado de cidadania, de participação e de democracia.

A busca de uma coerência interna entre pensamento e ação, entre teoria e práxis, era um processo que garantia uma cultura democrática, construída e exercida, ao mesmo tempo, pelas crianças, pelos adultos, pelas pessoas, em um diálogo de autêntica reciprocidade.

Uma maneira, muito esquecida hoje, de exercer a justiça social: a escola não apenas como resgate da pobreza, da miséria e da ignorância, mas, também, como lugar de construção da consciência democrática e da responsabilidade da ação democrática.

Uma escola pública, laica, plural, aberta à inovação e à mudança, lugar *central*, essencial para uma sociedade e um Estado democráticos.

Escola da mudança e para a mudança, força transformadora, e não um reboque de grupos de pressão políticos e sindicais.

E, principalmente, talvez pela primeira vez, uma escola que proclama que o saber é variável, porque são assim também os procedimentos: uma escola que pesquisa, em que o conhecimento, a construção do conhecimento, transformam-se em experiências compartilhadas, com uma importante dimensão regeneradora, emancipadora. Construção do conhecimento e construção de uma cultura compartilhada passam a fazer parte de um mesmo projeto.

Malaguzzi era homem de parte, não de partido.

Muito desobediente, transgressor, para viver sob partidos ou sob doutrinas, mas sempre fiel a um conceito de democracia participante e ao direito de todo povo lutar por ela. Talvez, também por isso, amava a Espanha: "*Um povo que quer a democracia e luta por ela é um povo com o qual devemos aprender muito!*", dizia.

E assim foi à Espanha aprender.

E assim participou, participamos, durante o franquismo, nas lutas de Rosa Sensat, a Escola d'Estiu,[8] e, depois, a nova, forte e delicada democracia, a pedagogia amiga, que sai da clandestinidade e percorre as escolas, os congressos, as paragens da política.

Depois Marta Mata, grande política e grande amiga de Loris, e também nossa; depois, Irene Balaguer, a pessoa que, na minha opinião, mais do que nenhuma outra captou a mensagem política de Malaguzzi; depois, Francesca Majó... E a Mostra em Barcelona, em Madri, posteriormente,

[8] N. do E.: curso de verão.

o Ministério, depois... tantos sonhos, festas, risadas, lutas, aborrecimentos, êxitos, fracassos...

E amizades, verdadeiras amizades.

Por isso, Loris amava a Espanha e os professores espanhóis. Não conhecia o espanhol, mas o entendia, "sentia-o". Acontecia sempre de, falando com um professor ou em uma assembleia de professores, esquecer as pausas necessárias para permitir a tradução.

Mas, ao final... eles o aplaudiam! Entendiam-no? Talvez não tudo, mas compreendiam que quem falava era um homem que os respeitava, que os admirava muito, em parte, porque respeitava e admirava muito as crianças.

Malaguzzi foi, e tem sido, entre os grandes pedagogos contemporâneos, quem melhor compreendeu os professores e quem mais aprendeu com eles.

A pedagogia de Reggio não teria sido a que foi, e a que é, sem a contribuição fundamental da inteligência, da paixão e da generosidade dos professores.

Em geral, menosprezados em muitos países – em tantos, e não apenas europeus –, os professores, em especial os da escola de crianças pequenas, compreenderam e compreendem que Loris Malaguzzi promovia valores e éticas não apenas para a criança, mas, também, para sua própria dignidade profissional e, consequentemente, humana.

E esse Loris Malaguzzi, essa sua paixão, esse seu apaixonado rigor, essa sua ética, tudo isso é possível encontrar no livro de Alfredo Hoyuelos; mas, acima de tudo, parece-me lindo encontrar a procura de um homem que acreditava na escola e na educação como força transformadora, e na infância como fonte geradora de uma cultura de paz.

Carla Rinaldi
Presidente da Fundação Reggio Children

PREFÁCIO À EDIÇÃO BRASILEIRA

Com muita alegria, recebi o convite para fazer este prefácio à edição brasileira do livro *A ética no pensamento e na obra pedagógica de Loris Malaguzzi*, de Alfredo Hoyuelos. Curiosamente, esse convite ocorreu exatamente na semana em que as redes sociais me recordavam o período em que estive em Pamplona – Espanha, por quase um mês, em virtude de uma missão científica, acompanhando o trabalho de Hoyuelos nas escolas de educação infantil públicas onde atua como atelierista e na universidade, como professor. Já se passam 10 anos dessa experiência e, um pouco mais do que isso, é o tempo que transcorre a primeira vez em que li este livro, ainda em espanhol.

Para escrever este brevíssimo prefácio, dediquei alguns dias para reler integralmente a obra que agora chega ao Brasil e, junto dela, acabei recorrendo às anotações que fiz em um caderno de campo lá de 2011, quando estive com o autor. Foi particularmente emocionante fazer essa retomada do livro na sua integra, depois de tantos anos, voltando a ele em partes específicas ou em conceitos estruturantes, e perceber as inúmeras possibilidades que as palavras de Hoyuelos continuam me provocando a pensar e a fazer no âmbito da Educação Infantil. Acabei recorrendo a outros cadernos de notas que datam de outras oportunidades que tive junto ao autor e, a partir desse reencontro com Hoyuelos e comigo mesmo, retomei algumas metáforas que percebi se conectarem com ideias importantes do livro que temos em mãos. É a partir delas que quero apresentar esta belíssima obra.

Ser um pescador

Lá em 2011, quando acompanhei Hoyuelos em Pamplona, ele me provocou para que eu o documentasse enquanto documentador. Entre os inúmeros diálogos que fomos construindo em torno da documentação pedagógica, Alfredo me falou que um bom documentador é muito mais um pescador do que um caçador. Um caçador, a qualquer ruído ou suspeita, dispara em direção ao alvo; um pescador cria uma relação com aquilo que lhe interessa. Espera com esperança os gestos e sinais para, então, fazer o seu ato. Assim como o personagem principal deste livro, Loris Malaguzzi, Hoyuelos cria metáforas e imagens possíveis para fazer com que migremos para outros lugares cognitivos, afetivos e criativos.

A metáfora do pescador é uma bela imagem para falar de um dos conceitos estruturantes deste livro, que é o da escuta. A escuta é o modo pelo qual nos aproximamos das crianças e honramos sua enorme capacidade de pensar, de realizar, de perguntar, de teorizar e de desejar. A escuta é uma atitude ética e estética do adulto diante dos meninos e das meninas, e diante do próprio conhecimento. Como o próprio Hoyuelos destaca, "Sem escuta, o adulto perde as ferramentas imprescindíveis de seu próprio trabalho: o deslumbramento, a maravilha, a reflexão e a alegria de estar com as crianças" (p. 158).

O adulto pescador é alguém que sabe escutar, que consegue abandonar suas ideias antecipadas e seu mundo codificado para estar aberto e acolher o mundo da criança, nas suas tantas formas de estar e se relacionar com o mundo. O adulto pescador se interessa pelo que a criança tem a dizer, ou seja, pelas teorias que formula para dar "sentido aos sinais que encontra em seu conhecer" (p. 217). Como será percebido no livro, "a investigação da criança e a nossa se unem nesse tipo de raciocínio abdutivo, recorrente em si mesmo, porque não tem certeza, mas, sim, probabilidades abertas e inimagináveis" (p. 216).

O adulto pescador é alguém que é fiel às crianças e ao seu processo de conhecer, e não a teorias estanques ou a programas preestabelecidos. Aqui se conecta outra visão de ser humano (crianças e adultos) e de conhecimento: ambos inacabados e inalcançáveis em sua totalidade.

Criticar aquilo que se pode acompanhar

Em outra oportunidade, já em 2017, quando apoiei uma formação que Hoyuelos havia solicitado à minha supervisora de doutorado na Espanha, Teresa Godall, fui provocado a pensar sobre o papel do formador.

Na época, Hoyuelos atuava como coordenador municipal das escolas de Pamplona e, depois de Teresa e eu passarmos o dia observando e registrando algumas cenas da escola, sentamo-nos com ele para decidir sobre quais pontos compartilharíamos na sequência com as professoras. Muito empolgado com a oportunidade, fui elencando diversos aspectos que entendi que pudessem ser problematizados e, antes que eu seguisse, Hoyuelos me perguntou quais daqueles pontos eu teria condição de sustentar reflexivamente com as professoras naquela noite de formação.

Um dos aspectos fundantes da compreensão sobre ética que encontramos neste livro é o compromisso que se assume para que "os pensamentos e as palavras se misturem com atuações concretas" (p. 69). Falando de outra forma, ética é também encontrar a coerência que deve haver entre a prática e a teoria, ou, ainda, entre a pedagogia que se faz com o adulto e a pedagogia que se faz com a criança.

Naquele dia, Hoyuelos me lembrou sobre a dimensão ética dos processos formativos e de como essa dimensão atravessa o reconhecimento do inacabamento como uma dimensão vital, por isso, do ser humano e do próprio conhecimento. Como dizia Paulo Freire (1996, p. 55), "o inacabamento do ser ou sua inconclusão é próprio da experiência vital. Onde há vida, há inacabamento". Saber eleger algo para problematizar e refletir com seus pares em um processo de formação já é conhecimento. E saber sustentar essa reflexividade para que se possa ampliar, deslocar, desequilibrar e reconstruir novos mapas reflexivos é um papel que podemos assumir como formadores, colocando-nos ao lado como bons companheiros.

O direito à ternura

Mais recentemente, já em tempos pandêmicos, por meio de um webinário em que Hoyuelos abordava sobre criatividade, ele mencionou sobre o direito à ternura como uma dimensão ética de quem trabalha com as crianças. Imediatamente me reportei ao seu modo de olhar para as crianças e de como ele se interessava e se emocionava com os gestos, as falas e os interesses dos meninos e das meninas quando pude acompanhá-lo em Pamplona.

Como podemos encontrar ao longo do livro, uma das formas de atender a esse direito está diretamente ligada ao modo como organizamos os contextos educativos e à posição que assumimos diante das aventuras e desventuras que as crianças percorrem em nossa companhia.

O trabalho com pequenos grupos, apenas para citar uma das estratégias, é ponto fulcral de uma pedagogia relacional, que reconhece os jogos sociais das crianças e responde a esses jogos na maneira como estrutura o trabalho pedagógico. Como alerta Hoyuelos, "o pequeno grupo é um dos possíveis subsistemas comunicativos que a escola pode oferecer e favorecer" (p. 277).

Do mesmo modo, o direito à ternura se conecta com uma das grandes metáforas criadas por Malaguzzi, que é a ideia de que a criança é feita de cem linguagens. A última estratégia do terceiro princípio ético que encontramos no livro irá abordar, com muita profundidade, a respeito desse tópico. Aqui, apenas para fazer um destaque, reforço o que Hoyuelos trata no texto quando menciona que "Existe uma sintonia entre as cem linguagens das crianças e as cem escutas dos adultos" (p. 377). Também precisamos exercitar a nossa capacidade de escutar as crianças em um exercício plural e aberto, e, para que isso aconteça, é preciso que nós adultos nos reencontremos em nossas cem linguagens.

Para deixar aberto

Finalizo este prefácio com o convite para que todos se aventurem em uma leitura que nos exigirá estar abertos a enfrentar a incerteza, como advoga Morin (2007). É um livro que nos exige escuta interna, tempo de ir e voltar, diálogo com uma rede de campos de conhecimento e, como o próprio Hoyuelos recupera nas palavras de Bárcena e Mèlich (2000), infidelidade e desconfiança: "O texto não é verdadeiramente Outro se produz segurança. Ao contrário, o texto, como Outro, inquieta, sacode, inclusive pode chegar a assustar" (p. 45).

Que este texto nos desestabilize e seja companhia de muitas reflexões daqui para a frente. Uma companhia ética para nos manter próximos e respeitosos com todas as crianças.

Paulo Fochi

Pedagogo e Doutor em Educação pela Universidade de São Paulo (USP)

Referências

FREIRE, Paulo. **Pedagogia da autonomia**. São Paulo: Paz e Terra, 1996.

MORIN, Edgar. **A cabeça bem feita**. Rio de Janeiro: Bertrand Brasil, 2007.

Ao contrário, as cem existem.

A criança
é feita de cem.
A criança tem
cem linguagens
cem mãos
cem pensamentos
cem maneiras de pensar
de brincar e de falar
cem, sempre cem,
maneiras de ouvir
de surpreender, de amar
cem alegrias
para cantar e entender
cem mundos
a descobrir
cem mundos
a inventar
cem mundos
a sonhar.
A criança tem
cem linguagens
(e então cem, cem, cem)
mas roubam-lhe noventa e nove.

A escola e a cultura
separam a cabeça do corpo.
Dizem para ela:
pensar sem as mãos
fazer sem a cabeça
ouvir e não falar
entender sem alegria
para amar e se surpreender
apenas na Páscoa e no Natal.
Dizem para ela: descobrir o mundo que já existe
e, de cem, roubam-lhe noventa e nove.
Dizem para ela:
que o jogo e o trabalho
a realidade e a fantasia
a ciência e a imaginação
o céu e a terra
a razão e o sonho
são coisas que não estão juntas.
Em suma, dizem para ela
que as cem não existem.
A criança diz:
ao contrário, as cem existem.

Loris Malaguzzi

Sumário

Introdução ... 31

1. Nosso personagem ... 39

2. Ética: princípios e estratégias ... 49

Ética ... 49

Princípios, fins e valores ... 54

Princípios ... 55

Fins ... 56

Valores ... 57

Estratégias e atuações ... 60

Estratégias ... 60

Atuações ... 61

3. A ética no pensamento e na obra pedagógica de Loris Malaguzzi ... 67

Princípio 1 de caráter ético ... 71

A interpretação da imagem ... 75

A imagem que o homem tem de si mesmo ... 77

A imagem da criança na imagem do adulto ... 83

Considerações sobre a solidão da criança ... 90

A imagem da criança e a forma de construção do conhecimento ... 92

O conceito de inteligência em Malaguzzi ... 104

A imagem da criança com base na crítica ao construtivismo piagetiano ... 115

Interpretar a criança como sujeito partícipe e interativo: o construtivismo de Malaguzzi na definição da imagem da infância ... 134

Identidade infantil nos processos intersubjetivos e intrassubjetivos: revisão das teorias de Vygotsky ... 144

O dilema entre instrução e educação ... 147

A busca de sentido ... 149

As estratégias do princípio ético 1 157
Primeira estratégia do princípio ético 1 157
Segunda estratégia do princípio ético 1 163
Terceira estratégia do princípio ético 1 190
Princípio 2 de caráter ético 242
O real e o possível 244
A diversidade 247
As estratégias do princípio ético 2 250
Primeira estratégia do princípio ético 2 251
Segunda estratégia do princípio ético 2 274
Terceira estratégia do princípio ético 2 290
Quarta estratégia do princípio ético 2 322
Princípio 3 de caráter ético 326
As estratégias do princípio ético 3 340
Primeira estratégia do princípio ético 3 341
Segunda estratégia do princípio ético 3 348
Terceira estratégia do princípio ético 3 376
4. Algumas considerações finais para começar 385
Movimento contínuo e circularidade entre escuta e respeito 385
Uma pedagogia ética: a criança como reveladora do ser humano 388
Uma pedagogia que engloba a criança em sua dimensão biológica e cultural 389
Uma pedagogia participante da aventura do conhecer 391
Uma pedagogia relacional, sistêmica e construtiva: muito além dos limites 392
E, para começar... 393
Referências 395

INTRODUÇÃO

O texto a seguir corresponde ao desenvolvimento de uma parte do pensamento e da obra pedagógica de Loris Malaguzzi. Fala de ética educativa. Contudo, antes de abordar uma ampliação desse aspecto, convém que o leitor perceba a totalidade e a unidade do pensamento e da obra, para que possa valorizar e relativizar a parte contida neste volume.

Pesquisar e escrever sobre Loris Malaguzzi não é uma tarefa fácil, visto que é um personagem que conhecemos, adoramos e continuamos amando. Essa emoção inevitável contaminou nossa forma de ler, de estudar, de escutar suas gravações e de entrevistar diversas pessoas que, também emocionadas, contam retalhos de sua vida. Assim, uma das maiores dificuldades que este texto apresenta se estabelece pela impossibilidade afetiva e intelectual de nos situarmos *fora* de Loris Malaguzzi para estudá-lo. Não podemos sair dele para objetivá-lo, tampouco podemos estar muito *dentro* para compreendê-lo em sua complexidade. Nossas emoções, crenças, formação, questões e seleções nos levam a estar de ambos os lados da fronteira imaginária e, talvez, em nenhuma.

Sua personalidade original e criativa, sua atitude vital inconformista e provocadora, seu compromisso político e social com a infância, sua paixão em sua atuação concreta, o uso de símbolos e de metáforas para se expressar, sem se fechar em tópicos e estereótipos, a aceitação da complexidade e do sistêmico nas múltiplas relações imprevisíveis da vida, a procura do estético e do poético no educativo são algumas das marcas[1] que temos seguido para conseguir narrar seu pensamento e sua obra pedagógica. Uma tarefa que se torna mais complexa quando os imperativos da narração nos obrigam a fragmentar o que nele construiu uma unidade.

Tanto a dimensão especulativa quanto a propriamente narrativa deste trabalho não estão isentas de decisões que, em nenhum caso, são neutras. Por isso, acreditamos ser importante e ético declarar quais são os princípios que guiam este trabalho, bem como – de maneira inseparável – a seleção de determinada estratégia de redigi-lo.

Assim, para a realização desta interpretação, baseamo-nos no estudo de diversos documentos manuscritos, escritos ou orais, que Loris Malaguzzi deixou, assim como em outros documentos que outras pessoas realizaram sobre sua pessoa ou sua obra.

No trabalho de redação, incorporamos longas citações que estão extraídas – muitas delas – do material inédito que analisamos. Preferimos dar voz ao próprio personagem em uma seleção, recompilação e organização original de textos. Suas narrações contêm uma multiplicidade de ideias que caracterizam seu pensamento e que, fiéis à sua maneira de falar ou escrever, não quisemos cortar. Outra das razões para manter a extensão atual das citações é que, para Loris, é tão importante o conteúdo da narração como a forma de fazê-lo. Por esse motivo, quisemos desfrutar – em muitos casos – da citação sem reduções que, no caso de terem sido efetuadas, não dariam uma versão significativa do próprio pensamento malaguzziano.

Em seu próprio caminho e em sua própria narração, este trabalho pressupõe um ponto de vista intersubjetivo, que trata de revelar

[1] N. da T.: um pequeno jogo com o duplo sentido da palavra *huella*, que pode ser traduzida como "marca", mas, também, como "pegada", tendo, assim, a interessante imagem de um rastro a ser seguido.

novos interrogantes sobre o mundo da educação (no refúgio do pensamento de Malaguzzi). Acreditamos que Loris foi capaz de antecipar grandes problemáticas sobre importantes questões humanas, fundamentalmente, sobre o valor primordial do educativo para o ser humano.

Antecipando uma das conclusões, podemos dizer que, em Loris Malaguzzi, não existe nenhuma ideia teórica (ou princípio educativo) ou filosófica que não tenha colocado – de alguma forma – em prática (em forma de estratégias concretas). Parece-nos, portanto, coerente armar um sistema interpretativo que permita gerar novas ideias, relações e associações entre princípios de atuação (fins e valores que orientam a pedagogia de Malaguzzi) e estratégias orientadas para conseguir que tais princípios se materializem.

A urdidura de nossa análise estará composta por três fios – o da ética, o da estética e o da política – que, para nós, oferecem suficiente resistência para capturar sem se rasgar todas as nuances que apresenta a evolução do pensamento e da obra de Malaguzzi.

Conscientes de que, em razão dos imperativos narrativos, uma formulação exaustiva dos princípios e das estratégias poderia dar mais uma imagem de confusão do que de complexidade, e conscientes também de que os princípios e as estratégias aparecem como um contínuo indistinto na contribuição de Malaguzzi, optamos por extrair determinado número deles, que sejam suficientemente representativos e seminais em sua obra para dar conta do essencial de seu pensamento e de sua ação.

A necessidade cultural ocidental nos leva a separar e dicotomizar o que é complementário e está, inevitavelmente, unido. O pensamento de Malaguzzi é complexo, coerentemente contraditório, não esquemático nem redutível em um molde que se possa reproduzir. Esse é o espírito de sua filosofia. Sua personalidade, seus documentos orais, escritos e visuais nos levam a aceitar seu estudo desde o corpo de multirrelações que supõem um desafio da complexidade. Ao mesmo tempo, esse desafio nos faz aceitar dúvidas e perguntas que podem estar, como observadores, tanto dentro de nós como dentro do pensamento e da obra pedagógica que tratamos de compreender, já que não podemos conceber essa realidade de um modo independente de nós mesmos. Esse é o seu próprio critério de validez.[2] Sabemos que tentar copiar, otimizar, verificar e classificar é contrário a esse espírito ou alma que guiou – com rigor – sua forma de fazer educação.

Tampouco sua pedagogia se deixa captar em determinismos ou esquemas preestabelecidos, porque sempre aparece em *forma fluens*,[3] estabelecendo sistemas de valor e interpretativos próprios, e de acordo com a cultura da infância, sempre incerta.

Pessoa de grande imaginação política e pedagógica, soube encontrar uma organização viva e real, distante do "livresco" e da academia, entendida como conservadora de um saber de forma estática, que sustentasse uma maneira particular de entender a educação, com um respeito à diversidade de cada pessoa, profissional, contexto e âmbito educativo.

Seguido dessa declaração, pode parecer injusto separar ética, estética e política. E isso está, em parte, correto. Não existe uma ética sem estética, nem sem atuação política, assim como não se pode compreender uma estética ou uma política sem os outros ingredientes. São elementos interdependentes.

Assim, a rede interpretativa que montamos desenvolve três princípios (fins ou valores) éticos, três estéticos e três políticos, acompanhados da explicação das estratégias (ou atuações) que os materializam, segundo o seguinte esquema:

---

[2] *Vide* Humberto Maturana, "La ciencia y la vida cotidiana: la ontología de las explicaciones científicas", em *El ojo del observador*, livro de 1994, publicado pela editora Gedisa, em Barcelona (p. 157-194). ["A ciência e a vida cotidiana: a ontologia das explicações científicas". *In*: *O olho do observador*, em tradução livre.]

[3] N. do E.: expressão latina que significa "forma fluida".

<table>
<tr><td rowspan="3">ÉTICA</td><td>PRINCÍPIO 1
A educação começa com a imagem da criança, uma imagem que revela a indeterminação do ser humano.</td><td>Estratégias</td><td>• A pedagogia da escuta.
• A observação por meio de sondas de investigação-ação.
• A ideia de projeto ante a de programação.</td></tr>
<tr><td>PRINCÍPIO 2
Educar significa incrementar o número de oportunidades possíveis.</td><td>Estratégias</td><td>• Uma organização adequada das escolas.
• Os pequenos grupos.
• Os papéis do adulto.
• A distribuição ou partilha personalizada de responsabilidades.</td></tr>
<tr><td>PRINCÍPIO 3
A criança é um sujeito de direitos históricos e culturais.</td><td>Estratégias</td><td>• A defesa dos direitos das crianças, dos educadores, das famílias e das mulheres.
• A identidade da escola e da Educação Infantil.
• O desenvolvimento dos direitos da infância, tomando emprestada a voz de suas cem linguagens.</td></tr>
</table>

<table>
<tr><td rowspan="3">ESTÉTICA</td><td>PRINCÍPIO 1
A escola é um âmbito estético habitável.</td><td>Estratégias</td><td>• A concepção da aprendizagem e do desenvolvimento da criança como um motivo de prazer.
• A qualidade do espaço-ambiente.</td></tr>
<tr><td>PRINCÍPIO 2
Construir pedagogia é sonhar a beleza do insólito.</td><td>Estratégias</td><td>• O ateliê.
• A metáfora.</td></tr>
<tr><td>PRINCÍPIO 3
Educar implica desenvolver as capacidades narrativas da sedução estética.</td><td>Estratégias</td><td>• A documentação.
• A criatividade das cem linguagens de Loris Malaguzzi.</td></tr>
</table>

<table>
<tr><td rowspan="3">POLÍTICA</td><td>PRINCÍPIO 1
A pedagogia sempre é política; política e pedagogia estabelecem uma relação de caráter cultural e social.</td><td>Estratégias</td><td>• A reciclagem profissional como construção de sujeitos políticos.
• A relação básica entre a investigação educativa e a política.
• A busca de solidariedades intelectuais.</td></tr>
<tr><td>PRINCÍPIO 2
A escola e a educação são aspectos fundamentais de transformação social.</td><td>Estratégias</td><td>• A informação por meio de dados reais.
• Para poder realizar uma transformação crítica da cultura e da sociedade, faz-se necessário realizar uma análise séria da situação político-educativa do país.
• Permanecer sempre em movimento.
• A participação e a gestão social como formas de transformação social e política.</td></tr>
<tr><td>PRINCÍPIO 3
A participação e a gestão social são formas de intervenção política da escola na cidade e da cidade na escola.</td><td>Estratégias</td><td>• A participação das famílias e dos cidadãos na escola é uma questão de relações humanas.
• A qualidade da habitabilidade dos espaços.
• A ampla gama de oportunidades que a escola deve oferecer.
• A concepção prática da participação.
• A institucionalização da participação.
• A legislação municipal.</td></tr>
</table>

Por razões de espaço, neste livro, desenvolveremos apenas princípios e estratégias referentes à parte da ética, embora convenha que o leitor tenha em mente toda a estrutura conceitual.

Dessa forma, o texto recorre aos diversos princípios e estratégias que – a nosso ver – formam a Ética de Loris Malaguzzi.

A obra termina com algumas *conclusões*, ou melhor, algumas considerações finais, que, basicamente, afirmam como Malaguzzi e Reggio Emilia são capazes – por meio de um projeto dinâmico – de dar sentido vital e cultural a cada um dos momentos mutáveis da infância. Um projeto que, narrado e testemunhado sem retóricas, reconhece nos meninos e nas meninas recursos e potencialidades inéditos, e revela as riquezas inimagináveis da espécie humana que transcende – como expressa a arte – as culturas individuais. A pedagogia, o pensamento e a obra de Loris constituem uma pedagogia ética, estética, política, complexa, biológica, cultural, relacional, sistêmica, participante, transgressora e construtiva, que indaga e narra – como projeto inacabado – uma imagem de infância com direitos universais. Nesse sentido, o pensamento e a obra pedagógica de Loris Malaguzzi e dos cidadãos (crianças e adultos juntos) de Reggio Emilia são expoentes do desenvolvimento de um projeto humano (e não só escolar) dialógico de escuta das esperanças futuras dos homens, muito além das culturas pessoais.

1.

NOSSO PERSONAGEM

Loris Malaguzzi (Correggio, 1920 – Reggio Emilia, 1994) foi professor por decisão familiar (e, depois, por convencimento cultural), assim como jornalista, crítico e diretor teatral, comunista livre e, sobretudo, pedagogo não ortodoxo (um pedagogo fora da pedagogia). Em sua pessoa, existia uma vontade de encontrar, na educação das crianças,[1] uma forma de conhecer esse desconhecido que é o ser humano e, talvez, a si mesmo. E é porque Malaguzzi, acreditamos, sempre teve a sorte de se considerar um ignorante.

Assim, podemos falar de Loris como uma pessoa incomodada, eternamente insatisfeita e infinitamente criativa por sua capacidade intencional de ampliar e de transgredir esteticamente os

---

[1] Pedimos desculpas por utilizar certos pronomes e nomes masculinos. Nossa intenção não é sexista, mas de respeito aos ritmos de leitura da própria língua. N. da T.: sobre a nota acima, na versão original, há o emprego do pronome masculino ao se referir ao ser humano ("homem"), mas, também, ao se referir à criança, pois, em espanhol, as palavras em masculino designam o grupo em si (*niño*, *niños*), o que, neste caso, não acontece na tradução. Em português, adotou-se a designação o mais neutra possível, optando pelas palavras "criança", "homem" e "ser humano", a depender do contexto.

limites que a cultura e a tradição pedagógica propõem. Era uma pessoa impertinente, por sua sincera curiosidade, capaz de se fazer perguntas para procurar como respostas novas perguntas. O importante, para ele, era duvidar das verdades mais inerentes, que fecham a possibilidade de pensar de um modo diferente. Esse é seu tão amado conceito da novidade, da inovação como *estranhamento*.

Malaguzzi teve a sorte de crescer ideologicamente com pessoas e com uma cidade que acreditou na educação como a melhor maneira de formar gerações mais livres, que odiassem a "obediência" que a tradição fascista italiana havia imposto, e que aceitassem a transgressão apoiada em conceitos que a transformassem em criativa. Esse contexto foi e é propício para acolher suas ideias, e Malaguzzi soube aproveitar esse âmbito como um lugar habitável para construir seu pensamento e sua obra. Um pensamento e uma obra que estão dentro dos cidadãos (homens, mulheres, meninos e meninas) e que sabem utilizar sua força social para reivindicar alguns direitos políticos ainda a serem construídos. Loris teve a extraordinária capacidade de recolher esses ideais e de transformá-los em um projeto educativo permanente para uma cidade que, hoje, é símbolo universal de respeito e de convicção nessa *neotenia*, que significa plasticidade, disponibilidade ou educabilidade do homem em relação com os demais.

Dotado de grande carisma, impregnou, por sua vez, uma grande aura de ternura, de austeridade e de confiança. Conformismo e resignação eram duas palavras que não pertenciam nem ao seu vocabulário, nem às suas atitudes, nem ao seu conceito de trabalho e de amizade. A renúncia, para ele, era símbolo de mediocridade. Seus olhos, suas palavras e seu rosto revelavam a imagem de um guerrilheiro, de um lutador, de um *partisan*[2] antifascista. A [Segunda] Guerra marcou, com seu absurdo, a escolha de uma profissão que acreditava com otimismo em um futuro mais humano. Com essa convicção permanente, lia e estudava pelos livros, pela realidade, pela dialética e, sobretudo, pelas crianças. Dessa maneira, conseguiu uma cultura enciclopédica que não impediu que ele construísse uma visão original do mundo para realizar uma obra brilhante e complexa. Lia jornais, revistas e livros sem academicismo, com a vontade de estar sempre atualizado, mas com a intenção de ser como o pescador que pega peixes para voltar a jogá-los no mar. Era uma pessoa capaz de colocar o homem em contato consigo mesmo, mas sem acreditar que este seja um ser dominador e o centro do universo. Acreditava, por uma profunda laicidade, na solidariedade para conseguir essa humanidade que procura – sem pressa – as qualidades essenciais do homem.

Não era um retórico, aliás, odiava isso. Era um pragmatista que procurava, sem especulações, a utilidade prática do pensamento, com uma capacidade quase natural de transformar as ideias em ações pertinentes para cada momento, pessoa ou lugar. Assim, tinha a inteligência de exigir coisas diferentes de cada um, para que os indivíduos dessem o melhor de si próprios, até o limite. Sabia encontrar em cada pessoa o original e o genuíno que a distinguiam dos demais. Contudo, em nenhum caso, aceitava a renúncia no trabalho, e exigia das pessoas que trabalhavam com

---

[2] N. da T.: "*partisano*", no original, ou *partisan* é nome designado a um membro de uma tropa irregular formada para se opor à ocupação e ao controle inimigo, em geral, estrangeiro, de determinada área. Opera atrás das linhas adversárias, com o objetivo de praticar atos de sabotagem, como atrapalhar a comunicação e roubar cargas do adversário. O termo se consagrou na Segunda Guerra Mundial para se referir aos movimentos de resistência contra a dominação nazista e fascista, com destaque especial para a resistência italiana (*resistenza italiana* ou *partigiana*), eternizada no hino *Bella Ciao*.

ele uma responsabilidade ética muito forte. Não suportava o mal da indiferença e da neutralidade. Requeria que os sujeitos se posicionassem e fossem participantes ativos e atuantes de suas próprias ideias. Desse modo, a relação com Loris era emocional e empática. Era exigente com autoridade e, em algumas ocasiões, com autoritarismo. A relação com Malaguzzi não era fácil, supunha um desafio constante, uma provocação ou uma dubitação. Tinha uma força vulcânica e contagiosa que empurrava para seguir e superar as dificuldades que podiam atrapalhar o projeto e os ideais educativos. Era um homem eternamente insatisfeito, atitude que não era apenas pessoal, mas que tinha a ver com a convicção profunda de que tinha que dar às crianças exatamente o que merecem: o melhor. Sobre essa ideia inegociável, construiu uma experiência exigente, quase como uma obsessão e uma sensação de angústia existencial, para que não traísse esse valor ou princípio.

Em sua obra, pode-se reconhecer o amor, a paixão desenfreada, a emoção e a ternura por tudo o que fazia. Loris fascinava e surpreendia por seu entusiasmo, por sua convicção e por sua vontade de estabelecer relações humanas exigentes. Era por meio das emoções que conseguia entender as questões fundamentais e fazer-se compreender com os gestos, os sorrisos, as ironias e as terríveis irritações. Sentimentos que não tentava esconder ou atenuar. Sua ética tinha a honestidade e a sinceridade de não esconder as emoções nem de economizar formalismos nas críticas cruéis que provocavam tanto temor quanto estimulavam a seguir adiante.

Foi, dessa maneira, um homem apaixonado, amante de um trabalho que deu sentido à sua vida. Uma profissão que transformou em um jogo: o de se divertir. Não se esqueceu nunca de que educar significa, sobretudo, otimismo, riso e alegria contagiante.

Um otimismo não gratuito, mas emergido de uma convicção profunda nas potencialidades e criatividades do ser humano. Uma crença afastada da ingenuidade paradisíaca ou de um romanticismo nostálgico. Uma convicção baseada no rigor da experimentação como estratégia contínua e permanente sobre o conhecimento do conhecimento.

Acreditamos que não é possível entender a pedagogia de Malaguzzi sem compreender o prazer que, para ele, significava educar, aprender, falar, pensar e trabalhar juntos. Essa ideia é o aglutinante que une pais, crianças e profissionais. Para Loris, a educação nasce e se desenvolve quando existe um projeto comum e compartilhado – ou seja, debatido – entre todos os protagonistas da atuação educativa.

Ouvimos falar de Malaguzzi como um ser de mil caras e de uma alma dominante. Pode ser uma definição que, em sua ambiguidade, seja certeira. Malaguzzi pode ser visto como um camaleão original, como um transformador capaz de unir em uma imagem as múltiplas versões da vida. Como se soubesse que, na contradição e na dúvida, está a essência humana. Por isso, era rigoroso com os demais, em especial com as pessoas que mais admirava.

Não podemos nos esquecer de que a experiência reggiana (e nisso se revela mais uma vez a sabedoria de Malaguzzi) tem base na dedicação apaixonada e, muitas vezes, desinteressada de diversas pessoas que transformaram – sem limitação de horários – o projeto de Reggio em seu projeto de vida, assim como ele. Loris soube estar acompanhado de diversas pessoas para manter, de maneira firme, as bases do projeto educativo. Falávamos de paixão, mas também de alegria e de amor pelo trabalho. Aspectos que, como consequência, eliminam a burocracia ou a retórica em que uma experiência pode cair perigosamente com o passar do tempo.

Loris, como sua obra pedagógica, está feito de "*cem*": cem linguagens, cem mãos, cem pensamentos, cem formas de falar, de inventar, cem formas de nos surpreender e de nos emocionar.

Não podemos ver Loris apenas de uma perspectiva, é necessário olhá-lo com o microscópio, com a lupa ou com a lente grande-ocular.[3] Sua identidade, como a das grandes personalidades, é múltipla, flexível, um tipo que se deixa amavelmente vestir por diferentes trajes, uma organização com muitas estruturas. Foi uma pessoa multidimensional, que acumulou desejos, interesses e prazeres que se cruzaram nas vidas *paralelas e convergentes* que soube viver: a vida com sua família, com seus amigos italianos e com suas amizades internacionais, com cada escola, com cada criança. Cada pessoa era, para ele, uma oportunidade de diálogo, de troca e de confronto de ideias práticas. Nunca restringia a relação a um confronto pessoal. Era capaz de fazer rir ou de despertar o choro.

No entanto, a evolução de seu pensamento e de sua obra está marcada, em grande parte, por suas escolhas profissionais e políticas. Em sua formação básica, podemos reconhecer alguns interesses intelectuais particulares que fazem referência explícita ou implícita às obras de Piaget, Marx, Rousseau, Gramsci, Dewey, Vygotsky, Wallon ou às teorias gestálticas,[4] além de diversos romances, poesias e obras da boa literatura. Entretanto, essa aparente e inicial *ortodoxia* psicológico-política é rompida ou interrompida,

---

[3] N. do E.: na área fotografia, é uma lente cuja distância focal é menor do que a de uma lente normal.

[4] N. do E.: referente à *gestalt*, que, em alemão, quer dizer "forma". Na Psicologia, é uma teoria que considera fenômenos como totalidades organizadas. Nas Artes Plásticas, corresponde ao posicionamento de que a obra de arte carrega a emoção e os conceitos estéticos, não o espectador.

incorporando-se à sua formação a arte, os estudos neurológicos, a biologia, a química, as teorias dos sistemas complexos e tudo o que escapa da gaveta da pedagogia. Seu pensamento e sua obra contêm a presença de pedagogos e psicólogos contemporâneos ou anteriores, mas também de filósofos, historiadores, artistas, sociólogos, cientistas, linguistas, poetas ou antropólogos. Nomes, entre outros, como os de Freinet, Freire, Ferrière, Picasso, Klee, Bateson, Varela, Montalcini, Edelman, Bronfenbrenner, Montessori, Morin, Prigogine, Mead, Peirce, Heidegger, Sartre, Makarenko etc., parecem ressoar em suas ideias e em suas atuações, mas com outra voz. Sua forma de estudar era como a de quem faz um quebra-cabeça sem conhecer a imagem final. Encaixava e desencaixava as peças em inúmeras composições, que ajustava e desajustava, com relações e combinações inesperadas. A rigor, não era prisioneiro das ideias de ninguém, embora gostasse de beber de todas as fontes, como um humanista, para confundir suas águas. Atualizava e metabolizava os autores a todo momento e fazia com eles uma operação de cuidado sacrilégio, sabendo que o único sagrado – para ele – era o respeito dos direitos das crianças. Como dizem Bárcena e Mèlich (2000, p. 187), estudava e lia com infidelidade em relação aos livros, com adultério, para descobrir coisas que não podia prever ou imaginar previamente.

> Assim, ler é se expor e se atrever a conectar ações casuais; é se arriscar muito. Ler é se decepcionar, ao não conseguir que o significado irrompa. O texto não é verdadeiramente Outro se produz segurança. Ao contrário, o texto, como Outro, inquieta, sacode, inclusive pode chegar a assustar.

Para Loris, trair esses direitos e potencialidades equivalia a trair todos os direitos e riquezas da espécie humana, ou seja, nós mesmos. Apenas concebia como sagrado a prática do respeito dos direitos da criança e do homem.

Desse ponto de vista, checava as fontes com distância e ironia, sabendo que apenas das raízes se pode crescer, mas com a convicção de que a árvore pode adquirir muitas formas, em particular, ramificações inesperadas, e sabendo que, inclusive, o vento pode dar forma às árvores. As teorias, para ele, eram apenas estímulos para pensar e, depois, esquecer. Mas, acima de tudo, tinha a virtude de introduzir as teorias em um estado de espera para verificá-las (misturá-las ou desmenti-las) na prática. Era ali em que relia autores, em que queria descobrir como cada personagem estava dentro da criança, de cada criança. Com base nessa prática, as ideias se transformavam na *Ave Fênix*,[5] que renasce com uma nova plumagem. Tinha a característica de unir naturalmente a teoria com a prática e de construir o saber do fazer e do pensar sobre a ação. Não só era capaz de pôr em relação a teoria e a prática, como tinha a originalidade de saber relacionar de forma genuína ambos termos, com a invenção de uma *didática* sem receitas, sem simplificações, nada esquemática. Era um pensamento, se queremos assim o considerar, um tanto intuitivo (no sentido de feminino), como uma exigência prática e concreta. Tinha a absoluta necessidade de aplicar imediatamente as ideias e os pressentimentos para avaliar o resultado. A prática era apenas uma ocasião para pensar mais e melhor em novas oportunidades para oferecer às crianças. Sua ética era a de quem constantemente se preocupa em aumentar o número e a qualidade das possibilidades de aprendizagem para crianças e adultos.

Um dos aspectos mais originais de Malaguzzi se baseia no estabelecimento de novas relações com ideias talvez já conhecidas.

[5] N. do E.: ave mitológica que, após determinados séculos de vida, ardia em brasas para renascer das próprias cinzas.

Ninguém soube estabelecer uma composição criativa de ideias e gerar a organização de um pensamento e uma obra que respira frescor e inovação como ele o fez. Era um perfeccionista, amante do detalhe e do humilde, alguém que corrigia e se autocorrigia constantemente, que procurava as nuances sensíveis dos acontecimentos para fazê-los emergir, renovados, do poço da banalidade. Malaguzzi era capaz de pensar no pequeno e de fazê-lo imenso, cotidiano e habitual. Por isso, não é possível olhar sua obra de cada uma das partes separadas. Sua obra é uma conjunção estética de elementos que, como pinceladas, esboçam um quadro formado por estilos diversos que se encaixam, para gerar imagens singulares da criança e da educação.

2.

ÉTICA: PRINCÍPIOS E ESTRATÉGIAS

Antes de abordar o pensamento e a obra pedagógica de Loris Malaguzzi, convém que estejamos de acordo sobre os conceitos terminológicos que usamos como elementos de referência neste trabalho. Isso significa que precisamos esclarecer e entrar em consenso com o leitor sobre o que entendemos por ética, princípios e estratégias.

Ética

Quando dizemos que vamos analisar a dimensão ética do pensamento e da obra de Loris Malaguzzi, não estamos nos referindo ao estudo do programa concreto de comportamento moral. Em consonância com a natureza do personagem estudado, apresentamos um conceito de ética que aparece no cruzamento de distintas convicções. Para começar, diremos que entendemos por ética aquele conhecimento mais próximo da sabedoria do que da razão (Varela, Thompson e Roshc, 1992), mais próximo, também, da compreensão do que deve ser "o bom" do que da formulação de princípios retóricos. Trata-se de uma ética entendida como aquela virtuosidade que permite a uma pessoa conhecer o que é bom e colocá-lo imediatamente em prática, para se confrontar com essa realidade que constrói.

Um comportamento e uma atitude que consistem em transferir o conhecimento e os sentimentos de campos nos quais a ação é considerada correta a outras situações parecidas, nas quais o correto não é tão evidente. É um conceito de ética em que o sujeito sabe selecionar *de imediato* entre um conjunto de normas e, depois, aplicá-las em situações particulares.

É a ética como investigação sobre o valioso, o que realmente importa, a exploração "sobre o significado da vida, ou daquilo que faz a vida merecer ser vivida".[1]

O que propomos como conceito é a ética de um conhecimento contextualizado e transparente, partícipe em uma comunidade para alcançar uma deontologia da solidariedade pública, como é proposta por Anthony Giddens (2002, p. 89). É o sentido de ética que, nessa mesma linha, defende Morin (2001), quando se pronuncia a favor de uma ética empática da compreensão humana em um tempo de incompreensão generalizada, de uma incompreensão entre estranhos:

> Explicar não é suficiente para compreender, como revelou Dilthey. Explicar é utilizar todos os meios objetivos de conhecimento, mas que são insuficientes para compreender o ser subjetivo. A compreensão humana nos chega quando sentimos e concebemos os humanos como sujeitos; abre-nos aos seus sofrimentos e às suas alegrias; permite-nos reconhecer no próximo os mecanismos egocêntricos de autojustificação que

[1] Ludwig Wittgenstein *apud* Carlos Gómez (ed.), 2002, p. 114.

> há em nós, assim como as retroações positivas [...] que fazem degenerar as menores querelas em conflitos inexplicáveis. Por meio da compreensão, pode-se lutar contra o ódio e a exclusão. (p. 65)

Uma experiência ética situada em um contexto, e que é capaz de criar suas próprias regras sem cair em rotinas preestabelecidas. A ética como acontecimento, ruptura, tensão, inovação, hospitalidade ou princípio radical (Bárcena e Mèlich, 2000).

> A ética da ação é o que torna possível que se interrompa o fluxo vital que conduz à morte. A ética torna possível que a ação seja nascimento [...]. Não há ética sem novidade, sem ruptura, sem movimento, sem inovação e sem repetição. A monotonia rouba o sentido do que fazemos. É a angústia da existência. (p. 83)

Um conceito de ética que dê sentido à existência humana por meio da responsabilização da esfera pública e da tomada de consciência da unidade planetária:

> Anonimização, atomização, mercadorização, degradação moral, mal-estar, progressão de forma interdependente. A perda de responsabilidade (no seio das maquinarias tecnoburocráticas compartimentadas e hiperespecializadas) e a perda da solidariedade (pela atomização dos indivíduos e pela obsessão com o dinheiro), conduzem à degradação moral e psicossocial, visto que não há sentido moral sem sentido de responsabilidade e sem sentido de solidariedade. (Morin, 2002, p. 75)

Não é, portanto, uma ação moral que discorre por vias fixas. Também é a ética do pragmatismo de John Dewey, que aceita a incerteza, o erro, a precariedade e o risco sem cair em oposições e articulações absolutas. Lembremo-nos de que Dewey acreditava que as ideias não podem ser consolidadas e desenvolvidas senão na interação social, em uma experiência ativa e comunicativa. A posição ética que defendemos é similar ao que Dewey denominou de "atitude científica, entendida como uma atitude aberta e compreensiva, livre de preconceitos, disposta sempre a pôr ideias à prova na experiência, e a modificá-las apenas de acordo com a própria experiência" (Abbagnano e Visalberghi, 1986, p. 645).

Um questionamento deontológico que, com ceticismo, reivindica (mais uma vez) o pensamento crítico em oposição ao pensamento único:

> Defenderia duas coisas inegociáveis [...]: a revalidação de um *pensamento crítico* que se oponha às irrefreáveis tendências em direção ao não pensamento, ou à mediocridade e a estultícia, ou ao chamado "pensamento único", que se escoa sobre nós como uma ameaça, impondo-nos correção e cortando-nos a língua, em violação de nossa inteligência, como o brutal Tereu fez com a infeliz Filomela, a quem arrancou a língua para que não pudesse explicar a violação de que tinha sido objeto.[2] (Trías, 2002, p. 163)

Também é essa filosófica ética do limite da qual fala Eugenio Trías (2000), que propõe a compreensão do que somos para encontrar, por meio da razão fronteiriça, essa proposição imperativa ética que se desenvolve no âmbito da práxis, entendida como a *boa vida* aristotélica, que determina a natureza potencial e prudencial da inteligência, ou *logos*, mas que, ao mesmo tempo, aceita – de forma

[2] N. do E.: segundo a mitologia grega, Tereu foi rei da Trácia, casado com Procne, com a qual teve um filho, Ítis. Após a violência descrita no texto, Filomela foi mantida cativa e teceu um tapete com a narrativa dos acontecimentos. Ao ter conhecimento dos fatos, Procne, depois de resgatar a irmã, resolveu vingar-se do marido: matou seu filho e o serviu a Tereu em uma refeição. Quando descobriu que havia se alimentado de seu próprio filho, perseguiu as irmãs, furioso. Os deuses do Olimpo, então, por pena, transformaram-nos em pássaros: Tereu virou uma águia; Procne, uma andorinha, cujo canto seria pela perda do filho; e Filomela foi transformada em rouxinol (espécie cuja fêmea não produz som).

kantiana – o caráter sempre incondicional da determinação ética da ação. É nesse domicílio fronteiriço que se instalam a própria liberdade e a responsabilidade do indivíduo. Nesse termo mediano, instala-se o caráter limítrofe do que somos (entre o excesso e a falta). Cada pessoa pode responder de forma singular com sua atuação, ou práxis, que encarna seu caráter e seu estilo segundo a hermenêutica que realiza tal imperativo ético.

> Tal imperativo diz assim: "Opera de tal maneira que a máxima que determine sua conduta e sua ação se ajuste à sua própria condição de habitante da fronteira".
>
> Isso é o que diz a *proposição ética*, que é a *expressão linguística* da razão fronteiriça no seu uso prático. Tal proposição tem, como se vê, um peculiar caráter linguístico: o de uma forma verbal imperativa ("opera de tal maneira que..."). Enuncia-se em forma de *prescrição* ou no modo de cominação e incitação: como uma *proposta* a que se deve dar *livre resposta*. (Trías, 2000, p. 47)

O ético é a potência e a virtualidade que se atualiza por meio da educação. Dessa forma, o homem alcança sua dignidade tendo sua natureza reflexiva como ponto de partida.

> Todavia, da resposta livre à tal proposição *transcendental e a priori* (condição de experiência, mas não condicionada por esta), deriva a possível *aquisição* de hábitos e de disposições (o que Aristóteles conceituou como *hexis*), que vão *determinando* a natureza da ação, ou da *práxis*, de maneira que a realização desta possa fazer o Limite *habitável*. Isso é possível apenas se essa livre *resposta* à *proposta* orientar tal ação de forma "prudencial" em direção às deliberações e às escolhas em relação às "possibilidades" que possam tornar possível a "boa vida" (o que os antigos consideravam como felicidade, *eudemonia*). *Isso é o que se pode entender por experiência ética*. (Trías, 2000, p. 72)

O conceito de ética que adotamos para o nosso sistema interpretativo é, em resumo, uma ética entendida como um desafio em relação à condição humana, essa natureza fronteiriça que conduz a escolhas prudentes, mas, também, passionais, até certo ponto. Essa condição limítrofe propõe a humanidade e a relação ética como um fim, e nunca apenas como um meio. A interação com os demais supõe um respeito recíproco em que se desenvolvem os direitos e as obrigações.

Uma ética, definitivamente, à maneira como a entende Norbert Bilbeny (1997, p. 30): "O ético é já evitar a apatia e que os sentidos adormeçam".

Veremos, posteriormente, como esse conceito de ética – agora explicado – está em consonância com a ética malaguzziana.

Princípios, fins e valores

Princípios, fins e valores são um trio de conceitos interdependentes que, em nosso sistema de análise, não separaremos. Até mesmo em documentos e textos internacionais,[3] existe uma confusão terminológica para os conceitos de objetivo, de função, de finalidade, de princípios e de valores, aos quais atribuem significado idênticos.

Portanto, trata-se de um trio de conceitos complementares, que implicam os modos de atuar éticos, estéticos e sociopolíticos, qualificando-os. Entre esses três conceitos, constrói-se uma dimensão, ao mesmo tempo, única e múltipla, que, apenas por questões de esclarecimento, atrevemo-nos a separar funcionalmente.

[3] *Vide* a *Declaração Universal dos Direitos Humanos* (Unesco, 1948) ou a *Política, legislação e administração escolar* (Unesco, 1972).

Princípios

Entendidos como os elementos estruturantes de um pensamento e de uma obra; aquilo que dá razão de ser a todo o projeto educativo. "*Principium essendi* ou princípio do ser ou o princípio como razão, o *principium cognoscendi* ou o princípio do conhecer" (Ferrater y Mora, 1990, p. 2691).

Declaramo-nos partidários da Filosofia da complexidade, porque pressupõe um desafio que se encaixa com o pensamento e a obra do sujeito que queremos conhecer. Essas teorias e, em particular, as de Edgar Morin, podem nos fornecer os caminhos para não reduzir o problema, como desafio, que tratamos de enfrentar. Morin (1985, 1988, 1994 e 2002) resume em três princípios metodológicos o caminho/o ensaio/a estratégia para abordar, como vias, a complexidade do conhecer. Os três princípios que se transformam em novos caminhos de reflexão são:

a) O princípio dialógico

Pode ser definido como a associação complexa (complementar/concorrente/antagonista) de instâncias necessárias, conjuntamente necessárias para a existência, o funcionamento e o desenvolvimento de um fenômeno organizado (Morin, 1988, p. 109).

b) O princípio recursivo

Trata-se da interação retroativa em que os processos são circulares, e em que os efeitos retroagem sobre suas causas. É a ideia de *loop* recursivo utilizada por Morin para definir o processo de retroação reguladora para conceber a autoprodução e a auto-organização sistêmica.

c) O princípio hologramático

O holograma demonstra, por sua vez, a realidade física de um tipo assombroso de organização, em que tudo está na parte em que está o todo, e em que a parte poderia ser mais apta ou menos apta para regenerar o todo (Morin, 1988, p. 112).

Dessa forma, cada parte tem sua singularidade, mas contém a organização do total, e é capaz de regenerar essa totalidade.

Fins

O fim faz referência ao objeto ou ao motivo pelo qual se faz algo. Tem a ver, portanto, com a intencionalidade do sujeito.

> As palavras fim, fins, meta, propósito, ideal, padrão, objetivo etc., expressam todas elas conceitos relacionados entre si, e em relação com a finalidade das ações humanas e da educação. Em todo caso, interessa-nos deixar registrado que, sob um termo ou outro, sempre há uma direção [...] cuja realização ou aproximação supõe um estado mais valioso do que o precedente. (Gervilla Castillo, 1988, p. 101)

O fim é o *para que* fazemos aquilo que fazemos, a causa final aristotélica, a meta que desejamos e que nos permite estimar nossas próprias ações.

Mas talvez seja Dewey (1995, p. 92-93), mais uma vez, quem mais se aproxima ao conceito de fim que queremos resgatar:

> A conclusão precisa disso é que agir com um fim equivale a agir de forma inteligente. Prever o término de um ato é ter uma base sobre a qual observar, selecionar e ordenar os objetos e nossas próprias capacidades. Fazer essas coisas significa ter espírito, pois ele é precisamente a atividade intencional com propósito, controlada pela percepção de fatos de suas

> relações recíprocas. Ter espírito para fazer uma coisa é prever uma possibilidade futura; é ter um plano para sua realização; é observar os meios que tornam capaz de realização o plano [...], é ter um plano que leva em conta os recursos e as dificuldades. Espírito é a capacidade de relacionar as condições presentes aos resultados futuros e as consequências futuras às condições presentes. E essas características são as que se entende por ter um fim ou um propósito [...]. Tal ausência relativa de espírito significa fazer de nossos sentimentos a medida do que vai ocorrer [...], ter um fim é atuar com sentido [...] é ter o propósito de fazer algo e perceber o sentido das coisas à luz daquela tentativa.

Valores

Mais uma vez, ao definir *valor*, encontramo-nos com um problema de delimitação semântica. É Raths[4] uma das pessoas que mais tratou de delimitar esse conceito, distinguindo-o de outros conceitos afins. Para isso, discerne o significado de valor do que ele chama indicadores de valores, que são expressões que se aproximam dos valores, mas que não satisfazem as condições necessárias para ser um valor. Esses indicadores são: metas ou propósitos (algo que marca a direção de nossas ações), aspirações (como as metas que o sujeito espera alcançar, embora seja de caráter remoto), atitudes (disposições que nos levam a aceitar ou recusar algo), interesses (inclinação em relação a um objeto segundo as disposições do sujeito), sentimentos (o sentimento não leva necessariamente a um valor), crenças e convicções (que reconhecemos por meio das expressões verbais e da conduta), atividades (que tampouco coincidem com os valores) e preocupações, problemas e obstáculos.

[4] Citado por Ricardo Marín Ibáñez, 1989, p. 168.

Para Raths, todos esses são indicadores e

> [...] não valores em si mesmos, pois lhes falta alguma das condições que ele [Raths] atribui aos valores, ou seja, que tenham sido livremente selecionados entre várias alternativas, que tenham significado para o sujeito, quem conhece e está disposto a assumir as consequências [...], valores com os quais se compromete livremente após uma ponderada deliberação. (Marín Ibáñez, 1989, p. 168)

Valores[5] como testemunho vital sem retóricas no sentido biológico que Bateson (1985) lhes dá quando afirma que não existem valores monótonos que podem ser tomados de um modo exclusivamente quantitativo. Os valores ótimos, os que tornam viáveis os fins, existem em cada contexto, para cada situação, devem ser sempre relativizados, e estão sujeitos a modificações qualitativas de acordo com os diversos âmbitos. O valor indica uma seleção e uma preferência. Isso ocorre porque cada modo de pensar acarreta alguns valores (Capra, 1998, p. 31).

Não nos referimos tanto à teoria platônica do valor, em que os valores são independentes das coisas, mas, sim, ao nominalismo dos valores, proposto por Ferrater y Mora (1990). Para o autor, o valor é relativo ao homem, subjetivo, com base no desejo ou na repugnância, na atração ou na repulsão como atitudes necessárias relacionadas ao valor. É o que se chama nominalismo ético, que elimina qualquer risco de absolutismo.

Um conceito de valor que não pode ser separado do que Dewey (1995) chama *apreciação direta*, unida ao *sentimento do significado*. Nesse caso, o que está sendo feito é afirmar que o único meio

[5] Humberto Maturana, *¿Qué queremos de la educación?* (http://www.sabernet.cl/quequeremos.pdf).

para saber o que significa uma ideia consiste em fazer uma experiência de desfrute direto dela, com uma intervenção imaginativa que consiga tirar da rotina e do puramente mecânico o modo de agir humano.

> Valorar significa, primariamente, elogiar, estimar, mas, secundariamente, significa apreçar, avaliar. Isto é, significa o ato de acariciar algo, de lhe declarar carinho e, também, o ato de realizar um julgamento sobre a natureza e a quantidade de seu valor, em comparação com outros. Valorizar, nesse último sentido, é avaliar. (Dewey, 1995, p. 204-205)

De Dewey, além disso, podemos extrair, também, alguns elementos, apenas separáveis por razões práticas, mas desejavelmente unidos de maneira holográfica, sabendo que "nenhuma classificação pode ter mais uma validade provisional" (Dewey, 1995, p. 208). Segundo esse autor, podemos nos fixar:

- Na eficácia para analisar a competência executiva no manuseio dos recursos e dos obstáculos encontrados.
- Na sociabilidade ou no interesse na companhia direta com os demais.
- No gosto estético ou capacidade para apreciar a excelência artística.
- No interesse por algumas aquisições científicas.
- Na sensibilidade em relação aos direitos e às aspirações dos demais: consciência moral.

Todos esses conceitos e significados nos vão ser úteis ao abordar o pensamento e a obra pedagógica de Loris Malaguzzi: seus princípios (fins e valores).

Estratégias e atuações

De novo, dois conceitos que são as duas caras da mesma moeda. Duas ideias multi-interdependentes que analisaremos de forma conjunta no pensamento e na obra pedagógica de Loris Malaguzzi e que, agora, separamos apenas por questões didáticas e de esclarecimento.

Estratégias

O conceito de estratégia em um sistema é uma das maiores contribuições das teorias da complexidade. A estratégia se mostra complementar e antinômica ao programa.

> A estratégia se constrói no curso da ação, modificando, segundo o surgimento dos eventos ou a recepção da informação, a conduta da ação considerada. A estratégia pressupõe, pois, *a)* a aptidão para assumir ou procurar na incerteza, levando em conta essa incerteza; *b)* a aptidão para modificar o desenvolvimento da ação, em relação ao aleatório e ao novo. (Capra, 1996, p. 71)

A estratégia se baseia na aptidão de conceber alternativas possíveis. Uma estratégia que, basicamente, Ervin László chama de terceira estratégia alternativa, em que

> [...] tanto os interesses do indivíduo como a evolução da sociedade se mantêm claramente à vanguarda [...]. Não há necessidade de questionar como excludentes a liberdade e a autonomia do indivíduo, e a evolução das estruturas sociais. A terceira estratégia consiste em combiná-las em um equilíbrio criativo. (László, 1990, p. 115)

Atuações

Preferimos o termo *atuação* em vez de *atividade*, porque este último conceito, tão usado na educação, lembra-nos um modelo educativo muito ligado a um ativismo, baseado em programações que as crianças têm que realizar – para cumprir alguns objetivos marcados pelo professor –, por meio de algumas atividades organizadas e sequenciadas pelo professor, como esse conjunto de fases contempladas de seu aspecto unicamente didático.

O conceito de atuação nos liga mais a um tipo de filosofia da complexidade, que é a que defendemos. Vamos, agora, tratar de pincelar semanticamente esse termo.

A atuação está ligada a essa concepção ética que definimos anteriormente, em que a pessoa tem uma imediatidade de percepção-ação. As atuações têm a ver com uma confrontação imediata e cotidiana com os acontecimentos que ocorrem em nossa vida.

> Apenas podemos dizer que executamos estas ações porque a própria situação nos faz emergir em nosso interior. (Varela, Thompson e Roshc, 1992, p. 7)

Queremos dizer que há atuações que têm intenções reflexivas prefixadas, mas, outras, não, embora também sejam éticas. Essa nova concepção se relaciona, ainda, com uma mudança radical epistêmica ou de paradigma.

> No centro desse emergente ponto de vista, está a convicção de que as unidades apropriadas de conhecimento têm que ser, sobretudo, concretas, incorporadas e vividas [...]. O concreto não supõe um degrau em direção a algo além, mas, sim, em como chegamos e onde estamos. (Varela, Thompson e Roshc, 1992, p. 10)

Trata-se da saída de um paradigma de tipo abstrato.

> O fato de que as unidades particulares do saber são, sobretudo, concretas, encarnadas e vividas está precisamente no próprio centro dessa prospectiva emergente [...]. O concreto é um passo em direção a algo: é como chegamos e onde estamos. (Varela, Thompson e Roshc, 1992, p. 75)

É a reivindicação que o próprio Varela faz do presente imediato, em que as decisões se movem em domínios concretos de atuação em cada situação que vivemos. É o que o autor chama microidentidades, que correspondem a micromundos. Nesses micromundos, muitas vezes, as atuações não vêm decididas pelo que é externo, nem planificadas com antecedência, mas emergem no concreto de cada situação. Isso significa que consideramos que o sujeito atuante não percebe um mundo pré-fornecido, mas, sim, que sua atuação está guiada em um mundo dependente de si mesmo, de sua estrutura sensório-motriz. Em cada atuação, "a experiência torna possível e vincula a compreensão conceitual por meio da abundância de domínios cognitivos" (Varela, 1990, p. 85).

Trata-se de atuações que Varela definiu como *enações*, entendidas como um fazer emergir o conhecer por meio da manipulação concreta, como pôr em ação algo, sem representações prévias, nem – muitas vezes – reflexões *a priori*.

> Sempre atuamos em algum tipo de imediatismo de determinada situação: nosso mundo experimentado está tão ao alcance de nossas mãos que não temos nenhuma necessidade de refletir conscientemente o que ele é e como o habitamos. (Varela, Thompson e Roshc, 1992. p. 12)

Nossas atuações se relacionam com as emoções que revelamos em cada contexto. "As emoções são disposições corporais dinâmicas que definem os distintos domínios de ação em que nos movemos" (Maturana, 1997, p. 15). E, essas emoções, em cada domínio de ação, conotam nossa corporalidade atuante, inclusive nossas ideologias distintas.

Essa ideia de atuação, unida ao conceito de ética que definimos, leva o ser humano a ter uma disponibilidade para agir de maneira apropriada em diversos contextos, âmbitos ou situações, que interpreta adequadamente ao tomar uma posição que, naquele momento, é viável.

> Com efeito, a chave da autonomia consiste no fato de que um sistema vivente encontra, em cada instante, sua própria via até o seguinte, por meio da execução apropriada de seus recursos. (Varela, Thompson e Roshc, 1992, p. 14)

Assim, como podemos ver, as atuações dependem de nossa estrutura biológica (embora não possamos nos esquecer da viabilidade em um contexto cultural mais amplo). Contudo, essas atuações não dependem de uma concepção de um mundo que está dado previamente ao sujeito atuante, mas, sim, cada atuação local depende do sujeito atuante, bem como de sua ação perceptiva, que depende de seus "instrumentos", os quais, em grande medida, são culturais.

Essas estruturas, "feitas corpo" na pessoa, são a causa da experiência e da compreensão de nossas atuações na interação original e criativa com um mundo que não está pré-fornecido, mas que emerge por meio de ações sensório-motoras.

> Porque a cognição não está formada de representações, mas de ações incorporadas. Além disso, podemos dizer que o mundo que nós conhecemos não está predefinido, mas mais bem acionado por meio de nossa história de acoplamento estrutural, e os fundamentos temporais que articulam a enação estão enraizados no número de micromundos alternativos ativados em cada situação. Essas alternativas são a fonte tanto de sentido comum quanto de criatividade na cognição. (Varela, Thompson e Roshc, 1992, p. 21)

Trata-se de uma natureza pragmática das atitudes que definimos anteriormente no ponto dedicado à ética e se relacionam com um tipo de competência em que o imediatismo predomina sobre a deliberação em alguns casos, sem chegar a se converter em atuações antagonistas, nas quais as duplas de opostos (ação/não ação, letargia/movimento) são termos relativos e interdependentes uns dos outros.

Dewey, mais uma vez, esclarece o que queremos explicar:

> Pode se dizer [...] que, por meio de nossos costumes, sabemos como nos comportar [...]. Passeamos e lemos em voz alta, subimos e descemos do vagão, nós nos vestimos e nos despimos, fazemos, enfim, uma infinidade de atos úteis sem pensar. Sabemos algo; ou seja, sabemos como fazê-lo [...]. Se, nesse trabalho prático, queremos denominá-lo conhecimento [...], nesse caso, todo o outro que também chamamos conhecimento, o conhecimento das – e em volta das – coisas, o conhecimento de que as coisas são assim, o conhecimento que implica

> reflexão e julgamento consciente seguem sendo coisas de outro gênero. (Dewey, 1958, p. 190-191)

As atuações têm a ver, em síntese, com essa capacidade de confronto imediata que é transparente e que se adquire por meio de uma história compartilhada, com uma motivação adequada para fazer aquilo que se faz, com responsabilidade e liberdade.

> Em suma, a responsabilidade se dá quando assumimos se queremos ou não as consequências de nossas ações; e a liberdade se dá quando assumimos se queremos ou não o nosso querer ou o não querer as consequências de nossas ações. Isso quer dizer que responsabilidade e liberdade surgem na reflexão que expõe nossa ocupação no âmbito das emoções, no fato de queremo-las ou de não as querermos, em um processo no qual não podemos algo senão nos dar conta de que o mundo em que vivemos depende de nossos desejos. (Maturana, 1997, p. 35)

Da mesma forma, veremos como esses conceitos nos são úteis ao resgatarmos as diversas atuações ou estratégias que Loris Malaguzzi, a nosso ver, colocou em prática para abordar os princípios (fins e valores) que denominamos éticos.

3.

A ÉTICA NO PENSAMENTO E NA OBRA PEDAGÓGICA DE LORIS MALAGUZZI

A mezzo settembre	Em meados de setembro
quando i pini s'annebbiano	quando os pinheiros escurecem
lasciano mense deserte	deixam postas mesas desertas
a marmotte ubriache di sonno	às marmotas ébrias de sono
–le greggi–	– os rebanhos –
e divallano lente	e descem lentas
sui passi del dio invisibile.	nos degraus do deus invisível.
L'acqua si liscia ad'immergere	A água se rasa para submergir
l'acceso cielo	o céu avermelhado
ora s'increspa	agora se ondula
e s'increspano l'erbe	e se eriçam as plantas
come in un brivido	como em um arrepio
e manca una cicala al coro.	e falta uma cigarra no coro.
C'è sentore di latte	Há aroma de leite
aromato di bacche di ginepro	perfumado de pequenos frutos de zimbro
in giro.	ao redor.
E pare un lento corteo salmollante	E parece um lento cortejo salmódico
che compianga il morire delle cose.[1]	que se compadece da morte das coisas.

[1] Loris Malaguzzi, "A mezzo settembre", *La Verità*, 10 fevereiro de 1946. ["Em meados de setembro", em tradução livre].

Chegou o momento de aplicar o sistema de princípios e estratégias éticos que construímos para abordar o pensamento e a obra pedagógica de Loris Malaguzzi. Como sistema, repetimos, não se separa cada parte ou cada elemento, mas, sim, relaciona-se interdependentemente com cada um dos outros elementos destacados. É o que o próprio Malaguzzi chamou e ressaltou como pedagogia relacional.

> De fato, a pedagogia relacional não é tudo. É a dimensão estratégica primária e fusional do sistema – entendido como conjunção de elementos em interação dinâmica para uma finalidade –, e não uma base apenas afetuosa e protetora. (Malaguzzi, 1995, p. 70)[2]

Malaguzzi acreditou sempre na complementariedade dos elementos, na disjunção dos conceitos. Lutou contra dicotomias e separações absurdas que, tradicionalmente, a cultura e a escola impõem à natureza humana. Por esse motivo, temos consciência dos riscos de abordar a interpretação de seu pensamento e de sua obra com base em uma narração linear dos conceitos que antes delimitamos semanticamente. Essa é uma forma, das múltiplas possíveis, que serve para nos entender e, esperamos, para compreender um dos enfoques possíveis do pensamento e da obra pedagógica de Malaguzzi.

Vamos tratar, assim, de revelar a ética de seu pensamento e de sua obra pedagógica, embora já tenhamos anunciado, e queremos repetir, que – em Loris Malaguzzi – ética, estética e política são inseparáveis, portanto, pode parecer injusto estabelecer essa cisão.

---

[2] Entrevista realizada com Loris Malaguzzi, em Edwards, Gandini e Forman, *I Cento linguaggi dei bambini* ["As cem linguagens das crianças", em tradução livre], Pedrengo, Junior, 1995. Edição castelhana em Loris Malaguzzi, *La educación infantil en Reggio Emilia* ["A educação infantil em Reggio Emilia", em tradução livre], Barcelona, Octaedro-Rosa Sensat, 2001.

Igualmente, uma das virtudes da pedagogia de Loris Malaguzzi é sua facilidade e seu empenho em conseguir que seus princípios, suas normas ou seus valores se traduzam em estratégias e atuações de caráter prático. No entanto, princípios (normas ou valores) e estratégias (ou atuações)[3] formam um círculo virtuoso em Malaguzzi. Para ele, não existe princípio sem atuação, nem estratégia prática sem valor filosófico. Entre princípios e atuações, surge uma dinâmica de retroalimentação gerativa e criativa que é muito característica de um pensamento que se torna obra pedagógica, e de uma obra ou atuação pedagógica que se transforma – por meio da experimentação – em pensamento educativo. Dessa forma, um princípio pode derivar-se em muitas estratégias, e algumas atuações podem converter-se em novos valores educativos. Para Malaguzzi, é importante que os pensamentos e as palavras se misturem com atuações concretas que preencham a semântica dos próprios termos ou conceitos.

> Sem *fatos, sem reformas, sem leis e sem previsão certos ou seriamente prováveis*, a palavra parece cumprir com seu melancólico destino de ocupar (ou de fingir ocupar), toda a cena [...].
>
> Faltam os *fatos*, e a palavra não pode mais conjecturar, julgar de maneira improvisada, sem que os especialistas e a opinião pública captem completamente os significados de seu drama (e do seu próprio) [...].
>
> É óbvio que a palavra – *até aqui tão protagonista – apenas é uma metáfora que substitui muitas das responsabilidades e muitos dos indicadores do problema da escola, de sua falta de solução.*[4]

---

[3] A partir desse momento, e unicamente por razões de economia linguística, usaremos princípios, normas ou valores e estratégias ou atuações como sinônimos.

[4] Loris Malaguzzi, "L'alto prezzo degli atti mancati" ["O alto preço dos documentos ausentes", em tradução livre], *Zerosei* ["De zero a seis", em tradução livre] (não dispomos de mais referências bibliográficas).

Vejamos, esquematizada, a relação entre princípios e estratégias, que trabalharemos posteriormente. Estão organizados de acordo com alguns critérios orientadores para tornar mais compreensível sua leitura, mas não quer dizer que essa ordem seja hierárquica. Todos esses elementos formam uma rede dinâmica de acontecimentos narrativos.Vejamos – mais uma vez – quais são, para entender como procederemos:

<table>
<tr><td rowspan="3">ÉTICA</td><td>PRINCÍPIO 1
A educação começa com a imagem da criança, uma imagem que revela a indeterminação do ser humano.</td><td>Estratégias</td><td>• A pedagogia da escuta.
• A observação por meio de sondas de investigação-ação.
• A ideia de projeto ante a de programação.</td></tr>
<tr><td>PRINCÍPIO 2
Educar significa incrementar o número de oportunidades possíveis.</td><td>Estratégias</td><td>• Uma organização adequada das escolas.
• Os pequenos grupos.
• Os papéis do adulto.
• A distribuição ou partilha personalizada de responsabilidades.</td></tr>
<tr><td>PRINCÍPIO 3
A criança é um sujeito de direitos históricos e culturais.</td><td>Estratégias</td><td>• A defesa dos direitos das crianças, dos educadores, das famílias e das mulheres.
• A identidade da escola e da Educação Infantil.
• O desenvolvimento dos direitos da infância, tomando emprestada a voz de suas cem linguagens.</td></tr>
</table>

Princípio 1 de caráter ético

A educação começa com a imagem da criança, uma imagem que revela a indeterminação do ser humano

Em um artigo, intitulado *Your Image of the Child: Where Teaching Begins*,[5] Malaguzzi revela a importância de declarar uma imagem de criança, de infância.

Cada um de nós tem uma imagem, e é importante – antes de mais nada – torná-la explícita. Essa figura orienta e comanda as atuações, as relações e as propostas que estabelecemos com as crianças.

> Há centenas de imagens diferentes da criança. Cada um de nós tem, no interior de si, uma imagem da criança que direciona na relação com a criança. Essa teoria, em nosso interior, leva-nos a nos comportar de determinadas maneiras; orienta-nos quando conversamos com a criança, quando a escutamos, quando a observamos. É muito difícil para nós atuar de forma contrária a essa imagem interna. Por exemplo, se nossa imagem for a de que os meninos e as meninas são muito diferentes entre si, comportar-nos-emos de maneira diferente em nossas interações com uns ou outras.[6]

Essa imagem, que já é uma declaração de princípios éticos, é imprescindível para começar a trabalhar e para estabelecer uma didática com as crianças. É o ponto de encontro que cria uma coerência interna entre teoria e prática. É a argamassa que sustenta

---

[5] Loris Malaguzzi, "Your Image of the Child: Where Teaching Begins" ["Sua imagem da criança: onde o ensinar começa", em tradução livre], *Child Care Information Exchange* ["Troca de informações sobre cuidados infantis", em tradução livre], n. 96 (mar./abr. 1994), p. 52-61.

[6] *Ibidem*, p. 52.

todo o projeto educativo. É a demanda prévia a (e primeira de) outras perguntas sobre o para que e como educar.

Cada um de nós que trabalhamos com as crianças – diz Malaguzzi –,[7] queiramos ou não, explicitemos ou não, somos portadores de uma teoria de base. O importante é que sejamos conscientes dela e que a expressemos de forma patente. Essas teorias se derivam de nossa formação, de nossas vivências, e estão vinculadas com nossa própria cultura. Levamos essas teorias[8] dentro de nós; elas se encontram nas palavras que dizemos, nos pensamentos que temos, nas hipóteses que construímos, nos desejos que formulamos, nos medos que temos ou nos julgamentos que efetuamos dos demais.

Essa é a forma ética de proceder, a maneira de não cair no ativismo infundado: encontrar o significado e a finalidade ao próprio fazer em relação à teoria de base, que sustenta essa prática. Embora também devamos ser conscientes de que existem o que Malaguzzi denomina *margens de fuga* na atuação prática, em relação à teoria. Temos o dever ético de considerar – embora nos custe reconhecê-lo – que nossas teorias podem ser desmentidas por outras ações ou presunções, já que cada um tem ciúmes de suas próprias teorias, e defraudá-las pode ser entendido como uma pequena ou grande traição a nós mesmos, a nossos arquétipos.

O reconhecimento da mudança de teoria é uma questão cultural e educativa. E, também, é uma questão ideológica. Todavia, é necessário saber quais são as escolhas que fazemos e que guiam

---

[7] Loris Malaguzzi, *Incontro con el prof. Malaguzzi. Nuove tendenze culturali* ["Encontro com o professor Malaguzzi. Novas tendências culturais", em tradução livre] (gravação em áudio de reuniões mantidas com a Equipe pedagógica-didática em Reggio Emilia, em 27 de junho de 1988).

[8] Loris Malaguzzi, *Relazione d'apertura. Modelli e congetture teorico e prattiche nell'educazione dei bambini* ["Relatório de abertura. Modelos e conjecturas teóricas e práticas na educação das crianças", em tradução livre] (transcrição de uma conferência realizada em 19 de maio de 1993).

nossa imagem da criança e nossas reflexões. Essa teoria de base é a que nos permite valorizar a coerência – ou não – de nossas atuações. Sem essa teoria declarativa, a educação cai na armadilha do fazer por fazer, algo que é inaceitável. É necessário ter o valor de construir explicitamente essa teoria, essa imagem. Trata-se da forma de valorizar nossa prática educativa. Essa é a estratégia de Malaguzzi. É a maneira de avaliar, por exemplo, se a organização na qual habitamos nosso educar permite colocar em prática com êxito as hipóteses que nascem de nossa teoria, ou se transforma em uma traição desta. Esse é um grande problema que Malaguzzi resolveu criando uma organização coerente, que permitisse fazer prática uma grande teoria e uma imagem coerente da criança, para que as palavras – necessárias – passassem à ação, significando-a.

Portanto, para o pedagogista reggiano é imprescindível declarar uma imagem de infância:

> Pergunta: Que relação você vê entre o "coconstrucionismo" e o trabalho de Malaguzzi?
> Resposta: Minha maior desilusão era que não conseguia falar com Malaguzzi em sua mesma língua. Deixe que eu reformule sua pergunta, porque não tenho certeza de que essa seja a melhor forma de começar meu discurso sobre o respeito e a admiração que tenho por Malaguzzi. Lembro-me de que Malaguzzi seguiu retrucando minhas perguntas, e o que me disse foi que se eu achava que tais perguntas pareciam relevantes. Eu segui perguntando: "*Bem, o que você faz? Como funciona?*", e ele continuou me perguntando: "*Qual é sua imagem da criança?*". No começo, pensei que ele estava se desviando das minhas perguntas. Mas, depois, compreendi que, se tivesse conseguido construir com ele, de uma maneira detalhada, uma imagem compartilhada da criança, e não apenas a genérica de uma criança na qual confiar, teríamos compartilhado essa

> imagem para sempre. Então, poderia ter conseguido obter essa imagem como objetivo e construído meus meios para alcançar tal objetivo. No entanto, se não tivéssemos esse mesmo objetivo, quando eu estivesse voltando aos Estados Unidos, não teria tido nenhuma importância que eu usasse as técnicas ou "receitas" aprendidas em Reggio Emilia: teria conseguido chegar a um resultado que não teria sido realmente tão "claro" como a imagem que Malaguzzi tinha da criança.[9]

A definição nítida, teórico-prática, da imagem da criança ajuda, entre outras coisas, a consentir e a compartilhar atuações concretas de diversas pessoas. Mas não apenas isso: a declaração pública da imagem da criança é um princípio ético que dá direito de identidade e de identificação à criança. Em diversas intervenções públicas,[10] Malaguzzi, recorrendo à provocação de Alice,[11] disse que é necessário que nós, adultos, dotemos uma identidade às crianças. Alice, lembremo-nos, diante de sua grande confusão, encontra-se caída no chão. Para se pôr em pé, necessita que alguém diga quem ela é. De outra maneira, irremediavelmente, ela permanecerá jogada ali no chão. Alice, como as crianças, precisa que alguém dê um nome a ela, que a tirem do anonimato. Um dos maiores delitos, para Loris, é que as crianças permaneçam sem identidade, sem um nome (no sentido metafórico do conceito), sem uma cultura declarada e reconhecida pelos adultos. Sem essa identidade, a criança não pode

---

[9] Donatella Savio (ed.), "Il Co-costruzionismo e l'idea di bambino di Loris Malaguzzi. Conversacione con George Forman e Lella Gandini", *Bambini*, ano XII, n. 6 (junho de 1996), p. 15. ["O coconstrucionismo e a ideia sobre a criança de Loris Malaguzzi. Conversa com George Forman e Lella Gandini", "Crianças", em tradução livre.]

[10] *Vide*, por exemplo, Loris Malaguzzi, *Convegno internazionale* ["Conferência internacional", em tradução livre] (gravação realizada em Reggio Emilia, em 28 de março de 1990), Loris Malaguzzi, *I y II Encuentros en Pamplona* ["1° e 2° Encontros em Pamplona", em tradução livre] (gravações de 10 de abril de 1989).

[11] Lewis Carroll, *Alicia en el País de las Maravillas* ["Alice no País das Maravilhas"], Madrid, Alianza, 1979.

encontrar sentido e significado a seu próprio "estar no mundo". E a criança vem ao mundo para procurar e encontrar um significado desse mundo e de sua própria existência.

> A criança anônima é mais fácil e cômoda; a criança pode ser como uma árvore de Natal qualquer: existe e não existe, como se alguém pudesse encher de bolas de ouro e prata, de balas, de velas, de estrelas, de guloseimas ou de flocos de neve, e assim constrói suas teorias. Esse é um sistema que também teve seu *boom* em nosso país.[12]

As teorias que nos permitem uma espécie – em palavras de Malaguzzi[13] – de *membrana* para compreender o que fazemos, e poder entender nossas escolhas e saber de onde viemos. Essa declaração volta a nós, por meio de nossas ações, em forma de reflexão para, comparativamente, confirmar ou desmentir nossas teorias. A declaração epistemológica, como a que faz Malaguzzi, é apenas um requisito de ponto partida, considerando que uma proclamação pública exige um ajuste dos termos para que possam ser entendidos pelo "outro", o ouvinte. Trata-se, assim, de explicitar os pressupostos que dão conta de uma ação e de seus valores. Não é possível interagir com uma criança sem uma teoria. Toda teoria implica uma grande responsabilidade, a qual devemos estar preparados para aceitar.

A interpretação da imagem

Devemos pensar que qualquer aparente descrição – realizada por meio das observações – que realizamos sobre as crianças é sempre uma interpretação. Essa crença deve ser um ponto de partida

---

[12] Loris Malaguzzi, "Teste ben fatte piuttosto che piene", *Bambini*, ano V, n. 2 (fevereiro de 1989), p. 7. ["Cabeças bem-feitas, em vez de bem cheias", em tradução livre.]

[13] Loris Malaguzzi, Incontro con el prof. Malaguzzi. *Nuove tendenze culturali*, 2, *op. cit.*

ético, porque, sabendo que é uma interpretação entre as muitas possíveis, essa atitude leva a uma maior liberdade de juízo. Além disso, as interpretações são feitas com uma linguagem *imposta*. As palavras designam seus significados. É importante – afirma Malaguzzi – nos esforçarmos para encontrar as expressões justas, que não fechem as possibilidades à infância.

Todavia, falar de infância é algo muito complexo. Não podemos definir a criança de uma vez por todas. A criança sempre é um sujeito desconhecido, em contínua mudança. Portanto, trata-se mais de saber como redefinir cada criança em cada momento histórico, sabendo que, hoje, o estado de mudança já não é uma transição de uma fase a outra, mas, sim, um estado permanente, um fluxo, em perene *forma fluens*.

> *Uma questão me parece importante: é necessário que tenhamos consciência de que, hoje, falar da criança ou falar da infância é algo cada vez mais difícil e cada vez mais complexo. Vocês sabem tão bem quanto eu o quão rapidamente o mundo está mudando; diz-se que, a cada cinco anos, são produzidas mudanças qualitativamente muito fortes. Há mudanças na sociedade, mudanças de tipo antropológico, de tipo cultural; mudanças que também afetam os adultos que trabalham com as crianças. Eis aqui a razão pela qual falar da criança, hoje, signifique confrontar um tema sobre o qual é necessário refletir com muita força e, também, com muito empenho.*[14]

Para Loris,[15] cada criança que nasce é um desafio, um ponto de interrogação. É uma espécie de aventureiro que pode escolher mil

---

[14] Loris Malaguzzi, *Relazione del Prof. Malaguzzi al seminario organizzato in occasione della esposizione della mostra "L'occhio se salta il muro"* ["Relatório do Professor Malaguzzi ao seminário organizado em ocasião da exposição 'O olho salta o muro'", em tradução livre] (transcrição de uma conferência realizada em Estocolmo, em 18 de agosto de 1986).

[15] Loris Malaguzzi, *Seminario rivolto agli educatori svedesi* ["Seminário destinado a educadores suecos", em tradução livre] (gravação em áudio realizada em 28 de maio de 1992).

caminhos imprevisíveis. Contém, em seu interior, a possibilidade dos possíveis, de ser diferente de como a conhecemos. Essa é sua liberdade e sua responsabilidade que o ofício de crescer impõe a ela.

A pedagogia de Loris simpatiza com uma *imagem distinta* da infância. É uma infância três vezes "A": de *Ambiente*, de *Autonomia* e de *Aventura*.

Em síntese, é uma criança que é *inteira aventura*: é uma exploradora incansável dos "campos" da mente e da fantasia. Uma infância que se transmuta em uma *criança homérica* (um pequeno Ulisses),[16] quando monta na *vassoura do imaginário* em busca das Colunas de Hércules[17] que marcam os confins da esperança da infância: o *conhecimento* e a *criatividade* (Frabboni, 1998, p. 150).

A imagem que o homem tem de si mesmo

Para que é necessário fazer essa declaração? Para dar voz à infância. Lembremo-nos de que infância vem do vocábulo latino *infans* (*in-falens*, "o que não fala"). Somos nós, os adultos, os que podemos dar voz, uma voz que, para Malaguzzi, não deve ser restrita a predeterminismos históricos que ainda nos traem. Loris fala da história da infância se referindo a uma tradição repleta de silêncio, uma cultura que tem falado pouco e mal a favor da criança. Na verdade, tivemos que esperar até o século XVIII para tirar a infância do anonimato e dar a ela uma existência de caráter legislativo. Essa conotação histórica pesa – culturalmente – em nossa concepção

[16] N. do E.: referência ao poema épico *Odisseia*, de Homero, que narra o retorno de Ulisses (ou Odisseu) a Ítaca, sua cidade natal, passando por várias situações adversas.

[17] N. do E.: considera-se que esse local seria entre os promontórios (isto é, cabo ou ponta) no estreito de Gibraltar, entre a Europa (Espanha) e a África (Marrocos). O autor italiano Dante Alighieri, no canto XXVI da parte Inferno de seu livro *A divina comédia*, também explora a saga de Ulisses, especificamente na passagem pelas Colunas de Hércules.

atual da criança e, em particular, na ideia que temos da primeira e da segunda infância. Recordemos (Ariès, 1987) que o conceito de infância é posterior aos séculos XVII e XVIII, e que, até os 6 anos, apenas seria considerada um frágil projeto biológico (Badillo, 1998).

A matriz atual dos enraizados *preconceitos*, no sentido que relatamos, distribuídos sobre amplas e compostas faixas que atravessam o saber e os próprios critérios de valorização e conduta social é, sem dúvida, a que chamaríamos de *a cultura do silêncio*, que cala ou fala pouco e mal da longa história da infância.

Porque uma história da infância inexistente e irreconhecível durante milhões e milhões de anos é um *fato inexprimível*, tão doloroso quanto perverso, que *obriga a refletir de forma muito dura*. O que há debaixo desse obstinadíssimo e perene silêncio que oculta essa primeira parte da vida das pessoas, que não deixa marcas nem lembranças de crianças que garantiram a continuidade da espécie? Marcas e lembranças que sequer podem ser reconstruídas com o auxílio de achados e meios arqueológicos?

Creditamos (tolerando, contudo, os excessos esquemáticos) a Lloyd De Mause, quando situa no *infanticídio* e na *sodomização* as respostas tendenciais por parte da sociedade adulta em relação à infância da Antiguidade, e no *abandono* e nas *violências corporais* (unida a uma mortalidade muito alta, à fome, aos privilégios de casta e de nascimento etc.) as respostas tendenciais da Idade Média. Como teria sido a condição da infância em épocas anteriores?

> A infância – cujas auroras conotativas só se remontam ao século XVIII – ainda precisa de um longo processo histórico e cultural para se definir como categoria e se transformar em um referente de atenções educativas, sanitárias, sociais e legislativas apropriadas (basta observar que, por volta do fim do século XIX,

> o Parlamento italiano discutia sobre a idade de trabalho das crianças e sobre a proibição de sua venda ou de seu aluguel) [...]. *A história da condição infantil* viajou no tempo, fechada em seu cruel destino de grande abandono e grande menosprezo, no seio de uma sociedade cultural que, inclusive, era capaz de expressar, em muitos campos, alguns muito altos níveis de qualidade de pensamento e de genialidade artística e científica.[18]

Na verdade, as crianças são consideradas como "menores, ou seja, algo como *cidadãos ainda não de tudo*, em muitos níveis da vida social" (Casas, 2002, p. 44). Temos que saber que o estudo da infância como "idade de desenvolvimento evolutivo é recente e não teve orientação científica até a irrupção do evolucionismo darwiniano" (Badillo, 1998, p. 21). As crianças, dessa forma, não têm um *status* cultural reconhecido.

Assim, Malaguzzi, recorrendo às teses de Postman (1988), fala[19] de como a aparição da imprensa no século XV acentua a diferença entre um adulto que sabe e uma criança que não sabe. Enquanto existiu a transmissão oral, essa disparidade, em diversas culturas, não ocorreu. Foi o processo de escrita que provocou uma diferença histórica que levou ao apagamento da infância.

No entanto, Malaguzzi defende sair das contradições e, sobretudo, das incoerências que podem provocar tanto as teses do descobrimento da infância quanto as que apontam seu

---

[18] Loris Malaguzzi, "L'infanzia e il bambino tra realtà pregiudizi e scienza" ["A infância e a criança entre preconceitos, realidade e ciência", em tradução livre], en AA.VV., *Il bambino e la scienza* ["A criança e a ciência", em tradução livre], Florencia, La Nuova Italia, 1986, p. 85-86.

[19] Loris Malaguzzi, *Problemas, propuestas, experiencias para niños e instituciones infantiles en una época de grandes cambios. Encuentros en Pamplona* ["Problemas, propostas, experiências para crianças e instituições infantis em uma época de grandes mudanças. Encontros em Pamplona", em tradução livre] (gravação audiovisual realizada em Pamplona, em 8 de abril de 1986).

apagamento. Ambas as versões apresentam a infância como uma espécie de *apartheid*, ou como um simples prolongamento do mundo adulto: "De uma parte, uma criança que não cresce e, de outra, uma criança que já nasce crescida".[20] Na verdade, trata-se de uma imagem dissipada, sobre a qual se descarregam tensões e projeções das políticas e das ações sociais.

No processo de normalização da infância, devem ser evitadas alternâncias extremas e procurar a chave na justa medida, sabendo conjugar a subjetivação da criança com a inevitável subjetivação do adulto, já que ambos transitam nas culturas contemporâneas, e suas relações e seus processos se entrelaçam de forma recíproca. Mas, hoje, ainda há confusão. E as alternativas de uma nova imagem da infância perpetuam a velha parábola nesta sociedade, hoje, tecnológica. Dessa forma, um dos mais perigosos males atuais consiste em uma mania obsessiva, intelectual e materialista que quer acelerar o crescimento e a produtividade cognitiva da criança (trabalharemos mais adiante esse tema), retirando-a de seus tempos e ritmos de brincadeira e de conhecimento, defraudando-a como uma personalidade complexa e unitária, violando os direitos que correspondem a ela.

> Uma história da infância que se calou durante milênios e milênios, que emergiu há apenas faz cinco séculos, obriga a intensas reflexões sobre a cultura, sobre a ética e sobre a humanidade da espécie, uma espécie [...].
>
> Na OCDE,[21] ainda há informações das difíceis relações que as sociedades mantêm com as crianças,

[20] Loris Malaguzzi, "Opinioni sull'altalena" ["Vistas no balanço", em tradução livre], *Bambini*, ano III, n. 6 (jun. 1987), p. 5.

[21] N. do E: Organização para a Cooperação e Desenvolvimento Econômico, que tem 37 países-membros, cujo objetivo é estimular o comércio e o progresso econômico. Trata-se de uma organização econômica intergovernamental, que opera como observadora oficial das Nações Unidas nas assembleias gerais.

especialmente nessa última década: a norma é uma persistente alternância entre relações de amor, atenções como planos de inversão e algumas relações implacavelmente invertidas e, com frequência, rescindidas com brutalidade [...].

Ninguém nega as cada vez mais urgentes contradições políticas e sociais que caem sobre as crianças, as famílias e a sociedade. Apesar disso, deve-se tomar conhecimento que as contradições também pertencem, desde sempre, ao mundo da educação da infância e da ciência social. Sobretudo quando as mudanças se desenvolvem de forma mais rápida [...].

É possível normalizar a infância no sentido de limpá-la das pesadas e recorrentes interferências, e começar a vê-la e a praticá-la como uma idade, um *status* estável – uma parte orgânica e historicamente localizada na jornada existencial mais longa –, de que se pode voltar com o sentimento e a razão em harmonia? [...]

A condição infantil tem pouca escapatória: ou foge assustada, para se esconder atrás das cortinas, ou emerge com o artificioso valor de Aquiles [...]. Hoje, o vento sopra nessa segunda direção, e Postman tem razão quando se pergunta se é justo arrancar a infância de seus tempos de infância.

Hawkins[22] declara, em seu célebre *The Informed Vision: Essays on Learning and Human Nature* ["A visão informada: ensaios sobre aprendizagem e natureza humana", em tradução livre]: "Não sei como defender as teses, mas, falando sem rodeios, sinto que estamos construindo uma sociedade em que as crianças não são desejadas. Grande parte de nossos atos de adultos, vistos à contraluz, justificam a interpretação de que não gostamos das crianças e queremos que deixem de ser assim o quanto antes possível [...]".

A descoberta da criança é recente, e muito recentes são os riscos que ela corre.[23]

---

[22] N. do E.: David Hawkins, estudioso da filosofia da educação.

[23] Loris Malaguzzi, "L'infanzia e il bambino tra realtà...", *op. cit.*, p. 85-86.

A obra de Malaguzzi é, de certo modo, um resgate cultural e histórico de uma infância que tem sido maltratada e considerada como pouco importante ou, simplesmente, vista como uma estação de trânsito até a idade adulta. Tampouco se satisfaz Malaguzzi com a condição histórica atual da infância. Ainda hoje, existem crianças maltratadas, morrendo de fome e menosprezadas.

> Contudo, é verdade que, ainda hoje, e apesar de tudo, as linhas hegemônicas da cultura e da política vigente são ainda insólitas em relação às dimensões que comentamos.
>
> Muito fica ainda por fazer para derrubar os estados oscilatórios (os *preconceitos*) que existem no conhecimento, no fatalismo, na retórica, na instrumentalização, nas custódias passivas e nas consciências obsoletas, que, de fato, debilitam a percepção da infância, e que outorgam relevância e atualidade à imagem da criança como "objeto elusivo", segundo De Mause.
>
> Basta ver, por exemplo, como nossa classe dirigente e nossa cultura eludiram e dispensaram o ano internacional da criança, ou afanaram para que nos acostumássemos a um estado imobilista e subalterno em relação às políticas sobre a infância.[24]

Portanto, para Malaguzzi, uma das primeiras operações que temos que realizar consiste em dar uma identidade histórica a uma infância maltratada e silenciada durante séculos pelo mundo adulto; uma criança *desdenhada* por uma cultura prepotente e presunçosa, que se manifesta na forma de um adulto *sobre* a criança. Para Malaguzzi, isso é insuportável, tanto cognitiva quanto emocionalmente. Sua filosofia educativa trata de restituir às crianças – em um processo histórico-político de investigação – as capacidades que tradicionalmente lhes foram furtadas.

---

[24] *Ibidem*, p. 87-88.

> Acredito que cada um tenha suas próprias insuportabilidades. Não sei como se formam exatamente, mas sei que eu as tenho e que têm crescido no tempo em relação àqueles que, com ânimo compassivo, lírico ou sábio, projetam e difundem a imagem de uma criança aniquilada por sua fragilidade, por sua pobreza, por sua pouca habilidade, por sua incompletude, por sua perversidade, por sua pecaminosidade e por seu sofrimento. Uma criança, como adverte Jacques Mehler, menosprezada ao nascer [...], depois de ter demonstrado tantos recursos e disponibilidades inatos. Vá saber onde está a lógica desses cientistas![25]

A imagem da criança na imagem do adulto

Agora, antes de continuar com a definição detalhada da imagem da criança por parte de Malaguzzi, convém que abramos um longo parêntese para resgatar uma ideia importante. A imagem da criança que Malaguzzi apresenta não está separada – nem pode estar – da concepção do homem, da mulher, da vida e do mundo que temos. Falar de infância é fazer referência à humanidade, a uma concepção da natureza e a um tipo de cultura. Todos esses elementos constituem, em termos bronfenbrenianos,[26] uma ecologia de transições em interação entre os diversos sistemas humanos, sociais e culturais (mais adiante desenvolveremos a capacidade estratégica

---

[25] Loris Malaguzzi, "Della insopportabilità, della intolleranza e della sofferenza" ["Da insuportabilidade, da intolerância e do sofrimento", em tradução livre], *Bambini*, ano IX, n. 2 (fev. 1993), p. 4.

[26] N. do E.: referente ao psicólogo Urie Bronfenbrenner, conhecido pela sua teoria dos sistemas ecológicos, modelo de desenvolvimento humano para pesquisas em ambientes naturais, em que o indivíduo interage com diversos contextos de níveis variados na sociedade (microssistema: família, amigos, escola etc.; mesossistema: interação entre membros do microssistema; exossistema: vizinhos, políticos locais, mídia de massa, serviços sociais etc.; macrossistema: atitudes e ideologias culturais).

de Malaguzzi para conectar e relacionar acontecimentos que parecem distantes entre si).

É que, para Malaguzzi, o ponto de vista sobre a criança é aquele sobre o homem,[27] e a imagem da criança é uma de unidade e de integridade de vida, de uma criatura que pede o direito de caminhar o máximo possível com suas próprias pernas. Para isso, é necessário um adulto que saiba, também, encontrar seus próprios recursos e que aprenda a interagir de forma adequada com a criança, sem substituir seu próprio caminho de aprendizagem. Crianças e adultos vivem processos "paralelos e convergentes". Cada um, de seu ponto de vista, faz-se questões fundamentais e parecidas sobre o sentido de sua vida e de sua existência. A imagem da criança se encontra, dessa forma, na imagem que o homem tem de si mesmo.

Assim, geram-se uma série de expectativas recíprocas que podem influenciar, de algum modo, a própria atuação de crianças e de adultos. Tanto uns quanto outros não são sujeitos separados, mas, sim, que constituem um sistema de relações que se integra em uma parte do mundo, com suas próprias experiências, sentimentos e emoções. Portanto, as relações que se constroem conjuntamente são muito complexas. Trata-se de referências entre sistemas que vivem dentro e fora do ambiente escolar, que são uma parte da cultura e da própria concepção do mundo. Essa ideia incita que a relação se atualize e se concretize em contextos específicos, não em campos abstratos.

> Não podemos pensar na criança de modo abstrato. Quando pensamos em uma criança, quando escolhemos uma criança para observar, essa criança se encontra já estreitamente conectada e vinculada a

[27] Loris Malaguzzi e Sergio Spaggiari, *Seminario rivolto agli educatori svedesi* (gravação em áudio realizada em Reggio Emilia, em 6 de maio de 1989).

> certa realidade do mundo: tem relações e experiências. Não podemos separar essa criança de uma realidade concreta. À escola, leva consigo essas experiências, sentimentos e relações.
>
> E isso também acontece conosco, os adultos. Quando entramos em uma escola pela manhã, levamos conosco fragmentos de nossa vida: nossa felicidade, nossa tristeza, nossas esperanças, nossas alegrias, as tensões de nossa vida. Nunca entramos de uma maneira alheia ou neutra; sempre levamos conosco fragmentos do mundo que nos é próprio. Portanto, os encontros que temos estão sempre permeados pelas experiências que nos acompanham.[28]

Essa forma de ver o mundo leva Malaguzzi a se indagar sobre as relações que a pedagogia mantém com a psicologia, a ciência, a tecnologia, a sociologia, a biologia etc. Pudemos revelar algumas respostas nas páginas anteriores; outras ficarão explicitadas nas páginas seguintes. Assim, Malaguzzi se pergunta sobre as relações entre a teoria e a prática. Malaguzzi parte, como vemos, de grandes convicções teóricas não imparciais. Contudo, ao mesmo tempo, declara-se defensor de outra teoria: é a prática que deve estabelecer uma preponderância sobre a teoria, porque é na prática que se joga o destino do homem e da humanidade.

> *Quando, em nossa profissão, encontramo-nos, dia a dia, com as necessidades e os desejos das crianças, somos da opinião de que a prática deve pesar mais que a teoria [...].*
>
> *Nessa frente, temos muitos aliados. Um deles é David Hawkins, quem, sem duvidar, diz: "Os práticos da educação têm uma sensibilidade muito mais rica que os acadêmicos". Em consequência, devemos considerar os educadores não tanto como meros trabalhadores, mas, sim, como intérpretes.*[29]

---

[28] Loris Malaguzzi, "Your Image...", *op. cit.*, p. 53.

[29] Entrevista realizada com Loris Malaguzzi em Edwards, Gandini... *op. cit.*, p. 88.

Uma das virtudes pedagógicas e culturais de Malaguzzi é a de ter sido capaz de encontrar uma prática coerente com esses princípios educativos. Uma prática que define e dá voz e identidade a uma criança que, apesar dos recentes reconhecimentos psicológicos e pedagógicos, ainda é um ser sem uma identidade clara. O que Malaguzzi não suporta é uma identidade ligada ao palavreado academicista de alguns livros e de algumas lições docentes. Para Malaguzzi, a universidade[30] apresenta a imagem de uma criança amorfa, não verdadeira, uma espécie de fantasma cheio de asneiras. E Malaguzzi,[31] tomando a provocação de Woody Allen,[32] afirma que a retórica é a área da imbecilidade. Por isso, é necessário que a criança seja dotada de identidade tendo a prática como base. Uma prática coerente com a declaração de princípios que façamos. Essa sintonia entre teoria e práxis educativa forma a ética pedagógica de Loris Malaguzzi.

Mas repetimos que – para Malaguzzi – a cultura da infância está ligada e conectada à cultura e à consideração do homem e, sobretudo, da mulher, da família. Isso tem a ver com a concepção de uma imagem de infância, que não se encontra isolada.

> Normalizar a infância não significa – repito – simplificá-la e reduzir sua complexidade. Quer dizer, sobretudo, resgatá-la de cada artificioso afastamento e de suas mediações históricas; sim, é verdade, como eu acredito, que sua subjetivação se conjuga

[30] Loris Malaguzzi, *Seminario rivolto agli educatori svedesi* (gravação em áudio realizada em Reggio Emilia, em 28 de maio de 1992).

[31] *Idem, ibidem.*

[32] N. do E.: o diretor, ator e roteirista estadunidense Woody Allen é conhecido por comentários (seja em entrevistas concedidas, seja por meio de personagens criados por ele) sarcásticos e provocadores em relação aos professores, como "Aqueles que não sabem, ensinam. E aqueles que não sabem ensinar, ensinam Educação Física" (à qual Malaguzzi provavelmente se referia) ou "Minha educação foi depressiva. Eu estudei em uma série de escolas para professores com transtornos mentais".

> inelutavelmente com a subjetivação do adulto. A criança e o homem sempre transitam por culturas e esferas sociais contemporâneas, e suas relações (seu ser e seu futuro) também estão dentro de processos que se encontram entrelaçados entre si, embora, às vezes, pareçam distantes e, até mesmo, contraditórios.
>
> Em outras palavras: quero pensar que, quanto mais (à mulher e ao homem adultos) se garanta ao ser humano uma existência serena e segura, livre das descomedidas angústias e medos que hoje (e sobretudo hoje) ameaçam, quanto maiores níveis de conhecimento e de alfabetização se tenha – um sentimento e uma razão capazes de se expressar com plenitude e liberdade criativa – e quanto mais consciência de solidariedade se tenha, mais liberdade haverá de percorrer, e com uma memória mais forte, toda a sua vida (infância incluída), tirando dela recordações, imagens, experiências e, também, desejos e fantasias para integrá-los à própria história e à própria consciência. Isso, mantendo consigo e, com as crianças, uma filosofia de relações totalmente distinta que poderia, por sua vez, ser precursora de uma nova cultura de adultos e crianças capazes de favorecer aquelas mudanças de qualidade de vida que ninguém pode negar que estão ao alcance da vontade e das ações humanas.[33]

Portanto, Malaguzzi é defensor de um projeto teórico-prático de crianças e adultos juntos, que se necessitam para realizar um projeto de vida e um projeto de sentido na vida. Um projeto que anule a tradicional assimetria entre uma criança fraca, idílica ou paradisíaca, que não sabe, e um adulto forte, que deve ensinar o que acredita saber.

---

[33] Loris Malaguzzi, "L'infanzia e il bambino tra realtà...", *op. cit.*, p. 89.

> É no entrelaçamento das proposições prospectivas em que podem ser encontradas – muito além dos velhos e novos extremismos imaginários – as ideias mais úteis para um projeto teórico e prático das crianças e dos adultos juntos, que anule, finalmente, as proibições da tradicional assimetria existente entre uma criança fraca, que sobrevive e que não sabe, e um homem forte, iluminado e sábio; ou, invertendo completamente a situação, de uma criança que vive no material e na confusão, e de um homem que vive a idade apócrifa e corrupta, em um distanciamento que impede qualquer autenticidade coprotagonista de mudanças e de relações.
>
> Não somente nas lendas e nos contos, como também na história da humanidade, existe um projeto infantil. Isso leva a uma continuidade biológica, existencial e cultural que transcorre dialeticamente das crianças aos adultos e dos adultos às crianças.[34]

Essa ideia leva Malaguzzi a analisar as condições de vida dos homens, das famílias, dos trabalhadores nas instituições infantis e, sobretudo, das mulheres[35] (em virtude do fato – quase em todas as culturas – terem uma imagem que as liga às crianças pequenas).[36] Suas condições de vida e seu *status* social e político são, de certo modo, indicadores de uma imagem de infância indigente. Por esse motivo, Malaguzzi se preocupou, em particular, em analisar a situação de vida das mulheres, tanto em nível nacional quanto internacional. Vejamos um exemplo:

---

[34] *Ibidem*.

[35] Não é casualidade que 98% das profissionais da Educação Infantil no mundo sejam mulheres.

[36] Também não é ao acaso que as escolas 3-6 na Itália ainda continuam se chamando, pejorativamente, *scuole materne* ["escolas maternais", em tradução livre]. Os últimos *orientamenti* ["diretrizes", em tradução livre], ainda vigentes, chamam-se *Nuovi Orientamenti dell'attività educativa nelle scuole materne statali* ["Novas diretrizes para a atividade educacional em escolas maternais estaduais", em tradução livre].

Como está a infância hoje?

Se prestarmos atenção nas políticas que se têm seguido nas últimas duas décadas, teremos a derradeira comprovação das difíceis relações que as sociedades (aqui e longe de nós) mantêm com as crianças, as mães e as famílias. Norberto Bottani – do observatório da OCDE – não titubeia em nos dizer que, muito além das razões econômicas – que, realmente, pesam muito –, a norma existente ainda flutua alternativamente entre, por um lado, relações de amor, de cuidado, de atenção e de planos de investimento dos recursos e, por outro, alguns fins e relações cruelmente inversos, indiferentes e, com frequência, selvagemente divididos.

A partir de 1973, todos os países da OCDE eliminaram seus projetos. Especialmente nos países anglo-saxões, isso levou a uma desmobilização selvagem do estado social e dos serviços públicos para a infância, sem se preocupar muito em implantar políticas substitutivas.

A família e a mulher foram chamadas, simplesmente, para que suprissem os serviços sociais; ou seja, de maneira indireta, para que produzissem outro trabalho, com a finalidade de ganhar na economia e, dessa forma, evitar qualquer aumento da pressão fiscal, em particular no que se refere às classes ricas. *Em nossa cultura ocidental, é na condição feminina, da mulher, que há de ser reencontrada e interpretada a condição da infância e da criança.*

A mulher desenvolve 2/3 do trabalho mundial, mas é paga com 1/10 da renda e tem menos de 1/100 dos bens. O trabalho doméstico não reconhecido, não valorizado e não remunerado constitui uma porcentagem entre 25% e 40% do produto nacional bruto dos países industrializados [...].

Entre nós, as leis sobre as escolas de Educação Infantil, sobre a reforma da família, sobre a maternidade, sobre o aborto, sobre o divórcio, sobre a igualdade dos sexos [...], de fato, mudaram um pouco o *status* da infância, um *status* que não muda – repetimos – se não avança em paralelo – sobretudo – com o da mulher e o da mãe.[37]

Considerações sobre a solidão da criança

Outras das questões que Malaguzzi destaca é que há cada vez menos crianças e elas estão mais sozinhas. Esse fenômeno causa duas consequências sociais: por um lado, a de que, ao estarem em menor número, acabam sendo menos importantes na hora de impulsionar políticas economias de melhoria de suas condições de vida; e, por outro lado, a de que são sujeitos com menos autonomia, hiperprotegidos, ou usados como espetáculo em uma espécie de manipulação da infância. Atuações implícitas que também – de maneira disfarçada – podemos encontrar nas escolas.

> Temos visto que, *cada vez há menos crianças*, mas, também, que aumentaram de maneira desmedida os fenômenos de intolerância social relacionados a elas. Os números são terríveis, e o silêncio organizado é a única política que se põe em prática. Em contrapartida, é como se as pessoas apenas conhecessem a violência extrema, a que provoca terror, mas parecem entender muito menos que a violência também está presente nas transmissões dominicais da televisão pública, nas quais as crianças são educadas abjetamente para serem fãs de cantores em um mundo – como diz o *slogan* – feito de canções[38] [...]; (a televisão) também as quer agora (as crianças) no cenário, junto aos seus pais e avós, como aprendizes e consumidores do "*star*

[37] Loris Malaguzzi, "L'infanzia e il bambino...", *op. cit.*, p. 91.

[38] N. do E.: referência ao *slogan "Malpaís: un lugar hecho de canciones"*, que diz respeito tanto à península situada na Costa Rica quanto à banda homônima costa-riquenha. Esse *slogan* foi adaptado para outros contextos variados.

> *system*".[39] E ainda se conhecem menos as violências da pedagogia e da escola [...].
>
> E ainda estranha menos, entre tantas incertezas, vacuidades, medos e violências, a imagem de uma família que prescreve às crianças a *execução* (ou sublimação) *mecânica* da própria, em vez de ajudá-las e guiá-las com serenidade e confiança, e mantendo com elas um bom diálogo, tendo em vista o domínio das próprias, autônomas e livres escolhas [...]. Essa é uma realidade que deprecia um dos problemas mais delicados e preciosos do papel parental na formação infantil [...].
>
> O fato é que, muito mais do que quando nos diziam os estudos de Ponzo, há uma década, a confusão perceptiva dos pais em relação aos filhos pequenos e o seu conhecimento aumentou, e ainda está aumentando. E, sobretudo, com um hiperprotecionismo que mascara a suposta identidade da criança.[40]

Todos esses elementos de análise levam Malaguzzi a reavaliar o problema, que já tínhamos falado, da "normalização" da criança e de sua imagem. A forma de sua reavaliação é cativante:

> Se a infância é um mundo do qual se sai para não voltar, ou se a infância é um mundo do qual se sai tendo crescido e ao qual se pode voltar livremente.[41]

É uma questão delicada que exige a desmistificação de algumas das imagens tradicionais. Para o estudioso de Correggio [ou seja, Loris Malaguzzi], é importante qualificar a imagem da criança, suas potencialidades e suas riquezas.

---

[39] N. do E.: sistema de culto a pessoas com visibilidade midiática, vendendo-as aos públicos como produtos.

[40] *Ibidem*, p. 93-94.

[41] *Ibidem*, p. 95.

Era necessário, antes de definir com clareza a própria imagem da infância que Malaguzzi professa e atua por, evidenciar essa espécie de preâmbulo filosófico que, para nosso autor, é uma espécie de aglutinante prévio de sua definição da imagem da criança e do homem.

O que Malaguzzi não suporta, na definição de sua imagem de infância, é fazê-la partindo de parâmetros negativos ou de incapacidades. Para ele, a criança é um ser dotado de altas capacidades desde o nascimento. Potencialmente, contém todas as capacidades humanas e todas as suas linguagens expressivas. O pedagogo reggiano, apesar de denunciar as condições de vida em que estão as crianças deste mundo, tem uma visão otimista da infância. Uma perspectiva que, em seu extremo, não aceita recortes de capacidades para nenhuma criança. Para Malaguzzi, todas as crianças, em todas e em cada uma das culturas, são inteligentes.

A imagem da criança e a forma de construção do conhecimento

O que Malaguzzi repudia[42] é a imagem de uma criança "tábula rasa", que aprende por reprodução, que apenas armazena as informações que chegam a ela do exterior. Uma criança determinada por seu patrimônio genético. É o repúdio explícito a qualquer teoria ou prática condutista que anule as riquezas das crianças.

> *Em média, de uns sessenta anos para cá, seguimos partindo de uma concepção determinista, com um ponto de partida determinista; a criança é uma espécie de esponja, uma espécie de contêiner, e tudo aquilo que o entorno, de algum modo, fornece a ela pode ser absorvido pela esponja, pela criança. Trata-se*

[42] Loris Malaguzzi, *Seminario rivolto agli educatori svedesi – L'educazione dei bambini* ["Seminário destinado a educadores suecos – A educação infantil", em tradução livre], 1 e 2 (gravação em áudio de uma intervenção de Malaguzzi em Albinea, em 9 de junho de 1987).

de ver até que ponto o acaso das ações do entorno pode influenciar a formação da criança. Substancialmente, a criança é, ainda, uma espécie de pelúcia, de ursinho, quando nos convém, é uma criança à espera, uma criança que aguarda, que espera receber do seu entorno os estímulos necessários que, se, por sorte, dão bons frutos, poderão permitir que ela, de um modo ou de outro, domine as circunstâncias de sua vida.

Diria que, substancialmente, entre o interno e o externo da criança, o preponderante é o externo; portanto, há uma grande apologia do entorno como elemento determinante e decisivo em relação às possibilidades evolutivas da criança.[43]

Pessoalmente, estou de acordo com Moscovici. Porque se não nos dermos conta disso, viveremos em uma sociedade comportamentista; pensamos, atuamos e sonhamos de um modo comportamentista. Tudo está dentro, do princípio ao fim, em sua aridez e em seu reducionismo, que não são apenas formais. Sob essa filosofia, transita uma grande parte da sociedade italiana [...], e, em minha opinião, uma grande parte de nosso fato educativo, de sua divergência aplicativa e de sua organização, cada vez mais mastodôntica, brutal e fechada em sua carapaça.[44]

Eu gostava de pensar que as narrativas dos educadores [...] sobre uma experiência arriscada e baseada nas designações de prêmios e de castigos aos pequenos [...] de uma escola municipal de Forli[45] já haviam acabado [...]. No entanto, a história se repete [...], mas levando consigo seu método (confiado não apenas a uma distribuição barroca e perversa dos certificados de prêmios e de castigos, mas, sim, verdadeiros processos públicos entre bons e maus, entre agredidos e agressores, com rituais de pedagogia maligna, como o de impingir aos pequenos

---

[43] Loris Malaguzzi, Loris Malaguzzi, *Sviluppo della intelligenza nel bambino* ["Desenvolvimento da inteligência na criança", em tradução livre] (transcrição de uma conferência realizada em Reggio Emilia, em 4 de novembro de 1986).

[44] Loris Malaguzzi, "Scusate, entri pure Cipputi" ["Desculpe, entre em Cipputi", em tradução livre], *Bambini*, ano VII, n. 1 (jan. 1991), p. 7.

[45] N. do E.: município italiano da região da Emília-Romanha, que se localiza ao norte do país.

> cenas repugnantes e, que, não obstante, supõem-se milagrosamente salvadoras), em uma dupla babel de falsos protecionismos históricos e de motivações psicopedagógicas pescadas na grande "*paella*"[46] notificatória que vive de rodeios, esquece-se das crianças, e se alimenta de moralismos e de grandes falsidades. Não queria gastar mais tempo nesse estreito – e, no entanto, necessariamente denunciável – ato de pedagogia, uma pedagogia ridiculamente blasfemadora, mas que, apesar de tudo, as crianças se viram lançadas e submetidas. Perigosamente.[47]

Tampouco aceita a imagem de uma criança que apreende. Uma criança a que se atribui recursos e competências, mas que espera estímulos externos que ativem suas potencialidades. É uma criança que não tem autonomia, nem é protagonista de sua aprendizagem.

> *Nos anos 1960, aparece com força, pela primeira vez, uma imagem de uma criança, ou já dotada e competente, ou com um patrimônio natural de recursos que requerem atualização para passar à forma, ao fato e ao concreto, sempre por meio de estímulos externos; quanto melhores são os estímulos externos, mais possibilidade há de que os recursos já naturais da criança possam brotar e crescer [...]; uma criança que, ao contrário, aqui já tem pautas, já tem competências específicas, e o que determina a história e o destino da criança é a excelente possibilidade de um estímulo externo [...].*
>
> *É uma criança destinada a padecer das influências externas.*[48]

Essa imagem que determina, de uma vez por todas, a criança e o adulto é insuportável para Malaguzzi.

---

[46] N. do E.: prato mais conhecido da culinária espanhola, preparado com arroz, frutos do mar, carnes diversas, hortaliças etc. No contexto, refere-se a uma grande "mistura" de elementos, tal qual a *paella*, evidenciada, também, pelo termo "babel".

[47] Loris Malaguzzi, "C'è chi siede e chi si alza" ["Há quem se senta e quem se levanta", em tradução livre], *Bambini*, ano IX, n. 8 (out. 1993), p. 4.

[48] Loris Malaguzzi, *Sviluppo della intelligenza...*, *op. cit.*

Ambas as imagens limitam e definem a criança pelo defeito, preenchem-na de fragilidades, de imperfeições e de restrições, que ele não aceita. Para Malaguzzi, a criança é um ser cheio de possibilidades.

> Está menosprezada, como diz Mehler. É estúpida, ou tonta ou fraquinha, como se diz no dialeto milanês.[49] É um *defeito de ser*, um "des-ser" ou um paraíso perdido, como agregam outros. Uma *tábula rasa*, como outros sussurram às escondidas. Esse é o léxico para essa criança que não é assim, e ele trai uma infinidade de coisas. Sobretudo quando você se adentra nos territórios da educação, e esta se transforma em ciência onijustificativa.
>
> A uma criança sem peso e sem intensidade, é muito mais cômodo e simples construir para ela um entorno físico e cultural sem peso e sem intensidade. O problema é torná-lo válido. Depois da passivação *urbi et orbi*,[50] transforma-se na regra e regula e moraliza as coisas.
>
> Uma criança devolvida à sua realidade – de maneira nenhuma estúpida, pelo contrário, rica em potencialidade, em habilidade e em energia vital, assim como em capacidade, que sofre se não a ensinam e que repugna cada redução em seu ofício de crescer – exige teorias práticas e valores diferentes.
>
> Quando ocorrer esse reconhecimento, até o conceito de educação e o mundo dos adultos serão muito diferentes dos de hoje. Lembro-me bem do quão decidida soava a voz de Ciari[51] e o quão sarcástica era a de Rodari[52] quando tocavam nesse ponto. Mas Dewey[53]

[49] N. do E.: referente à cidade de Milão, localizada no norte da Itália.

[50] N. do E.: expressão latina que significa "à cidade [de Roma] e ao mundo", "a todo o universo". *Urbi et Orbi* é o nome das bênçãos de Natal e de Páscoa, feitas pelo Papa.

[51] N. do E.: referente ao pedagogo italiano Bruno Ciari, especialista em didática. Era partidário de uma educação democrática, antiautoritária e não confessional. Escreveu diversas obras importantes a respeito dessa temática.

[52] N. do E.: referente ao jornalista e escritor italiano Gianni Rodari, cuja extensa obra é majoritariamente voltada à literatura infantil.

[53] N. do E.: referente ao pedagogo e filósofo estadunidense John Dewey, expoente da corrente pragmatista.

> o explicou a seu momento: "Não se pode chegar a um conceito adequado de educação se não limparmos nossa mente do preconceito de que a criança é uma mera privação que espera ser preenchida". A imaturidade da criança não é impotência, mas, sim, possibilidade e potencialidade de crescer.[54]

A única saída – desse lamaçal – digna para Malaguzzi seria considerar a criança dentro da teoria socioconstrutivista. É ela que permite ver a criança como um sujeito predisposto, imediatamente, a interagir com o ambiente, a dar e a receber, e a desenvolver seu patrimônio enquanto se relaciona com o entorno. Um sujeito que escolhe e se responsabiliza de seus compromissos ativamente. Esse pressuposto – herdeiro crítico das teses piagetianas e do descobrimento da etologia,[55] como veremos – propõe uma imagem de criança ativa, capaz de ativar seus recursos genéticos sobre o ambiente, por meio de interferências, experiências e interconexões com as disposições ambientais. Dessa forma, produz-se uma "circularidade sinérgica" entre a criança e o ambiente. Essa imagem supera todas as teorias deterministas (ou parcialmente deterministas) das imagens anteriores, pois se há algo que Malaguzzi não suporta é considerar o ser humano como um ser predeterminado. O respeito à criança e ao ser humano pressupõe crer, acima de tudo – eticamente –, em seu indeterminismo.

Portanto, Malaguzzi[56] defende uma teoria ecológica fundada sobre as trocas contínuas entre o indivíduo e o ambiente. É uma teoria genética, interacionista, socioconstrutivista, criativa e subjetiva. Trata-se de uma hipótese que outorga grandes potencialidades às crianças, a todas as crianças.

---

[54] Loris Malaguzzi, "Della insopportabilità...", *op. cit.*, p. 4.

[55] N. do E.: estudo do comportamento humano e do comportamento animal.

[56] Loris Malaguzzi, *Seminario rivolto agli educatori svedesi – L'educazione...*, *op. cit.*

> Nossa imagem das crianças já não as considera afastadas e egocêntricas, não as vê unicamente ocupadas em atuar com objetos, não destaca apenas os aspectos cognitivos, não desdenha o sentimento ou aquilo que não é lógico, nem contempla com ambiguidade o papel do domínio reflexivo. Longe disso, nossa imagem da criança é rica em potencial, forte, potente, competente e, sobretudo, vinculada aos adultos e às outras crianças.[57]

Essa imagem que definimos como genética se refere a todas as possibilidades inteligentes e desperdiçadas que nos oferece nossa biologia, nosso cérebro. Malaguzzi reconhece, assim, a provocação de Rita Levi Montalcini, Prêmio Nobel de Biologia:

> Entender a natureza do homem e melhorar a qualidade de vida não apenas de uma parte da espécie humana, mas, sim, de toda a humanidade. O conhecimento do cérebro não é apenas a chave para a compreensão do universo; é a única esperança que têm os homens para entenderem a si próprios.[58]

As pesquisas neurológicas fascinam Malaguzzi, mas, sobretudo, aquelas disciplinas que não esquecem a relação com as ciências humanas. Nesse sentido, recorre às ideias de Gerald Edelman,[59] Prêmio Nobel de Medicina. Para esse autor, que estuda as concepções biológicas da mente, nosso conhecimento sempre é parcial,

[57] Loris Malaguzzi, em H. Penn, *Comparing Nurseries: Staff and Children in Italy and the UK* ["Comparando berçários: funcionários e crianças na Itália e no Reino Unido", em tradução livre], Paul Champman Publishing, 1997, p. 117.

[58] Essa citação foi retirada de um documento inédito escrito por Loris Malaguzzi, *A nessuno* ["A ninguém", em tradução livre], 1986. *Vide* também Rita Levi Montalcini, *El as en la manga* ["O ás na manga", em tradução livre], Barcelona, Crítica, 1999.

[59] Gerald Edelman, *Il presente ricordato* ["O presente recordado", em tradução livre], Milán, Rizzoli, 1991; Gerald Edelman, *Sulla materia della mente* ["Em matéria da mente", em tradução livre], Milán, Adelphi, 1995; Gerald Edelman e Giulio Tononi, *El universo de la conciencia* ["O universo da consciência", em tradução livre], Barcelona, Crítica, 2002.

aproximativo e imprevisível. Essa ideia, que seduz Malaguzzi, indica que o cérebro já não pode ser visto como uma estrutura imóvel, predeterminada pelos programas genéticos, mas que está sujeito a condições casuais e a variações ambientais.

> E tampouco como uma estrutura cujas funções são deterministicamente dependentes de centros específicos e constituídas por células nervosas (os neurônios) separadas e incomunicáveis.
>
> A massa cerebral, por meio de seus cem milhões de neurônios, tem ressonâncias internas muito amplas, que participam nos atos do homem, cuja inteligência (independentemente de sua definição) é o fruto das cooperações sinérgicas das partes cerebrais. As sinapses – que são conexões plásticas das células nervosas, moldáveis e modificáveis – são o sinal de testemunho das interações e dos circuitos que ocorrem no cérebro.
>
> A evolução e a involução dos neurônios (assim como das sinapses) dependem de acontecimentos e de fatores ambientais que apenas hoje estão começando a ser conhecidos e distinguidos.
>
> Os centros específicos do cérebro intervêm sobretudo quando há suplências funcionais, no caso de patologias.
>
> A descoberta, por parte de Rita Levi Montalicini, da molécula do crescimento – produzida pelo organismo e sujeita às influências ambientais – contribui com novas esperanças: a molécula seria uma espécie de medicamento que ativa e conserta os neurônios afetados pelas doenças e pela desintegração. Trata-se de uma descoberta sensacional, que precisa ser confirmada e estudada mais a fundo, e que representa um ponto forte da seleção científica da neurociência.[60]

Essas ideias situam Malaguzzi, como mencionamos, em uma concepção otimista do ser humano. Um adulto e uma criança

[60] Loris Malaguzzi, *A nessuno...*, *op cit.*

cheios de potencialidades, mas que devem ser impulsionadas e expressadas com uma colaboração adequada das demandas procedentes do ambiente. Essas teorias, ao mesmo tempo, afirmam que as possibilidades do cérebro humano estão sumamente subutilizadas.[61] Além disso, diversos estudos apontam as enormes riquezas neurológicas da criança pequena.

> Não é tanto porque por meio do uso de aparelhos de grande sofisticação tecnológica se confirmou que o metabolismo energético do cérebro (a grande operatividade do cérebro) de uma criança de dois anos é igual a de um adulto, ao passo que a taxa metabólica de uma criança de quatro anos é, nada menos, que o dobro da de um adulto, senão porque a proliferação máxima das sinapses (de cuja decisiva importância já comentamos) produzir-se-ia na primeira e na segunda infância. Trata-se de um período delicado, que vem acompanhado de processos de seleção que dão vida às estruturas dos circuitos e das interações entre as células cerebrais.
>
> Segundo os estudos do neurologista Max Cowan, da Universidade de Saint Louis, esse momento de proliferação das sinapses constituiria uma ocasião privilegiada para decidir a quantidade – e, sobretudo, a qualidade – das conexões neuronais e das possíveis alternâncias de seus andamentos funcionais.
>
> O fato de utilizar bem e um alto número de transmissões, ou, pelo contrário, de utilizar poucas, e de modo insatisfatório, depende da qualidade e da produtividade determinadas pelas situações ambientais e educativas.
>
> Tudo isso mostra que os primeiros períodos da vida têm um papel decisivo em muitos aspectos nos processos de aprendizagem.

---

[61] Embora, agora, exista uma corrente defendida por alguns neuropsicólogos, neurologistas e neurocientistas que afirma que o ser humano utiliza seu cérebro em um rendimento altíssimo, que se cifra em 80%-90%.

> Tanto esses resultados como os relacionados com os estudos das neurociências comentados anteriormente se encontram no marco de uma filosofia científica, que reestabelece perspectivas de extraordinário interesse para a natureza e a evolução humanas. O cérebro não enjaulado pelos genes foge dos velhos determinismos absolutos: sua estrutura e seu funcionamento são os de uma espécie a qual a natureza dotou de um modo privilegiado de recursos dispostos a se modificarem por meio da experiência, da educação e da aventura de viver.[62]

Para Malaguzzi, são importantes as relações que estabelecem as neurociências, em seus estudos sobre o cérebro, com o conhecimento e as ações humanas. Essas pesquisas levam a reformular a própria imagem de criança e de homem. Nesse caso, Loris sabe que cada pesquisa – mesmo as chamadas científicas – não é neutra. Subjacente a elas, existem interesses políticos e econômicos. Malaguzzi, nesse momento, faz uma aposta e se declara seguidor ideológico de uma ideia neurológica. Segundo ele:[63] expressa-se como um *entusiasta*, ou seja, um torcedor por um cérebro democrático, não enjaulado nem imobilizado pelos determinismos genéticos.

> *Declaro-me partidário* de um cérebro que não esteja imobilizado pelos determinismos genéticos, que tenha margens de opções, que possa negociar seus vínculos com os do entorno. E repudio as instruções genéticas de [Karl] Popper, as concepções de uma base biológica das múltiplas inteligências especializadas de [Howard] Gardner ou as de [Pierre] Mounoud, que aludem às estruturas cognoscitivas já completamente pré-formadas.

---

[62] Loris Malaguzzi, *A nessuno...*, *op. cit.*

[63] Loris Malaguzzi, "Si può tifare (come nello sport) per un cervello più libero e democrático" ["Você pode torcer (como no esporte) por um cérebro mais livre e democrático", em tradução livre], *Bambini*, ano IV, n. 5 (maio/1988), p. 4-5.

Declaro-me partidário das sinapses, em relação a como traduzem um fato e uma ideia (muito fecunda) de interação e de solidariedade entre os 100 milhões de neurônios, e da mente batesoniana,[64] vista como agregações de múltiplas partes.

Declaro-me partidário de Edelman,[65] de sua biologia evolutiva e de sua imagem do cérebro, que não é uma *máquina para pensar*, e cujas interconexões químicas e elétricas – que determinam as atividades cognitivas e psíquicas –, para se concluir e se qualificar, necessitam das interações com o mundo exterior. Na verdade, tudo isso é algo natural. A relação com o entorno é a que decide, para cada indivíduo, quais de suas interconexões cerebrais *falarão* e quais permanecerão em silêncio. E volto a *me declarar*, em *alto e bom som, partidário* de Edelman (candidato a um segundo Nobel),[66] porque com sua ideia de *suturação conceitual*, de não pouca relevância filosófica e ética, refere-se ao cérebro como o maior mistério do *cosmos*. Arrancando-o de um melancólico reducionismo, que acredita em uma figura de homem que se encontra empoleirado no *trono* do orgulho, como *dono do mundo* e, por consequência, do *cosmos*. Uma noção presunçosa, repetida também recentemente pelo Papa Wojtyła,[67] e que diz o quanto tardarão em desaparecer as culpas de um falso humanismo e de um falso cientificismo, e o quanto tardará em desaparecer a imagem oitocentista de uma natureza "com dentes e garras de

[64] N. do E.: referente a Gregory Bateson, antropólogo, cientista social e linguista britânico, cujo trabalho se permeou em diversas áreas, como a cibernética.

[65] N. do E.: referência ao estadunidense George Edelman, que foi médico, biólogo molecular, neurobiólogo e físico-químico. Foi ganhador do Prêmio Nobel de Medicina em 1972 (compartilhado com Rodney Porter) pelo seu trabalho sobre o sistema imunológico.

[66] N. do E.: de fato, Edelman foi laureado com o Prêmio Nobel apenas em 1972. Em relação ao Nobel de Medicina, no *site* do Prêmio, ainda não há dados disponíveis posteriores a 1953, em razão de regras da Academia Real das Ciências da Suécia, instituição que seleciona e atribui a premiação.

[67] N. do E.: referente ao Papa João Paulo II, o polonês Karol Wojtyła, cujo pontificado se estendeu de 1978 a 2005, ano de seu falecimento.

> sangue", ao mesmo tempo terrível e que podemos dominar com facilidade.
>
> E, por último, *declaro-me partidário* de Dulbecco[68] e de seu trabalho por decifrar, um a um, os componentes do genoma, do patrimônio hereditário, do DNA, da *caixa-preta* da vida. Um compromisso levantado para daqui a quinze anos, e para o qual é sábio e necessário se preparar a partir de agora.
>
> O cérebro do qual somos *fãs* – insisto – não está disponível nas atuais teorias culturais, pedagógicas e éticas que ainda hoje parecem dominar o panorama reinante.[69]

Essas grandes riquezas neurológicas levam Malaguzzi a estabelecer uma coerência entre a biologia, a aprendizagem da criança, da educação e de sua didática, como veremos nas futuras estratégias que desenvolveremos. E isso ocorre porque, de outra maneira, as possibilidades educativas e da escola não existiriam. Para Loris, a instituição escolar deve estar em sintonia com a cultura e com as novas questões científicas. A escola tem muitas possibilidades de desenvolver as riquezas humanas, sempre que abandonar as velhas leis didáticas baseadas nas programações e na repetição dos saberes.

Essas potencialidades humanas, hoje internacionalmente mal-aproveitadas, levam-no a declarar – como dizíamos – um grande otimismo sobre a imagem da criança e do adulto.

> *Porém, quero dizer que somos otimistas porque acreditamos que a criança é um ser que nasce com grandes potencialidades, e que também assim somos porque, sem o otimismo, não é possível fazer educação, tampouco é possível dotá-la de conteúdos prospectivos que sejam capazes de fazer frente,*

---

[68] N. do E: Renato Dulbecco, virologista italiano que ganhou o Prêmio Nobel de 1975 pelo seu trabalho sobre câncer viral, além de ter estudado o DNA e o RNA.

[69] *Ibidem*, p. 5.

> *em qualquer circunstâncias, às pressões externas, ou seja, às pressões de todo tipo [...].*
>
> *Um otimismo baseado no desequilíbrio, e não no equilíbrio, na continuidade e na descontinuidade, e não apenas na continuidade. Isso quer dizer que também é possível pensar em termos de ordem didática, de invenção didática e de organização das experiências que vemos primeiros nós mesmos e, depois, com as crianças, em termos que sejam, inclusive, diferentes.*[70]
>
> Outra importante consideração é que vivemos em uma época na qual, muito além dos supostos reconhecimentos da infância, estão sendo propostas a nós uma série de imagens de crianças empobrecidas em relação a suas capacidades, disponibilidades e recursos reais. Nos últimos tempos, estamos em um momento de mudança, em que se amontoam outras imagens, ainda mais perigosas, em que, a uma figura frágil, delicada, impotente e passiva da criança, adiciona-se uma imagem de criança que vive em um estado de perene sofrimento. E, por meio desse sofrimento, cresce e, mediante o sofrimento, aprende; ou seja, uma espécie de calvário, como se isso fosse completamente inevitável para as crianças.
>
> Nossa resposta é uma resposta contrarresposta. É uma resposta de grande otimismo. Sabemos muito bem quais são os limites do otimismo e, também, o que o otimismo pode conter.[71]

O problema, para Malaguzzi – e se trata de uma questão ética –, é que os homens não têm aproveitado seus recursos ao longo da História, nem têm construído as condições educativas adequadas para desenvolver todas as potencialidades infantis. Em parte, por

[70] Loris Malaguzzi, *Un gioco e una sfida. L'intelligenza del bambino e l'intelligenza del computer* ["Um jogo e um desafio. A inteligência da criança e a inteligência do computador", em tradução livre] (transcrição de uma conferência realizada em Reggio Emilia, em 27 de janeiro de 1987).

[71] Loris Malaguzzi, em Carlo Barsotti, *L'uomo di Reggio Emilia* ["O homem de Reggio Emilia", em tradução livre].

questões políticas; em parte, por ignorância, por falta de formação; e, em parte, por questões de comodidade, já que trabalhar com uma criança com altas potencialidades é mais enfadonho e incômodo. Contudo, o grave, para Loris, é que traindo as potencialidades da criança, o adulto está traindo a si mesmo.

O conceito de inteligência em Malaguzzi

Falar de inteligência[72] é um problema complexo e, ao mesmo tempo, fascinante. Todos temos uma ideia, um conceito de inteligência, que leva a múltiplas definições desta. Dependendo da cultura, das concepções e da época histórica, a inteligência tem passado por diversas convenções. De certo modo, a ideia de inteligência é um consenso de determinada cultura. A noção de inteligência é uma noção um tanto abstrata, dinâmica e precária. Para o pedagogista reggiano, falar de inteligência, na escola, tem significado, tradicionalmente, falar em termos quantitativos. Assim, falamos de uma criança mais inteligente ou menos inteligente. Fazemos dessa maneira, comparativamente, e apenas em termos de quantidade.

A inteligência aparece, assim, como uma dotação inata em que a criança não é protagonista, mas, sim, que a herda geneticamente. Malaguzzi diz que é como se, no cérebro, houvesse uma espécie de "galo", uma protuberância da qual saíssem diversas dotações inteligentes: uma inteligência matemática, uma linguística, uma espacial... Essa concepção da inteligência leva muitos pais e profissionais a justificarem a situação da criança diante de um fracasso em determinada área escolar.

---

[72] Seguimos, principalmente, três documentos: Loris Malaguzzi, *Sviluppo della intelligenza nel bambino* ["Desenvolvimento da inteligência na criança", em tradução livre] (transcrição de uma conferência realizada em 4 de novembro de 1986); Loris Malaguzzi, *Laboratorio sulla progettazione alla scuola dell'infanzia* ["Oficina sobre a projetação na escola da infância", em tradução livre] (transcrição de uma conferência realizada em 28 de março de 1988); e Loris Malaguzzi, *Encuentros en Pamplona* ["Encontros em Pamplona", em tradução livre] (gravação de uma conferência realizada em Pamplona, em 12 de abril de 1989).

Tradicionalmente, a inteligência foi entendida, sobretudo no âmbito da psicologia, como a capacidade de resolver problemas novos. E é a esse princípio que se liga Malaguzzi. Mas o problema consiste em como medir e se é justo medir essa inteligência. Lembremo-nos de que Boring (1942) já afirmou que a inteligência é o que medem os testes. Essa cultura dos testes – proveniente, sobretudo, da cultura norte-americana – tratava de estabelecer o coeficiente intelectual do sujeito depois de este passar por uma bateria de provas. Os testes chegaram à Europa traduzidos das provas norte-americanas. Lembremo-nos de que Malaguzzi, em seu trabalho como psicólogo do Centro Médico Psicopedagógico (de 1951 a 1966), conheceu e colocou em prática algumas dessas provas, as quais terminou, ironicamente, abominando.

> Repetir números, repetir palavras, ensinar figuras perguntando seu nome, repetir com um bastão os golpes de outro bastão, colocar a criança em um ambiente decorado e desconhecido, e perguntar se ela se lembra das coisas que viu, repetição e compreensão de frases, provas de motricidade fina (como "pega-varetas", enfiar a linha na agulha) etc.
>
> É algo já ouvido, utilizado, questionado e, até mesmo, objeto de sátira, e devolvido à cômoda, no meio de naftalina, mais pelo costume do que para afugentar as traças. Em troca, uma década depois, a invenção de Binet[73] – cuja data de surgimento é apenas boa para a história e as lembranças – volta a emergir em 1983. Voltam os testes mentais – ou seja, aqueles que, como diz Pieron,[74] "implicam tarefas que devem ser executadas, idênticas para todos os sujeitos examinados, com uma técnica precisa para avaliar os processos

[73] N. do E.: referente ao francês Alfred Binet, psicólogo que, em parceria com Théodore Simon, criou Teste de Binet-Simon, considerado o primeiro teste prático de Q.I.

[74] N. do E.: referência ao psicólogo francês Henri Pieron, acadêmico que foi um dos pioneiros da psicologia científica na França.

> ou os fracassos, ou para qualificar numericamente o êxito" – relegitimados pelo Ministério da Educação, com a ajuda e a *cobertura* de certas universidades encarregadas de "testar" algumas centenas de crianças de 5 anos, de alinhá-las segundo suas respostas às provas, para reexaminá-las depois, ao cabo de um ano, quando tenham aprendido a escrever as felicitações natalinas, e, portanto, a ler e a contar.
>
> Como se vê, segundo os testes de eficiência, os protagonistas do *bem* e do *mal*, de seu *bem* e de seu *mal*, seguem sendo, única e exclusivamente, as crianças. Não o entorno, a escola, as orientações e os programas, nem o pouco compromisso dos educadores; não as parcas didáticas e suas improvisações; não a caducidade das experiências; não os exemplos tão tristes e imorais da sociedade consumista [...].
>
> Os resultados – dizem – servirão para entender, finalmente, o que são essas inefáveis crianças de 5 anos, as quais se dão mil atenções, ao mesmo tempo que se subtraem duas mil com a desculpa de sua não aclarada *produtividade* [...]. Um estudo, dizem, em escala "longitudinal". E *querem que o criemos* [...].
>
> Talvez os únicos que tirem vantagem disso sejam os especialistas em *engenharia escolar* e os afiliados à ala *movimentista infantil*.[75]

O que Malaguzzi não aceita dessas provas (Binet, 1922; Cattell, 1972, 1978; Guilford *et al.*, 1994; Horn, 1982; Spearman, 1946; Terman, 1975; Thorndike e Hagen, 1975; Thurstone, 1968; Vernon, 1980) é a forma norte-americana de classificar e catalogar as pessoas predestinando seu futuro. Malaguzzi nos convida a pensar por que em São Francisco, Califórnia, há três universidades que admitem seus diversos estudantes segundo seu coeficiente intelectual.

---

[75] Loris Malaguzzi, "Ritornano test e testini per 'testare' i bambini di 5 anni" ["Estão retornando os testes para 'testar' as crianças de 5 anos", em tradução livre], *Zerosei*, ano 7, n. 8 (mar. 1983), p. 6.

Essa ideia elitista e classista da inteligência é o que Malaguzzi odeia. Uma ideia que, além disso, serve, de forma diabólica (política e ideologicamente), como um meio de segregação racial.

Essa concepção da inteligência está muito ligada ao produtivo. E, para Malaguzzi, essa ideia é muito perigosa, visto que existem muitas capacidades inteligentes no homem que são difíceis de modelar em produtos observáveis (Marina, 2000).

> É uma noção que encontra suas imediatas contradições no ponto em que as formulações da inteligência não têm a liberdade de serem formuladas de outro modo, no ponto em que não pode ser, de modo nenhum, rearticulada por analogia, já que as condições econômicas, políticas e de pobreza ou de riqueza não permitem outra visão.
>
> Com isso, quero dizer que se trata da exportação de uma forma de vida, de uma filosofia de vida, de uma forma econômica, de uma forma política e de uma forma que leva, obviamente, aos refúgios de um tipo de inteligência e de cultura.[76]

Outro tema é pensar que a inteligência apenas pertence a ou está contida na parte mais nobre de nosso corpo: o cérebro. Para Malaguzzi, em todas as pessoas, existe a capacidade de resolver problemas novos; não é somente o cérebro que produz essa capacidade, mas, sim, todo o corpo. São o adulto e a criança, em sua integridade e globalidade, os que demonstram a capacidade de aprender e de conhecer.

Essa inteligência, única e geral, vai se desenvolvendo no marco de diversas experiências, mas o que Malaguzzi não aceita é que haja diversas inteligências, como afirma Gardner (1988).

[76] Loris Malaguzzi, *Laboratorio sulla progettazione...*, *op. cit.*

> Não é nem sequer extraordinário que Gardner fale sobretudo de uma cooperação entre as diversas inteligências (até agora, sempre empreguei a palavra inteligência em singular, mas ele emprega constantemente no plural, dado que sustenta que as inteligências são sete). Porém, inclusive, as sete inteligências não podem ser concebidas como naturais dentro de um sistema de natureza econômica, política e filosófica.
>
> Leva-se em conta que, talvez, as sete inteligências sejam sete, embora, segundo sua teoria, quando elas são nomeadas já se veem modificadas, provavelmente também em relação ao seu número. Desafia-se a pensar, portanto, em todas as disciplinas novas, que estão nascendo e que têm nascido nesses últimos tempos, e, assim, em todos os desvios possíveis, por meio dos quais também é possível chegar à produção e ao produto por outras vias que ainda não estão contempladas pela casuística atual.[77]

E, além disso, acrescenta:

> E falando de inteligência: há uma ou há muitas? Continuo pensando que há uma inteligência de caráter geral, sem a qual não pode existir nenhum outro tipo de inteligência. Há quem diga que não existe uma inteligência de caráter geral, mas, sim, muitas inteligências. Na Itália, publicou-se um livro do norte-americano Gardner. Ele veio a Reggio Emilia, e discutimos muito sobre essa questão. Gardner mantém que há sete ou oito inteligências, e nós dizemos que a inteligência é única e que, nessa inteligência única, podem se encontrar inteligências particulares.[78]

---

[77] *Ibidem.*

[78] Loris Malaguzzi, "La integración de la diversidad. Contexto social en que se produce" ["A integração da diversidade. Contexto social no qual se produz", em tradução livre], *Infancia*, n. 6 (mar./abr. 1991), p. 6.

Para Malaguzzi, aceitar que existem diversas inteligências supõe cair, provavelmente, em teses deterministas, que ele odeia.

Nesse caso, Malaguzzi recusa a rigidez das teorias do funcionamento diferenciado dos hemisférios cerebrais.

> Ultimamente, a neurociência tomou uma nova opção. Há uns trinta anos, acreditava-se que o cérebro era uma espécie de central telefônica, e que nossas diversas funções dependiam de centros específicos do cérebro, ao passo que, hoje em dia, tende-se a pensar que o cérebro é uma espécie de grande magma, uma massa com grande capacidade de relação, de correlação interna. Nesse sentido, direi que a inteligência, a palavra, e as outras manifestações do pensamento da espécie humana correspondem a uma coparticipação global da esfera central, superando, inclusive, os hemisférios direito e esquerdo, a mão direita e a mão esquerda, a capacidade de ação lógica e artística, como geralmente se concebia. A inteligência é o fruto da cooperação sinérgica das diferentes partes cerebrais, em que tudo coopera.[79]

A inteligência da criança – para Loris – consiste na solidariedade de diferentes partes inter-relacionadas. Aqui, poderíamos falar das considerações de Malaguzzi sobre os diversos estilos e as diferenças individuais.[80] Para o estudioso de Corregio, é certo que existem diferenças genéticas entre as crianças, além das que se podem relacionar com a colaboração do ambiente. Mas todas as crianças do mundo têm o grande dom de possuir grandes riquezas e competências. É esse um grande saber universal, que lembra as ideias de Pierre Lévy (1996). O problema, no entanto, surge quando essas diferenças se conceitualizam como estilos ou estratégias cognitivas que podem ser discriminatórios para algumas crianças.

---

[79] *Ibidem*.

[80] Loris Malaguzzi, Sugli stili e sulle differenze ["Sobre estilos e diferenças", em tradução livre], *Bambini*, ano VII, n. 8 (out. 1991), p. 6-7.

> Há de ser muito cauteloso quando as diferenças tomam o nome de estilos, e estilos de estratégia cognitiva, e se tem pressa em discriminá-los e canalizá-los; em uma etapa, a da infância, em que o fluxo das construções, das desconstruções e das mudanças evolutivas (em um momento em que o cérebro ainda está em fase organizativa) constitui o dado *irredutível* ao que fazer referência, aliado ao *dado das mudanças* dos contextos existenciais, históricos e culturais que afetam o indivíduo, o grupo, a coletividade, o adulto e o não adulto.[81]

Quando, em nível experimental, procura-se por uma explicação do motivo pelo qual as crianças não são iguais, recorre-se rapidamente ao conceito de *estilo*, que é uma espécie de notificação diferencial em relação aos outros. Isso é o que Malaguzzi, inexoravelmente, recusa.

> Pode-se ler toda uma série de contribuições desses últimos anos, não apenas em nível de experimentação, como também em nível de investigação etc., quando se procura a explicação de por que as crianças não são iguais, e de por que as crianças são desiguais, e muito desiguais, recorre-se à palavra "estilo".
>
> Isso significa que, por uma espécie de estilo, a criança de 2 ou 3 anos constituiria essa espécie de notificação diferencial em relação aos outros, sem levar em conta que a processualidade da vida é muito longa e que os processos de construção são muito longos, portanto, com variáveis que são continuamente iminentes, e cujo preestabelecimento – creio – não permitido antes dos tempos objetivamente consumáveis e lógicos da definição de separação, de discriminação e de hierarquia. Não é esse o caminho que nós temos tratado de percorrer, tampouco acredito que seja o que trataremos de percorrer nos anos futuros.[82]

---

[81] *Ibidem*, p. 6.

[82] Loris Malaguzzi, *Laboratorio sulla progettazione...*, *op. cit.*

Loris pede que levemos em conta a natureza, que deu a nós, seres humanos, uma infância longa, mais do que a qualquer espécie. Se isso ocorre é porque temos a sorte de dispor do tempo necessário para poder nos modificar, mudar nossas atitudes, retificar erros e descobrir novas formas diferentes de ser e de estar. O terrível, para Malaguzzi, é predeterminar – designando um estilo ou uma expectativa específica que enjaule uma criança – a um ser que está crescendo. E que cresce na incerteza. Essa é a sua ética do respeito à infância.

> Fernando Pessoa diz que a medida do relógio é falsa. É certamente falsa em relação ao relógio das crianças, das experiências infantis, das experiências subjetivas e das situações de aprendizagem e de ensino.
>
> Respeitar os tempos de amadurecimento, de desenvolvimento, dos meios de fazer e de entender, da plena, lenta, extravagante, brilhante e mutável emergência das capacidades infantis é uma medida de sabedoria dialógica e cultural.
>
> Se a natureza predispôs que a duração da infância humana seja a mais longa (infinita, segundo disse [Liev] Tolstói), é porque sabe quantos vaus[83] se deve atravessar, quantas trilhas se deve percorrer, quantos erros tem de ser corrigidos pelas crianças e pelos adultos, quantos preconceitos faltam superar, e quantas infinitas vezes as crianças terão que tomar fôlego para *restaurar* as imagens de si mesmas, dos colegas, dos pais, dos educadores e do conhecimento do mundo.[84]

É importante que a escola respeite esse tempo, impedindo que a psicologia e a pedagogia realizem uma distinção precoce e

[83] N. do E.: local raso de um rio, de uma lagoa ou do mar pelo qual se possa passar a pé ou a cavalo.

[84] Loris Malaguzzi, *Sugli stili...*, *op. cit.*, p. 7.

violenta dos estilos individuais. A espécie se distingue por sua variedade. Nela, reside sua qualidade de sobrevivência.

Se, para Malaguzzi, todas as crianças são inteligentes, isso significa, a rigor, que, para ele, não existe o *handicap*,[85] a concepção de crianças com deficiências ou o reconhecimento de crianças problemáticas por sua diferente proveniência social. Esse é um tema que não vamos desenvolver nestas linhas,[86] embora existam algumas críticas de muitos profissionais que discutem essas ideias de Malaguzzi. A seguinte citação de Susanna Mantovani é apenas um exemplo entre tantos sobre essa questão:

> Com Malaguzzi, eu tive também alguns pontos de contraste; ele sempre cordial, nós sempre acompanhados do interesse e da escuta, embora, sobre esses aspectos, não me lembro de ter vencido nunca sua interessada desconfiança.

---

[85] N. da T.: no geral, refere-se a uma desvantagem ou a uma circunstância desfavorável. Também se alude ao sistema muito utilizado, no esporte, em especial, para designar vantagens por meio de compensações (que podem ocorrer por meio de pontos, por exemplo) entre diferentes competidores, fazendo, assim, igualarem-se as possibilidades de vitória em competições. *Handicap* também se refere a uma deficiência física ou mental que pode dificultar as atividades de uma pessoa. Essas três acepções existem tanto em português quanto no italiano, idioma de Malaguzzi (no espanhol da Espanha, o último uso mencionado da palavra não está dicionarizado, sendo considerado um anglicismo).

[86] Para quem quiser desenvolver esse tema, *vide*, por exemplo, Loris Malaguzzi: *I bambini handicappati* ["As crianças com deficiência", em tradução livre], Reggio Emilia, Comitati Scuola e Città dei Nidi e delle Scuole Comunali dell'Infanzia ["Comitês Escolares e Municipais das Creches e Escolas Municipais da Infância", em tradução livre], 1976; Loris Malaguzzi, "La prima scuola del bambino handicappato" ["A primeira escola para a criança com deficiência", em tradução livre], em Ada Pioli (ed.), *Educazione degli handicappati* ["Educação de pessoas com deficiência", em tradução livre], Milán: Franco Angeli Editore, 1977, p. 99-112; Loris Malaguzzi, "Tutto in bilico sul fronte della scuola e degli handicappati" ["Tudo em equilíbrio diante da escola e das pessoas com deficiência", em tradução livre], *Zerosei*, ano 7, n. 7 (fev. 1983), p. 4-5; Loris Malaguzzi e Coordinamento Pedagogico-Didattico delle Scuole dell'Infanzia ed Asili Nido Comunali di Reggio Emilia [Coordenação Didático-Pedagógica das Creches e Escolas Municipais da Infância de Reggio Emilia, em tradução livre], "Da Reggio Emilia una proposta di convenzione" ["De Reggio Emilia uma proposta de convenção", em tradução livre], *Bambini*, ano I, n. 12 (dez.1985), p. 24-27; Sergio Spaggiari, *Entrevista* (realizada em 30 de maio de 1997).

> O primeiro, naquele tempo, concernia à existência e à oportunidade de atividades pensadas especificamente para as crianças desfavorecidas [...]. Não me parecia que os programas intensivos de recuperação fossem uma solução, contudo, eu também não podia pensar que, em cada escola pública, não houvesse crianças que pudessem se beneficiar de uma atenção especial, de uma atividade pensada para elas, em especial, tratando-se de experiências que não destacassem as diferenças, mas, sim, a solidariedade dentro da comunidade escolar e cidadã. Malaguzzi desconfiava de tudo isso; talvez por medo de discriminar, talvez pelo costume [de lidar] com crianças e famílias procedentes de uma terra em que não existia uma desigualdade extrema ou, talvez, fosse pouco chamativa [...], no entanto, não há nenhuma conclusão sobre a existência nas escolas de infância reggianas de crianças desfavorecidas, nem sobre a oportunidade de [empreender] atividades ou projetos específicos com e para elas, ou com e para suas famílias.
>
> Talvez o problema estivesse mal colocado, talvez fosse preciso falar de crianças com mais necessidade e mais demandas, e não de crianças desfavorecidas, porque Malaguzzi não teria admitido nunca – não podia admitir – que nenhuma criança pudesse ter algo "a menos", mas sempre algo "a mais". (Mantovani, 1998a, p. 7)

Mas voltemos à ideia de inteligência. Malaguzzi afirma que a inteligência não é apenas de caráter cognitivo, mas, sim, que tem a ver, além disso, com o mundo das emoções, tão difícil de qualificar. Cada atuação vem definida por um campo emocional, de forma que as emoções afetam a conduta inteligente. Essas ideias nos lembram a famosa inteligência emocional de Daniel Goleman (1996). Inclusive, certa vez,[87] Malaguzzi preferiu falar mais de *computação*

[87] Loris Malaguzzi e Sergio Spaggiari, *Participación en el 10° aniversario de las Escuelas Infantiles municipales de Pamplona* ["Participação no 10° aniversário das Escolas Municipais da Infância de Pamplona", em tradução livre] (gravação em vídeo de uma intervenção realizada em Pamplona, em 28 de maio de 1990).

do que de inteligência, porque esse conceito nos remete mais a um *pensar* com o corpo, com a imaginação, com a razão etc. E, dessa maneira, substitui, como propunha Morin (1988, p. 54), o velho paradigma de *cogito ergo sum*[88] pelo de *computo ergo sum*,[89] que vê a inteligência como uma estratégia artística que "deve combinar de maneira feliz qualidades muito numerosas e diferentes, algumas delas antinômicas" (Morin, 1988, p. 195).

A inteligência, para Malaguzzi, seguindo as teses piagetianas, poderia ser definida como um processo, uma capacidade estratégica de adaptação a situações novas, uma superação dos acontecimentos. Conforme tínhamos mencionado, a inteligência não é hereditária, apenas o seu funcionamento é assim: faz-se necessário prescindir de uma concepção inatista da inteligência, e pensar que é na inteligência construtiva que se consolida a criança, com experiências cotidianas que a fazem ser protagonista e autora de sua própria inteligência.

Inteligência e conhecimento estão, para Malaguzzi,[90] em íntima relação. Dar crédito à criança como construtora de teorias sugere que ela é capaz de elaborar hipóteses, com teorias e respostas diferentes das que esperamos. Supõe o reconhecimento ético de que a criança tem seus pontos de vista – legítimos – para poder descrever, organizar e reorganizar seu conhecimento.

---

[88] N. da T.: "Penso, logo existo", frase do francês René Decartes, filósofo e matemático seiscentista.

[89] N. da T.: "Computo, logo existo". O verbo em latim *computāre*, originalmente, tem o sentido de "calcular", "contar", mas, nesse novo paradigma, Morin se refere à computação, em um sentido mais moderno.

[90] Loris Malaguzzi, *Incontro con el prof. Malaguzzi. Nuove tendenze culturali*, *op. cit.* (gravação em áudio de reuniões mantidas com a Equipe em Reggio Emilia, em 27 de junho de 1988).

A imagem da criança com base na crítica ao construtivismo piagetiano

Malaguzzi recusa essa necessidade – já anunciada –, sobretudo psicológica, de estabilizar a evolução ontogenética em estágios que rompem o fluxo do tempo e o bloqueiam. Uma vez, chegou a dizer que os estágios foram inventados para fazer os índices dos livros, mas que não têm maior interesse. A evolução não é uma linha contínua que parte do um para chegar ao dois, depois, ao três etc.

> Como afirma Mrech (1998, p. 160), as teorias dos estágios de desenvolvimento "fazem o professor confiar ou esperar que todas as crianças, em determinadas etapas, tenham o mesmo processo de desenvolvimento".
>
> Em vez de ampliar nossa compreensão [...], aprisiona-nos em uma "camisa de força" de conceitos e de estereótipos que não dão lugar para o conhecimento daquilo que é específico e singular de cada um, podando toda iniciativa de fazer uma intervenção criativa e inovadora na vida diária da escola. (Ramos, 2003, p. 7)

Com essa ideia, poderíamos abrir um capítulo dedicado à revisão das teorias piagetianas por Malaguzzi, que, ao mesmo tempo, admira criticamente Piaget.

> *A figura de Piaget é colossal. O conhecimento de um autor tão formidável, vivo e atual está à altura de sua utilidade e de sua oportunidade, e das necessidades dos educadores ou dos jovens que avançam em direção à profissão pedagógica no âmbito dos serviços sociais.*
>
> *É muito difícil de entender por que um personagem dessa categoria ainda não entrou na história da pedagogia, assim como o fato de as famílias ainda o desconhecerem.*
>
> *Por que falo de Piaget? Porque não é possível fazer referência ao crescimento da inteligência da criança e às teorias da aprendizagem sem recorrer a suas teorias.*

> *Substancialmente, a grande preocupação – o grande sonho de Piaget – sempre foi o de perseguir – e, conforme possível, conjugar – a história evolutiva da biologia humana, de nossa espécie, com os critérios e a metodologia evolutiva da inteligência do indivíduo.*[91]

E admira Piaget por ter sido o primeiro a outorgar uma imagem de criança construtivista, uma criança criativa, capaz de indagar e explorar, desde muito pequena, os esquemas de significado de suas próprias ações, capaz de entrar nos mundos do necessário e do possível, embora Piaget tenha concedido esses reconhecimentos – tão somente – na última parte de sua vida, e tenham sido publicados *post mortem* (Piaget e García, 1989).

> O próprio Piaget – o que nos dá muito prazer –, em sua última obra póstuma, reconquista um espaço significativo, já que, pela primeira vez, nela, reconhece que tudo o que pode acontecer nos primeiros dois anos é extremamente importante, e faz referência enfática às ações de caráter sensório-motor, proporcionando mais possibilidades. O problema, agora, é entender o que ocorre nos primeiros dois anos de vida.[92]

O que Malaguzzi critica são, em primeiro lugar, as aplicações didáticas simplificadas que alguns pedagogos fizeram das teorias piagetianas e a que o próprio Piaget olhava com desconfiança.

> Historicamente, temos sido uma espécie de vampiros que querem extrair a todo custo algumas aplicações educativas da psicologia de Piaget, ao passo que ele considerava que fazer isso não era o mais adequado. Ele mesmo, em relação a isso, comentou: "Não sei para que servem, aos educadores, os meus estudos, as minhas ideias sobre a conservação etc.".

---

[91] Loris Malaguzzi, *Sviluppo della intelligenza...*, *op. cit.*

[92] Loris Malaguzzi, *Laboratorio sulla progettazione...*, *op. cit.*

> E, de fato, a maior riqueza do pensamento piagetiano está no estudo e na construção epistemológicos.
>
> Dessa forma, quem quer qualificar o sentido da educação tem que elaborar e traduzir as ideias que, direta ou indiretamente, emergem de suas investigações.[93]

Deve-se ter em mente que Malaguzzi se interessou, particularmente, pelas teorias piagetianas que conheceu profundamente e que não foi um dos primeiros a *importar* tais reflexões ao campo educativo italiano. O peso de Piaget será algo que, em parte, reconhecerá em seu pensamento e em sua obra pedagógica. E o próprio Malaguzzi tentou, como sempre, alguma aplicação didática coerente com as teorias que estudava. Em 1966, escreveu um famoso artigo intitulado "O uso pedagógico do pensamento de Jean Piaget".[94] É interessante analisar esse artigo para entender a fascinação que Malaguzzi sentiu ao descobrir uma teoria como a piagetiana e para revelar sua própria separação posterior de algumas das teses do professor suíço.

Nesse artigo, resgata as contribuições da epistemologia piagetiana com base em duas apreciações interessantes: a importância dos fatos psíquicos tomados em si mesmos e a interdependência que existe entre a maturidade e o ambiente, seguindo a intuição de Lewin (1988 *apud* Malaguzzi, 1966) sobre a estreita relação entre vida cultural e comportamento.

Da metodologia piagetiana, nesse trabalho, Loris elogia a importância da atitude científica, e a maravilha da observação sistemática e da experimentação.

---

[93] Loris Malaguzzi, "La storia, le idee, la cultura" ["As histórias, as ideias, a cultura", em tradução livre], em Carolyn Edwards, Lella Gandini e George Forman (ed.), *I cento linguaggi dei bambini*, Bérgamo, Edizioni Junior, 1995, p. 78.

[94] Loris Malaguzzi, "L'utilizzazione pedagogica del pensiero di Jean Piaget" ["O uso pedagógico do pensamento de Jean Piaget", em tradução livre], *Riforma della scuola* ["Reforma escolar", em tradução livre], n. 12 (dez. 1966), p. 25-30.

Ao falar de Piaget, apresenta a grande questão de como a psicologia pode intervir na investigação pedagógica. E critica uma pedagogia que se abstrai de forma excessiva nas retóricas filosóficas, vendo a experimentação psicológica com suspeita e ceticismo. A psicologia se preocupou mais em passar ao campo pedagógico, mas não o contrário. E isso pressupõe uma grande carência. O que Malaguzzi solicita, nesse momento histórico, é uma espécie de psicologização da educação (posteriormente – como veremos – a recusará). Reivindica uma espécie de didática psicológica, que, na Itália, encontra resistências educativas no plano pragmático.

> Porque o que acontece (e, nisso, concordamos com Claparède)[95] é uma constante presença da atitude científica, ou seja, de nossa aptidão para nos maravilharmos diante dos fatos de nossa vida profissional de cada dia, e do desejo de interrogar os fatos e de tentar conseguir uma resposta, submetendo-os à observação metódica e ao experimento.[96]

Para Malaguzzi, as teorias do fundador da psicologia genética (que tem por objetivo o estudo do desenvolvimento da inteligência) têm uma grande transcendência. Uma importância motivada pelos próprios objetivos que Piaget expressa em sua investigação: estabelecer as diferenças psíquicas entre a criança e o adulto em diversos níveis; analisar como, na atividade mental, uma estrutura simples se transforma em outra mais complexa; determinar as relações entre herança e ambiente, entre maturidade e exercício.

---

[95] N. do E.: refere-se ao suíço Édouarde Claparède, educador, neurologista e psicólogo do desenvolvimento infantil. Debruçou-se nos estudos da formação da memória. Foi precursor dos trabalhos que deram origem ao cognitivismo de Jean Piaget.

[96] *Ibidem*, p. 26.

> Por meio de suas experimentações e estudos, Piaget (e, com ele, grande parte da psicologia científica) nos entrega um conhecimento não sumário e não genérico da criança: é uma criança bem-localizada em seus momentos ou estados existenciais e de desenvolvimento progressivo [...].
>
> Em nossa escola da infância, temos que tentar retirar a criança do anonimato e da antinatural imprecisão em que se encontra e restringi-la melhor no que se refere a suas idades de 3, 4 ou 5 anos (seções I, II, III), diferenciando seus módulos de organização, de atividade, de interesses, de estímulos e de mudanças sociais e culturais.[97]

De Piaget enaltece também, nesse momento, sua posição interacionista e a importância da utilização de bons métodos pedagógicos e didáticos para aumentar o rendimento dos alunos e acelerar sua maturação.

Piaget se revela relevante para Loris por, ao menos, dois motivos condutores: *a)* sua hipótese do egocentrismo e do realismo infantil, com a ideia do pensamento pré-operatório irreversível e do operatório reversível, e sua explicação do egocentrismo e do realismo (dando prioridade à atividade perceptiva sobre a representativa); e *b)* a construção de uma teoria da inteligência como uma forma de adaptação, como um equilíbrio dinâmico de assimilação--acomodação, com uma reorganização não cumulativa.

Ressalta a ideia da importância que essa teoria tem para a didática – "essa filtragem das descobertas psicológicas na realidade operativa e organizativa (a organização representa sempre um importante fator pedagógico)" –,[98] visto que a percepção já não é um processo receptivo, mas, sim, uma atividade investigativa em que a imagem mental é uma reprodução interiorizada da exploração perceptiva. Dessa forma,

---

[97] *Ibidem*, p. 28

[98] *Ibidem*, p. 26.

realça a importância do caráter ativo e criador do pensamento infantil. Essa teoria – segundo o pedagogo reggiano – exige que o educador prepare adequadamente as atividades individuais e coletivas. Atividades que não podem se motivar apenas por razões de interesse de conteúdo, mas, sim, que devem se apoiar em mecanismos operadores da inteligência (essa é a novidade com que Piaget contribui). Assim, cada ato de inteligência pressupõe um jogo de operações baseado nas ações autênticas. Desse modo, a finalidade da didática é suscitar, de maneira consciente e sistemática, os processos da formação intelectual.

Piaget – segundo o educador de Correggio – resgata a criança e a educação de toda a psicologia sensualista-empirista que conserva a *imagem da marca*, em que a origem das ideias está na experiência. Critica o caráter unidirecional dessa teoria que só dá importância ao que provém do exterior, mas que não ajuda a desenvolver adequadamente a inteligência, porque o sujeito não tem liberdade e suas motivações se anulam.[99]

Já nesse momento, Malaguzzi – e, isso, sim, é uma constante de seu pensamento e de sua obra – reivindica uma pedagogia da cooperação, em que o sujeito possa ver concepções e perspectivas distintas das suas. Dessa maneira, é capaz de compreender o ponto de vista dos outros e chegar a uma compreensão recíproca da realidade. Assim, a criança alcança um maior autocontrole das propriedades lógicas, comprometida com uma confrontação criativa com outros pontos de vista. Essa cooperação, ressalta Piaget, que também – embora levemente – é importante para organizar de forma operativa o pensamento, saindo do egocentrismo inicial, criando um pensamento flexível, coerente e reversível.

Piaget mostra uma imagem ativa e criativa da criança. E isso é importante para realizar uma transposição metodológica e didática.

[99] Lembremos que esta ideia foi ampliada por Varela (1990, p. 110), para quem a inteligência é a capacidade de ingressar em um mundo compartilhado.

Dessa maneira, o professor suíço solicita uma reabilitação da criança, no sentido de conceder a ela grande *confiança* (uma palavra-chave no pensamento e na obra pedagógica de Loris Malaguzzi).

> Precisamente, a análise e o conhecimento dos mecanismos formadores do desenvolvimento mental abrem vastos interesses à didática, se é verdade que a didática não tem outro fim senão o de suscitar, de maneira consciente e sistemática, os processos da formação intelectual [...].
>
> No que diz respeito à nossa escola de Educação Infantil (para crianças de 3 a 6 anos), tudo isso comporta a revisão de uma grande parte de nossa dominante e corrente doutrina pedagógica; em primeiro lugar, a reabilitação de nossa criança, uma reabilitação entendida no sentido de confiança – muito além das retóricas – em suas capacidades lógicas e, sobretudo, intelectuais [...].
>
> O que quer dizer devolver tudo o que devemos a ela, que não é apenas uma dívida em relação à sua inteligência, mas, sim, muito mais: a restituição de sua recomposição e de sua integridade humana.[100]

Essa imagem desenterra a criança do anonimato (algo, como vimos, fundamental para ela), de sua nebulosidade e dá à escola de Educação Infantil uma nova identidade...

> [...] explode com a urgência de um serviço social e de uma autêntica instituição educativa, que as famílias incorporam e exigem cada vez mais [...].
>
> [...] em um prorrogado discurso sobre a escola maternal, a que já muitos queriam, fundamentando-se em sérios motivos, chamar de escola da infância.[101]

[100] Loris Malaguzzi, "L'utilizzazione pedagogica infantil para del pensiero...", *op. cit.*

[101] *Ibidem*, p. 25. A escola de Educação Infantil para crianças de 3 a 6 anos chamava-se tradicionalmente, na Itália, de *Scuola Materna* (escola maternal). Por razões óbvias, Malaguzzi, seguindo a terminologia proposta por Bruno Ciari, apresenta uma mudança terminológica e conceitual não tão pejorativa, e esse tipo de instituição foi denominado *Scuola dell'Infanzia* (escola da infância).

Para isso, reivindica:[102] novas soluções arquitetônicas para a escola; eliminação do exclusivo papel assistencial da escola para, posteriormente, um papel de ambição educativa; produção de experiências por parte da escola que sejam construtivas do pensamento e da personalidade; criação de experiências graduadas, de manipulações diversas e de materiais o menos estruturados quanto possível; exaltar não apenas a inteligência da criança, como também seus valores constitutivos totais, e descobrir o método científico no pensamento das crianças por meio de um trabalho de iniciação à matemática com elas (nesse aspecto, critica as escolas montessorianas, porque têm métodos, com processos e finalidades de manipulação matemática, que são distantes e contraditórios em relação às propostas anteriormente destacadas).

Malaguzzi dedica diversas experiências e cursos de formação ao pensamento matemático na criança. Sua defesa consiste no fato de que esse tipo de pensamento se conecta com importantes teses piagetianas, as quais afirmam que as matemáticas servem para desenvolver o pensamento lógico da criança, embora, posteriormente, criticaria o excessivo caráter unilateral dado ao pensamento lógico-matemático. Nesse momento (1966), Malaguzzi está convencido dessa ideia e abraça essa tese, inclusive de forma inflexível (depois, rechaçará essa rigidez), ao falar da importância das aquisições sucessivas, dos estágios evolutivos, da importância de operar, primeiro, com as coisas e, depois, com representações, da gradualidade das relações etc. Para Loris, a linguagem matemática tem importância porque fornece uma experiência pessoal única, leva em conta elementos emocionais, oferece uma preciosa objetividade, revela a rigorosidade da expressão e amplia a mobilidade do pensamento, valorizando a construção de símbolos, de hipóteses e de um pensamento reversível:

[102] Veremos como essas ideias têm continuidade em seu pensamento e em sua obra pedagógica.

> [...] no que as estruturas de base do conceituo matemático parecem idênticas às estruturas de base do pensamento. Temos que tirar disso as consequentes implicações: o pensamento lógico se constrói e se afina tanto com o estudo da ciência, da linguagem falada e escrita, do desenho, da arte, da música etc., quanto com o estudo da matemática [...] e, como justamente Massucco Costa quer nos lembrar, o domínio precoce de uma boa linguagem não apenas constitui para a criança uma particular disponibilidade no plano da comunicação social, como também e, sobretudo, um importante fator de segurança, de autoestima, de autorregulação e, por consequência, um elemento de insubstituível valor para a formação de uma personalidade feliz, plena, criativa e crítica.[103]

Por último, Malaguzzi afirma que, de Piaget, pode-se resgatar a ideia de um trabalho mais harmonioso e completo, com alimento para todas as modalidades expressivas, sem hierarquia de aprendizagens que têm o risco de desorganizar e de desarticular o que é unitário, e sem antinomias nem contraposições. Dessa forma, para Loris, o pensamento lógico se constrói tanto com o estudo da ciência quanto com o da linguagem, do desenho, da arte, da música ou da matemática (estaríamos na origem da famosa metáfora malaguzziana de "As cem linguagens das crianças"?).

Pouco a pouco, vai mesclando muitas de suas ideias piagetianas com base na teoria e na prática, até realizar importantes considerações à teoria de Jean Piaget, ao que permanece, como comentávamos, "*criticamente fiel ou infielmente crítico*".[104] Vejamos algumas dessas críticas.

---

[103] Loris Malaguzzi, "L'utilizzazione pedagogica del pensiero di Jean Piaget", *op. cit.*, p. 30.

[104] Loris Malaguzzi, *Seminario rivolto agli educatori svedesi* (gravação em áudio de 28 de maio de 1992), *op. cit.*

A ideia da estabilização das estruturas universais piagetianas tem o grande risco da estaticidade que Malaguzzi rejeita. Inclusive Piaget – assim relata Malaguzzi –, quando realizou as diversas experiências conhecidas sobre a conservação dos líquidos, dos volumes ou da quantidade, deu-se conta de que, mesmo existindo uma estrutura comum a muitas crianças, as atuações se dão muito diferentes, impossíveis de igualar. Entretanto, esse reconhecimento, insiste Loris, veio apenas depois de sua morte. Como se não quisesse romper com uma teoria consistente que construíra e deslegitimá-la. Malaguzzi não nega que existam certas determinações de caráter biológico, como a cor dos olhos, a dentição etc., que se explicitam ao longo da vida e que parecem ser de caráter universal. Isso é o que Malaguzzi definiu como *base inflexível*, em que existem etapas universais que correspondem a desenvolvimentos pré-formados, a determinações de caráter biológico. Existe uma maturação do organismo, que o obriga a permanecer em determinados ritmos e em diferentes regras. Mas, se estabilizar aí, leva a uma ideia pessimista da educação. E, nesse ponto, Malaguzzi não quer permanecer de forma consciente, pois precisa estar dentro de uma lógica otimista, longe do inatismo, próximo de uma intervenção educativa que esteja com os processos construtivos, sem esperar um produto finalizado para ver e valorizar alguns resultados. É o que Malaguzzi definiu como *base flexível*. Essa parte estabelece uma liberdade de acesso ilimitado às possibilidades educativas do homem. É a forma ética de saber estar ao lado da criança e do professor, e das possibilidades inteligentes da intervenção educativa.

É preciso aceitar como princípio, lembra-nos Malaguzzi, que a vida cognitiva (e não só cognitiva) do indivíduo não tem necessidade de passar por uma série de estágios ou estações para os quais damos nomes diferentes; trata-se de uma necessidade científica e racionalista completamente absurda. Talvez essa seja a crítica mais forte que Malaguzzi faz a Piaget que, como sabemos, dividiu o desenvolvimento da inteligência na criança em diversos estágios e subestágios, algo que é inaceitável para Malaguzzi, porque destrói as capacidades e os direitos das crianças.

> *O Piaget em que se dão esses escalonamentos, essas etapas evolutivas do indivíduo e da criança, também foge da verificação com os aspectos sociais, culturais e externos, porque o fato de que essas etapas possam ser aceitas ou não – e, isso, Piaget admite – não é suficiente para que possamos dizer que, no âmbito dos ritmos de desenvolvimento, apenas participem as forças que estão dentro do indivíduo [...], um fato desse gênero pelo qual, na verdade, a evolução da criança transcorre lentamente, ou não transcorre, ou transcorre com dificuldade ou, em vez de ter uma linha reta, tem uma linha torcida com uma volta atrás, com blocos e reações imprevistas. Temos que estar atentos ao quanto podem influenciar a criança as forças que detêm ou fazem avançar a evolução do potencial que a criança tem dentro de si.*[105]

Não nega que, nas diversas observações sobre os processos construtivos das crianças, possam ser encontradas algumas partes diferenciadas, mas sempre realizadas dentro de uma interpretação geral. Malaguzzi – confessa – não sente uma necessidade de descompor a realidade humana e psicológica em diversos estágios fechados. Isso dá uma imobilidade ao desenvolvimento que evita pensar que as coisas possam ser distintas, mutáveis. As mudanças das estruturas familiares e as modificações dos costumes não podem não transformar, inclusive, as estruturas da inteligência. Malaguzzi afirma que alguém que tenha na cabeça um sistema estagiado

---

[105] Loris Malaguzzi, *Educazione logica e del pensiero* ["Educação lógica e do pensamento", em tradução livre] (transcrição de uma intervenção oral).

preestabelecido não pode conceder à criança autênticas capacidades construtivas, elaborativas, criativas e combinatórias. Os estágios não ajudam quem trabalha com as crianças. É preciso procurar outra forma de observar e de interpretar, sem estrangular – por meio da linguagem – as capacidades das crianças. É preciso sair da segurança preestabelecida, que dão os estágios, porque essa segurança – afirma fortemente Malaguzzi – não leva a lugar nenhum e obstrui a elasticidade de um fluxo que existe nos processos de construção infantil.

Para isso, é necessário eliminar a ideia de uma inteligência e de um conhecimento que procede de forma – metaforicamente – vertical. Uma verticalidade entendida como um incremento do saber, por meio de uma instrução que dá noções ou informações. Isso marca o desejo de que a criança cresça em quantidade, mas não como ser autônomo e criativo.

A construção do conhecimento, como vimos, não é regular, nem necessariamente cumulativa. É apenas, muitas vezes, uma necessidade da didática ruim, que quer simplificar os problemas procurando – para as crianças – objetivos parciais, redutivos, divididos por áreas, excessivamente diferenciados, disciplinares e disciplinados. É preciso recuperar a transdisciplinaridade,[106] para que entre no mundo da Educação Infantil, sem privilegiar caminhos de aprendizagem predeterminados. Trata-se – reafirma Malaguzzi – de produzir uma cultura da diferença, porque, caso contrário, podemos cair em uma cultura da indiferença, que produz mediocridade, algo inaceitável.

[106] A transdisciplinaridade, diferentemente da interdisciplinaridade e da globalização, pretende criar uma infraestrutura organizativa que leve a vínculos construtivos entre ordem, desordem e organização, e que conduza a não opor, afastar, nem desunir, mas, sim, integrar o único e o diversificado, o antropológico, o biológico, o físico, o sujeito e o objeto. Na transdisciplinaridade, as barreiras entre as disciplinas desaparecem, já que cada uma reconhece – em sua estrutura – o caráter de todas as demais.

> *Não se trata de um problema simples, no qual se teoriza, praticamente, sobre uma espécie de construção de um muro que se levanta, e no qual cada tijolo, de algum modo, insere-se segundo os estágios, segundo um projeto arquitetônico já definido ou a se definir. Para alguns radicais, é uma espécie de construção vertical, de acumulação, em que você adiciona e concede, em que a criança adiciona e concede [...].*
>
> *Hoje, pelo contrário, as pesquisas teóricas, que estão ainda em suas primeiras aproximações, falam de uma representação muito diferente e muito mais complexa: no âmbito da educação do indivíduo e na educação da criança, é difícil predispor e programar uma construção na vertical.*
>
> *Não é possível utilizar nem classificar a tipologia dos tijolos necessários, mas, sim, é preciso estar dotado de uma grande capacidade de observação, visto que as coisas que se constroem, muitas vezes, caem, espatifam-se e emergem, sem que se possa ter uma consciência plena dos porquês, dos motivos pelos quais se dão revoluções desse tipo, e revolução é uma palavra introduzida por [Pierre] Mounoud, um pós-piagetiano que está, de alguma maneira, preparando uma teoria diferente da de seu professor Piaget.*[107]

A complexidade nos leva a uma concepção educativa mais problemática, que não deve ser tomada como um novo totalitarismo ou absolutismo. Provoca mais liberdade de ação. É um paradoxo contínuo, que tem o mérito de mover nossas posições, nossos hábitos, nossos costumes, nossos pensamentos e nossas imagens presas em nós mesmos. Esse é um valor imprescindível para Malaguzzi. A complexidade nos provoca uma estranheza que nos leva à aventura da incerteza.

Outras críticas se referem à concepção piagetiana de um construtivismo isolado ou solitário. Malaguzzi acredita na importância da interação social como base da construção do conhecimento.

---

[107] Loris Malaguzzi, *Sviluppo della intelligenza...*, *op. cit.*

> Disso tudo, o argumento mais forte sobre o qual hoje queremos chamar a atenção é o da reconhecida união da psicologia construtivista com a versão individualista – como se a criança tivesse em si todas as razões de seu desenvolvimento. É hora de recuperar o valor da interação social e do que é interpessoal.[108]

Merecem atenção particular as palavras críticas realizadas por Malaguzzi às teses piagetianas do chamado egocentrismo infantil e suas consequências: animismo, artificialismo e finalismo. Para Malaguzzi, essas teses falam sempre de um mundo infantil definido pela incapacidade de se descentrar, com um domínio da assimilação sobre a acomodação. Uma espécie de câncer a se extirpar em direção a um equilíbrio majoritário, que seria a descentralização absoluta do pensamento na busca de uma objetividade. Malaguzzi acredita que essa operação rouba a autenticidade de uma cultura infantil: o animismo pode, e deve, conviver com a lógica. Lógica e fantasia são – para Loris – duas faces da mesma moeda. As duas devem conviver para que a criança possa sobreviver. O animismo não pode ser visto como um erro, como uma inabilidade das crianças. O que Malaguzzi, no fundo, não aceita é a prepotência lógica e científica da sociedade ocidental.[109]

Essa cultura dominante nos levou, historicamente, a recusar o simbólico e a alma das coisas. Assim, Loris narra uma história significativa.[110] Quando o conquistador Hernán Cortés chegou ao sul do México, Moctezuma, o chefe dos indígenas, ofereceu a ele, como presente e emblema, uma série de objetos. Cortés se apropriou dos objetos porque sabia que eram de ouro. Porém, o que

[108] *Ibidem*, p. 78-79.

[109] Loris Malaguzzi, *Seminario rivolto agli educatori svedesi* (gravação em áudio de 28 de maio de 1992), *op. cit.*

[110] *Ibidem*.

Cortés não viu foi a forma e a criatividade dos objetos. De fato, esses objetos foram fundidos. Essa história se repete todos os dias na sociedade atual. A comunicação com os objetos, com sua alma simbólica, acabou. Dessa maneira, perdemos as qualidades do objeto porque nos sentimos dominadores, donos das coisas, da natureza e do universo. Essa morte dos objetos, de seu sentido e de seu significado é uma morte histórica.

Isso também ocorreu quando os evangelizadores foram à África e descobriram que a cultura indígena mostrava apego aos seus objetos, às suas coisas, às coisas que amavam. A cultura cristã ocidental transformou esses objetos em entes demoníacos ou símbolos do diabo. Desse modo – segundo Loris –, fomos perdendo progressivamente a capacidade de dialogar com as coisas, com os objetos e entre nós. São as crianças, como os poetas, os que podem nos ajudar a recuperar as possibilidades dialógicas esquecidas dos objetos. A cultura ocidental arrancou uma parte da cultura humana. A criança recupera, para a espécie humana, essas riquezas perdidas por meio de suas *cem linguagens*, que existem apesar da pressão da cultura adulta. A descoberta dessa criança diferente é um descobrimento recíproco – como dizíamos – de um adulto diferente.

Portanto, a ideia de construtivismo de Malaguzzi é uma ideia em relação à genuína cultura infantil, o que não quer dizer abraçar, de forma tenaz, um solipsismo radical.[111]

> É preciso se afastar de duas teorias que insistem, sobretudo, na subjetividade absoluta, no solipsismo.
>
> Quero dizer que é tão perigoso pensar que nossa inteligência constrói de forma autônoma o mundo quanto pensar que o mundo nos constrói.

[111] N. da T.: doutrina filosófica em que só existem o eu e as suas próprias sensações, ou seja, as experiências pessoais, das quais o conhecimento seria obtido. Desse modo, outros seres humanos e objetos participariam apenas como meras impressões, sem existência própria.

> O problema reside nessa espécie de antinomia sem solução, encontrando, em troca, um espaço de intersecção que permita uma capacidade de colaboração, de conexão e de formação, que se traduz em capacidades participativas, de trabalho, algumas vezes, de maneira antagonista e outras de maneira complementar. Portanto, quero dizer que, provavelmente, deve se reverificar os processos de conhecimento dentro de uma circularidade perpétua e contínua [...].
>
> De que, substancialmente, o conhecimento extrai seu alimento, de forma permanente, de uma coparticipação de caráter circular entre nós, os objetos, as coisas, os sentimentos etc.[112]

Outra das questões fundamentais da crítica a Piaget seria a referente à metodologia ou à forma de obter suas conclusões. O chamado método clínico ou de exploração crítica usado por Piaget e seus seguidores (Bärbel Inhelder, Hermine Sinclair e Magali Bovet, 1975, p. 60-63) é aceito apenas em parte por Malaguzzi. O que Malaguzzi admite é que, por meio desse método, sejam descobertas as atuações originais e imprevistas do pensamento infantil e a ideia de que o experimentador faça constantemente hipóteses sobre os diversos significados cognitivos dos comportamentos observados na situação de investigação em presença de fenômenos observáveis e manipuláveis. Entretanto, o que não convence Malaguzzi é que a experimentação permitida seja realmente escassa e pobre, e que não seja realizada sobre um projeto de significado real construtivo e criativo que a criança possa inventar. Também não firma o fato de que esse método apenas estabelece uma relação individual entre a criança e o experimentador. Esquece-se toda a riqueza socioconstrutivista que oferece um grupo de crianças trabalhando e pensando juntas sobre uma situação-problema.

[112] Loris Malaguzzi, *Laboratorio sulla progettazione...*, *op. cit.*

Também critica Piaget (e, sobretudo, seus seguidores) por sua vontade de generalização. Defende que as formas de atuar das crianças podem mudar segundo os costumes, a cultura e os contextos atuais. Graças a algumas experiências realizadas em Reggio da relação das crianças com os computadores, Malaguzzi critica, por exemplo, algumas questões das teses piagetianas referidas à noção de pensamento.

> A noção de pensamento, segundo Piaget, é um conceito de fronteira. A criança apenas começa a pensar quando tem consciência de fazer isso; o que quer dizer que, durante um certo trajeto inicial, a criança não é capaz de pensar [...]. Por que é um instrumento de fronteira? Porque enquanto a criança se encontra submersa em uma vida indiferenciada, unida ao mundo de uma forma que não pode se desvincular dele e, portanto, não pode tomar as distâncias necessárias para construir seu pensamento sobre um mundo que, de certo modo, está longe. É uma operação que nós também fazemos: se conseguirmos nos descolar das coisas, provavelmente, de certo modo, conseguiremos atuar sobre elas, mas, se estivermos dentro das coisas, nesse caso, será difícil conseguirmos operar no plano lógico em termos suficientemente diferenciais.
>
> Apenas no terceiro estágio, de acordo com Piaget, até os 10-12 anos, aconteceria o processo de desmaterialização do pensamento, ou seja, finalmente o pensamento deixa de ser matéria, separa-se e, de alguma forma, poderia ser dito que deixa entrever uma concepção de uma criança que consegue imaginar o pensamento como algo que pertence a ela, como algo fora de si mesma [...]. Faço essa observação porque, lendo o que nossas crianças menores expuseram nesses dias, encontra-se de imediato uma diferenciação, um salto que é extraordinariamente rico em significados. O problema está em ver se, de algum modo, as interpretações desses dados conseguem nos permitir, em especial, pensar de outra maneira a imagem da criança.[113]

[113] Loris Malaguzzi, *Un gioco e una sfida...*, *op. cit.*, p. 6-7.

A partir desse momento, Malaguzzi apresenta algumas pesquisas realizadas com crianças e o computador, com as que demonstra que as crianças atuais são capazes de – por meio do humor e da ironia – pensar de forma diferente, e seu pensamento – lógico e fantástico – supera as teorias piagetianas.

> Ninguém poderia supor que termos dessa classe pudessem ser utilizados por crianças de 4 anos. Por exemplo, as palavras *teclas*, *eletricidade*, *circuitos*, *fios*, *tomadas*, *mecanismos*, *tubos de escape* etc. formam parte da linguagem atual das crianças [...].
>
> E não é apenas uma nomenclatura adquirida e, consequentemente, fria, senão, sem dúvida, uma indução de informações externas [...].
>
> Não é apenas uma mudança mecânica do léxico da criança, mas, sim, algo que, em minha opinião, pode ser legitimado. Trata-se de uma acumulação, de um currículo, pode-se dizer, de conhecimentos, não apenas de nomes [...].
>
> O mais extraordinário é que essas crianças falam dos computadores, das aventuras cognoscitivas experimentadas com o computador e das imagens com absoluta tranquilidade, com serenidade, com uma capacidade de raciocínio muito sossegada e, sobretudo, com humor, o que é algo extraordinário. E acaso alguém ainda duvide sobre a capacidade da criança de se separar das coisas, ou seja, de ver de forma objetiva as coisas como estão, pois bem, acho que o humor é um sintoma – vamos, acredito nisso – nada ambíguo referente às capacidades da criança para "se afastar" das coisas.[114]

Malaguzzi[115] também critica o fato de que Piaget tenha se dedicado, quase exclusivamente, à esfera intelectual da criança e, em particular, ao desenvolvimento do pensamento hipotético-dedutivo.

[114] *Ibidem*, p. 8-9.

[115] Loris Malaguzzi, *La progettazione nella scuola dell'infanzia* ["A projetação na escola da infância", em tradução livre] (gravações em áudio de uma conferência realizada em Reggio Emilia, em 13 de abril de 1988).

E esse pensamento é apenas uma parte – não totalizante – de uma realidade muito mais complexa. Narra como Piaget relutava em tratar os problemas dos sentimentos e das emoções na criança e como, exceto seus estudos sobre o desenvolvimento da moralidade na criança, realizados nos anos 1920, não dedicou grandes trabalhos à outra coisa que não fosse a epistemologia de que tratamos; uma teoria importante, mas que tem suas limitações. Fronteiras que, além disso, tem a ver com o fato de que, para Malaguzzi, o sujeito epistêmico é um sujeito histórico e cultural, contaminado pelos meios de comunicação, pela política, pelos acontecimentos econômicos etc., e deve ser pensado que tudo isso também é epistemologia.

> *Mas há questões dominantes, por exemplo: se fizermos uma rápida comparação [...], a psicologia e a pedagogia norte-americana deram um grande salto em 1958 – parece-me –, depois que a União Soviética lançou o* Sputnik *ao espaço. Foi um furacão! A União Soviética lançou o* Sputnik, *e os Estados Unidos, que se consideravam – e com razão, acredito – uma nação de grande desenvolvimento tecnológico, mostrou-se surpreendida, estupefata, humilhada [...]. Foi celebrada uma das maiores reuniões com todas as melhores mentes norte-americanas, cujo ponto substancial de pesquisa e de estudo se centrasse nas modalidades que poderiam avançar em direção a uma revisão crítica dos modos pedagógicos que, até então, tinham sido seguidos [...]. Assim, convém levar em conta constantemente os incidentes secretos, as influências, as tensões, as coações, os medos, as angústias, as ansiedades que a criança pode ter dentro de si [...].*
>
> *Em vez de considerar um aspecto (e outro, e mais um) de nossos problemas e de nosso trabalho, deveríamos ampliar juntos o campo, e, nesse campo, considerar a totalidade das relações. Isso significa que, para nós – ao menos para mim –, a pedagogia não apenas é cultura no sentido totalitário. A política desempenha, também, um papel inevitável.*[116]

[116] Loris Malaguzzi, *Educazione logica e del pensiero*, op. cit.

E apresentamos, em síntese, para terminar esta seção, a seguinte citação, exemplo da crítica que Malaguzzi realiza ao construtivismo piagetiano:

> De suas teorias, agora, podemos criticar: o afastamento construtivista; a pouca importância conferida ao papel do adulto no desenvolvimento cognitivo; a marginalidade da interação social; a distância que estabelece entre pensamento e linguagem (apenas revisada pela polêmica com Vygotsky); a excessiva linearidade do construtivismo; o paralelismo do desenvolvimento cognitivo e dos aspectos afetivos e morais; a ênfase excessiva colocada nos estágios evolutivos e no egocentrismo; o descuido do papel da memória; a necessidade absoluta de classificar tudo; os exageros formais; o caráter unilateral do valor dado ao pensamento lógico-matemático; a enorme atração pelas ciências puras; a desvalorização das competências parciais etc.[117]

Interpretar a criança como sujeito partícipe e interativo: o construtivismo de Malaguzzi na definição da imagem da infância

Sentir-se partícipe e inteiro são duas necessidades vitais para a criança. Essas ideias dão segurança para comunicar seus estados de ânimo e para criticar abertamente outros pontos de vista – incluídos os da professora –, estabelecendo discrepâncias não gratuitas. Reconhecer que a criança tem teorias é, por sua vez, reconhecer que ela pode reestruturá-las e modificá-las. Isso é algo que se deve reforçar. É necessário realizar uma seleção educativa, que legitime essas teorias das crianças. As teorias são uma interpretação do

[117] Loris Malaguzzi, "La storia, le idee, la cultura", *op. cit.*, p. 78.

mundo segundo nossos projetos. Elas nos impõem uma forma de ver o mundo e nos impingem a certas decisões. Além disso, nossas teorias nos levam a diversos atos que podem determinar nosso comportamento e nossas atitudes. É importante que esse fato seja reconhecido tanto na criança quanto no adulto, embora, em geral, as crianças tenham menos problemas para mudar ou modificar suas teorias; os adultos, em compensação, dão mais trabalho. Malaguzzi exige, primeiro de si mesmo, essa abertura.

O construtivismo malaguzziano é uma superação clara do empirismo e do racionalismo. Trata-se de um diálogo entre as capacidades genéticas e adquiridas, um construtivismo ecológico pelo valor dado às interconexões entre os acontecimentos sempre em contínua mudança. Ademais, seu construtivismo move-se nas águas da incerteza, da relação e da troca. É um construtivismo que obriga e incomoda os adultos. Teoria e prática que propõem às crianças experiências nas quais o pensamento deve querer ser procurado.

> Pode acontecer que contribua para esclarecer que as crianças não vivem – como ainda muitos sustentam – dimensões míticas e pré-intelectuais e que, em troca, são capazes de construir pensamentos e reflexões porque o conhecimento está com elas desde seu nascimento, no próprio coração da vida.
>
> Pode acontecer que se estimule a supor que as crianças expressem, de fato, recursos, necessidades e direitos a que os adultos tenham que responder e atuar de uma forma muito diferente do que estão acostumados.
>
> Pode acontecer que se favoreça as provas, e que as crianças, sobretudo se estiverem com outras crianças, sejam inventoras, destruidoras e reconstrutoras de teorias e de comportamentos que fujam de toda presunção e previsibilidade dos métodos estabelecidos.
>
> Pode acontecer que se insinue a verdade, ou seja, que as crianças não esperam nossa permissão para pensar.

> O certo é que as crianças explodem de ideias, sempre impacientes para escapar, por meio das linguagens (as cem linguagens, como dizemos), e para se unir ao mundo e às comunicações externas.
>
> Pode acontecer que convenha que as crianças não digam, como afirma Karl Kraus,[118] que "o pensamento vem porque lhes tomamos a palavra", mas, sim, que digam que o pensamento vem quando se procura e se quer.[119]

Hoje, as crianças são diferentes e, portanto, a forma de construir o conhecimento é, potencialmente, diferente. Em mais de uma ocasião, ouvimos Malaguzzi comentar que devemos estar atentos a pensar que a criança que deixamos sair da escola às 16 ou 17 horas já não é aquela, no dia seguinte, quando volta à escola às 9 horas da manhã. Nesse período, produziram-se mudanças, interferências e influências que, de alguma maneira, afetam a identidade e a construção do conhecimento do sujeito.

> Quero dizer que estamos diante de um processo hipotético de capacidades cognoscitivas que já não recorrem aos antigos caminhos, mas que estão verificando conjecturas de tipo muito diferente, em que, substancialmente, o conhecimento contribui com seu alimento permanente e contínuo por meio da uma coparticipação de caráter circular entre nós e o objeto, a coisa, o sentimento etc.[120]

[118] N. do E.: escritor e jornalista austríaco. Foi crítico do governo de seu país, satirizando-o por meio de seu trabalho. Além disso, fez fortes críticas a Freud. Foi candidato ao Prêmio Nobel de Literatura.

[119] Loris Malaguzzi, "L'ombra e il pallottoliere dei bambini" ["A sombra e o ábaco das crianças", em tradução livre], em AA.VV., *Tutto há un'ombra meno le formiche* ["Tudo tem uma sombra, menos as formigas", em tradução livre], Reggio Emilia, Comune di Reggio Emilia, 1990, p. 28.

[120] Loris Malaguzzi, *Laboratorio sulla progettazione..., op. cit.,* p. 14.

A imagem que Malaguzzi tem da infância é construtivista, cheia de potencialidades de criação e de invenção, uma imagem potente, desde o nascimento da criança, a que se agregam grandes riquezas. Permita-nos incluir estas três longas, mas emblemáticas, citações a fim de exemplificar essa ideia:

> *Nós acreditamos que a criança realiza suas experiências significativas sem esperar que cheguem a um estágio estabelecido.*
>
> *Talvez um exemplo nos ajude a entender: nem todos estamos convencidos de que as crianças, logo que nascem, andam, e, em troca, deveríamos nos convencer, superando os preconceitos de nossa visão que, na verdade, a criança, quando nasce, já anda. A criança já fala. A criança já experimenta sentimentos em relação às coisas, ao pai, à mãe, aos objetos que se movem e aos objetos que estão quietos.*
>
> *Pouco após nascer, a criança desenha, embora não pareça que seja capaz de fazer rabiscos, de desenhar. Não tem um lápis entre as mãos, mas os gestos que traçam suas mãos, suas pernas e seu corpo já são um princípio de grafismo.*
>
> *A criança não fala, porém, quando pronunciar a primeira palavra, conseguirá entender, de forma extraordinária, ao menos cinquenta palavras. De onde pegou essas cinquenta palavras senão no primeiro momento do trajeto, quando, segundo nós, não era capaz de falar nem de entender?*[121]

> *É uma criança que pergunta, que fala, que anda e que pensa, inclusive quando parece que não pensa. Acreditamos que, até que ela não se sustente com suas próprias pernas, é uma criança que deve ser protegida, que é indefesa, que deve ser cuidada, sem levar em conta as perguntas, as respostas e os problemas que, com frequência, ela nos apresenta [...].*
>
> *Vocês acreditam que a criança não vê como nós, mas se vê como nós; não anda, mas tem sentido do movimento, é uma sensação da qual se apodera com muita facilidade*

[121] Loris Malaguzzi, *Relazione del Prof. Malaguzzi al seminario organizzato in occasione della esposizione della mostra "L'occhio se salta il muro"*, *op. cit.* (transcrição de uma intervenção realizada em Estocolmo, em 18 de agosto de 1986).

e precocidade, assim como do sentido da orientação e do sentido da distância, do sentido da resposta boa e da resposta ruim, da resposta que espera e da resposta que se adianta. Todas essas coisas constituem uma retícula que a criança aprecia imediata e especialmente [...].

Talvez se nós mudássemos de método e pensássemos que é possível que estejamos com uma criança que certamente não fala, nem anda, mas se estivéssemos convencidos de que já anda e já fala, e de que estamos avançando com cuidado por meio de processos ainda não manifestados, observando todo o possível, talvez, então, preencheríamos não apenas de preciosidade, de empenho e de responsabilidade, mas, também, de extraordinária capacidade, nosso contato e nosso diálogo com ela [...].

Apesar disso, não explicamos bem como as crianças conseguem reconhecer e entender uma quantidade enorme de temas, de vocábulos, de palavras e de significados. Todo esse mundo, de certo modo, tão extraordinariamente inesperado com a criança, onde nasce, onde cresce? Acredito que existe uma espécie de "ruminação" interna, que a criança realiza.[122]

Enquanto as investigações psicológicas e linguísticas ainda seguem brigando tanto sobre a gênese quanto sobre a organização da linguagem [...], nós permanecemos agarrados à opinião de que as crianças nascem falando, e falando com alguém.

Que a palavra, com suas referências e interpretações, posterga sua aparição durante muitos meses não é algo que feche ou obstaculize essa insuprimível, vital e ávida busca das crianças com vistas a construir amizades interlocutórias, perguntando, enviando e recolhendo mensagens e discursos nas suas primeiras experiências.[123]

---

[122] Loris Malaguzzi, *Sviluppo della intelligenza...*, *op. cit.*

[123] Loris Malaguzzi, "Storia di pesci coi bambini del cinema muto" ["História de peixes com as crianças do cinema mudo", em tradução livre], *em I piccolissimi del cinema muto* ["Os muito jovens do cinema mudo", em tradução livre], Reggio Emilia, Reggio Children, 1996, p. 9.

Assim, para Malaguzzi, ao falar da criança é mais justo considerá-la desde a "espécie do humano". Dessa forma, para o pedagogo reggiano, a criança, se entendemos a evolução histórica do ser humano, não nasce apenas uma vez.

> *A criança nasce no seio da evolução da espécie: nasce aí uma primeira vez, até mesmo antes do que no seio materno. Nasce aí porque, certamente, subjaz a todas as modalidades da espécie. De onde tiram esse crescimento em altura das crianças que nascem hoje?*
>
> *Onde nascem essas crianças mais potencialmente dotadas a partir de um ponto de vista físico e, provavelmente também, intelectual?*
>
> *Estamos dentro de uma história evolutiva, e é provável que o primeiro nascimento esteja aí: quando nasce, é uma criança que tem já milhões de anos [...], talvez já tenha rugas, e nós a vemos fresca como uma rosa [...].*
>
> *Nasce uma segunda vez, certamente, quando nasce; a terceira vez nasce, ou renasce – e aqui já não sei dizer quantas vezes pode renascer –, porque é provável que, em cada situação em que muda, haja uma espécie de refundação do indivíduo [...].*
>
> *Essa ideia da humanidade constitui, substancialmente, o direito à coparticipação, que é um direito permanente do indivíduo a partir do momento em que nasce até o momento em que morre.*[124]

Falávamos, também, de uma concepção de infância interacionista. Em que sentido? No sentido de que a criança, quando chega ao mundo, relaciona-se, em primeira pessoa, com os objetos e com as pessoas.

---

[124] Loris Malaguzzi, "*I cento linguaggi dei bambini*". *Serata di presentazione della mostra ai Consigli di Gestione* ["'As cem linguagens das crianças'". Noite de apresentação da exposição aos Conselhos de Administração", em tradução livre] (transcrição de uma conferência realizada em Reggio Emilia, em 12 de fevereiro de 1990).

> *A primeira questão é que a criança, biologicamente, não suporta estar sozinha, tampouco quando está dentro do ventre da mãe a criança está sozinha: chuta, move-se e procura uma relação e, quando nasce, é uma criança que procura imediatamente sua própria sobrevivência, uma relação com as coisas e com o mundo.*[125]

Recorrendo a algumas ideias de Trevarthen (1986), Malaguzzi narra como o neonato estabelece uma interação ativa, inclusive quando mama. Seu olhar, seus olhos e sua forma de sugar impõem um ritmo partícipe – em turnos – com a mãe ou com outra pessoa, se esta der a mamadeira. A criança é capaz de estabelecer uma relação ativa com diferentes interlocutores. Essa ideia é algo mais do que o conceito de socialização. De fato, Malaguzzi, a partir da segunda metade da década de 1980, substitui o conceito de socialização, muito unidirecional e imposto de fora à criança (Berger e Luckmann, 1986), pela ideia mais criativa e participativa de interação.[126] Uma interação de caráter sistêmico e ecológico, já que Malaguzzi considera que a criança, desde o nascimento, é capaz de estabelecer vínculos significativos com mais de uma pessoa. *Interação* significa que dois termos podem se relacionar e se definir mutuamente. E, para Malaguzzi, isso é o que a criança faz, colocando em funcionamento uma capacidade de sobrevivência que a impede morrer. Malaguzzi amplia a ideia da interação interpessoal – nos idos anos 1980 – com os estudos de autores como Doise (1988), Kaye (1986), Mugny e Pérez (1988), Perret-Clermont e Mugny (1988), Shaffer (1993), Stamback (1994), entre outros.

Para Malaguzzi, a ideia de sujeito interacionista consiste em considerar imediatamente a criança como um partícipe ativo das

[125] Loris Malaguzzi, *Relazione del Prof. Malaguzzi al seminario...*, *op. cit.*
[126] Loris Malaguzzi, *Conferenza a Pistoia...*, *op. cit.*

vidas mentais, sociais e afetivas dos demais. A interatividade é, sobretudo, respeito pelo outro.[127] Respeito pelo outro diferente de nós.

Essa criança interacionista rompe com a tradicional e limitada[128] ideia psicanalítica de par, e, sobretudo, com a clássica mãe-filho. Essa díade – segundo Loris – pode ficar reduzida a uma questão de amor e de proteção. Decerto, a criança precisa do amor para ter uma segurança com a qual repartir, mas esse amor não pode sufocar o direito da criança de explorar outras relações que também podem ser significativas para ela. O amor e a proteção não são fins, mas meios para realizar uma transição ecológica que permita que ela saia do *indistinto*. Portanto, para o pedagogo de Correggio, a criança – quando chega ao mundo – tem o duplo pertencimento: à sua mãe, ou figura de referência, e, ao mesmo tempo, ao mundo. Por esse mesmo motivo, Malaguzzi recusa a ideia tradicional da figura de referência na escola de Educação Infantil. Ele prefere falar de sistema de referência.

> *Essa díade, que sempre significou uma relação mãe e filho, hoje, está adquirindo outros significados; em díade é, também, minha relação com uma criança, a relação de um auxiliar com uma criança, de um docente com uma criança e da tia com a criança; e também há uma díade entre marido e mulher, na relação da criança com o avô e na relação entre os avós. Com isso, quero dizer que descobri que a educação do indivíduo também se forma, certamente, no âmbito da família e em contextos mais extrafamiliares, ou seja, nas instituições públicas e privadas. No entanto, gostaria de dizer que, hoje, a aproximação aos processos educativos é mais complexa, precisamente porque sentimos que, em torno da figura da mãe, do pai, do educador e de nossa própria, há outras figuras, de algum modo, competitivas, que incidem com força no que concerne à figura, ao pensamento e à pessoa.*[129]

---

127 Loris Malaguzzi, *Relazione d'apertura. Modelli e congetture...*, *op. cit.*

128 Loris Malaguzzi, *Seminario rivolto agli educatori vedesi – L'educazzione dei bambini* (gravação em áudio de uma intervenção de Malaguzzi em Albinea, em 9 de junho de 1987), *op. cit.*

129 Loris Malaguzzi, *Sviluppo della intelligenza...*, *op. cit.*

Alguns estudiosos criticaram essa ideia de Malaguzzi. São emblemáticas as apreciações de Susanna Mantovani (1998, p. 8):

> Em Loris, sempre encontrei certa resistência em tematizar a relação, em particular, a relação individual entre uma educadora e uma criança, ou entre uma mãe e uma educadora, e aceitar discutir sobre as emoções, às vezes, ambivalentes, que acontecem entre uma criança e o adulto. Como se essa atenção pusesse uma sombra às emoções e à ternura que podem existir entre as crianças, distraísse a observação e a descoberta das possíveis conquistas, inclusive por parte dos mais pequenos, negasse seu potencial social e intelectual, e pusesse em segundo plano o valor do grupo e a possibilidade de ser ativos, independentes e construtores.

A imagem da criança que defende Malaguzzi é, portanto, socioconstrutivista e, em especial, muito ligada à forma como as crianças, entre si e com os adultos, constroem o conhecimento de forma conjunta: discutindo e dialogando. É o que Malaguzzi definiu, em outras ocasiões, como a pedagogia da relação. É a ideia de uma criança que não trabalha sozinha ou apenas com as coisas.

> Já falamos como tudo isso contribui para estruturar uma pedagogia da relação, da participação ou, como diz Antaki,[130] da "desejabilidade social". Na prática, tudo isso quer dizer que a pedagogia da relação entra em uma rede que sempre tem que se reinventar, comunicar e ser capaz de efetuar encontros múltiplos.
>
> Trata-se de uma teoria que se relaciona com muitos dos valores de nosso trabalho: as conotações interacionistas e construtivistas, a intensidade das relações entre as pessoas, o espírito de cooperação, o esforço para realizar uma investigação individual e coletiva,

[130] N. do E.: referência a Charles Antaki, acadêmico britânico cujas áreas de trabalho englobam a psicologia social, a linguagem e a análise do discurso.

> a atenção aos contextos, as consolidações afetivas, a aprendizagem dos processos bidirecionais da comunicação e a aquisição de um maior conhecimento das políticas que se ocupam da infância.[131]

Para Malaguzzi, existe uma concordância entre a pedagogia da relação e a pedagogia da aprendizagem. Essa aprendizagem se constrói por meio das diferenças, dos conflitos, das tensões e das discrepâncias de pontos de vista intersubjetivos que as crianças percebem na relação solidária e diferencial com os demais.

As crianças esperam encontrar, sempre, diferenças, discrepâncias e surpresas. Esses são elementos que geram uma tensão criativa. São aspectos que, também nós, os adultos (fazendo um mínimo trabalho de introspecção), temos, se não perdemos esse sentido vital que leva a nos interrogar e a procurar o novo.

Na verdade, a bidirecionalidade é um princípio inevitável.[132]

Sua força (da pedagogia relacional) consiste no fato de difundir e qualificar as formas e os instrumentos relacionais-interativos, que são os que melhor asseguram o fluxo das expectativas, das atividades, das trocas, das cooperações, dos conflitos, das seleções e do poder de esclarecer os problemas cognitivos, afetivos e expressivos.

O método relacional é o que melhor explica como uma turma de crianças está formada por individualidades e associações de crianças com afinidades e habilidades diferentes.

O panorama comunicativo desgasta-se, desarticula-se e realiza-se por meio das vozes e dos pensamentos das crianças, das assonâncias e das dissonâncias, dos acordos contínuos, dos ajustes linguísticos e analógicos e das produções comuns.

---

[131] Loris Malaguzzi, "La storia, le idee, la cultura", *op. cit.*, p. 68-69.

[132] *Ibidem*, p. 69-70.

Há, nesse panorama comunicativo, processos de imitação, pausas, grandes emergências, dosagens e reequilíbrios, aumento imprevisto de ideias, transições explícitas e silenciosas e uma discussão em que também está imerso o adulto.[133]

Essa concepção que Malaguzzi defende,[134] leva-o a afirmar, de maneira lógica, que as crianças são produtoras de teorias, de hipóteses e de conjecturas. Toda criança tem sua teoria epistemológica. Teoria que deve confrontar com outras crianças e com adultos. São teorias que entram – interdependente e intersubjetivamente – em uma espécie de *mercado de ideias*, em que as crianças permutam, modificam ou restauram suas teorias e suas imagens do mundo.

Identidade infantil nos processos intersubjetivos e intrassubjetivos: revisão das teorias de Vygotsky

Com essas ideias, poderíamos pensar que Malaguzzi compartilha totalmente das teorias vygotskyanas (Fichtner, 2002; Rivière, 1985; Vygotsky, 1970, 1979), que afirmam que o desenvolvimento dos processos psicológicos superiores se dão primeiro em nível interpessoal e, depois, em nível intrapessoal, criando uma zona de desenvolvimento proximal, como uma distância entre o que um sujeito é capaz de realizar sozinho (zona de desenvolvimento real) e o que esse mesmo sujeito é capaz de realizar com um adulto ou um colega mais habilidoso (zona de desenvolvimento potencial). Para Malaguzzi,[135] ao contrário, nem sempre os processos de aprendizagem são, primeiro, intersubjetivos e, posteriormente, intrassubjetivos.

---

[133] Loris Malaguzzi, "L'incremento delle reti comunicative" ["O aumento das redes de comunicação", em tradução livre], *Bambini*, ano VIII, n. 2 (fev. 1992), p. 5.

[134] Loris Malaguzzi, *Seminario rivolto agli educatori svedesi* (gravação em áudio de uma conferência realizada em Reggio Emilia, em 29 de maio de 1992).

[135] Loris Malaguzzi, *Incontri Barcelona* ["Encontros em Barcelona", em tradução livre] (gravações em áudio de 14 de julho de 1989).

> *As correntes marxistas que chegam da União Soviética (Vygotsky, Luria e Leontiev) reconduziram o conceito de evolução do indivíduo até um estreito e perene entrelaçamento com a evolução histórica, cultural e política. Se é verdade que recuperaram o valor do entorno e, portanto, o valor do educador e da educação em relação à formação do indivíduo, também é o que concluem com a afirmação de que a educação da criança necessariamente é uma educação interpsíquica e, apenas em um segundo momento, intrapsíquica, assim, a questão começa a se complicar.*[136]

Porém, separar dessa forma tão drástica o interpsíquico do intrapsíquico supõe cortar injustamente o indivíduo em dois momentos sucessivos. Malaguzzi considera necessário que haja uma relação dialética entre ambos.

> *Isso significa que, só então, por meio de uma relação dialética, e não de uma conciliação, entre uma educação de caráter interpsíquico e uma educação de caráter intrapsíquico, somos capazes de autoproduzir, de autoadministrar nosso destino e nossa educação. Apenas então, em um contexto dialético permanente desse tipo, acredito que podemos achar uma matriz cultural aceitável, ou seja, que, por um lado, mantenha afastados todos os riscos possíveis de uma exaltação mítica do indivíduo, e, por outro, os de um coletivismo até as últimas consequências, em que em tal canal se produziria o momento da educação.*[137]

Posteriormente, Malaguzzi, sobretudo a partir de 1990, foi um claro defensor – como veremos – do subjetivismo das pessoas. Além disso, viu, de forma muito linear, o processo de aprendizagem na concepção de Vygotsky: de uma capacidade a outra maior. E parece perigoso, porque nem sempre, ao menos, não de todos os pontos de vista, a zona de desenvolvimento potencial

---

[136] Loris Malaguzzi, *Educazione logica e del pensiero*, *op. cit.*

[137] *Ibidem.*

está mais avançada do que a zona de desenvolvimento real. Malaguzzi também não aceitava que o adulto fosse reconhecido com uma capacidade maior do que a da criança. Queremos dizer que, em algumas ocasiões, a criança, com sua cultura, pode ser zona de desenvolvimento proximal para um adulto que quer aprender. Ademais, a ideia de maior ou menor capacidade é perigosa, no sentido de que vê o desenvolvimento de forma progressiva, como uma flecha ascendente, decidida a partir do adulto. E isso é o que também Malaguzzi critica, porque diminui as capacidades de reconhecimento da infância.

> [...] o psicólogo russo [Lev Vygotsky] nos alerta das vantagens que oferece a zona de desenvolvimento proximal [...].
>
> A questão não se livra de certas ambiguidades (é possível dar uma competência a alguém que a não a tem?), porque nos leva, outra vez, a esses velhos fantasmas sobre o conceito de ensino, que criticamos. O que permite eliminar as dúvidas sobre esse tema é o conceito de circularidade (um termo desconhecido para Vygotsky), como uma relação ativa entre o que se aprende e o que se ensina. Dito de uma maneira mais simples, queremos dizer que a situação que imaginamos é a de uma criança que está a ponto de ver o que os adultos já veem.[138]

Quando falarmos mais adiante da concepção de Malaguzzi do papel do adulto na aprendizagem, voltaremos a falar de Vygotsky em nosso discurso.

---

[138] Loris Malaguzzi, "La storia, le idee, la cultura", *op. cit.*, p. 80-81.

O dilema entre instrução e educação

Malaguzzi acredita que a aprendizagem das crianças é uma construção subjetiva ou intersubjetiva delas próprias e que não se deriva, mecânica e diretamente, dos processos de ensino.[139] Isso ocorre graças, também, aos processos de crescimento e de desenvolvimento das crianças, que se alternam em momentos de linearidade com momentos de ruptura e de descontinuidade, de diálogo com a casualidade, com o inédito, o aleatório, a emoção, a imaginação e com tempos construtivos imprevisíveis "e porque seguir de perto as crianças está cada vez mais difícil: pelos momentos históricos e porque caminham mais rápido do que nós em mundos que não se coincidem."[140] Para Malaguzzi, nada deve ser ensinado, se isso significa um crescimento passivo do sujeito. É necessário – comenta ele – que a aprendizagem se converta sempre em um ponto de partida do qual se deve inserir, dialógica e dialeticamente, o ensino. Portanto, existe – em Loris – uma preponderância da aprendizagem sobre o ensino. A escola é um lugar no qual as crianças e os adultos aprendem juntos, e juntos – culturalmente – eles coensinam. Não existe uma ideia de prepotência do adulto sobre a criança. Portanto, o problema do ensino-aprendizagem é um tema de escutas recíprocas, de sugestões complementares e de ajudas mútuas.

> Piaget já comentava: "surge o problema: é preciso ensinar esquemas e estruturas, ou é melhor apresentar à criança situações nas quais ela é ativa e pode aprender sozinha? O objetivo da educação é aumentar as possibilidades da criança para inventar e descobrir [...];

---

[139] Seguimos as ideias tratadas em Loris Malaguzzi, *Una carta per tre diritti. Carta de presentación del Diana* (1993) ["Uma carta para três direitos. Carta de apresentação de Diana", em tradução livre].

[140] *Ibidem*, p. 3.

> as palavras não são o melhor atalho [...] a ação, sua ação e a dos demais, é o que faz falta [...]".
>
> Nesse sentido, a teoria da infância se transforma em uma teoria de infância na escola, e aprendizagem e ensino (que já não podem estar em margens opostas enquanto o rio flui) se convertem em um recurso múltiplo, complementar e reversível. Sobretudo se sabem, circularmente, aprender a aprender.[141]

Embora, nessa passagem, possamos observar esse reconhecimento da reciprocidade entre ambos os conceitos, mencionamos, também, que Malaguzzi privilegia a aprendizagem em relação ao ensino.

> O verbo *ensinar*, como transitivo,[142] não transita nunca sobre as crianças, mas, sim, sobre o conteúdo e sobre a matéria de ensino. Apenas o verbo *aprender* pode levar em consideração o sujeito (o que a criança aprende), e esse sujeito é declarado, de forma explícita, ativo.[143]

Portanto, para Malaguzzi, o objetivo do ensino não é contribuir com aprendizagens, mas, sim, ocasionar muitas condições de aprendizagem.

> Na verdade, as condições e as finalidades de quem ensina não são iguais às condições e às finalidades de quem aprende. Mudam muitas coisas: a posição psicológica e relacional, a dos fatos, a da matéria, a do entorno, a da palavra, a dos contextos, a das expectativas e a da maneira em que transita e é acolhido o saber. Trata-se de uma virada antropológica.[144]

---

[141] *Ibidem*, p. 5.

[142] N. do E.: em português, *ensinar* pode ser transitivo, intransitivo ou bitransitivo; em espanhol, idioma original do livro, *enseñar* é transitivo; em italiano, idioma de Malaguzzi, *insegnare* pode ser transitivo ou intransitivo.

[143] Loris Malaguzzi, "La storia, le idee, la cultura", *op. cit.*, p. 79.

[144] *Ibidem*, p. 79.

Mais adiante veremos como o repúdio a uma ideia de ensino unidirecional é o repúdio a uma ideia de programa como ciência onipotente, que quer controlar tudo de forma condutista.

Da mesma forma, podemos falar da velha questão da relação entre instrução e educação. Para Malaguzzi, esses conceitos são indissolúveis.

> No plano lógico-formal, a instrução (aprendizagem e ensino) é a dimensão operativa da educação [...]. O que, de verdade, é decisivo são os valores da operatividade, da prática, e como estes sabem conectar os conteúdos, meios e fins próprios de um projeto laico e democrático.[145]

É, portanto, uma questão que está vinculada às ideias de Malaguzzi sobre as relações entre teoria e prática, de que já tratamos. Uma prática que decide os pressupostos teóricos por meio dos valores que atua e uma teoria que deve – eticamente – transitar à prática, para encontrar sua própria coerência.

É um problema muito difícil: é mais sensível no plano de uma configuração teórica, porém, complexo, quando se passa da teoria à prática, ao se encontrar fisicamente com a criança e abordar os problemas de seu crescimento. Trata-se de um momento de enorme complexidade.[146]

A busca de sentido

Essa imagem de criança a qual estamos definindo nos leva a uma questão imprescindível para o ser humano: a busca de um sentido existencial ao seu próprio viver.

---

[145] *Ibidem*, p. 80.

[146] Loris Malaguzzi, Sviluppo della intelligenza..., op. cit.

Devemos pensar sempre – comenta Loris –[147] que as crianças têm a necessidade de encontrar um sentido ao que fazem. Esse sentido está conectado ao sentido que os adultos dão à sua profissão. Quando a criança encontra, por si mesma, um significado, sente uma alegria que é, segundo Malaguzzi, como "quando sentimos um calafrio ao escutar uma música. É como quem desafia a morte para realizar um desejo". Devemos nos convencer de que a criança é produtora de significados. Significados que procura e encontra ao pesquisar. Pesquisar para entender como entende e compreende como conhece.

> Mas aceitar comparações, abertas e fechadas, com muitas teorizações que são fixadas não apenas no tão deteriorado mundo da escola e da educação e nas hipóteses de correção, e, também, sobre os mesmos significados de valor que fazem falta ao homem que quiser dar um sentido presente e futuro à própria existência. E umas e outras também chegam das margens da esquerda histórica, justa e dificilmente empenhada em sua complexa elaboração de novas conotações políticas e de partido, para desinfectar os excessos da ideologia, da irracionalidade apriorística, dos "saberes absolutos", das utopias excludentes, das mesmas filosofias consoladoras que tendem a reduzir para o homem a complexidade da vida e do universo.[148]

Essa busca de sentido é uma operação conjunta e convergente àquela que o adulto realiza para dar sentido à sua vida.

> *A primeira operação que compete a nós, adultos, é transferir cada fato, cada pequeno acontecimento, cada sentimento, cada medo e cada percepção a uma figura. Se não conseguirmos nos proporcionar uma figura, o sentido desaparece, porque acaba seguindo uma*

[147] Loris Malaguzzi, *Relazione d'apertura. Modelli e congetture...*, *op. cit.*

[148] Loris Malaguzzi, "Premessa" ["Introdução", em tradução livre], em *Io chi siamo* ["Quem somos", em tradução livre], Reggio Emilia, Forma, 1982, p. 12.

> *parte, ou outra, ou um pequeno acontecimento [...]. O pensamento da criança reúne todas as suas condições, todas as suas coisas, seus sentimentos, seus desejos, seus sonhos, e os coloca juntos, dentro de um marco, dentro de um quadro, ao qual atribuem sentido.*[149]

Portanto, para Loris, trata-se de que possamos incluir nossos sentimentos e nossos pensamentos em um marco de significado. Esse marco são nossos próprios valores, que são buscados de forma contínua por crianças e por adultos, porque são as crenças profundas que o adulto indaga, que a criança examina detalhadamente. E são buscados para dar sentido, como mencionamos, à própria existência.

Entretanto, trata-se de um rastreamento delicado e complexo, porque, hoje, há valores contraditórios que, tanto a criança quanto o adulto, devem aprender a hierarquizar e a selecionar entre suas diferentes experiências de vida. É uma operação dedicada a relacionar acontecimentos para escolher os que, de verdade, servem para dar sentido à própria existência e à própria atuação nos diferentes âmbitos vitais.

> E a operação de *juntar* é uma atuação difícil, porque os acontecimentos estão desunidos entre si, sem relação aparente entre eles. E assim ocorre – de igual modo – quando a criança tem que avançar no conhecimento de uma coisa. Deve colher muitos pequenos pensamentos, muitas pequenas percepções e, depois, tem que se colocar no caminho em direção à conquista da meta. Ao longo desse caminho, tem que começar a pensar em como colocar juntas as coisas e, para isso, tem que fazer, sobretudo, uma obra de seleção, uma obra de escolha. É como uma viagem, que sempre é de esperança.[150]

---

[149] Loris Malaguzzi, *Relazione introduttiva al seminario Modelli e prospettive teoriche nella educazione dei bambini* ["Relatório introdutório ao seminário *Modelos e perspectivas teóricas na educação infantil*", em tradução livre] (transcrição de uma conferência realizada em Reggio Emilia, 11 de novembro de 1993), p. 2.

[150] *Ibidem*, p. 3.

Essa emoção é a que provoca uma paixão por crescer, por aprender e por educar. É a emoção que elimina a indiferença, que Malaguzzi afasta como um tumor maligno, de si próprio e das escolas.

> A coisa mais espantosa que está aumentando é essa espécie de cortina de indiferença em relação a alguns acontecimentos cada vez mais trágicos e mais violentos, e todos nos perguntamos se acaso estaria construindo uma tolerância artificialmente imposta em relação aos fatos que deveriam ser denunciados.
>
> Acredito que também vocês tenham experimentado um sentimento como esse. Faz dois dias que Sarajevo foi bombardeada,[151] e, no bombardeio, crianças foram mortas. E eu, como contei, encontrei uma reação absolutamente subjetiva, arbitrária, dificilmente inteligível e compreensível, e completamente ilógica. Ontem, voltaram a disparar, e voltaram a matar, alvejaram a mesma escola, mataram outras crianças, e, dentro de mim, notei – também eu – uma espécie de aumento da tolerância. Isso é algo que não pode ser consentido.[152]

Essa aposta é que faz acreditar, com esperança, no futuro das novas gerações. Para isso, precisamos de uma imagem forte de criança e de adulto, capazes de utilizar criativamente suas potencialidades em sintonia com a natureza, sem prepotências. Temos necessidade de usar melhor os recursos que a própria natureza nos dá.

> Também a evocação dessa figura, de algum modo, simbólica, provavelmente, leva-nos de volta a um valor que retomaremos quando analisarmos a profissão do educador: se essas energias estão à disposição de todos

[151] N. do E.: entre 1992 e 1995, ocorreu a Guerra da Bósnia, na qual foi feito o cerco de Sarajevo pelos sérvios. Estima-se que mais de 100 mil pessoas tenham perdido a vida no conflito, a maioria civis bósnios.

[152] *Ibidem*, p. 7.

> os homens, temos que nos convencer de que as crianças, como todos nós, têm virtudes mais fortes do que aquelas que nos contaram até agora; que todos temos algumas potencialidades mais fortes do que as que nos asseguraram; que consumimos, sem que percebamos disso, uma baixa quantidade do potencial de energia que está em nosso interior. Desde Einstein até Morin, as vozes chegam até nós com muita clareza: utilizamos nossa inteligência como se ainda estivéssemos em uma fase da Pré-História. A pedagogia deveria recolher essa imagem, assim como devem recolhê-la, também, os administradores e os políticos.[153]

Nessa esperança, contam muito as crianças, já que podem reinventar os conhecimentos com sua cultura "dando forma às coisas antes que as coisas deem forma às crianças".[154] Elas podem descobrir um novo ponto de vista sobre o próprio mundo.

Precisaríamos reinventar muitas das coisas com as quais estamos vivendo, e acredito que, para sugerirmos isso, há, significativamente, a voz das crianças. Se soubéssemos escutar essa voz, talvez sentiríamos, quase fisicamente, a defasagem que há entre nós e as sensações que trazemos dentro de nós; sentiríamos a sensação de estar cansados de oferecer menos do que as crianças merecem, e menos do que também nós merecemos.

É a famosa ideia de Malaguzzi, de uma nostalgia do futuro. Uma espécie de melancolia dinâmica e futura que ri – como diz Manuel Rivas[155] – pelo que poderia ter sido, mas não é, embora possa chegar a ser.

---

[153] *Ibidem*, p. 9.

[154] Malaguzzi, L. [*Correspondência*]. Destinatário: Alfredo Hoyuelos. 1 carta.

[155] N. do E.: escritor e jornalista galego, cuja obra engloba poemas, ensaios e narrativas. Uma de suas obras mais conhecidas (sobretudo na área da Educação) é o livro *¿Qué me quieres, amor?*, em razão de três contos terem sido adaptados ao filme *A língua das mariposas*, que mostra, de maneira sensível, a relação professor-aluno.

> Dar sentido humano e civil à existência, escolher com força e consciência, ter nostalgia do futuro e do homem foram as primeiras filosofias que aprendemos e que nos guiaram, também e especialmente, nos momentos em que tivemos de tomar decisões e superar as dificuldades.[156]

As palavras de Gunilla Dahlberg (1998, p. 142) também são esclarecedoras nesse sentido:

> Em todo caso, do quanto entendi, Loris Malaguzzi e a experiência de Reggio Emilia se alimentaram de um nostálgico desejo de uma volta aos bonitos tempos passados. Seu ponto de vista sobre nossa época e sobre a criança não se baseiam na construção de narrativas de "futuro e progresso" ou de "decadência e nostalgia", mas, sim, que foi adotada uma posição de diálogo com o presente, conectando e confrontando sua prática pedagógica cotidiana com as diferentes perspectivas científicas e filosóficas. Citando Loris Malaguzzi: "A pedagogia não se criou sozinha, apenas se cria por meio de uma relação afetuosa ou de comparação com o presente". Também destacou que não acolheram um otimismo infantil, mas, sim, uma postura cética em relação às certezas do passado, do presente e do futuro.

Decerto, em Loris, podemos reconhecer esse ceticismo diante das certezas, mas também encontramos um princípio ético imutável: a certeza baseada na esperança de projetar um futuro com as crianças, com suas ideias e com sua cultura. Essa é a nostalgia do futuro da qual fala. A origem dessa metáfora – em Malaguzzi – produz-se no discurso de agradecimento do Prêmio Kohl,[157] em 1993.

[156] Retirado de um aviso do *Comune di Reggio Emilia* (fev. 1994).

[157] N. do E.: o Kohl International Teaching Awards foi um prêmio concedido, pela instituição Dolores Kohl Education Foundation, por uma década, cujo objetivo era laurear escolas ou profissionais pela sua contribuição no campo da Educação.

Regozijemo-nos – como toque final desse princípio ético – com suas palavras:

> *Para dizer a verdade, parece-me que temos uma imagem extraordinária: homens, mulheres, jovens que nasceram em lugares diferentes e distantes, mas que sabem se reconhecer, muito além das diferenças entre as línguas, pelo fato de serem protagonistas. No valor desses fatos, encontramos uma espécie de grande universalidade.*
>
> *Essa é outra imagem, que, em especial, dá-nos forças para pensar que precisaremos mais do que de uma nostalgia do ontem: de uma nostalgia do futuro.*
>
> *As crianças, as de agora e as que virão, esperam-nos lá onde a nostalgia pode chegar. E ainda esperamos estar todos lá.*[158]

Nas páginas anteriores, expusemos este primeiro princípio ético (*A educação começa com a imagem da criança, uma imagem que revela a indeterminação do ser humano*). Nele, revisamos aspectos, como a interpretação que Loris realiza da imagem da criança, do homem, da solidão da infância, da forma de construção do conhecimento, do conceito de inteligência, do construtivismo piagetiano e sua crítica aos processos interativos das crianças, do dilema entre instrução e educação e de como a criança procura sentido às suas atuações.

Para Loris, cada um de nós temos uma imagem de infância (que, no fundo, é uma interpretação do nosso conceito de homem e de mulher). Essa teoria interior – reconhecida ou não – induz-nos e seduz-nos a escutar, a observar e a agir de diferentes maneiras. Essa imagem interna nos guia a nos relacionarmos e a trabalharmos juntos. Por isso, é importante explicitar uma imagem de infância que – longe de abstrações – dê coerência à difícil relação entre a teoria e a práxis educativa.

---

[158] Loris Malaguzzi, *Discorso di ringraziamento del Prof. Loris Malaguzzi alla cerimonia di premiazione* ["Discurso de agradecimento do Professor Loris Malaguzzi na cerimônia de premiação", em tradução livre] (1993), documento n. 441 (FT-36).

Qual é a imagem da criança que tem Loris Malaguzzi? Não queremos que soe retórica, pois o pedagogo de Reggio Emilia odiava a falácia sedutora, sem um compromisso com a prática pedagógica, que é, na verdade, o lugar no qual se joga o futuro da educação.

Para ele, a imagem de infância pode se resumir nos seguintes termos: coconstrutivista, interacionista, ecológica (que se constrói com relações múltiplas socioculturais), genética (uma criança dotada de enormes potencialidades, mas a que se deve respeitar seu ritmo de amadurecimento e de desenvolvimento, sem violentá-la com programas de estimulação precoce), complexa, otimista, incerta; menino ou menina, com autonomia e responsabilidade para estabelecer o caminho de sua própria evolução; solidária, ativa, partícipe, que se move – sem dualismos maniqueístas disjuntivos – na complementariedade dialógica das linguagens, capaz de dar sentido à sua vida e uma esperança de futuro para a humanidade.

Uma imagem da criança que nos lembra as palavras de Hannah Arendt (1993, 201): "O fato de que o homem seja capaz de ação significa que cabe esperar dele o inesperado, que é capaz de realizar o que é infinitamente improvável". Uma imagem de uma infância capaz de escapar de predeterminismos e determinações. Apta para se reconstruir nas vicissitudes da vida, como hoje nos recordam os conceitos de resiliência (Cyrulnik, 2002; Manciaux, 2003) ou de *elactancia*[159] (Marrone, 2001).

Veremos, a seguir, as estratégias concretas que representam tal princípio no pensamento e na obra pedagógica de Loris Malaguzzi.

---

[159] N. do E.: conceito desenvolvido no livro de Mario Marrone, *La teoria do apego: em enfoque actual* ["A teoria do apego: um enfoque atual", em tradução livre]. Trata-se da capacidade de o indivíduo utilizar sua adaptatibilidade em diversos contextos, sejam eles adversos ou não.

As estratégias do princípio ético 1

(A educação começa com a imagem da criança, uma imagem que revela a indeterminação do ser humano)

Vamos desenvolver, de todas as possíveis, três estratégias referidas ao princípio anterior:

- *A pedagogia da escuta.*
- *A observação por meio de sondas de investigação-ação.*
- *A ideia de projeto ante a de programação.*

Primeira estratégia do princípio ético 1

A pedagogia da escuta

Malaguzzi comenta que falamos muito das crianças (e, além disso, aqueles que mais falam são os que menos passam tempo com elas), falamos pouco com as crianças e as escutamos ainda com menos frequência. Essas três proposições (provocadoras e não sempre certas) nos introduzem ao mundo da comunicação recíproca e ao fluxo da compreensão mútua.

> Temos de admitir que nós, adultos, falamos muito das crianças, mas falamos pouco com elas, e as escutamos menos ainda [...].
>
> Durante esse período, existe uma interação providencial e modulada, na qual adulto e criança se chamam, impulsionam-se e esperam-se mutuamente, ao mesmo tempo que entretêm um esplêndido e produtivo circuito de comunicação. Parece intrigante o motivo por que esse jogo compartilhado, essa fecunda espécie de pingue-pongue, justa e vital, debilita-se e, mais tarde, dissipa-se. Sabemos muito bem que, ao fazer isso, quebramos as regras e retiramos das crianças

> (e de nós mesmos) um jogo de vital importância. Interrompemos um inestimável fluxo de conhecimento, de adaptação, de descoberta, de invenção, de respeito e de proveito mútuos.[160]

Praticar a escuta é decisivo para que a criança construa um sentido no que faz e encontre o prazer e o valor de comunicar. Escutar – para o pedagogo de Correggio – é uma arte para entender a cultura infantil: sua forma de pensar, de realizar, de perguntar, de teorizar, de desejar etc.

Escutar, para Loris, significa estar atento a dar ouvidos (com todos os sentidos) à infância em relação com o mundo. Essa ideia estética de escutar as relações forma parte da própria ética de Malaguzzi.

> *Em nossa profissão ninguém pode perder um só compasso do que ocorre à infância no mundo.*[161]

É importante que essa escuta – estética e relacional – seja contextualizada em cada âmbito, para evitar generalizações absurdas. A escuta sempre se dá em um espaço, em um tempo e em uma atmosfera.

> *Já que cada mundo se define apenas em referência a um espaço mais amplo.*[162]

Sem escuta, o adulto perde as ferramentas imprescindíveis de seu próprio trabalho: o deslumbramento, a maravilha, a reflexão e a alegria de estar com as crianças.

> Além disso, essas são as consequências de não escutar, de não estar disposto a escutar ou a observar.[163]

---

[160] Loris Malaguzzi, "Listening to Children, A Tribute to Loris Malaguzzi" ["Escutando as crianças, um tributo a Loris Malaguzzi", em tradução livre], *Young Children* ["Crianças pequenas", em tradução livre] (jul. 1994), p. 55.

[161] Loris Malaguzzi, *Relazione d'apertura. Modelli e congetture...*, *op. cit.*

[162] *Ibidem.*

[163] Loris Malaguzzi, "Listening to Children...", *op. cit.*

É necessário professar por uma pedagogia da escuta (não só em relação ao ouvido) que provoque o deslumbramento de quem escuta. Deslumbramento como a capacidade de esperar o inesperado e o imprevisto. Melhor: seria a capacidade de contemplar algo com deleite, confiança e apreço.

A escuta, como atitude ética e estética, significa desconfiar do que veem nossos olhos e do que ouvem nossos ouvidos. A escuta ativa nos leva a compreender como as crianças pensam, desejam, fazem teorias ou nos introduzem em seus caminhos emocionais.

> Minha tese é a de que, se não aprendermos a escutar as crianças, será difícil aprender a arte de estar e de conversar com elas (de conversar em um sentido físico, formal, ético e simbólico). Será também difícil, talvez impossível, compreender como e por que pensam e falam as crianças; compreender o que fazem, pedem, planejam, teorizam ou desejam; compreender quais mensagem preferem, quais procedimentos exploram ou escolhem para influenciar em seu entorno ou obter conhecimento.[164]

A escuta, logo veremos, é uma premissa para a observação adequada, a interpretação e a metacognição. É uma condição *sine qua non* para não destruir a cultura infantil, mas, sim, para respeitá-la.

A escuta é, também, para Malaguzzi, tempo: o tempo da escuta da qual falou Rinaldi (1999). É o tempo – e, sobretudo, a qualidade do tempo – necessário para ativar nossa curiosidade, e o tempo apropriado e subjetivo para que cada criança possa mostrar suas competências, sem a pressa que impõem alguns ritmos fixos para algumas crianças. A escuta, nesse sentido, adquire uma tensão rítmica que acolhe a originalidade de cada criança, bem como o que

---

[164] *Ibidem.*

há de mais profundo nela. Mas, para chegar até esse ponto, sem ficar na superfície, é preciso que as crianças entendam que temos tempos para dedicar. Esse tempo significa paciência e disponibilidade, atitude que nos projeta à frente. Dessa maneira, produz-se o milagre de conhecer o desconhecido da criança, sua forma original de sentir e de pensar: podemos ver mais, tanto, que emerge nossa ignorância.

> Escutar as crianças é como puxar uma cortina ou dissipar a neblina [...].
>
> Em suma, convido-os a escutar aquilo que, com frequência, não temos tempo ou paciência para escutar. A saber: essa espécie de extraordinário laboratório de experimentos que é a criança que está ao nosso lado.[165]

Nas diferentes formas de escutar, complementares e transdisciplinares ("As cem linguagens das crianças"), Malaguzzi e as escolas de Reggio privilegiaram, entre outras, a escuta das palavras das crianças e de seus processos e produtos gráficos. Palavras e produtos gráficos que sempre nasceram de fortes experiências, duradouras em relação ao tempo. São – como diz Loris – desenhos e palavras quentes, nascidos de uma longa experiência vivida com os colegas e os adultos sobre determinado tema de aprofundamento.

Por isso, uma estratégia comum em Reggio é escutar as palavras das crianças – chamados por alguns autores (Freinet, 1979, 1982) de textos livres, que, na verdade, não gozam de tal liberdade – e seus desenhos, analisando-os e refletindo sobre as ideias, a fim de que se transformem em elementos de retroalimentação para a evolução do próprio projeto. Poderíamos citar qualquer projeto entre os realizados em Reggio Emilia para defender essa ideia de escuta

[165] *Ibidem*.

que tentamos explicar. O leitor pode recorrer a diversas fontes.[166] Agora, apenas como exemplo, vamos supor alguns resultados dessa escuta e de sua forma de ser realizada. Na citação a seguir, podemos desfrutar das descrições sobre autorretratos realizados pelas crianças e das interpretações de Malaguzzi sobre tais aspectos.

> Malaguzzi acompanha a leitura dos 28 autorretratos – em vez de uma análise de seus significados abertos ou ocultos, realistas ou simbólicos – com três "considerações" que queremos reproduzir extensamente, visto que são pertinentes e valiosas:
>
> A primeira se refere à dimensão, à quantidade e à qualidade, assim como à complexidade e à heterogeneidade das características humanas, dos dinamismos das relações dos problemas que animam o mundo infantil, um mundo que ainda querem reduzir (para não confrontar de forma séria os temas) aos "valores" do simples, do inocente, do imaculado, do afastado.
>
> A segunda consideração quer registrar um assunto de extrema importância: que cada criança se constrói de modo diferente, que tem distintos modos de usar o pensamento, a palavra e a mão, que conta livremente o que tem na cabeça, que pode

[166] Queremos destacar algumas que podem ser procuradas: Scuola Diana, *Textos libres sobre el Vietnam* (jan. 1973) ["Textos livres sobre o Vietnã", em tradução livre]; Loris Malaguzzi, *Io chi siamo*, Reggio Emilia, Comune di Reggio Emilia, 1982, *op. cit.*; AA.VV., *Le intelligenze si trovano usandole* ["As inteligências são encontradas ao serem usadas", em tradução livre], Bergamo: Juvenilia, 1990; AA.VV., *Tutto ha un'ombra meno le formiche*, Reggio Emilia, Comune di Reggio Emilia, 1990, *op. cit.*; AA.VV., *Tenerezza. Una storia di Laura e Daniele* ["Ternura. Uma história de Laura e Daniele", em tradução livre], Reggio Emilia: Reggio Children, 1995; AA.VV., *Le fontane* ["As fontes", em tradução livre], Reggio Emilia, Reggio Children, 1995; AA.VV., *I cento linguaggi dei bambini* (1996), *op. cit.*; AA.VV., *In viaggio coi diritti delle bambine e dei bambini* ["Uma viagem com os direitos das meninas e dos meninos", em tradução livre], Reggio Emilia, Reggio Children, 1995; AA.VV., *Scarpa e metro* ["Sapato e medidor", em tradução livre], Reggio Emilia, Reggio Children, 1997.
N. do E.: caso o leitor queira recorrer a uma obra em português para observar os projetos realizados pelas crianças, recomenda-se o livro *Mostra Sconfinamenti – Atravessando fronteiras: encontros com sujeitos vivos, paisagens digitais*, publicado pela Phorte Editora, o catálogo da exposição homônima, que compilou as obras de arte realizadas pelos alunos reggianos nessa exibição.

ser realmente, como diz Freinet, "a autora do papel impresso", que pode representar, enfim, o contramodelo do modelo conformista e impregnado de certas pedagogias catequéticas ainda vivas.

A terceira e última anotação é a que se refere à atitude das crianças: adverte claramente que, mesmo aceitando se separar para se autoidentificar e se expressar, as crianças desconfiam de algumas ideias para fazer um autorretrato, e sentem que seu desejo é se reunir rapidamente com os outros, com os colegas, seu eu – sozinho, em quarentena e desterrado – constitui uma violência, uma abstração não apenas estúpida, mas, também, cruel.

É fácil perceber essas "considerações" em qualquer um dos textos. Consideremos o primeiro, o de Manuela:

"Tenho dois olhos castanhos e o cabelo castanho. Eu gosto de estar na escola, porque, em casa, não tenho um quintal grande. Uso tranças, eu gosto, porque meus colegas as usam para tocar o sino. Eu gosto de borboletas porque são coloridas. Não gosto de ir ao canal, porque não quero me afogar. Eu gosto de fazer desenhos, assim, fico em paz. Gosto da Carla porque ela é simpática e, além disso, porque ela tem o rosto quase igual ao da minha irmãzinha."

A transcrição da professora – cujas discretas intervenções se adivinham – conserva o encanto do que poderia parecer uma mera tagarelice infantil; no entanto, se prestar bastante atenção, nela se revelam claramente as características de uma personalidade doce, equilibrada, simpática, feliz consigo mesma e com seu mundo. Contente com a escola, que dá a ela três coisas importantes. Nesta ordem: espaço para brincar, colegas e atividades interessantes.

Como se pode ver, esses três elementos se entrelaçam uns dentro dos outros: o entorno físico, o entorno humano e o contexto de tais entornos.

> Manuela não se incomoda com seus colegas – os meninos –, os quais pegam suas tranças para tocar o sino. Entende-se que não pegam suas tranças para incomodá-la, mas, sim, para brincar. É uma forma de homenagem, ou de cortejo, que ela aceita tranquilamente, sem flerte e, também, sem hipocrisia. Nunca ocorreria a ela ir até a professora para denunciar seus colegas que brincam com suas tranças...
>
> Deveria ser indagado sobre o sentido dessa "paz" que Manuela experimenta desenhando. Pode querer dizer, de forma simples, que ela gosta de brincadeiras e/ou jogos tranquilos: pintar, mas não saltar nos canais (em que pode se afogar). Mas pode querer dizer mais, pode ser uma expressão "desse estado de graça e de bem-estar" que a criança alcança quando é livre de expressar seus conteúdos reais. "Paz" para expressar uma "alegria" interior, que tem a ver com o prazer estético.[167]

É, portanto, uma escola metainterpretativa (uma interpretação da interpretação que as crianças efetuam), da qual falaremos mais adiante. Escutar a criança, como atitude, não pode se reduzir a uma atividade didática. É a crença forte de que a criança tem teorias que estamos esperando confrontar com as nossas: a escuta é a estratégia que nos introduz no caminho educativo adequado.

Segunda estratégia do princípio ético 1

A observação por meio de sondas de investigação-ação

Essa estratégia supõe uma nuance e uma continuação da estratégia anteriormente mencionada.

[167] Loris Malaguzzi, em *Io chi siamo*, *op. cit.*, p. 48-51.

Observar, para Malaguzzi,[168] é muito mais que olhar. A observação parte de dúvidas, perguntas, incertezas e questões que tratam, sistematicamente, de recolher dados que ajudem a reflexão. Contudo, a observação, para Loris, não é apenas uma estratégia didática. É uma estratégia que tem como finalidade primária a transformação da própria prática educativa.

A observação é um patrimônio que cada um tem, uma capacidade da espécie humana, que se desenvolve em sua relação com o mundo. A observação, portanto, pertence à criança e ao adulto.[169] As crianças são grandes observadoras, e é importante aprender com elas como observar. Graças à observação, a criança entra em relação significativa com o mundo: com os olhos da mãe, com os do pai, com os gestos etc.

Observar[170] significa atuar com consciência para obter as indicações necessárias da situação ou do âmbito que delimitamos para interpretá-los. A observação depende de nossa formação, de nossa cultura, de nossas intenções e, como destacamos, da imagem da criança.

> Não podemos pensar na criança em abstrato. Quando pensamos em uma criança, quando escolhemos uma criança para observar, essa criança se encontra já estreitamente conectada e vinculada a certa realidade do mundo: tem relações e experiências. Não podemos separar essa criança de uma realidade

---

[168] Loris Malaguzzi, *Seminario rivolto agli educatori svedesi* (gravação em áudio de uma conferência realizada em Reggio Emilia, em 7 de maio de 1991).

[169] Loris Malaguzzi, *Relazione d'apertura. Modelli e congetture...*, *op. cit.*

[170] Para a elaboração dessas ideias seguimos, principalmente, Loris Malaguzzi, *La progettazione nella scuola dell'infanzia* (gravações em áudio de uma conferência realizada em Reggio Emilia, em 13 de abril de 1988). Dessa conferência, retiramos, de forma ordenada, muitas ideias inéditas de Malaguzzi, que expomos amplamente, em virtude do interesse em nossa investigação.

> concreta. A escola leva consigo essas experiências, esses sentimentos e essas relações.
>
> E isso também acontece conosco, os adultos. Quando entramos na escola pela manhã, levamos conosco fragmentos de nossa vida: nossa felicidade, nossa tristeza, nossas esperanças, nossa alegria, as tensões de nossa vida. Nunca entramos de uma maneira isolada ou neutra: levamos sempre conosco fragmentos do mundo que nos é próprio. Portanto, os encontros que temos estão sempre permeados pelas experiências que levamos conosco.[171]

É preciso que nos insiramos na experiência da criança para entender melhor seus recursos e suas potencialidades. Dessa ideia, nasce a proposta metafórica da *sonda*.

A observação é um valor que gera uma expectativa na criança, uma observação participante em que o adulto está implicado. Para a criança, sentir-se observada significa sentir-se vista e valorizada. A criança precisa dessa observação participante, mas não interferente, que se faz com a sensibilidade de quem quer aprender sem interromper seus processos de aprendizagem.

> Tudo isso nos condiciona a produzir um nível superior de observação. Devemos ir além de nos limitarmos a olhar a criança para nos convertermos em observadores melhores, capazes de nos inserirmos para compreender os recursos e o estado mental potencial e atual de cada criança. Devemos comparar com os nossos, a fim de podermos trabalhar juntos adequadamente.
>
> Nossa tarefa é construir situações educativas para propor às crianças pela manhã. Às vezes, improvisar é bom, mas devemos planificar o projeto. Pode ser um projeto que abarque um período de dias,

[171] Loris Malaguzzi, "Your Image of the Child...", *op. cit.* p. 53.

> semanas ou meses. Temos que produzir situações nas quais as crianças aprendam por si mesmas, nas quais possam aproveitar autonomamente de seu próprio conhecimento e de seus próprios recursos, em que possamos garantir que a intervenção do adulto seja a mínima possível. Não queremos ensinar às crianças algo que elas possam aprender por si mesmas. Não queremos proporcionar ideias que elas possam ter por si próprias. O que queremos fazer é ativar nas crianças o desejo, a vontade e o grande prazer que proporciona o fato de serem as autoras de sua própria aprendizagem [...].
>
> Qualquer adulto tem a necessidade de sentir que é visto ou observado por outros (também é importante observar os outros). Isso também ocorre com as crianças. Por conseguinte, é possível observar, experimentar um grande prazer e uma grande satisfação observando de muitas maneiras diferentes. Quando a criança é observada, é feliz: ser observada por um adulto é quase uma honra. Em contrapartida, um bom professor, que sabe como observar, sente-se bem consigo mesmo, visto que sabe que é capaz de tirar algo da situação, de transformar e de compreender de uma forma nova.[172]

Essa filosofia nos leva a ver, em cada criança, coisas diferentes da mesma situação. Malaguzzi, em muitas ocasiões,[173] falou da relação que existe entre o que observamos e nossas explicações, entre o que olhamos e os esquemas antecipatórios (Neisser, 1981). Para isso – para explicar o problema da observação –, gostava de narrar algumas palavras de Von Foerster (1987, p. 203):

[172] *Ibidem*, p. 55.

[173] Loris Malaguzzi, *La percepción* ["A percepção", em tradução livre] (gravações em áudio de uma conferência realizada em 21 de março de 1987).

> Minha esperança, em compensação, era a de que tratassem de ver esse fenômeno como se fosse a primeira vez, como algo novo e fascinante. Permitam-me ilustrar melhor esse assunto. Não sei exatamente a que aludem Castaneda e seu professor, Don Juan.[174] Castaneda quer aprender os segredos do que acontece nas imensas extensões do monte baixo mexicano. Don Juan diz: "*Vê aquilo...?*", e responde Castaneda: "*O quê? Não vejo nada*". Na próxima vez, Don Juan diz: "*Olhe aqui!*". Castaneda olha e diz: "*Não vejo realmente nada*". Don Juan se desespera, porque quer ensinar a ver de verdade. Por fim, Don Juan encontra a solução: "*Agora, vejo qual é o seu problema. Só consegue ver o que você sabe explicar. Deixe de explicações e você verá*". Você está surpreso,[175] porque abandonou sua preocupação para explicar. E, portanto, você vê. Espero que saiba seguir se surpreendendo.

A "sonda" (como uma forma de ver) significa eliminar as ataduras das explicações prévias. Consiste em uma forma de indagar para conhecer e reconhecer os limites e as possibilidades que podem nos ajudar a observar melhor, levando em consideração que observar é complexo e difícil. A sonda – terminologia que, em Loris, encontramos pela primeira vez em 1985 –[176] é uma

[174] N. do E.: refere-se a Carlos Castaneda, antropólogo peruano radicado nos Estados Unidos, que publicou o livro *The Teaching of Don Juan: A Yaqui Way of Knowledge* ("Os ensinamentos de Don Juan: o caminho Yaqui do conhecimento", em tradução livre, no Brasil, foi lançado com o título *A erva do diabo* – em virtude de tratar da planta *Datura Inoxia*, conhecida por esse nome). A obra é considerada um documento antropológico autobiográfico, com traços supostamente ficcionais, narrando as interações que o autor teve com o Don Juan Matus, um xamã indígena da tribo Yaqui, cujos pertencentes viviam no México e nos EUA.

[175] Referindo-se a Karl H. Pribram [professor austríaco de psicologia e psiquiatria, que ministrava disciplinas de psicologia e de psiquiatria em renomadas universidades norte-americanas].

[176] Loris Malaguzzi e Carla Rinaldi, *Modelli e congetture. La questione dell'infanzia e le questioni educative* ["Modelos teórico-práticos. A questão da infância e a questão educativa", em tradução livre] (gravação em áudio de 1 de junho de 1985).

metáfora para indicar uma operação de perfuração, uma investigação em profundidade, uma espécie de busca que, com insistência sobre um mesmo ponto, revela a complexidade das riquezas escondidas e originais da criança. A sonda é um desejo de conhecer o que está mais escondido – qualitativa e quantitativamente – na criança.

> O que é uma sonda de investigação-ação?
>
> É uma situação supostamente canalizada em direção ao resumo de comportamentos, procedimentos, interpretações e benefícios das crianças ao redor de uma experiência delimitada e definida, que tende a conhecer a qualidade e a variedade das influências das crianças sobre as crianças.[177]

A sonda produz hipóteses, diversifica e adéqua nossa forma de pesquisar no momento que queremos resgatar uma espécie de *censo* ou *alfabeto* de riquezas e de potencialidades da infância. Esses dados deverão ser, posteriormente, interpretados. Interpretação, avaliação crítica e autocrítica devem nos levar a analisar se os métodos usados para extrair esses dados foram os adequados para conhecer e compreender. Posteriormente, na interpretação dos dados, devemos aprender – comenta Malaguzzi –[178] a relacionar esses dados com outras questões e com as experiências escolares e extraescolares.

Para efetuar essa operação de forma adequada, o que interessa a Malaguzzi delimitar – inclusive, já comentamos, mas reiteramos, por sua importância – é a imagem concreta da criança.[179] Para ele, a criança tem – conforme mencionado – capacidades autoconstrutivas que descartam a figura de uma criança sem forma própria, uma

---

[177] Loris Malaguzzi, *Bozza per un discorso sulle sonde-ricerca azione* ["Rascunho de um discurso sobre as sondas de pesquisa-ação", em tradução livre] (escrito por Malaguzzi aos participantes da conferência anteriormente citada), p. 3.

[178] Loris Malaguzzi e Carla Rinaldi, *Modelli e congetture. La questione dell'infanzia...*, *op. cit.*

[179] Loris Malaguzzi, *Bozza per un discorso sulle sonde-ricerca...*, *op. cit.*, p. 1.

tábula rasa. É uma criança que tem a qualificação da espécie humana no mais alto nível. E a observação – para Malaguzzi – deve privilegiar essas capacidades autoconstrutivas da criança. Uma autoconstrução interdependente dos demais e do contexto em que "as crianças não apenas sabem aprender, mas, sim, aprender a aprender",[180] ou seja, as crianças sabem, de maneira precoce, procurar o significado que se deriva do fato de aprender as regras da própria aprendizagem.

Para isso, "as crianças favorecem o conhecimento por meio da ação que se transforma".[181] Essa é uma ideia claramente piagetiana que significa – para Loris – que apenas a ação que transforma é a que provoca o conhecimento, embora seja difícil existir uma ação que deixe as coisas imutáveis, porque "as crianças aprendem e conhecem transformando".[182] Dessa forma, "transformando, as crianças antecipam, conjecturam, testam e controlam por meio das imagens e das representações que nascem da coordenação dos significados, que, por sua vez, nascem das ações e da coordenação que estas têm com a memória".[183] Malaguzzi está convencido de que essas capacidades podem ser observadas, também, no recém-nascido. A negação aos estágios que a psicologia tem usado, como já comentamos, é um critério ambíguo que retira as potencialidades das crianças. Para Malaguzzi, não se pode observar, porque não existe uma pré-lógica, uma pré-matemática, uma pré-linguagem. Essa é a separação já anunciada de Malaguzzi em relação a Piaget.

Para Loris, não se pode partir de uma observação supondo que todas as crianças sejam iguais e atravessem uma série de etapas universais. É preciso partir de uma observação que resgate a ideia

---

[180] *Ibidem.*
[181] *Ibidem.*
[182] *Ibidem.*
[183] *Ibidem.*

de que todas as crianças são diferentes. É importante – insiste Malaguzzi – possibilitar a maior diversidade de pontos de vista, a maior diferença individual de processos. Não podemos nem devemos prescindir dessas diferenças tanto na criança quanto no adulto. E, aqui, Malaguzzi aproveita para criticar a pretendida política igualitária feita pelas associações. É da diversidade – afirma – que surge um estado maior de igualdade, e não ao contrário.[184] É necessário – coloca como uma crítica a algumas ideias comunistas – não adormecer qualidades diferenciadas que têm o direito da possibilidade de serem expressadas. A igualdade se cultiva por meio do reconhecimento da diferença, e não ao contrário. Não é importante possibilitar as diferenças para manter as desigualdades, mas, sim, para poder, em nível social, aproveitar o máximo das qualidades individuais para um bem cultural comum.

Porém, dizíamos que as crianças (como imagem e pista de observação) são capazes de realizar conjecturas. Para Loris, conjectura quer dizer procurar conceitualmente a possibilidade de encontrar uma "consistência múltipla de variáveis possíveis". Uma teoria principalmente desenvolvida pelos discípulos de Piaget ao analisar o valor epistemológico do necessário e do possível. O estado do necessário é um freio que salta quando a criança se dá conta de que, por meio do pensamento e da imagem, pode viajar ao mundo do possível, muito além das ataduras do concreto. A arte de prever alternativas variáveis de uma coisa é uma riqueza que as crianças têm, porque são capazes de ter, contemporaneamente presentes, alternativas possíveis sobre as coisas em que atuam.

[184] Essas palavras lembram as ideias de Pedro Miguel Etxenike [cientista basco, que também se engajou na política] quando afirma que "não há nada mais discriminatório que não discriminar".

Malaguzzi também comenta que as crianças testam e experimentam. E assim o fazem porque são capazes de confrontar qualitativamente as diversas alternativas possíveis que nascem dos esquemas ou das estruturas que já têm e que precisam colocar em confronto dialético com os dos demais.

Esse é um dos pilares básicos da *sonda* para Malaguzzi: privilegiar uma observação das relações, interferências, conflitos, cooperações, pensamentos e emoções que se provocam quando um grupo de crianças trabalha junto. Essa é a virtude da observação e da investigação na escola ante o que é feito nos laboratórios. Essa ideia é a que leva às crianças (e, portanto, deve formar parte de nossa observação) a estabelecer uma coordenação dos significados das próprias ações.

Essa coordenação é a que permite a criança dar um salto importante, segundo Malaguzzi, um salto que vai dos procedimentos às estruturas. Sem estruturas, a criança é fraca. "Os procedimentos[185] e as estruturas são elementos distintos e complementares, que dão origem a uma circularidade produtiva."[186] As crianças, por meio desses procedimentos e de sua coordenação estratégica, chegam a uma qualidade de metapensamento quando encontram alguns esquemas de síntese que são os significados das atuações realizadas. Esses significados são o sustento das próprias ações. São, na verdade, as estruturas do pensamento, sem as quais não poderiam existir procedimentos, de maneira que, sem procedimentos, não poderiam existir estruturas.

---

[185] Mais adiante falaremos do conceito mais preciso de estratégia que o próprio Malaguzzi reivindicará. Para ver a evolução do próprio pensamento de Loris Malaguzzi preferimos, agora, mantermo-nos fiéis à sua própria terminologia usada ao explicar o que é uma sonda de observação.

[186] Loris Malaguzzi, *Bozza per un discorso sulle sonde-ricerca...*, *op. cit.*, p. 1.

"As estruturas constituem uma *grandeza* cognitiva, um esquema-chave que unifica, por abstração, os significados em um significado mais geral e oni-inclusivo".[187] Dessa grandeza, constrói uma complexidade que sintetiza o itinerário realizado. Em cada contexto qualificado de aprendizagem, a criança constrói estruturas e procedimentos que fazem uma retroalimentação mútua. Todavia, estruturas e procedimentos devem ser vistos (observados) sempre em sua flexibilidade, em sua *conexão estrutural*.[188] Dessa maneira, a criança tem a capacidade de reciclar continuamente procedimentos e estruturas. Quando observamos, essa dinâmica nos deve colocar em alerta para não classificarmos as crianças de forma precoce, porque, quando o fazemos, as crianças já não estão mais no ponto que pensávamos. Nesse sentido, a criança quer ser observada e multi-interpretada, mas não julgada.

É certo que não podemos evitar que façamos avaliações. Contudo, Malaguzzi afirma que elas devem ser realizadas sobre os procedimentos, e não sobre as estruturas. E critica a formação excessivamente estruturalista que se dá nas universidades, sem levar em conta a observação dos procedimentos. O importante – afirma – não são tanto as estruturas, mas, sim, os procedimentos que acompanham, precedem e permitem que estas apareçam. Avaliar os procedimentos (e as estratégias) é o que nos faz estar mais próximos da criança e de seus interesses. Para realizar esse tipo de consideração, é necessário manter um alto nível de incerteza. O fato de ter muitas certezas leva a estabilizar muito cedo avaliações inadequadas. Além disso, devemos encontrar instrumentos adequados

---

[187] *Ibidem*.

[188] Entendemos por *conexão estrutural* a compatibilidade criativa entre o ser e o ambiente que atuam como fontes recíprocas de perturbações, com mútuas mudanças de estado. "Qualquer perturbação que chega do meio será 'informada' de acordo com a coerência interna do sistema de conhecer do sujeito" (Maturana e Varela, 1992, p. 90).

de verificação que não provoquem um efeito contrário ao desejado. Assim, não é uma questão de eliminar as avaliações, mas, sim, de observar, de maneira interpretativa, o caminho que a criança percorre na sua atuação, incluindo múltiplos pontos de vista intersubjetivos. Essa mudança não pode ser feita sozinha. É necessário provocar, dentro das escolas, processos que levem os professores – e o restante da equipe – a uma construção conjunta (veremos como) dessas ideias. É a forma ética de multiplicar os desejáveis pontos de vista. É a maneira de dar uma identidade adequada à escola e à Educação Infantil.

As avaliações das observações são, melhor, interpretações[189] – sempre interpretações – parciais do que ali ocorre. Devemos dar força e sentido à interpretação, porque é ela que permite que o educador não chegue a conclusões fechadas. Assim, o máximo que podemos fazer é colocar uma coleção de interpretações: umas ao lado de outras, em sua complementaridade. Isso é importante porque, em geral, o adulto tende a privilegiar apenas uma interpretação ou única observação como realidade suprema. E há de se levar em conta que, ao interpretarmos, estamos interpretando a nós mesmos, visto que o adulto está dentro da interpretação que emite.

Observar, então, significa censurar, porque o papel e a caneta, a máquina fotográfica ou de vídeo efetuam cortes dos acontecimentos importantes, ou seja, apenas selecionam algo de uma totalidade maior. Com essa opção, em alguns momentos, torna-se difícil seguir as mudanças, os saltos e as trocas de paradigma das crianças.

---

[189] Loris Malaguzzi, *Incontro Diana. Approfondimenti. Sulla relazione adultobambino* ["Encontro Diana. Estudo detalhado. Sobre a relação adulto-criança", em tradução livre] (gravações em áudio realizadas em 9 de julho de 1993).

Aceitar a observação como uma interpretação de todas as possíveis significa deixar de realizar julgamentos classificatórios inúteis.

> Portanto, deduz-se que, quando alguém aprende a observar a criança, quando assimilou tudo o que significa observar a criança, aprende muitas coisas que não estão nos livros de educação ou de psicologia. E quando alguém faz isso, aprende a sentir mais desconfiança e receio das avaliações, das provas e dos julgamentos rápidos. A criança quer ser observada, mas não quer ser julgada. E, embora nós julguemos, as coisas nos escapam, não as vemos e, portanto, não somos capazes de avaliar de uma maneira ampla. Esse sistema de observação das crianças nos leva a numerosos sentimentos e ideias distintos, a um tipo de ensino cheio de dúvidas e de incertezas, e é preciso sabedoria e um grande conhecimento por parte dos professores para poder trabalhar no contexto dessa situação de incerteza.[190]

Portanto, a observação malaguzziana não tem como objetivo classificar as crianças de nenhuma maneira. Ao observar, também perdemos procedimentos e estruturas, subjetivos e intersubjetivos, que as crianças realizam diante nosso olhar ou longe dele. De certo modo, diz Malaguzzi, a criança é uma espécie de túnel, do qual só vemos uma parte, mas devemos reconhecer nossas limitações para ver todo o percorrido, todo o processo. Esse reconhecimento é o de nossa própria humildade e o dos instrumentos de observação inadequados que usamos.

Observar, para Malaguzzi, significa respeitar e escutar a criança de forma atenta, *amorosa*, diz ele, sem cair no engano de realizar uma análise que procura prender a criança em tabelas, em estágios e em níveis preestabelecidos de desenvolvimento. É necessária uma observação de outro tipo. É a forma de lutar pelos direitos da infância sem sucumbir, ademais, ante ideologias de caráter totalitarista.

---

[190] Loris Malaguzzi, "Your Image...", *op. cit.*, p. 55.

A proposta estratégica de Malaguzzi é muito clara: devemos nos esquecer das classificações que discriminam os sujeitos observados nas estações que estatizam uma viagem contínua, cortando-a em trechos injustamente. O processo da criança é um caminho em *forma fluens*, e é essa vereda que nos interessa observar. Loris comenta[191] que devemos ver – muito além dos resultados ou dos produtos visíveis e explícitos – todas as curvas ou sendas que as crianças atravessam. É preciso analisar seus ritmos e seus tempos. O problema é que sempre esperamos a criança nas grandes estações, mas não somos capazes de ver como ela viaja, nem se ela se diverte ou não, nem quais problemas encontra ou quais indagações apresenta...

> O que a criança não quer é uma observação por parte de um adulto que, na verdade, não está ali, que está distraído. A criança quer saber que é observada, cuidadosamente, com toda a atenção. Quer que o professor veja o processo de seu trabalho, antes do produto. O professor pede à criança que leve um balde d'água de um lugar a outro. Para a criança, não é importante que o professor apenas a veja chegar ao final com o balde d'água. O que é importante para ela é que o professor veja que ela está fazendo o esforço de realizar essa tarefa. São importantes os processos, quanto esforço a criança está fazendo e quanto mérito tem realizar a tarefa. O que as crianças querem é ser observadas enquanto estão ocupadas; não desejam que o centro de observação seja o produto final. Quando nós, os adultos, somos capazes de ver as crianças enquanto estão fazendo algo, é como se abríssemos uma janela e conseguíssemos uma nova visão das coisas.[192]

---

[191] Loris Malaguzzi, *Seminario rivolto algi educatori svedesi* (6 de maio de 1989), *op. cit.*
[192] Loris Malaguzzi, "Your Image...", *op. cit.*, p. 55.

Um processo de aprendizagem deve ser reconhecido como um fluxo descontrolado que apenas pode ser detido artificialmente por meio de observações particulares. Por isso, devemos ser conscientes do próprio risco que implica qualquer observação avaliadora.

> Uma vez descobertas, as estruturas transbordam das funções, das práticas, dos procedimentos que as provocaram e trouxeram à luz, e passam a se transformar em chaves e instrumentos interpretativos por outros procedimentos e subsequentes percursos cognitivos, passando a ser atemporais e transfuncionais. À espera de outras atemporalidades e de outras transfuncionalidades.[193]

Isso quer dizer que as estruturas que a criança constrói são instáveis, móveis e predispostas a uma dinamicidade permanente. São chaves interpretativas que permitem que possam ser utilizadas, de forma criativa, em outras situações relacionais análogas ou distantes. Por isso, dizemos que são atemporais e transfuncionais, porque se trata de instrumentos que emergem da história contingente na qual foram criados e podem ser transferidos a outras situações históricas. É uma atemporalidade que espera uma nova atemporalidade.

No momento em que a criança consegue essa estrutura, esse esquema, essa chave ou esse nível cognitivo consegue – nas palavras de Loris – uma chave-mestra que permite abrir muitas fechaduras. No entanto, esse esquema, precisamente pelo seu fluxo constante, é sempre provisório (ou instável), e espera um novo ínterim. Por esse motivo, essas chaves são transfuncionais: porque atravessam as situações particulares para poder funcionar em outras situações vitais de aprendizagem.

---

[193] Loris Malaguzzi, *Bozza per un discorso...*, *op. cit.*, p. 1.

Até o momento, expusemos alguns elementos que definem e concretizam uma imagem socioconstrutivista da criança e que podem se converter em elementos fundamentais das diversas situações de observação. Agora, falaremos mais da ideia de observação e da ideia de *sonda*.[194]

Dizíamos que observar é algo além de olhar. Trata-se de um olhar descontínuo e irregular. Observar é a sistematização consciente do olhar, com o interesse de focalizar uma situação e de colher uma série de dados interpretativos que nos ajudem a compreender melhor o segredo que desejamos revelar. Para isso, determinamos uma série de perguntas que situam e qualificam a observação, cujo objetivo não é sempre encontrar respostas, revelar certezas ou resolver dúvidas. É mais importante – para Malaguzzi –[195] encontrar os problemas do que saber resolvê-los. Isso gera uma atitude de exploração e de interrogação permanente, que é a forma constante de atuação das crianças e de nosso próprio cérebro. É essa *sintonia natural* que gera uma atitude empática educativa, e não deve ser esquecida – eticamente – na escola.

Por meio da observação, individualizamos o campo do olhar e, repetimos, apenas evidenciamos uma parte do todo. O reconhecimento desse limite é, por sua vez, a declaração das possibilidades que a própria observação propõe. É a afirmação de uma nova liberdade didática, entendida como uma série de vínculos e de oscilações que dependem de nosso ânimo, de nossa cultura e de nossa ideologia. Essa forma de observar declara certo subjetivismo – não isolamento, nem prepotência, nem individualismo – como responsabilidade da própria observação. O objetivismo – de acordo com Malaguzzi – anula

---

[194] De novo, continuamos transcrevendo e traduzindo, quase literalmente – embora de forma organizada –, pelo interesse público das ideias, o documento anteriormente mencionado.

[195] Loris Malaguzzi e Sergio Spaggiari, *El método de la investigación* ["O método de investigação", em tradução livre] (notas realizadas em Pamplona, em maio de 1990).

o sujeito, converte-o em um objeto e aproxima o homem a alguns parâmetros científicos que, em muitas ocasiões, não são humanos. Malaguzzi, explicitamente, declara-se contrário a essa observação cientificista e objetiva que equipara os sujeitos-objetos a uma série de leis físicas. Dessa maneira, critica algumas correntes e práticas psicológicas que trataram de realizar investigações com esse caráter de controle científico e, em particular, recusa todas as investigações quantitativas de caráter behaviorista experimental que, além disso, têm ambições imperialistas de efetuar generalizações.

Comentávamos de um certo subjetivismo, mas sem cair – diz Malaguzzi – em uma espécie de autarquia que valorize o indivíduo de forma idealista ou espiritualista.

Também rejeita as correntes filosóficas e psicológicas que aceitam o método da introspecção como forma de pesquisa. A introspecção entendida como autointrospecção.

Para Malaguzzi, já comentamos, a observação e a pesquisa devem funcionar sempre sobre situações de relação social. Sem relações, não existe a espécie humana, não existem as palavras, não existem as atuações, não existem as sensações, nem os pensamentos, nem as interpretações. Tudo existe não porque as coisas ou os sujeitos estejam em relação, mas, sim, porque são a relação, esta entendida como interdependência. É nessa interdependência que a observação se faz relacional. É uma observação capaz de entender as relações complementares dos acontecimentos, sem cair em oposições maniqueístas desnecessárias que disfarçam os problemas. Observar é, acima de tudo, problematizar os acontecimentos, dessa forma, Loris recupera uma parte de algumas ideias da investigação psicanalítica. Interessa a ele esse conflito psicanalítico do ser humano, embora recuse qualquer consideração terapêutica da própria observação-investigação.

Também repassa a chamada observação naturalista ou etologia, na qual se observa o sujeito em seu "*habitat* natural". Entretanto, para Malaguzzi, essa observação pertence a uma psicologia cega, porque simplifica a complexidade do problema da própria observação, reduzindo esta a uma espécie de psicologia behaviorista, que apenas observa e analisa os comportamentos "patentes" dos homens e das crianças. Esse tipo de observação, segundo Loris, esquece a reflexão e a compreensão do que está dentro de cada gesto, ato etc. O que Malaguzzi propõe em troca, como vimos, é enriquecer a própria observação por meio de interpretações que vão além dos comportamentos observáveis. Dessa maneira, não se trata de efetuar um objetivismo até as últimas consequências, que resuma tudo a uma conduta externa observável ou a um ato visível. Além disso, de acordo com Malaguzzi, essa observação de tipo etológico peca pela ingenuidade naturalista, visto que, como vínhamos dizendo, não podemos separar a realidade de uma cultura que se encontra na base de nossos próprios movimentos, gestos, costumes, atitudes e atuações. Uma cultura que, em relação impregnante e interdependente, está dentro do mal chamado "natural". Esse tipo de observação, segundo o pedagogo reggiano, é perigosa, porque trata de incluir os sujeitos observados em alguns parâmetros de maior ou menor normalidade, segundos os cânones ditados de antemão. E qualquer norma sempre é cultural e se refere a alguns hábitos e costumes. Trouxemos essa ideia quando discutimos, por exemplo, o assunto da inteligência como convenção cultural.

A observação, para Malaguzzi, depois desse repasse de algumas correntes psicológicas, é resgatar uma imagem da criança como um organismo capaz de se auto-organizar e de se coorganizar em uma conexão estrutural com o ambiente. Essa ideia rejeita a imagem de criança tábula rasa, as ingênuas pesquisas naturalistas, ou a possibilidade de enjaular a infância em tabelas estatísticas que desnaturalizam sua essência.

> As investigações psicológicas sobre os comportamentos evolutivos (com testes, questionários, entrevistas etc.) contemplaram, até há duas décadas, uma criança tábula rasa. As pesquisas posteriores alternaram visões ingenuamente naturalistas (como a etológica) ou ingenuamente atemporais e a-históricas (e simplificadas, em termos de evoluções lineares e estatísticas), inclusive quando atribuíram às crianças capacidades construtivas e gerativas (como a piagetiana). De todo modo, quase sempre, privilegiando termos assimétricos da criança e do adulto, e alternando mais por razões históricas, políticas e culturais do que por razões intrínsecas, a realidade e a qualidade das relações, tanto nos âmbitos familiares quanto nos extrafamiliares.
>
> Nesse contexto, não é de estranhar a ausência de pesquisa no campo das influências e da interação que se realizam dentro do mundo infantil, entre coetâneos e entre pares.
>
> Um mundo carregado de preconceitos restritivos, imitativos, distrativos, vãos e, sobretudo, de temores não confessados em relação a uma perda de governabilidade por parte dos adultos. A escola de Educação Infantil é, em contrapartida, um campo fértil de experiências como nenhum outro, avidamente investigado pelas crianças e originalmente predisposto às necessidades de sociabilidade, de comunicação, de mudança, de comparação, de interlocuções e de cooperações fecundas para a formação da inteligência, do pensamento, dos filtros da aprendizagem, das linguagens, das atitudes e da identidade própria e alheia. É, também, um terreno privilegiado para os adultos para a observação, a reflexão, o conhecimento estratégico e estimativo dos modos como as crianças produzem e constroem condutas e formas evolutivas do ato de conhecer, e para a possibilidade de autovalorização e

> autoajuste, sempre por parte dos adultos, de suas esperas, de suas hipóteses, de suas capacidades de predição e de reflexão sobre os atos e as seleções que realizam com as crianças. Um terreno, portanto, que, por meio de madurações recíprocas, reforça o conhecimento das crianças e dos adultos, produz formação e melhora a qualidade de suas relações e interações.[196]

Para Malaguzzi, a ideia de *sonda* como estratégia vem aliviar essas deficiências previamente apontadas e, como comentamos, dessa maneira, transforma-se em uma situação privilegiada de observação que se realiza com um número determinado de crianças, em pequeno grupo, o que garante o registro e a compreensão dos fatos, com uma planificação meticulosa e adequada da metodologia de observação.

> A sonda pode assumir morfologias, percursos e tempos diferentes (previstos e imprevistos), antes de percorrer e, também, ao longo desse processo. Diante dessa flexibilidade, é preciso obter a mesma flexibilidade no que se refere às situações e às condutas dos adultos. A flexibilidade diminui com as prescrições.
>
> A sonda pode ser completa e autonomamente percorrida pelas crianças, sempre e quando se conte com uma atitude de não interferência e apenas de apoio por parte dos adultos. De acordo com cada caso, pode exigir, além disso, que os adultos se impliquem em intervenções complementares e finalizações explícitas, o que evita que a sonda tenha que voltar às suas formas primitivas. Nesse caso, a sonda se torna intencionalmente um projeto de trajetória cruzada e de busca e de ação, alternadas entre as prestações autônomas das crianças e as prestações cooperativas e circulares dos adultos.[197]

[196] Loris Malaguzzi, *Bozza per un discorso...*, *op. cit.*, p. 3-4.

[197] *Ibidem.*

Dessa forma, as possibilidades das *sondas* são ilimitadas, sabendo que as previsões que fazemos devem estar dispostas a ser colocadas em crise no próprio itinerário. A *sonda*, assim, deve permitir e potencializar desvios, fugas, regressões, avanços, saltos imprevistos, ritmos irregulares e não uniformes... A *sonda* permite uma ajuda contingente (da qual trataremos mais adiante) por parte do adulto, que deve ser adequada ao seu movimento interno, para manter o problema e não deixar que seja abandonado rapidamente.

Isso significa que a interpretação que construímos da situação observada é apenas um meio para realizar uma compreensão que nos ajude a refletir sobre o que vemos e a refletir para além das condutas observáveis, realizando sempre uma operação de relações interpretativas complexas, inclusive com acontecimentos que não estão presentes no âmbito da *sonda*. Esses acontecimentos ajustam e desajustam nossas próprias explicações, com o intuito de que não sejam reducionistas e simplificadas.

> Às vezes, a sonda se configura como uma retícula, como uma bricolagem, que se reutiliza a si própria em termos de transformação e de construtividade cada vez mais intencionais, como uma árvore, de cujas partes é possível engendrar outras partes.[198]

A ideia da bricolagem (Levi-Strauss, 1984), para Malaguzzi, é muito sugestiva porque trata – metaforicamente – de colocar, em relação estrutural, uma série de *fragmentos* ou coisas que não vemos unidos, mas, sim, justapostos. A qualidade da interpretação deve possibilitar qualificar as relações conjuntando ou compondo o que, até aquele momento, parecia separado. Nesse momento, aparece o deslumbramento do qual já tínhamos falado:

---

[198] *Ibidem*, p. 4.

essa criança que nos surpreende, porque construímos um novo significado original da situação. Essa capacidade de transformação deve ser vista como uma força que qualifica a própria aprendizagem e o conhecimento da criança. A psicóloga Lina Grimelli (2001) comenta a extraordinária capacidade que Loris Malaguzzi tinha para narrar a história das crianças e construir – de forma coerente – significados inimagináveis.

O risco da sonda é querer cumprir, a todo custo, nossas expectativas, a fim de não nos decepcionarmos. Precisamos aprender a permanecer, mais uma vez, à espera do inesperado, descobrindo as probabilidades de erro de nossas previsões. O importante é que nossas expectativas não se convertam em prisões diabólicas que prendam a criança em um caminho predeterminado, no qual a observação apenas seja uma justificativa do que já acreditávamos saber. É desse risco, psicológico e humano, que devemos estar conscientes.

> Cada sonda descobre, em seu caminho, outras possíveis sondas, que podem ser inseridas ou transferidas e prorrogadas a outros momentos.[199]

Esse é, também, um momento crítico, porque devemos perceber que as *sondas* geram outras novas, não pensadas intencionalmente. Assim, retroalimentam-se. Essa é a figura de árvore da qual falava Malaguzzi, uma árvore com raízes e um tronco comum, mas com muitas bifurcações.

A sonda nos permite identificar muitas problemáticas que vamos – holograficamente – abordando de forma organizada, de acordo com as condições temporais de nosso próprio trabalho.

---

[199] *Ibidem*, p. 4.

> O tema e os objetivos da sonda podem ter diferentes origens: podem se derivar de situações de observação normais, nas quais aparecem acontecimentos cujo aprofundamento se considera importante, mas também podem se derivar da reflexão e das competências dos adultos, em que eles reparem na oportunidade de indagar sobre argumentos particulares.
>
> Como não existe uma metodologia unívoca e planificada entre a observação e o fenômeno, é preciso ser consciente de que cada resultado conseguido provê apenas dados indicadores, que devem ser avaliados e generalizados com prudência. E ocorre porque a documentação realizada é uma interpretação, de algum modo, subjetiva. Os fatos estão contaminados pelas expectativas e pelas pressões cognitivas dos observadores, e, de todo modo, os resultados estão eminentemente vinculados a uma situação contextual.
>
> Para os adultos, a consciência de tudo isso atenua os riscos possíveis, e pode ajudá-los a passar de avaliações imprecisas e subjetivas a indicações mais definidas, prováveis e que podem se transmitir mais e melhor.[200]

Dessa forma, a sonda permite que nos aprofundemos em algumas observações que nascem de situações cotidianas e em que queremos nos enfocar melhor. É como usar um microscópio em algumas situações particulares para investigá-las, ante a dificuldade de fazer tudo de uma vez; deve ser pouco a pouco, e sempre com consciência desse limite. Dessa maneira, pode-se conseguir uma espécie de alfabeto observacional que permita nos fixarmos em alguns aspectos específicos, para que não passem despercebidos e, assim, possamos compreender melhor a complexidade dos acontecimentos. Algo que Malaguzzi compara – nesse momento – ao trabalho que [Renato] Dulbecco estava realizando ao tentar decifrar o código e o segredo do DNA.

---

[200] *Ibidem*, p. 4-5.

> E, sobretudo, a sonda permite apurar suas competências.
>
> Concluindo: a sonda é uma ocasião, um instrumento predisposto para conseguir uma observação da observação e, sobretudo, um *conhecimento do conhecimento*. Trata-se de um dos fatos mais ambiciosos e fecundos no campo dos processos individuais do saber e das relações entre os indivíduos.[201]

Poderíamos citar vários exemplos de *sondas* (em breve, falaremos dos projetos que, em parte, são confundidos com as *sondas*), mas, por ora, como exemplo, temos a narração da experiência sobre o *Arco-íris*.[202]

Malaguzzi traz de uma viagem realizada nos Estados Unidos um livro em inglês sobre experimentos físico-químicos. Dá o livro a Marina Castagnetti, educadora da escola Diana, e pede a ela que verifique se há algo que se possa fazer com as crianças. Isso se passou em 1988.

Dos inúmeros experimentos, escolhe o que propõe construir um arco-íris. Esse experimento permitia fazer um trabalho sobre como as crianças preveem acontecimentos, constroem e reconstroem teorias e diversas interpretações. O experimento consistia em dar às crianças uma fonte com água, uma lanterna e um espelho e, logo depois, propor a elas: se juntassem tudo de maneira adequada, poderiam fazer aparecer o arco-íris.

---

[201] *Ibidem*, p. 5.

[202] Seguimos a narração contada por Marina Castagnetti na entrevista celebrada em 12 de junho de 1998. *Vide* também: Scuola Diana, *L'arcobaleno* ["O arco-íris", em tradução livre] (documentação); Marina Castagnetti, "Scienza o magia?" ["Ciência ou magia?", em tradução livre], *Bambini*, ano IV, n. 10 (out. 1988), p. 62-65; Loris Malaguzzi, *Seminario di studio per gli amici svedesi. Modelli teorici e pratici nell'educazione dei bambini. Giocare con l'arcobaleno* ["Seminário de estudo para amigos suecos. Modelos teórico-práticos na educação das crianças. Brincar com o arco-íris", em tradução livre] (maio 1991); Loris Malaguzzi *et al.*, *L'arcobaleno: scienza o magia?* ["O arco-íris: ciência ou magia", em tradução livre] (6-10 maio 1996).

Esse experimento foi testado com diversas crianças (meninos, meninas, grupo misto), e ainda foi repetido em outras escolas durante aquele ano. Ao longo desse tempo, foram levantados os primeiros dados. Posteriormente, diante da necessidade que Malaguzzi tinha de experimentar e de comprovar de novo para ver como as crianças e suas atuações mudam, a experiência se repetiria em 1993.

O trabalho está documentado em uma edição de estudo, intitulada *L'arcobaleno: scienza o magia?*,[203] que é à qual fazemos referência.

A proposta verbal que se sugere às crianças foi pensada em detalhes e acordada com Malaguzzi:

> Se vocês colocam juntas essas coisas de certa maneira – que vocês têm que encontrar – podem fazer um experimento muito bonito [...], pode-se criar o arco-íris. Querem experimentar?[204]

No momento de escolher as crianças, pensa-se que o número três é adequado, por sua complexidade. Também são escolhidas crianças bastante diferentes. Se nos apropriarmos do documento,[205] podemos ver que, inclusive, apresenta-se as crianças com algumas características muito nítidas: "Nicolás, o possibilista; Miguel, o entusiasta; e Mateo, o cético". Tudo forma parte da necessidade de que o leitor perceba com muita clareza. Um dos aspectos importantes era ressaltar a extraordinária capacidade das crianças para construir teorias e confrontá-las, e isso é ressaltado por Malaguzzi:

---

[203] Loris Malaguzzi *et al.*, *L'arcobaleno: scienza o magia?* (1996), *op. cit.*

[204] *Ibidem*, p. 12.

[205] *Ibidem*, p. 12.

> Sucessivamente, as crianças vão confrontando as teorias, discutindo-as em conjunto. Quando as teorias são tão novas e provisórias tudo é possível. Estar em grupos de três e com três teorias diferentes legitima ainda mais a instabilidade das próprias ideias. Na comparação, estabelecem a importância da luz e do espelho, e Mateo pronuncia uma frase importante: "*Então, o sol também acerta o espelho, e a água traz o arco-íris!*". Mateo faz uma relação importante entre a luz da lanterna e a luz do sol.[206]

Essa ideia de Mateo agrada muito Malaguzzi, porque permite continuar o experimento fora da escola, algo que Malaguzzi desejava. Não apenas isso, mas, também, o fato de que as crianças decidem montar um espetáculo.

> Vamos voltar aos três protagonistas e à sua aventura com o arco-íris: eles querem se divertir e, sobretudo, surpreender os amigos. Decidem organizar um espetáculo:
>
> "*Vamos! Vamos fazer um espetáculo e vamos tocar bateria!*".
>
> "*Sim, vamos pegar um lençol branco e bem grande, e vamos chegar ao arco-íris! [...].*"
>
> No espetáculo dos meninos, o educador se transforma em um cúmplice divertido.
>
> Os protagonistas se mostram emocionados diante do público:
>
> Mateo é o baterista; Miguel, o apresentador, e Nicolás, o técnico do arco-íris. Miguel apresenta o espetáculo.
>
> Miguel: "*Senhoras e senhores! Bem-vindos ao espetáculo mais bonito do mundo! Vocês sonharão com ele de noite e não o esquecerão jamais... Poderão fazer quando quiserem... Também em suas casas... Aqui, para vocês, começa o espetáculo!*"[207]

---

[206] *Ibidem*, p. 23.
[207] *Ibidem*, p. 36.

Essa ideia de sair e montar um grande espetáculo coincidia, casualmente, com os desejos de Malaguzzi. E isso o emocionava sem limites. Ademais, o espetáculo termina com uma grande dança musical do arco-íris feita pelos meninos. E, se não bastasse, na volta da escola em setembro,[208] no ano letivo seguinte, Nicolás chega com uma grande notícia: durante o verão, encontrou o arco-íris produzido pela água e pelo sol:

> Em setembro, reaberta a escola, Nicolás chega uma manhã agitando uma fotografia.
>
> Nicolás: "*Olhem! A gente errou, só precisa de água, não precisa de espelho!*"
>
> Aconteceu que, durante o verão, Nicolás encontrou esse arco-íris. Quis fotografá-lo para nos demonstrar que o experimento nos tinha levado a uma convicção equivocada. A relação com a realidade refutou as teorias do grupo de meninos, voltando a colocar tudo em discussão.[209]

Essa é a frase final da narração, antes das interpretações finais, algo que Malaguzzi queria ressaltar, porque se enlaça com a ideia de refutar as teorias,[210] uma ideia cara a Malaguzzi:

> Por fim, com a última descoberta de Nicolás, arco-íris com água e sol, refuta-se as teorias encontradas. No plano científico – o alcançado pelos meninos por meio do experimento – poderia se considerar um êxito, mas a introdução da refutação, segundo Karl Popper, provoca uma mudança, um avanço na investigação. A refutação das teorias passa a ser mais importante do que as verificações.[211]

---

[208] N. da T.: recorda-se de que as aulas na Europa seguem um cronograma diferente do utilizado Brasil, sendo setembro o início do novo ano letivo, que termina em junho. Isso se dá por conta, também, da diferença nas estações do ano.

[209] *Ibidem*, p. 43.

[210] Lembremo-nos de que, para Popper (1974, 1977, 1986), representante da Teoria da Ciência, todo conhecimento fático é hipotético ou conjectural e, portanto, refutável. Dessa forma, pleiteia uma visão probabilista dos acontecimentos, que não podem ser completamente predeterminados, como demonstra a ação humana.

[211] Loris Malaguzzi *et al.*, *L'arcobaleno: scienza o magia?*, *op. cit.*, p. 43.

Além dessa ideia, é importante nos lembrarmos de outras que Malaguzzi quis explicitar de maneira concreta nesse projeto: a capacidade autônoma das crianças; a ideia de um tipo de escola que permite e possibilita realizar essa ideia; a capacidade e a possibilidade das crianças de escaparem de caminhos preestabelecidos; a ideia de um experimento que se transforma em um contexto vital; os papéis das crianças se modificam no próprio fazer; a forma que têm de aceitar e de enfrentar um grande desafio; e a felicidade e a alegria das crianças em sua forma de atuar.

> A felicidade das crianças tem um sentido de grande autenticidade. Sentem que estão dentro do arco-íris, sentem-se criadoras do arco-íris.
>
> As crianças aumentam de volume, e seus corações batem com mais força [...]; também aos menores são permitidos horizontes, algo que a malevolência dos adultos nem sempre concede a eles.[212]

Além disso, para Malaguzzi, as crianças sempre devem sair vencedoras de seus desafios. Para isso, ele tinha pensado no clássico jogo de "quente, morno, frio", que o adulto deveria realizar para sustentar a brincadeira das crianças, caso estas se complicassem em algum processo, embora, nesse caso, não tenha havido necessidade de se recorrer a ele.

Uma vez terminada a documentação, como em outras ocasiões, chega a oportunidade de apresentá-la em um seminário, em 15 de novembro de 1993, realizado com profissionais suecos. Malaguzzi queria uma autêntica cena de apresentação teatral, e faz Marina levar o lençol e todos os elementos para fabricar o arco-íris. Ademais, exige que seja levada a música da dança e as vozes gravadas dos meninos.

---

[212] *Ibidem.*

Malaguzzi queria que todo esse trabalho culminasse em uma publicação que nunca foi terminada a tempo. Na época das férias – em julho –, Marina apresentou a Malaguzzi um primeiro esboço do possível livro. A educadora narrava – um pouco receosa, talvez, da possível crítica – o esforço realizado. A resposta de Malaguzzi é muito sugestiva da sua forma de ser: "E você tinha algo mais importante para fazer que não fosse trabalhar para sua escola e para as crianças?"

Terceira estratégia do princípio ético 1

A ideia de projeto ante a de programação

Iniciamos esta seção com um pouco de história. Quando, em 1963, Malaguzzi começa a trabalhar nas duas primeiras escolas municipais da infância, para crianças de 3 a 6 anos, ocorrem três acontecimentos importantes que podemos resgatar para o tema que nos cabe agora. Um deles é o fato de que Malaguzzi trabalha como psicólogo no Centro Médico Psicopedagógico do município de Reggio Emilia. Nesse local, realizavam-se muitas pesquisas experimentais, baseando os resultados em comprovações estatísticas. É de particular interesse a esse tema, por exemplo, uma publicação com o título de *L'influenza dell'ambiente sul grado di maturità sociale nell'età evolutiva.*[213] No resumo dessa investigação, podemos ler:

> Os A.A. examinaram, tendo como base a "Escala de Maturidade Social" de Doll, a influência de alguns fatores ambientais sobre a maturidade social de 180 escolares de 7 a 9 anos de idade e de inteligência típica.

[213] Loris Malaguzzi, C. Jannuccelli, Marta Montanini e C. Formica, "L'influenza dell'ambiente sul grado di maturità sociale nell'età evolutiva" ["A influência do ambiente em grau de maturidade social na era evolutiva", em tradução livre], *Infanzia anormale* ["Infância anormal", em tradução livre], n. 28 (1958), p. 457-468.

No texto, encontramos alguns aspectos metodológicos:

> O objetivo de nosso trabalho é retomar o argumento das relações entre a inteligência e os fatores ambientais [...]. À luz das perspectivas que a Escala de Maturidade Social parece oferecer para a valorização da adaptação social, por meio da medida do grau de maturação e de responsabilidade social [...].
>
> Em cada aula de cada uma das escolas (na cidade, foram verificadas duas aulas de cada turma), examinaram-se 20 crianças (10 meninos e 10 meninas); ao todo, foram analisadas 180 crianças, 120 na área urbana e 60 na rural. As pontuações que se referem às das duas escolas da cidade serão dadas em um único valor, visto que as diferenças encontradas entre elas são bem leves, sem significantes diferenças estatísticas.[214]

Outro dos fatos importantes a serem levados em conta no momento de abordar esse tema é a falta de formação das professoras. Malaguzzi, no início da experiência pedagógica municipal, encontra-se e trabalha com pessoas de grande vontade, mas com uma formação inadequada. E é a ele que cabe qualificar tais profissionais. A estratégia de construir planos de trabalho e experiências era uma das formas para conseguir esse objetivo.

O outro fato a que fazíamos referência é que as escolas de Educação Infantil (3-6 anos) daquele tempo, chamadas *Asilos*,[215] tinham um caráter meramente assistencial. Portanto, o trabalho inicial de Malaguzzi consistia em resgatar essas instituições dessa identidade precária para dar a elas, contemporaneamente, forma e conteúdo educativos, além de um prestígio "científico". A saída que Malaguzzi

---

[214] *Ibidem*, p. 459-460.

[215] N. da T.: disposta conforme o original, trata-se de uma palavra em italiano, que pode significar tanto "creche" quanto "abrigo". No entanto, vê-se que a acepção de "asilo" em português, segundo o dicionário Houaiss, também abarca esses sentidos: **1** instituição de assistência social onde são abrigados para sustento e/ou educação crianças, mendigos, doentes mentais, idosos etc.; **2** proteção, amparo, segurança.

defende, mais uma vez, é a de criar escolas que sejam capazes de experimentar com sistematicidade e rigor.

> Todas as relações se derivam de uma concretude do trabalho, da experiência; representam momentos provisórios de uma procura que continua, que tenta se refazer em um processo aberto de verificações, de comparações e de crítica.[216]
>
> Há muito a fazer em relação à escola das crianças; há uma grande sede de conhecer, de discutir e de experimentar, e, sobretudo, de renovar e de acabar com as obrigações assistenciais e com as suplências, com as sugestões e as bajulações que ainda chegam aos velhos santuários agazzianos[217] e montessorianos, e de se dedicar à experimentação, à busca, a um novo modo de conceber a criança, a escola, a educação, a sociabilidade da criança e da escola, o trabalho das educadoras, e a participação na cultura e no progresso.[218]
>
> Tudo isso demanda uma escola-laboratório e, além disso, que seja vivida como tal. Em uma escola-laboratório, trabalha-se, joga-se, brinca-se, pensa-se, discute-se, programa-se e controla-se conjuntamente em termos de colegialidade, e, mesmo assim, ainda não acabou, porque há mais gente com quem se deve pensar, aprofundar e decidir.[219]

Portanto, Malaguzzi sempre teve presente a ideia de criar uma escola que, acima de tudo, experimente, e da experimentação sistemática, extraia seus valores éticos fundamentais. As primeiras

[216] Loris Malaguzzi, "Una nuova sperimentazione", em Loris Malaguzzi (ed.), *Esperienze per una nuova scuola dell'infanzia*, Roma, Editori Riuniti, 1972, p. 9. ["Uma nova experimentação" em Experiência para uma nova escola da infância, em tradução livre.]

[217] N. do E.: referente às irmãs Rosa e Carolina Agazzi, pedagogas italianas cujo método de ensino era baseado nas atividades da vida diária, além do ensino de língua e de matemática.

[218] *Ibidem*, p. 274.

[219] Loris Malaguzzi, *Contenuti e finalità dell'educazione del bambino nell'esperienza emiliana* ["Conteúdo e finalidade da educação da criança na experiência emiliana", em tradução livre], Reggio Emilia, Comitati "Scuola e Città" delle Scuole Comunali dell'infanzia di Reggio Emilia, 1975.

experimentações na escola de 0-3[220] também têm a pretensão de se aproximar ao chamado *método científico*, com o objetivo, provavelmente, de obter um reconhecimento externo da própria experiência.

> Quando decidimos fechar o ano com um seminário de dois dias de reflexão e discussão, descartamos muitas ideias. Desejávamos algo que despertasse o interesse, que realmente fizesse falar (dizer coisas que valessem a pena) e que fizesse pensar. A proposta de tentar realizar observações mais sistemáticas do que as realizadas até então, de encontrar temas que pertencessem à experiência e aos problemas concretos do trabalho e de aprofundar no modo de vê-los e de registrá-los, para que fosse possível utilizá-los, depois de ter extraído deles considerações e avaliações, acabou sendo a melhor ideia.
>
> E no plano da pertinência científica? Não era esse o objetivo, como mencionado, nem ninguém assim o pretendia quando, no seminário de dois dias, relacionaram-se as experiências. E, entretanto, de maneira efetiva, as atitudes científicas foram numerosas.
>
> As relações fluíram frescas, ricas em anotações, análises, reedições, interpretações, conclusões provisórias e com um método racional filtrado e essencial. "Manipularam variáveis e observaram os efeitos de tais manipulações sobre outras variáveis", uma cadeia que dois pesquisadores como Campbell e Stanley[221] também sugerem. Discutiu-se muito: sobre as coisas novas e seus limites. Foram dois dias muito felizes. As meninas e os meninos disseram e confrontaram coisas que tinham investigado com suas próprias mãos. E quem as escutou sentiu-as como suas, com um aumento da consciência, do patrimônio cultural e do rigor crítico.[222]

---

[220] N. do E.: as escolas recebem a denominação "0-3" e e "3-6", em razão das idades das crianças que as frequentam (de 0 a 3 anos e de 3 a 6 anos). A escola "0-3" se refere à creche ("*nido*") e a "3-6", à escola da infância ("*scuola dell'infanzia*").

[221] N. do E.: referência a Donald T. Campbell e a Julian C. Stanley, que pesquisaram sobre a pesquisa experimental no âmbito do ensino.

[222] Loris Malaguzzi, "Se le educatrici si mettono a scavare nel mestiere" ["Se os educadores começarem a cavar na profissão", em tradução livre], *Zerosei*, ano 3, n. 9 (abr. 1979), p. 26.

Trata-se de uma imagem da escola na qual crianças e adultos experimentam em uma instituição concebida como formação permanente do indivíduo, algo que se manterá – como fundamento ético – ao longo de sua vida.

> Então, vocês entendem o que é esse laboratório. É um laboratório de pessoas que estão aprendendo conjuntamente [...].
>
> A escola é um laboratório que pesquisa continuamente. Com o que sabemos não basta, e muitas das coisas que nos ensinaram por meio dos textos ou de conceitos de ordem teórica estão equivocados quando são passados à ação [...].
>
> Precisamos que a escola discuta, precisamos que os educadores discutam e precisamos que as crianças discutam. Precisamos que a escola esteja viva e, talvez, estará viva à medida que saiba construir, de maneira constante, não apenas por meio do diálogo, mas, também, por meio de conflito, tanto verbal quanto psíquico e intelectual.
>
> Precisamos de uma escola que coma, que beba e que rumine de um modo vivo, inédito e imprevisível.[223]

Com essa ideia de experimentação, era necessário para Malaguzzi organizar, de alguma maneira, as atuações didáticas que deviam abandonar a ideia de assistencialismo. Desse modo, nascem os primeiros *Piani di Lavoro* ("Planos de trabalho"). Os mais famosos daquela época são, sem dúvida, os de *Pinocchio* e *Robinson*.[224]

[223] Loris Malaguzzi, *Relazione introduttiva del Prof. Malaguzzi al seminario "Modelli..."*, *op. cit.*, p. 17.

[224] *Piani di lavoro su Pinocchio e Robinson* ["Plano de trabalho sobre Pinóquio e Robinson", em tradução livre] (1969).

Planos de trabalho, pequenos projetos

Esses planos tratam de, nas palavras de Malaguzzi, aperfeiçoar os procedimentos didáticos de um itinerário educativo que realizam, juntas, crianças e professoras.

> Oferecer às crianças e às educadoras um "itinerário de trabalho – um dos múltiplos 'itinerários' que compõem a obra educativa –" capaz em si mesmo de orientar o irmos juntos, o crescermos juntos, que é o módulo essencial de uma educação que seja tanto tranquilizadora quanto libertadora, e que experimente, em níveis possíveis e progressivos, as primeiras organizações e integrações dos conhecimentos. Organização que não quer dizer sistematicidade, tampouco simples dependência, um fenômeno, de fato, verificável com frequência, também em virtude de persistentes teorizações, que acabam não apenas retirando da criança parte de sua potencialidade e de suas aspirações, mas que, além disso, refuta seu real processo de aprender e de amadurecer, concedendo espaços metodológicos muito amplos ao ocasional, ao disperso e à espontaneidade.[225]

O texto anterior é fundamental, porque dá uma visão da grande abertura de Malaguzzi ao acolher, em qualquer plano de trabalho, o *fortuito* e o *casual* das ideias das crianças. Portanto, nunca podemos falar, em Malaguzzi, de um conceito de programação rígida da atividade didática.

Esses *piani* – assessorados por Malaguzzi – recolhem diversas atividades baseadas nos livros de Daniel Defoe e de Carlo Collodi.[226] São atividades de leitura dirigida, com inclusão de alguns temas de conversação, análise de alguns objetos que surgem

---

[225] Loris Malaguzzi, "Perchè Robinson e Pinocchio" ["Porque Robinson e Pinóquio", em tradução livre], em *Piani di lavoro su Pinocchio...*, *op. cit.*

[226] N. do E.: respectivamente, autores de *Robinson Crusoé* e de *As aventuras de Pinóquio*.

do texto, atividades expressivas de construção, desenho e pintura e dramatizações diversas.

Dessa maneira, Malaguzzi, naqueles anos (1965-1985), foi desenvolvendo uma ideia de plano ou *programação* de uma óptica que vamos expor. Em 1980, Malaguzzi manteve alguns encontros de formação para o pessoal das escolas, com o título genérico *La programazione*.[227] Vamos destacar, para o tema que nos interessa, algumas das ideias discutidas naquelas conferências.

Para Loris, naquela época, programação significava "realizar uma tentativa de analisar os recursos e as situações econômicas e políticas, para construir uma série de objetivos finais e intermediários, que façam avançar uma situação de um ponto a outro". A programação, desse modo, permite valorizar o avanço das diferentes situações educativas. Assim, Malaguzzi se mostra defensor de um *projeto programático* que avalie os diversos momentos e processos que existem na construção do conhecimento da criança. Programação e avaliação são interdependentes. A avaliação, como elemento inerente à programação, permite estabelecer uma análise objetiva da situação educativa, e isso, para Malaguzzi – naquele momento –, era importante.

O problema da programação tem a ver, para Malaguzzi, com o assunto filosófico – presente naqueles anos – sobre as diferentes concepções inatistas ou ambientalistas que falavam da natureza educativa do homem. O importante, para o pedagogo reggiano, era não cair em decisões unidirecionais de liberalismo político que tratassem de controlar – predeterminando – o indivíduo. Já comentamos como, para Malaguzzi, acima de tudo, o homem e a criança são

[227] Loris Malaguzzi, *Introduzione sulla programazione* ["Introdução à programação", em tradução livre] (gravação em áudio realizada em 1980); Loris Malaguzzi y Laura Rubizzi, *La programazione* ["A programação", em tradução livre] (gravações em áudio realizadas em 21 de outubro de 1980).

sujeitos indeterminados. E essa convicção estava presente, também, naqueles anos, embora, então, falasse de programação. Igualmente, em todo esse discurso histórico, é importante que o trabalho seja coletivo, conjunto, reconhecendo a liberdade didática do educador, mas não o seu afastamento no momento de realizar seu próprio plano de trabalho.

Para realizar um bom projeto programático, Malaguzzi reivindicava – no ano de 1980 – um aspecto que sempre estará presente em seu pensamento e obra: conseguir uma adequada e ampla formação cultural dos educadores, o que chama de *dimensão cultural comum*, que preencha o professor de recursos originais e criativos. Originalidade e criatividade que, para Malaguzzi, emergem ao ter uma grande cultura. Essa formação profissional adequada é importante para um Malaguzzi que não acredita nas vocações, mas, sim, na profissionalidade de um educador capaz de *programar* seu próprio trabalho para dar identidade cultural a este. Para o pedagogo reggiano, a formação adequada do indivíduo, criança ou adulto, é a condição que antecipa um estado de liberdade. Não se pode ser livre sem uma competência profissional adequada. E essa competência profissional se constrói aprendendo a realizar programações adequadas que levem o professor a saber utilizar os recursos de que dispõe ou a inventar outros novos.

Vemos, portanto, que a ideia de programação em Malaguzzi – nesses anos – está mais ligada a um conceito de formação e de previsão (e ao uso qualificado) de recursos do que a uma ideia de programação didática com as crianças, que, em breve, explicaremos.

Outro dos elementos característicos dos *piani* de trabalho de Malaguzzi é que os conteúdos e as finalidades educativas da criança e da escola devem estar relacionados – cultural e politicamente – com a sociedade.

> Em nosso país, as chaves idealistas ou neoidealistas ainda desempenham papéis místicos não secundários. Trata-se de um tema de competência aristocrática, dividida pelos fatos que, na verdade, produzem-na e atribuem-na, uma espécie de tabela moral que molda as coisas em série, um sentinela rigoroso, que vigia para que a política não penetre na escola. Nessa escola, subalterna e mitificada, o papel do pequeno usuário consiste em acreditar em tudo e, o do pai, em delegar a ela poderes e direitos, passando a representar apenas o papel de um titular com um falso direito subjetivo.[228]

Para o educador de Correggio, o projeto educativo deve extrair sempre seus conteúdos e suas finalidades do presente histórico e das lutas culturais que, nesse momento, produzem-se na sociedade "e que, portanto, não são, não podem ser, seleções autônomas, separadas da pedagogia".[229]

A construção prática dos conteúdos deve ser realizada por meio de uma reflexão prática e permanentemente crítica da formação contemporânea dos indivíduos. Dessa maneira, os conteúdos se tornam participantes e democratizantes da realidade social.

> Os conteúdos não podem ser nem definitivos, nem concludentes, nem difamatórios, mas, sim, uma série de hipóteses articuladas, coerentes e em contínua revisão, que se esforçam para interpretar as exigências das crianças, da família e da sociedade – em uma urdidura indissociável – proporcionando a si próprias o máximo movimento, a participação, a responsabilização e a determinação comum possíveis. São questões essenciais, que se transformam, portanto, no suporte que possibilita, verifica e garante em sua contínua regeneração democrática.[230]

---

[228] Loris Malaguzzi, *Contenuti e finalità dell'educazione...*, *op. cit.*, p. 1.
[229] *Ibidem*, p. 1-2.
[230] *Ibidem*, p. 6.

Portanto, o projeto geral educativo e os diversos projetos particulares que se realizam nas escolas não devem esquecer que a criança é um ser partícipe na construção da sociedade em que vive. De fato, se analisamos alguns dos projetos documentados coordenados ou assessorados historicamente por Malaguzzi, e que podemos encontrar no catálogo da exposição *I cento linguaggi dei bambini* (1996), vemos como entram em dialética com a cidade ou com os problemas sociais ligados à cultura contemporânea. Assim, alguns projetos explicados nesse catálogo, como "Para fazer o retrato de um leão", "A cidade e a chuva", "Colher uvas com os camponeses", "O computador" ou "A multidão", entre outros, têm sempre essa conotação social e política na própria seleção e no enfoque dos conteúdos do próprio projeto, já que, como explicamos neste princípio ético que desenvolvemos, a identidade da criança é sempre cultural. Interessa-nos, também, um projeto realizado sobre a influência da televisão nas crianças,[231] um tema de grande interesse social, que Malaguzzi e as educadoras abordam de forma reflexiva e crítica.

Mas voltemos ao tema da programação e do projeto. Lembremo-nos de que, para Malaguzzi, a ideia da programação é aberta desde o princípio, e que ele não gosta de falar tanto de programações didáticas, bem como de projetos ou de planos de trabalho. As seguintes palavras são esclarecedoras nesse sentido; são de 1982:

---

[231] Loris Malaguzzi, *Seminario rivolto agli educatori svedesi. Influenze dela televisione* ["Seminário destinado a educadores suecos. Influência da televisão", em tradução livre] (gravações em áudio realizadas em 9 de maio de 1988).

> *Agora, está claro que tudo isso está dentro de uma projeção permanente. O que quer dizer que nós não temos um projeto completo e perfeito em si próprio. Estamos, de forma intencional, diante de uma projeção que acreditamos permanente e, portanto, constantemente aberta a uma profissionalidade que, enquanto isso, faz o que sabe fazer e, ao mesmo tempo, atualiza-se em relação aos dados que se movem no mundo interno da criança, no mundo da família etc. A projeção permanente é o conteúdo primário de valor. Se alguém nos perguntar por um programa, nós responderemos que não o temos. Observem que, em vinte anos, nunca fizemos um programa, embora, na verdade, trabalhemos com planos de trabalho, com projetos de trabalho. Mas sempre nos negamos a fazer um programa, porque, precisamente, ao estar, de alguma forma, preso, corre-se o risco de dar lugar a uma experiência também enjaulada. Contudo, essa originalidade se forma por meio de um processo muito longo: o da procura, o do projeto.*[232]

Ao analisarmos algum projeto daqueles anos, assessorado por Loris, poderemos entender o que estamos dizendo. Consideramos particularmente emblemático o "Campeonato de salto em distância".[233] Vamos abrir aqui um grande parêntese para explicar como foi o desenvolvimento desse projeto.

---

[232] Loris Malaguzzi, *L'educazione del bambino tra famiglia e istituzione in una fase di grande cambiamento culturale e di presentazione di progetti di riforma di base* ["A educação da criança entre família e instituição em uma fase de grande mudança cultural e a apresentação de projetos básicos de reforma", em tradução livre] (transcrição de uma conferência realizada em Reggio Emilia, em 30 de setembro de 1982).

[233] Temos de agradecer a Laura Rubizzi [ex-professora em Reggio Emilia, tendo exercido a profissão por 38 anos] pelas entrevistas concedidas sobre esse tema nos dias 21 de janeiro de 1987, 9 de fevereiro de 1987 e 10 de junho de 1998. Para mais informações, *vide*: Scuola Diana, *Torneo di salto in lungo* ["Campeonato de salto em distância, em tradução livre] (1984); Scuola Diana, "Le intelligenze si trovano usandole", *Bambini*, ano III, n. 6 (jun. 1987), p. 50-66.

Consiste em um projeto coordenado e assessorado por Loris Malaguzzi, e documentado por Vea Vecchi.[234] Trata-se de uma documentação em *slides*, na qual dois meninos e duas meninas da Escola Diana organizam um salto em distância. Vejamos a história antes de explicar em detalhes esse importante projeto.

Ao início do curso, em 1984-1985, Malaguzzi propõe às escolas, ante o peso específico que estava tomando a linguagem visual, aprofundar-se em outros tipos de linguagens. E aqui é que propõe analisar a linguagem lógico-matemática, por ser um tema pouco tratado nas escolas.

Para isso, Malaguzzi organiza um seminário inicial, com duas ou três sessões, nas quais ele dá os pontos de partida, e, também, participam equipes de diversas escolas. Em suma, o conteúdo do curso desenvolve os seguintes pontos: na tradição didática da linguagem lógico-matemática, os resultados ao fazer uma operação são ou verdadeiros ou falsos, ou corretos ou incorretos, mas a realidade é muito mais complexa. A escola deve investigar as possibilidades da probabilidade e da combinatória; é preciso uma aprendizagem para entender e interpretar a realidade na qual vivemos. Podemos analisar situações de incerteza com elementos de probabilidade, em que não existe o verdadeiro ou falso, mas, sim, nuances, como mais ou menos certo, pouco provável, pouco certo etc.; e o sentido do número está na criança desde que nasce, e esta sente e usa os códigos numéricos antes de saber entendê-los completamente.

---

[234] N. do E.: Vea Vecchi foi uma das primeiras atelieristas (educadoras com formação em Artes) de Reggio Emilia e exerceu a função por mais de 30 anos. Para aprofundar a leitura sobre o papel do atelierista nas creches e escolas da infância de Reggio Emilia, indica-se a obra *Arte e criatividade em Reggio Emilia: explorando o papel e a potencialidade do ateliê na educação da primeira infância*, de autoria da própria Vea Vecchi, publicada pela Phorte Editora.

Depois desse seminário inicial, foram realizadas duas reuniões internas nas escolas para escolher diversos temas de trabalho. As propostas das escolas – algumas idealizadas por Malaguzzi – são muitas. A primeira, um projeto que surge sobre o computador, entendido como uma máquina amiga, com a qual se pode comunicar, com um projeto motivador, para a criança que ressaltasse seu protagonismo e o prazer do encontro com esse computador, com processos paralelos de aprendizagem de crianças e de adultos (já que estes, naquele momento, não eram especialistas no uso de tal ferramenta). Era a primeira experiência italiana que foi realizada com o computador na Educação Infantil. Esse projeto, no entanto, encaixava com a ideia de Malaguzzi, de que nenhum instrumento da cultura e do cotidiano deve estar fora da escola. A segunda proposta, a previsão da probabilidade. A terceira, um projeto intitulado "Alquimia de cores". E, por último, a representação e a operatividade verbal, gráfica mental do número.

Até aquele momento, as documentações que existiam eram dos projetos longos realizados na aula com todas as crianças. O projeto de "O salto em distância" constitui a observação detalhada de um processo que é realizado em pequeno grupo. É o começo de um projeto que põe a atenção em como aprende o grupo e o indivíduo, a que chamamos de socioconstrutivismo e que tanta reflexão gerou em alguns professores norte-americanos, como Carolyn Edwards, Lella Gandini, George Forman ou Peter Pufall.[235]

Deve ser levado em conta que esse projeto não nasce do nada, mas, sim, que diversas educadoras tinham observado como algumas crianças – de maneira espontânea – mediam algumas coisas no pátio da escola.

[235] Scuola Diana, "Le intelligenze si trovano usandole", *Bambini*, ano III, n. 6 (jun. 1987), p. 50-66, *op. cit.*

Laura, a educadora, comenta que era a primeira vez que, de forma profissional, tinham confiado a ela um projeto dessa importância.

Uma vez escolhido o tema, Malaguzzi entra em acordo com as educadoras para que estas realizem um plano de trabalho sobre cada tema. Laura e sua colega, Paola Cagliari,[236] elaboram um projeto intitulado "Como as crianças de 5-6 anos confrontam problemas lógicos relacionados com as unidades de medida", no qual descrevem a forma de individualizar o grupo de trabalho, a metodologia de intervenção do adulto, os instrumentos que se colocarão à disposição das crianças, os materiais necessários para construir, as perguntas iniciais, a forma de observar, a planificação dos passos para a realização de um campeonato de salto em distância, a previsão dos problemas que devem confrontar as crianças quando fazem as medidas, a bibliografia necessária para estudar, os diferentes encontros culturais com especialistas em matemática e o desenvolvimento cultural do conceito e dos instrumentos de medida.

Desse projeto inicial, nasce a narração de que tratamos e que, filmada por Laura Rubizzi, Paola Cagliari e Vea Vecchi, tem como título *Campeonato de salto em distância*. Nessa documentação, mostram-se os objetivos do projeto, a metodologia da proposta (critérios de seleção das crianças, instrumentos de observação das crianças, materiais a disposição das crianças, diferentes momentos de atividade, formas de intervenção do adulto), a análise do jogo feito pelo adulto (sequências do salto, suas regras, medida do salto), as perguntas da pesquisa inicial para saber o que sabem as crianças, e, pela primeira vez em um projeto, aparece uma escrita em forma de diagrama de fluxo, que analisa e prevê diferentes caminhos que o projeto pode tomar, de acordo com as diferentes respostas das

[236] N. do E.: foi uma importante professora e pedagogista em Reggio Emilia, tendo participado de diversos projetos, mostras e publicações.

crianças em relação às sequências do jogo, às regras, à organização do campeonato e à medida dos saltos. Essa forma de elaborar o projeto permitia a realização de uma estrutura aberta à modificação, em que cada situação podia propor novas intervenções.

E, assim, começa – na primavera – o trabalho com quatro crianças entre 5 e 6 anos, cuja escolha se deve à sua diversidade e à sua capacidade para negociar e entrar em conflito.

Com Malaguzzi, as professoras discutem o projeto para concretizá-lo e, com Vea Vecchi, entram em acordo em relação à forma de documentação direta e a que se reconstruiria em relação às observações realizadas.

De maneira simultânea ao processo de realização do projeto das crianças, é feito o esqueleto narrativo da documentação. Essa era uma necessidade relatada por Malaguzzi, que não fazia nenhuma diferenciação entre a realização de um projeto e sua apresentação pública. Loris exigia uma narração teatral do que acontecia, com uma união entre imagens e texto (uma relação coerente) que relatasse o que estava acontecendo, por meio de imagens muito claras. Malaguzzi corrigiu os textos e deu indicações para voltar a redigir partes já escritas.

Laura narra esse momento do processo vivido com Malaguzzi como custoso, mas de grande aprendizagem, já que fala da capacidade – já comentada por várias outras pessoas – de Malaguzzi para saber colher e interpretar os pontos-chave do que estava acontecendo. Também se recorda das orientações de Malaguzzi para construir situações no projeto que fossem alegres, divertidas, e que não fossem pesadas. É algo que Malaguzzi queria que aparecesse sempre. Essa era sua imagem de escola. E, em um projeto ligado à matemática, devia estar muito presente, visto que, tradicionalmente, esse tema – e Malaguzzi assim o tinha vivido na escola – era algo tortuoso, de grande sofrimento, nada prazeroso. Ele construía uma pedagogia unida à alegria e ao prazer, inclusive quando se aprende conceitos matemáticos. É muito significativo, por exemplo, que Malaguzzi desejasse resgatar uma imagem dos quatro protagonistas do projeto juntos, levantando os braços em sensação de vitória (outra ideia muito desejada por Malaguzzi).

Comenta também Laura algumas das discussões com Malaguzzi. Ele – na opinião da educadora – tendia a dar excessivas confiança e *positividade* às capacidades e às potencialidades das crianças, algo que Laura não compartilhava plenamente.

De maneira simultânea a esse projeto, celebravam-se encontros com alguns especialistas em matemática, para explicar alguns conceitos.

Malaguzzi revisava periodicamente a documentação do projeto, tomando notas, precisando questões e sempre discutindo e criticando alguns pontos. As críticas – comenta Laura – sempre eram diretas, francas, sem formalidades (em algumas ocasiões). Isso dava grande autenticidade e veracidade à própria crítica. As críticas nunca eram contra as pessoas – que sempre se sentiam aceitas –, mas, sim, referidas às suas atuações concretas. Ele era muito consciente das críticas que fazia e da reação que podia suscitar nos que as escutavam, mas sempre tentava dar uma ideia de provação e de desafio em relação às pessoas, para que dessem mais de si mesmas, apesar da fadiga e da irritação. Sempre chegava aos encontros com anotações e reflexões, para avaliar situações ou acontecimentos que podiam parecer banais. Tentava avaliar as potencialidades das crianças com coerência, diversidade e uma invejável autenticidade. Fazia contínuas correções dos escritos das educadoras. Era capaz de escutar, mas – comenta Laura – também era temido por suas críticas impiedosas.

Também no processo de elaboração participa George Forman, professor da Universidade de Massachusetts, que fica impressionado pelos resultados do projeto, principalmente por seu caráter exemplar de socioconstrutivismo. E os confrontos entre Forman e Malaguzzi são muito enriquecedores, porque algumas partes são ajustadas e remodeladas, como a importância do sentimento em tudo o que fazem às crianças, sua humanidade, o valor do erro e de algumas respostas equivocadas, do ponto de vista matemático.

Durante o processo, Malaguzzi pedia a Laura que fosse fiel aos projetos e aos pedidos das crianças, que deviam se tornar reais, e isso exigia um grande empenho, sobretudo quando as crianças decidem construir materiais estranhíssimos, querem pedir as taças de um prêmio ao prefeito ou fazer um grande buraco na terra (para o qual foi preciso entrar uma escavadora na escola, a fim de poder quebrar o cimento que tinha no solo). Para Malaguzzi, todo projeto devia ser real, verdadeiro, para que os possíveis planos e "ficções" das crianças fossem reais.

Às vezes, comenta Laura, Malaguzzi não se aguentava e chegava à escola para estar presente em algumas sessões, como observador ou com intervenções pontuais. Precisava saber que controlava cada detalhe da situação, para que, assim, viessem a ele ideias e interpretações novas. Dessa forma, ele colocava muita ênfase em se aprofundar sobre as unidades de medida, a fita métrica, e em como as crianças confrontavam o tema do número e interpretavam os signos e os símbolos que aparecem nos diferentes instrumentos de medida. Para Malaguzzi, *o salto em distância* era uma situação-problema, tanto para as crianças quanto para os adultos, um autêntico desafio.

Além disso, na elaboração do projeto, Malaguzzi individualizava alguns pontos fortes, mas logo deixava a responsabilidade às educadoras. Era capaz de fazer múltiplas interpretações e hipóteses, e ele pedia às educadoras que construíssem muitas mais. Era uma necessidade ética de estender o mundo do possível.

Dava a Laura indicações sobre o papel que devia fazer com as crianças:

> *Você tem que estar sempre em uma espera dubitativa, ser capaz de se surpreender. Suas intervenções têm que ser sempre hábeis, delicadas, silenciosas, pouco clamorosas; basta que as crianças sintam sua presença, que você está com elas, já que isso dá a elas a confiança e a consciência – que sempre devem ter – do que acontece e aprendem. Você tem que ser um pesquisador permanente, também empiricamente. Você pode ajudar para que as crianças construam expectativas, espirais de pensamento – embora, para você, estejam desordenadas – que tenham significado para elas. Você deve deixar que elas sejam autênticas protagonistas.*

Laura rebatia algumas questões, em razão de Malaguzzi ver tudo com excessiva confiança nas crianças, como já comentamos, e ela acreditava que o papel do adulto devia ser muito mais explícito.

A documentação se ia criando com as discussões nas quais também participava Vea. Malaguzzi tinha uma grande memória de imagens e pedia que, com base nelas, fossem realizadas fortes interpretações, autênticas teses, que exigia com grandes rigor e responsabilidade. Essa era também sua forma de atuar. Tratava-se de um processo de sucessivas interpretações que levavam a novas observações e a outras retroalimentações.

A experiência com as crianças dura um total de 30 sessões (6 semanas). É preciso que os projetos tenham uma organização temporal adequada, visto que, caso contrário, corre-se o risco de serem estendidos indefinidamente. Também é preciso compreender o "limite da ligeireza", saber quando alguns processos não podem ser estendidos artificialmente.

E o projeto na escola termina – como quase sempre – com uma grande festa pública na qual se realiza o campeonato. Uma documentação em *slides* narra o acontecido. Essa documentação vem ensaiada, reelaborada, reestruturada, corrigida e se apresenta – pela primeira vez – no Congresso *Modelli e congetture teorico-pratiche nell'educazione dei bambini*,[237] do qual já falaremos. Pelo impacto e pela efetividade dessa e de outras apresentações, o projeto se remodelava continuamente. Laura Rubizzi e o próprio Malaguzzi apresentaram-no em diversas ocasiões.[238] Nos Estados Unidos, realizaram uma publicação em vídeo.[239]

Após essa narração, avancemos com novas ideias. Até esse momento, a forma de realizar os projetos de Malaguzzi é de grande riqueza e de intuição, para não cair no risco das programações estritas. Porém, a partir da segunda metade da década de 1980, com o auge de todas as teorias da complexidade, é quando a crítica à ideia de programação aparece com força e insistência no pensamento e na obra pedagógica de Loris.

---

[237] Loris Malaguzzi, *Modelli e congetture. I bambini in situazioni problematiche* ["Modelos e conjecturas. As crianças em situação problemática", em tradução livre] (gravação em áudio de 31 de maio de 1985).

[238] Loris Malaguzzi, *Incontri. Il salto in lungo* ["Reuniões. O salto em distância", em tradução livre] (gravação em áudio em dezembro de 1987); Loris Malaguzzi e Laura Rubizzi, *Seminario rivolto agli educatori svedesi. Come i bambini inventano* ["Seminário destinado a educadores suecos. Como as crianças inventam", em tradução livre] (gravação em áudio de 12 de maio de 1988); Loris Malaguzzi e Laura Rubizzi, *Modelli teorici pratici nell'educazione dei bambini. Seminario di studio per operatori e pedagogisti svedesi. Come i bambini inventano la loro intelligenza. Un documento sulla construtività logica in una situazione problema* ["Modelos teórico-práticos na educação das crianças. Seminário de estudo para auxiliares e educadores suecos. Como as crianças inventam sua inteligência. Um documento sobre construtividade lógica em uma situação problemática", em tradução livre] (maio 1989).

[239] G. Forman e L. Gandini, *The Long Jump: A video Analyses of small group projects in early education practice in Reggio Emilia, Italy*. A long term project at the Diana School in Reggio Emilia ["O salto em distância: uma análise em vídeo de projetos em pequeno grupo na prática da educação infantil em Reggio Emilia, Itália. Um projeto em longo prazo na Escola Diana, em Reggio Emilia", em tradução livre], Performanetics, 19, The Hollow, Amherst MA 01002, 1991.

> *Falo de projeto, não de programa. Por si mesmo, um programa pode predizer uma estabilidade da evolução do tempo. Um projeto é mais elástico e tem a força de saber se adequar com mais prontidão às mudanças.*
>
> *Tanto entre nós quanto entre vocês, abriu-se um debate entre os que sustentam que a programação é boa e aqueles que sustentam que bom é o projeto. Nós defendemos o projeto, e não a programação: o projeto tem que ser entendido como um desenho, que pode ser curto ou comprido, em cujo interior tentamos colocar nosso trabalho e o trabalho das crianças. O projeto permite à criança mais liberdade para se mover e, a nós, permite acomodá-lo à medida que as situações o sugerem. Não pode existir apenas uma pedagogia da necessidade; também há uma pedagogia do caso, do improviso, e temos que estar preparados para nos juntarmos aos interesses e às curiosidades que, de repente, surgem na criança.*[240]

O conceito de programação e de currículo que o educador reggiano repudia é aquele que define o programa como um:

> Plano, definido em seus detalhes, de algo que tem que ocorrer para que se possa conseguir certo resultado em direção a uma realidade finalística, para conseguir um objetivo mediante determinados passos sobre os quais se têm um conhecimento *a priori*, que será tão mais profundo quanto mais eficaz tiver sido o trabalho de quem preparou o programa.[241]

---

240 Loris Malaguzzi, *Relazione del Prof. Loris Malaguzzi al seminario organizzato in occasione della esposizione della mostra "L'occhio se salta il muro"* (transcrição de uma conferência realizada em Estocolmo, em 18 de agosto de 1986).

241 P. Menozzi, citado por Walter Fornasa, Viviana Tanzi y Alessandra Vanni, "Programmazione 'versus' progettazione" ["Programação *versus* projetação", em tradução livre], *Bambini*, ano V, n. 3 (mar. 1989), p. 17. Também é possível aprofundar essa ideia de programa distinta da de projeto em Walter Fornasa e Pietro Barbetta, "Programmazione e 'caos'" ["Programação e 'caos'", em tradução livre], *Bambini*, ano IV, n. 9 (set. 1988), p. 14-24; Walter Fornasa, "La inmaculada evaluación" ["A imaculada avaliação", em tradução livre], *Infancia*, n. 52 (nov./dez. 1998), p. 5-11.

Portanto, a programação é um caminho preestabelecido que pretende obter um resultado. Nesse sentido, é profética e, em consequência, tem um caráter finalista. Marca certos objetivos que trata de conseguir por meio de alguns passos, marcados *a priori*. O professor, nesse caso, situa-se como um controlador externo da situação linear e sequenciada das etapas e dos objetivos. Dedica-se a corrigir o erro. Assim, o conteúdo de tal programa se estrutura em unidades de trabalho, cujas aquisições são verificáveis de fora.

De acordo com Gimeno Sacristán e Pérez Gómez (1992), na programação, o aluno é visto como um ser que reproduz algumas metas predefinidas em um processo educativo passivo, o qual está mais atento à assimilação homogeneizadora do alunado do que à elaboração criativa da aprendizagem, visto que esquece sua idiossincrasia. Na programação, os conteúdos são reprodutores e estabelecidos à margem da experiência pessoal e social, sendo importante a eficiência e o rendimento. O importante, na programação, é o utilitarismo e a rotina asseguradora, algo que Malaguzzi, eticamente, repudia.

> Se há uma ética em nosso trabalho, essa ética está conectada ao projeto, e não ao programa. Não sei se vocês se movem segundo o projeto ou segundo o programa. O projeto é uma tentativa a que apenas se pode recorrer, preventivamente, em algum de seus aspectos, mas que se realiza sem que, por nossa parte, tenha tido uma capacidade e uma garantia de previsão suficiente e total.[242]

[242] Loris Malaguzzi, *Relazione introduttiva del Prof. Loris Malaguzzi al seminario "Modelli e propettive..."*, *op. cit.*, p. 14.

Aprofundando-nos nessas ideias, queremos mencionar que, para Malaguzzi, é importante precisar a diferença que existe entre programação e estratégia (ligada à ideia de projeto).[243] A capacidade estratégica leva em conta os procedimentos e os processos que a criança constrói ao aprender, e libera o sujeito do predeterminismo que produz a programação.

> Ali, o lugar onde, pelo contrário, percebemos a necessidade – urgente – não apenas de caráter profissional, mas de caráter humano, de enfrentarmos os problemas, os fatos e os momentos, liberados, de algum modo, de uma restrição programada, e adotando, em troca, uma espécie de capacidade estratégica, de estratégias de intervenção, considerada não tanto como uma espécie de abecedário, de certa maneira, concluído e definido, mas, sim, como uma possibilidade que, para se constituir, precisa, em si mesma, de processos de experiência, de competência e de aquisição, sobretudo em relação ao modo pelo qual somos capazes de nos impulsionar no sentido da conjectura, ou seja, no sentido do opinável, mas do opinável que, de alguma maneira, deve sustentar todo o possível em documentos rigorosos de apoio.[244]

Para entender de forma adequada essa problemática e encontrar um caminho novo, é preciso compreender o significado dos processos tradicionais de indução e de dedução.

> Acredito que não apenas a filosofia, mas, também, a pedagogia faz as contas sempre com os processos dedutivos e indutivos.[245]

---

243 Seguimos, principalmente, a transcrição de uma conferência que trata especificamente esse tema: *Laboratorio sulla progettazione...*, *op. cit.*

244 *Ibidem*, p. 17.

245 *Ibidem*.

De fato, tradicionalmente, nos diversos modelos curriculares e nas diversas definições[246] (Zufiaurre, 1991), há discrepâncias terminológicas de currículo que vão desde aquelas que o identificam com um programa estruturado de diferentes objetivos de aprendizagem que aspira conseguir (Johnson, 1979), à clássica de Stenhouse (1987), que entende o currículo como uma "tentativa de comunicar princípios e características essenciais de um projeto educativo, de tal forma que permaneça aberto à discussão crítica e possa ser transferido efetivamente à prática", ou à provocadora de Ragan (1967): "experiências de aprendizagem não planejadas pela escola".

Diversas definições subjazem diferentes concepções: a científico-racionalista, na qual o ensino se concebe como uma tecnologia que se põe ênfase nos objetivos e em seu controle por meio da avaliação; a interpretativa, em que o importante é a formação do professorado, que está considerado como um agente ativo que toma constantemente decisões curriculares concebidas como produtos culturais, e a sociocrítica, na qual se estabelece uma conexão com os fenômenos sociais e culturais. Também subjazem diversos paradigmas, que vão desde o de presságio-produto ou o de processo-produto de caráter determinista e de tradição positivista (empírico-analítica) de caráter dedutivo, no qual existe um interesse humano e técnico para conseguir alguns objetivos definidos de cima abaixo, ao paradigma derivado de um processo indutivo (Stenhouse, 1987) de caráter interpretativo ou hermenêutico, típico do interesse prático em que o importante é conseguir que os objetivos curriculares se construam desde sua base, sem predeterminações

[246] Fazemos referência aos dados extraídos do curso de doutorado *Teoría y desarrollo curricular*, ministrado por Benjamín Zufiaurre na Universidade Pública de Navarra, entre 1993 e 1994.

prévias, ou o paradigma ligado ao interesse humano emancipatório de caráter crítico, também com uma decisão indutiva do currículo, mas vinculado a uma dialética de compreensão reflexiva dirigida a uma práxis crítica.

Evidentemente, em seus fins sociais e políticos, o projeto educativo de Malaguzzi se inclui no "modelo" emancipatório-crítico. Contudo, no plano didático, convém combinar alguns aspectos que não pertencem nem ao indutivo nem ao dedutivo propriamente dito.

Para sair desses extremos, Malaguzzi recorre às ideias da semiologia moderna e propõe o conceito de *abdução* como uma possibilidade aliada ao conceito de projeto e de estratégia defendidos por ele.

Para explicar tais conceitos, recorre ao fundador da semiologia, Charles Peirce (1986, 1987). Este autor, em muitas obras estudadas por Loris, expõe os conceitos de dedução, indução e abdução. A dedução não o convence, porque "faz referência a uma coisa que tem que ser assim porque deve se basear em elementos e em plataformas de caráter geral. Deduzir significa abaixar".[247]

A indução, para Malaguzzi, também é – em alguns momentos – inadequada, porque "se refere a algo que será assim, que assim é, e assim será [...], induzir significa subir e voltar a subir".[248]

Uma pedagogia do projeto e da estratégia precisa de uma pedagogia da abdução. Peirce (1986, p. 40-41), em sua denominada "tricotomia dos argumentos", explica esse conceito:

---

[247] Loris Malaguzzi, *Laboratorio sulla progettazione...*, *op. cit.* p. 18.

[248] *Ibidem.*

> Uma *abdução* é um método para formar uma predição geral sem nenhuma segurança verdadeira de que terá êxito, seja em um caso essencial, seja em um com caráter geral, tendo como justificativa de que é a única esperança possível de regular racionalmente nossa conduta futura e de que a indução, com base em experiências passadas, fornece-nos confiança para esperar fortemente que terá êxito.

E Malaguzzi defende essa ideia de abdução – como complemento aos processos indutivos e dedutivos sempre presentes (mas não únicos) no homem – porque, "pelo contrário, mantém-se como uma forma que leva a noção de coisa, mas no sentido de probabilidade, em um sentido probabilístico".[249]

A abdução – para Loris – vem apresentada como a ciência do detetive, que segue as pistas, os indícios e as pegadas, e que está disponível a uma modificação constante da estratégia, de seus pensamentos. É o método empregado por Sherlock Holmes ou pelo detetive Dupin[250] em suas investigações de casos criminais.

> Peirce também chama a abdução de "Argumento original", pois, das três formas de raciocínio, é o "único tipo de argumento pelo qual surge uma ideia nova" e, na verdade, "sua única justificativa é a de que, se quisermos entender totalmente as coisas, deve ser com base nele". Igualmente, "a dedução e a indução nunca podem contribuir à mínima informação aos dados da percepção, e [...] as meras percepções não constituem nenhum conhecimento aplicável a nenhum uso prático ou teórico. Isso faz o conhecimento se apresentar pela *via da abdução* [...]".

---

[249] *Ibidem.*

[250] N. do E.: personagem criado por Edgar Allan Poe, tendo aparecido pela primeira vez no conto *Os assassinatos da Rua Morgue*, de 1841. É considerado precursor literário de detetives ficcionais, inclusive de Sherlock Holmes.

> "Esse singular instinto a conjecturar" ou a inclinação a abrigar uma hipótese, mais comumente chamada por Peirce de abdução ou retrodução, descreve-se como uma "peculiar salada [...]". Peirce escreve: [...]
>
> Faço uma abdução sempre que expresso em uma frase o que vejo. A verdade é que a fábrica de nosso conhecimento, em sua totalidade, é um espesso filtro de pura hipótese [...]. O conhecimento não pode dar nem o menor passo adiante apenas com a observação; deve fazer, a todo momento, abduções.
>
> Assim, qualquer novo conhecimento depende da formação de uma hipótese [...], considerando que cada conjectura se restringe ao ser comparada à observação. (Sebeok e Umiker-Sebeok, 1987, p. 29-30, p. 35)

A abdução também tem a ver com a história dos três príncipes de Serendip[251] ou com o *Zadig* de Voltaire[252] (Dri, 1994). A abdução (Eco, 1998, p. 263) é a formulação de hipóteses prováveis e provisórias, com o objetivo de submetê-las a uma verificação, com o intuito de encontrar uma regra explicativa. Abdução, aqui, entendida no sentido batesoniano (Bateson, 1984, 1985), ou seja, um "processo que põe em relação partes do raciocínio que aparentemente, à primeira vista, estão desprovidas de tal relação" (Bateson, 1984, p. 192).

A abdução[253] supõe a procura constante de significados inimagináveis, que fazem ressignificar cada situação. Propõe-se, com base na observação e na sagacidade (que provém do latim *sagire*,

---

251 N. do E.: referência a um conto infantil persa sobre três príncipes de Serendip (como era conhecido o atual Sri Lanka) que viajaram pelo mundo fazendo descobertas por acaso. O romancista inglês Horace Walpole, intrigado com o nome do local, cunhou o termo *serendipity*, que significa a aptidão para fazer ou descobrir coisas felizes.

252 N. do E.: famosa obra filosófico-satírica do iluminista francês, no Brasil, intitulada *Zadig ou o destino*, cujo personagem-título, um filósofo babilônio, passa por diversas situações, boas e ruins, das quais não tem controle, por causa do destino.

253 Essas ideias foram extraídas de algumas notas elaboradas por Isabel Cabanellas para um curso de doutorado (2002-2003).

"cheirar a pista", sutileza para descobrir o oculto das coisas),[254] descobrir conexões entre fatos para procurar uma hipótese que explicaria o conjunto dos fatos observados. A abdução aceita, como método de investigação, o paradoxo, a dúvida, a diversidade de pontos de vista, a multidimensionalidade, a verificação, a correção e a confrontação interpretativas.

A abdução revela uma nova forma de olhar. Já Kierkegaard,[255] em meados do século passado, falava da importância de saber olhar, que observar não é apenas um receber, é um revelar e, portanto, um ato criativo. A abdução, além de ser uma pretensão em nossa estratégia de investigação, pode pertencer, também, à forma de investigar da criança, que trata de dar sentido e significado aos diferentes sinais que encontra em seu atuar. Assim, de forma assimétrica e complementar, a investigação da criança e a nossa se unem nesse tipo de raciocínio abdutivo, recorrente em si mesmo, porque não tem certezas, mas, sim, probabilidades abertas e inimagináveis (Cabanellas e Hoyuelos, 1988, p. 72).

Por que, para Malaguzzi, é tão importante essa forma de raciocínio? Porque enlaça e sintoniza com a forma natural de investigar da criança pequena desde o nascimento. Portanto, basear os projetos de investigação em uma forma abdutiva pressupõe harmonizar com as maneiras das crianças atuarem.

> Agora, em minha opinião, essa terceira forma de pensamento, a da abdução, imediatamente pertence, realmente, à criança. Também porque a criança consegue

[254] N. do E.: tanto o Dicionário Houaiss da Língua Portuguesa quanto o Dicionário de la Lengua Española, da Real Academia Española, trazem a origem de sagacidade/*sagacidade* no latim *sagacĭtas, -ātis*.

[255] N. do. E.: Sören Aabye Kierkegaard foi um filósofo e escritor dinamarquês, considerado precursor do existencialismo, que se trata de um conjunto de teorias caracterizado pela inclusão da realidade concreta do indivíduo (sua mundanidade, angústia, morte etc.) no centro da especulação filosófica, em polêmica com doutrinas racionalistas que dissolvem a subjetividade individual em sistemas conceituais abstratos e universalistas.

uma liberdade que quem a teve se sente, de algum modo, refém dela.

Em que sentido? No sentido de que dificilmente nós perseguimos probabilidades, mas, sim, de que perseguimos certezas, propomo-nos objetivos, selecionamos os pontos arquimedianos,[256] os pontos que podem ter a força e o poder de mobilizar um conhecimento que ainda não nos pertence. Perdemos tempo em considerar que também a abdução possa conduzir a termos e a objetivos, em vez de construir uma espécie de estratégia recorrente que, precisamente, porque recorre a si própria de maneira contínua, não contém nenhuma certeza e persegue o provável por meio de uma série de indícios; em minha opinião, deve ser uma das atribuições que podemos confiar à criança desde o começo.[257]

A abdução não tem certezas, é recorrente em si mesma e recorre à probabilidade como processo de conhecimento. Por meio da abdução, a criança dá sentido aos sinais que encontra em seu conhecer e oferece uma ampliação das possibilidades do pensamento, da investigação e da descoberta.

Como uma criança que, precisamente, de algum modo, é livre, e é livre no sentido de que ainda não sabe de tudo aonde possa ir, porque, embora as determinações biogenéticas possam empurrá-la, não bastam para definir a necessária capacidade de orientação para a consecução dos objetivos.

Tentem pensar em uma criança muito pequena, que sente indícios, sensações, significados incipientes, que sente a necessidade de se adaptar, de modificar, de entrar nos significados que estão relacionados com os pequenos indícios, e sobre a base destes, coloca-se em funcionamento um conhecimento [...].

---

[256] N. do E.: ponto de vista do qual o observador pode ter uma visão plena do todo, ao distanciar-se do objeto de análise, com a finalidade de conseguir notar as relações dos elementos entre si.

[257] Loris Malaguzzi, *Laboratorio sulla progettazione...*, *op. cit.*, p. 18-19.

> A abdução é algo que, primeiro, de algum modo, procura saber o futuro das coisas... Pertence realmente à criança, precisamente porque, enquanto isso, dispõe de territórios inexplorados e, para ela, é uma necessidade de sobrevivência não apenas o fato de interiorizar as pistas que encontra, mas, sim, o de dotá-las de sentido, e nós estamos convencidos de que o sentido necessariamente está dentro de cada pista [...].
>
> Provavelmente, a capacidade de refletir, ou seja, de negociar interiormente, de repensar o valor que tem o acontecimento para a criança [...], é uma operação que se encontra de maneira natural, vinculada com o interior da criança.[258]

Portanto, por meio da abdução, a criança encontra as pistas para dar sentido às suas pegadas dos processos do conhecer que a levam a refletir, posteriormente, sobre suas atuações.

Nesse campo abdutivo, aparece – para Loris – a estratégia, que está ligada à indeterminação do ser humano. A criança, como organismo auto-organizador (Maturana e Varela, 1992), gera a construção de estratégias. O ser humano, por suas características biológicas e cognitivas, pode utilizar estratégias. A estratégia se move no terreno da incerteza e, portanto, do provável. Esses elementos a dotam de uma virtuosidade energética, para que o sujeito possa crescer. A incerteza é uma força capaz de problematizar, de dar esperança e de construir conhecimentos pertinentes; ela é o motor do conhecimento. Por essa razão, Malaguzzi pede que se eliminem todas as resistências culturais e psicológicas que existem contra a incerteza. As leis seguras, imperativas e onipotentes, que pretendem fazer da vida humana uma ciência universal de conteúdos previsíveis, constituem uma violência contra a natureza de cada ser humano.

---

[258] *Ibidem*, p. 19.

> A estratégia também é, ao mesmo tempo, uma necessidade biológica e cultural, visto que ela se confronta com uma disponibilidade de viver em simbiose com a incerteza [...]. As incertezas que temos em relação ao conhecimento da natureza são iguais às que estão dentro de nossa própria natureza do conhecimento.[259]

A estratégia abdutiva nos introduz ao campo da complexidade. Essa complexidade é contrária a aceitar a onipotência das leis físicas ou científicas que falam de um processo linear, progressivo e cumulativo. A ciência, para Malaguzzi, não pode ser onipotente. E, hoje, estão sendo descobertos vários enganos ou revisões de algumas "verdades científicas" (Di Trocchio, 1995), ao mesmo tempo que está sendo recomposta a noção determinista de causa ou efeito por meio do princípio de relação ou de vínculo.

> Tentem pensar que coisas se abririam para nós se aceitássemos realmente essa concepção no que se refere à relação com a criança, se perseguíssemos não tanto a causa e os efeitos, mas a capacidade relacional que as crianças têm, que inevitavelmente têm, porque, em minha opinião, colocar-se em relação é uma constante que está presente na vida da criança até a nossa morte.[260]

Chegando a esse ponto, Loris faz uma distinção entre programa e estratégia, apropriando-se das ideias de Edgar Morin (1983, p. 263-266).

O programa constitui uma organização predeterminada da ação. A estratégia encontra recursos e rodeios, realiza inversões e desvios. O programa efetua a repetição de uma coisa em si própria,

259 *Ibidem*, p. 20.

260 Loris Malaguzzi, *Laboratorio sulla progettazione...*, *op. cit.*, p. 22-23.

ou seja, precisa de condições estáveis para sua execução. A estratégia é aberta, evolutiva, confronta o imprevisto, o novo. O programa não improvisa nem inova. A estratégia improvisa e inova. O programa somente pode experimentar uma dose fraca e superficial de acaso e de obstáculos em seu desenvolvimento. A estratégia, por sua vez, desdobra-se nas situações aleatórias, usa a sorte, o obstáculo, a diversidade para alcançar seus fins. O programa apenas pode tolerar uma dose fraca e superficial de erros em seu funcionamento. A estratégia tira proveito de seus erros. Ela não precisa só de controle e de vigilância, mas, sim, em todos os momentos, de competência, de iniciativa, de decisão e de reflexão.

O método é obra de um ser inteligente que ensaia estratégias para responder a incertezas. O método é o que ensina a aprender (Morin, Roger e Domingo, 2002, p. 25).

O programa é uma prescrição certa que prefigura os momentos de atuação, os procedimentos que estão escritos em uma declaração prévia de objetivos. Malaguzzi propõe resgatar essa capacidade programatória, conjugá-la e superá-la com a capacidade estratégica do ser humano. A estratégia é uma aventura em parte prevista e, em parte, não prevista, nem absolutamente previsível.

> O programa é – diria eu – uma noção que já tem dentro de si uma prescrição certa, que prefigura os momentos de atuação e, portanto, os momentos procedimentais já inscritos nessa premeditação e, por meio desses procedimentos e de uma série de contingências, de certo modo, coerentes, antecipa-se à consecução dos objetivos. Diria que é uma capacidade de predição; trata-se da atribuição ao homem de uma capacidade programatória.

> Mas, agora, não estamos jogando com a capacidade programatória; veremos o que terá de ser feito para resgatá-la e conjugá-la com a estratégia.
>
> A estratégia é capaz, por sua vez, de tentar prover uma série de objetivos, visto que tem dentro de si a consciência imediata de que suas aventuras são, em parte, previstas, em parte, não previstas, e, em parte, não previsíveis de modo nenhum [...].
>
> A estratégia solicita, portanto, capacidade de flexibilização, de atenção, de reflexão, de mudança de atitude e de distanciamento dos comportamentos. Uma qualidade de grande flexibilidade que pertence, em grande parte, tanto à lógica – à lógica no sentido mais real – quanto a uma lógica que se emparelha com uma sensação, uma percepção da realidade diante da qual, de algum modo, nasce uma espécie de aliança dialética [...].
>
> Diria que a estratégia é mais esperta, no sentido de que vai um pouco por sua conta e risco.[261]

Nossa aprendizagem se constrói de maneira estratégica, pressupõe uma aproximação diversificada em relação à evolução previsível da realidade. Dessa maneira, a inteligência é a capacidade de produzir estratégias, e são as estratégias que alimentam a aprendizagem. O momento estratégico é a capacidade de fazer frente às situações e aos problemas que estão perto e longe da própria situação de aprendizagem.

Também na história da humanidade – repassando a biografia de alguns grandes cientistas – foram feitas importantes descobertas,[262] em virtude de casualidades.

Estratégia e programa são uma dupla de conceitos diferentes e complementares, que se necessitam mutuamente.

---

[261] *Ibidem*, p. 23.

[262] É conhecidíssima a história de [Isaac] Newton, mas existiram outras que podem ser encontradas em Pietro Dri, *Serendippo*, Roma, Editori Riuniti, 1994, p. 45-86.

> A estratégia, como o programa, comporta o desencadeamento de sequências de operações coordenadas. Entretanto, diferentemente do programa, está fundada não apenas nas decisões iniciais de desencadeamento, mas, também, em decisões sucessivas, tomadas em virtude da evolução da situação, o que pode implicar modificações na cadeia, inclusive na natureza das operações previstas. Dito de outra maneira, a estratégia constrói-se, descontrói-se, reconstrói-se em razão dos eventos, da sorte, dos contraefeitos, das reações que perturbam a ação em jogo. A estratégia integra a incerteza na conduta da ação, ou seja, a estratégia precisa de competência e de iniciativa [...].
>
> Programa e estratégia chamam um ao outro. A complexificação dos programas, longe de eliminar toda a estratégia, multiplica as possibilidades de suspender o programa em favor de uma iniciativa estratégica; ela prevê e pré-organiza as condições à estratégia. O desenvolvimento de estratégias, longe de suprimir os programas, aumenta as ocasiões de utilizar sequências programadas, que economizam energia, tempo, atenção e permitem o pleno emprego das competências estratégicas nos pontos e momentos decisivos.
>
> No entanto, a noção de estratégia continua sendo mais rica, mais ampla, mais fundamental do que a de programa. (Morin, 1983, p. 263-266)

Atuar mediante estratégias (ou de maneira estratégica), para Loris, pertence à psicologia infantil e, também, à adulta (se nós tivéssemos menos inibições do que as crianças). O uso da estratégia oferece maior liberdade em nossas atuações, em nossos comportamentos e em nossos pensamentos. A estratégia é mais rica e fértil do que a programação. A programação compromete o futuro e dá uma segurança não necessária, nas palavras de Malaguzzi.

> E, precisamente, talvez o elemento "estratégico" seja aquele em que teremos que nos deter, porque, nele, está, em minha opinião, a virada determinante. A estratégia – como afirma Morin – comporta, como o programa, a ativação de sequências e de operações coordenadas.
>
> Porém, ao contrário do programa, a estratégia não se baseia apenas nas decisões iniciais de ativação, em objetivos definidos, mas, também, em decisões sucessivas tomadas em virtude do desenvolvimento da situação, até o ponto de modificar a natureza e a sucessão das operações e dos próprios objetivos. A estratégia se constrói e desconstrói. Tira proveito da adversidade, do caso e do erro. A estratégia pressupõe (e esse é um dado fundamental, não apenas no campo profissional como também no cultural) a capacidade de atuar na incerteza e de integrar a incerteza na realização da ação. O programa exige controle e vigilância, e a estratégia sabe tirar proveito da adversidade e do erro. O momento programático e o estratégico se excluem, mas seus tempos se sucedem e se ajustam, combinando-se.[263]

O que acontece é que, em algumas ocasiões, para economizar, o ser humano faz uso da programação, de cujas virtudes e limites temos que ser muito conscientes:

> [...] a estratégia não pode prescindir da programação, porque, em certos momentos da aventura estratégica, também por questões de natureza econômica [...], convém a nós reutilizarmos a programação, já que abandoná-la e colocá-la em dúvida com a estratégia depende, em parte, de nós, mas também depende do tipo de encontro que nós notamos ter com as coisas, e, como cada um de nós é um perceptor privado, um perceptor individual, está claro que se torna difícil chegar a leis de caráter universal.[264]

[263] Carla Rinaldi, "La programmazione nell'asilo nido?" ["Programação na creche?", em tradução livre] (não temos mais informações).

[264] Loris Malaguzzi, *Laboratorio sulla progettazione...*, *op. cit.*, p. 24-25.

O problema está em mesclar, com sabedoria, programação e estratégia, e em saber distingui-las de maneira complementar, mas sem confundi-las, visto que, em algumas ocasiões, a estratégia se transforma em uma autêntica programação e não se distingue desta. A estratégia pertence à nossa individualidade mais profunda, à irrepetibilidade que está em nós e que reconhecemos nos demais.

A programação pode nascer da estratégia, mas não ao contrário. É preciso, por isso, elaborar projetos que ajudem a construir, sobretudo, estratégias.

Colocar a criança em itinerários apenas preestabelecidos, programados, em vínculos predeterminados, é uma violência contra a liberdade de que ela necessita para investigar. É verdade que a estratégia, em geral, precisa de mais tempo para ser construída, mas os ganhos em longo prazo são infinitos e muito mais ricos do que a programação. A estratégia precisa de mais tempo, mas é um valor que se descobre no caminho da experiência direta. A programação é uma humilhação das potencialidades das crianças e da confiança que devemos depositar nelas.

> Em minha opinião, sobretudo na primeira parte da vida da criança, cada tentativa programatória é uma tentativa contra a natureza, por um lado, contra o indeterminado e o indeterminante do patrimônio genético e, por outro, contra a parte estratégica, a parte projetiva que pertence ao organismo, que pertence ao cérebro, que pertence à condição humana da criança.[265]

Malaguzzi também critica as programações, porque, em diversas ocasiões, evitam o contato direto com os problemas, abstraem da realidade, sem dar possibilidade de experiências reais e concretas, que são as que dão alegria ao próprio acontecimento de educar.

---

[265] *Ibidem*, p. 26-27.

> Em suma, quero dizer que todas são experiências que a criança pode percorrer de novo com alegria, com um sentido de ter uma experiência direta, e também com um sentido de maravilhamento, de deslumbramento [...], que é não apenas o deslumbramento de encontrar conexões e encaixes pouco a pouco, cada vez mais ajustáveis, mas, sim, no sentido de a criança colocar sua assinatura no final da página de todas as diferentes experiências que realiza.[266]

Já comentamos, e, agora, retomamos, sobre como uma parte da criança está predeterminada (*a base inflexível*), e outra não (*a base flexível*). Dessa forma, são produzidos dois vínculos necessários para a sobrevivência da identidade da criança. Nessa ideia de vínculo (Ceruti, 1985, 1996), existe um pequeno determinismo genético em relação às possibilidades autônomas e às imensas viabilidades indeterminadas de um ser humano em constante mudança. Trata-se, de certo modo, do desenvolvimento dessa ideia tão sensível de natalidade, de Hannah Arendt (Arendt, 1993; Bárcena e Mèlich, 2000). De acordo com essa teoria arendtiana da ação, natalidade e educação significam uma novidade radical, uma iniciativa, uma incerteza, uma surpresa, uma ruptura do previsto.

Na base da questão de programa/estratégia, é evidente que volta a constar a imagem da criança. Uma imagem que depende de nossas escolhas éticas, baseadas nas qualidades e nas competências que atribuímos à criança.

> Mas o problema de base é entender qual é o crédito que nós damos a criança.
>
> [...] e a criança, se for um sistema, precisa manter sua identidade o máximo possível e tomar partido dos ataques a esta.[267]

[266] *Ibidem*, p. 26.
[267] *Ibidem*, p. 28-29.

Essa ideia de identidade, unida à de estratégia, muda e revoluciona o problema do conhecimento e a concepção tradicional de adaptação como a compreendeu Darwin (1985) e Piaget (1981). Para eles, a adaptação é uma forma de relação ótima com o ambiente. Malaguzzi nos propõe que deve ser vista como "uma espécie de escala infinita em relação à capacidade de 'otimização' da adaptação".[268] Trata-se, pois, de criar uma compatibilidade – uma conexão estrutural – entre os dois grupos ou sistemas: o ambiente e o organismo. Para a consecução dessa compatibilidade, é preciso que o ser humano desenvolva estratégias que permitam a ele ter um *fechamento operacional* da identidade de seu sistema e uma abertura estrutural deste (Maturana e Varela, 1987, p. 56).

> Sempre falamos, de certo modo, de um sistema; e a criança, como sistema, precisa manter o máximo possível sua identidade [...]. Portanto, o problema consiste em como permitir que o sistema da criança esteja permanentemente fechado e, ao mesmo tempo, aberto.
>
> Fechado, porque tem que manter sua identidade; aberto, porque deve manter uma possibilidade de abertura para acessar as informações.
>
> Nessa situação, a criança não representa uma parte passiva, mas, sim, ela, como cada um de nós, realiza uma parte da gestão autônoma, e, então, as relações entre os vínculos são, substancialmente e na verdade, de criatividade contínua, de mudança desses vínculos, sempre dentro de uma margem de criatividade possível.[269]

Essas ideias de abertura, de fechamento e de compatibilidade com o ambiente estão ligadas, em particular, ao conceito de

[268] *Ibidem*, p. 29.
[269] *Ibidem*, p. 30.

estratégia, porque a programação deseja um controle onipotente da situação. Portanto, a estratégia é um conceito laico da educação, no sentido de que reconhece no ser humano a realidade dos próprios limites e o significado que oferecem os próprios poderes que nossas capacidades estratégicas e inteligentes nos concedem.

> O que, hoje, em contrapartida, quer-se destacar – e certamente se destaca em torno de uma concepção laica (aquela da qual estou falando a vocês é uma concepção laica, e digo a vocês em termos muito explícitos: uma concepção na qual o fato de pensar ou de acreditar etc. mantém-se como uma preferência livre, reconhecida e legitimada como uma escolha de cada pessoa) – é que todas as questões vinculadas com a criação, com a evolução, com o mundo e com nossos acontecimentos. Sobre tais questões, não acredito que possamos continuamente imaginar com uma perfeição (em alguns aspectos) externa a nós [...].
>
> É uma construção laica no sentido de que também estamos reconhecendo, em cada um de nós, o sentido da própria limitação e o do sentido do próprio poder e, talvez, com essa dupla concepção, consigamos nos expressar com maior liberdade quanto ao que temos feito até aqui.[270]

Até o momento, realizamos um percurso por diversas ideias ou nuances que revelam as diferenças complementares (como ecos que se chamam) entre abdução, estratégia, programação e identidade da criança.

Todas essas ideias têm em comum o fato de que sustentam a elaboração dos projetos. Vamos nos deter, agora, em discorrer, de maneira didática, sobre em que consiste um projeto, como nasce e como se desenvolve.

---

[270] *Ibidem*, p. 31.

O projeto, como elemento aglutinante no qual crianças e adultos constroem estratégias, sabe mover-se pelas areias movediças que existem no caminho da vida. Antonio Machado[271] (1964) nos recorda poeticamente:

Caminante, son tus huellas
el camino y nada más;
caminante, no hay camino,
se hace camino al andar.
Al andar se hace camino,
y al volver la vista atrás
se ve la senda que nunca
se ha de volver a pisar.
Caminante, no hay camino,
sino estelas en la mar.

Caminhante, são tuas pegadas
o caminho, e nada mais;
caminhante, não há caminho,
faz-se caminho ao andar.
Ao andar, faz-se caminho,
e, ao voltar o olhar para trás,
vê-se a vereda que nunca
há de se voltar a pisar.
Caminhante, não há caminho,
senão esteiras[272] no mar.

Uma ideia de projeto que, reiteradamente, recusa, de maneira histórica, a ideia de programação absoluta:

> Nossas escolas nunca tiveram, nem têm, um programa executivo que prescreva currículo, unidades e subunidades didáticas, como os behavioristas queriam que fizéssemos. Isso suporia limitar as crianças a um ensino sem aprendizagem. Suporia humilhar a aprendizagem e as crianças, e suporia confiá-los aos cartões didáticos e às listas que os editores tão generosamente nos oferecem.
>
> Cada ano, cada escola desenha seus projetos em curto, médio e longo prazos. Prepara suas colunas e seus pilares principais, mas os encarregados de refinar as plantas [baixas] das casas serão as crianças, os acontecimentos e os educadores. As escolas de Educação Infantil não partem do zero. Existe já um patrimônio de habilidades, de aprendizagens, de exercícios de trabalho,

[271] N. do E.: poeta modernista espanhol, pertencente à Geração de 98, bastante afetada pela Guerra Hispano-Americana, ocorrida em 1898.

[272] N. do E.: rasto espumante que deixa a embarcação na água ao se deslocar; sulco, águas.

> de trocas, de documentações, de investigações, de modelos, de erros e de êxitos. As escolas seguem as crianças, não as programações. Se me for permitido uma metáfora, posso dizer que são como exploradores que usam mapas e bússolas: conhecem as direções, mas sabem que, a cada ano, o terreno, o clima, as estações e as crianças podem mudar tudo, inclusive a ordem dos tempos e dos problemas. As metas são importantes e não podem ser perdidas de vista. Contudo, mais importante é como e por que consegui-las.[273]

Entretanto, um projeto – para Loris – não pressupõe uma improvisação absoluta, embora, em certos momentos, seja desejável, visto que improvisar significa ter a capacidade cultural de aproveitar as casualidades não previstas que se movem em seu desenvolvimento.

> É verdade que não temos nem programações nem currículo. Mas os buscamos e, por isso, transformam-se em outra coisa. Não é verdade que improvisamos (que, em contrapartida, é uma sabedoria invejável) nem que façamos as coisas por casualidade (que é o que não sabemos ainda e, de verdade, é algo que temos que prever). O que sabemos é viver com as crianças e trabalhar, um terço com a certeza, e dois terços com a incerteza e o novo. Essa terça parte nos basta para compreendermos que as aprendizagens têm seu próprio fluxo [...].
>
> No entanto, todo esse saber não nos salva do que não sabemos. Essa ignorância é a que empurra o buscar; isso também acontece com as crianças. Mas temos certeza de que as crianças são capazes de nos ajudar, de nos dar ideias, sugestões, problemas, questões, indícios e pistas que, juntos dos nossos, formam um bom capital. As crianças mantêm essa atitude se nos descobrem como um recurso e têm confiança em nós.[274]

[273] Loris Malaguzzi, "La storia, le idee...", *op. cit.*, p. 91.

[274] *Ibidem*, p. 91, p. 97-98.

A gênese de um projeto (que tem todas as características da sonda já narradas) nasce de uma ideia. Pode-se fazê-lo de um tema que os adultos querem desenvolver e que propõem às crianças (por exemplo, *O salto em distância*). Também se pode fazê-lo de uma necessidade real de construir algo para a escola (*Sapato e régua*).[275] Porém, o normal é que os projetos tomem corpo com base nas ideias que as crianças dão (como em *Um parque de diversões para os pássaros*).[276] Uma ideia, talvez individual, que deve ter o consenso e a força do grupo.

> A ideia toma corpo na reunião sobre o que se pode fazer. A que chegará, apenas se saberá depois de inúmeros vaivéns, quando e se as crianças decidirem.
>
> Às vezes, a ideia não satisfaz ou não dá lugar a um acordo.
>
> Não tem problema.
>
> Tudo se adia à reunião do dia seguinte.
>
> Trata-se de que todos juntos encontremos uma ideia especial na qual centralizar o trabalho que, se valer a pena ou se ficar bom, pode durar bastante tempo [...].
>
> Cada criança pode propor a sua. Falta ver como a aceitam os colegas. Assim, as ideias voam, quicam, amontoam-se, alçam-se, desfazem-se de maneira lenta ou desaparecem, até que uma delas toma uma vantagem decisiva, voa alto, e conquista, vitoriosa e completamente, a reunião das crianças. Seja qual for, é a ideia adotada que, por sua vez, adota as crianças e os educadores [...].
>
> Em suma, o que sai da reunião sobre o que se pode fazer é a ideia de um percurso sobre um tema a que as crianças e os adultos se dedicam.

---

[275] AA.VV., *Scarpa e metro* ["Sapato e régua", em tradução livre], Reggio Emilia, Reggio Children, 1997.

[276] Loris Malaguzzi *et al.*, *I cento linguaggi dei bambini...*, *op. cit.*, p. 130-141; AA.VV., *Le fontane*, Reggio Emilia, Reggio Children, 1995.

> Um trabalho do fazer em comum, com procedimentos, formas e direções, que, em parte, são previstos; em parte, são procurados; e, em parte, são remetidos a opções que ainda serão inventadas.
>
> Na verdade, é um projeto curricular que, deixando de lado o ortodoxo, toma forma ao longo do caminho. Ou, se preferir, um campo de experiência observativa e de reflexão destinado a crianças e adultos.[277]

Essa ideia sugestiva de coadaptação é típica dos projetos do pensamento de Loris e dos projetos de Reggio. Adotar, no sentido de receber, sem dominar, com a sensibilidade de quem tem um filho que precisa crescer "com amor". Adotar reciprocamente uma ideia significa realizar essa *conexão estrutural*, que emerge na própria *enação* com o projeto.[278]

Para Malaguzzi,[279] o projeto, como ideia, entra em uma espécie de estado de espera, de excitação e de *aquecimento*. O projeto, para o pedagogo reggiano, deve ser real e eticamente praticável com as crianças. Por conseguinte, trata-se de levar, com autenticidade e respeito, as ideias que as crianças dão ao próprio projeto.

> O primeiro elemento que é necessário levar em conta para fazer um bom projeto é que, de maneira essencial, é preciso produzir e procurar uma motivação inicial que seja atrativa e dê "calor" ao próprio projeto.

---

[277] Loris Malaguzzi, "L'idea del Luna Park degli uccellini e delle fontane" ["A ideia do Luna Park dos pássaros e das fontes", em tradução livre], em *Le fontane*, Reggio Emilia: Reggio Children, 1995, p. 11.

[278] "A perspectiva enativa requer que se leve essa aula de sistema cognitivo a uma situação na qual o endógeno e o exógeno se definam, mutuamente, por meio de uma prolongada história que requer apenas um acoplamento viável e que ignora toda forma de adequação ótima" (Varela, 1990, p. 114). "A enação é um processo de fazer emergir, em circularidade de ação-interpretação, conhecimentos efetivos e viáveis para cada circunstância e em direta dependência do sistema do sujeito cognoscente" (Cabanellas e Hoyuelos, 1998, p. 106-107).

[279] Loris Malaguzzi, *Seminario rivolto agli educatori svedesi* (gravação em áudio de 29 de maio de 1992).

> Sempre há uma espécie de prólogo, que começa recolhendo informações sobre o tema. Essas informações são resgatadas, em particular, dos pensamentos das crianças, das ideias que elas têm. Depois, o assunto consiste em expandir as intenções das crianças e as nossas, sugerindo o objetivo final [...].
>
> Sim, iniciar um projeto significa, de alguma maneira, que, como adultos, sejamos conscientes do que é feito e do que poderá acontecer. Isso quer dizer que nós, os adultos, temos que antecipar muitas expectativas, as quais, em parte, serão decepcionadas; outras se criarão ou serão destruídas; reencontraremos outras; e, ainda, outras se perderão ou se descobrirão no trajeto que as crianças fazem.[280]

Todavia, para que um projeto não desiluda as expectativas das crianças, é preciso que tome corpo real. Se algo chama a atenção nos projetos de Reggio é a veracidade com que são realizados, longe dos artificialismos que, muitas vezes, a escola e a didática impõem, reduzindo o mundo a pequenas doses, dadas às crianças como caricatura da realidade. Podemos recordar dois fatos (um deles já comentado) significativos. O primeiro quando se faz "O salto em distância": as crianças preveem fazer um buraco no solo para colocar areia, a fim de não causar danos, ou mudar de dieta, para estarem mais fortes, ou ir ver o prefeito, com o intuito conseguir os troféus etc. São ideias que não são deixadas de lado por serem impraticáveis, mas que são apoiadas às consequências mais extremas. Assim, por exemplo, uma escavadora que entrou no pátio da Escola Diana cavoucou o solo para fazer esse buraco previsto pelas crianças. O segundo se refere à construção real do "Parque de diversões para os pássaros". Nesse projeto, o pátio da escola se transforma, realmente, em um parque de

[280] Loris Malaguzzi, "La storia, le idee...", *op. cit.*, p. 99.

diversões.[281] É a ideia de que a escola deve ser modificada – estrutural e realmente – pelos projetos e pelas ideias das crianças. Essa pretensão de veracidade é algo que nos lembra as teses de Leirman (1987) sobre as quatro expectativas fundamentais de um ato comunicativo, ou seja, a questão da verdade, o respeito e a solidariedade com as ideias, o desejo do homem de identidade e de responsabilidade, e o profundo interesse intersubjetivo do homem.

> Em minha opinião, o fato de fazer projetos e de tratar de indagar sobre as capacidades e os recursos das crianças pertence a uma concepção filosófica muito clara: ou uma escola é capaz de se transformar, ou se converte em algo que segue dando voltas ao redor de si, ficando sempre no mesmo lugar.[282]

Para as crianças, essa praticabilidade cabal pressupõe mover-se no projeto com três pilares importantes para o êxito deste: confiança (que sentem que os adultos depositam nelas), segurança e esperança para chegar ao objetivo final do projeto (realizar um campeonato de salto em distância, construir um parque de diversões ou desenhar uma mesa para que um carpinteiro a construa).

Ademais, um tipo de projeto como o que estamos expondo desenvolve outros três aspectos que são importantes: a maturação da identidade, a conquista da autonomia e o desenvolvimento da competência (da qual falaremos posteriormente). O importante é que, no processo de construção e de evolução do projeto, esses três elementos se inter-relacionem em interdependência, e possamos observar como se desenvolvem, combinam-se ou se recombinam em possibilidades diversas. Para que isso ocorra, é necessário que o professor esqueça as diversas metodologias didáticas preconcebidas.

---

[281] Ver *Le fontane*, *op. cit.*

[282] Loris Malaguzzi, "La storia, le idee..." *op. cit.*, p. 99.

As premissas prometem que a criança represente o início e a chegada do trajeto e que se anule essa escola que "coloca a criança em um canto sem luz", como denunciou, em seu tempo, Maria Montessori.

Assim, é necessário partir da consciência dos adultos para controlar se eles sabem unir seus passos aos da criança, e vice-versa. Se souberem fazer isso, significa que evitarão se dirigir, pela força, em direção a cada um dos três pontos como se fossem separados e cada um tivesse um caráter substancialista. Os três estão dentro de um processo que é a combinação de muitos microprocessos que ocorrem no entorno e com o entorno.

Será, então, uma combinação de muitos acontecimentos. E cada acontecimento poderá ser vivido de muitas maneiras. Os mais fecundos dependerão de muitos protagonismos, e o primeiro de todos é o das crianças. Que sejam atores principais, e não figurantes! Em um mundo em que "as pessoas mais velhas sentem devoção pelos números", e em que, na opinião de um amigo meu, a cultura parece confiar à escola e aos interesses do Estado a formação de bons executores, e ao destino, a de bons produtores e criadores, já soou o alarme.

Não se sabe em que direção soprará o vento para renovar a escola das crianças.

Também não o soube Bruno Ciari, em cujos territórios ainda se move parte da experiência reggiana. Escreveu: "Todos os discursos estão de acordo com a exigência de partir da criança. Parece entediante repetir. Mas, na verdade, não é algo óbvio. O professor já está preparado: tem em sua cabeça o método para aprender a língua com todos os seus passos; tem prontos os cartazes, os cartões e os materiais. A criança é, dessa maneira, escrava do procedimento. E, embora dizer isso mais uma vez hoje pareça entediante, contradizer isso não o é".[283]

[283] Loris Malaguzzi, *Una carta per tre diritti. Carta di presentazione del Diana*, *op. cit.*, p. 8-9.

A ideia, o projeto, para Loris,[284] é uma espécie de retroprojetor que volta até a ideia final, enquanto vislumbra um caminho nebuloso de um presente que vai se realizando ao andar. Portanto, o projeto tem o privilégio de preencher o passado, o presente e o futuro, sabendo que o futuro (por exemplo, realizar o Luna Park) está no passado (quando o projeto toma forma), e o passado está no futuro.

Essas ideias nos recordam as sugestivas apreciações de Edgar Morin (2002, p. 94):

> Em todas as partes, a relação vivente passado/presente/futuro se encontra seca, atrofiada ou bloqueada. É preciso, em consequência, revitalizar uma relação que respeite as três instâncias, sem que nenhuma delas se hipertrofie.
>
> A renovação e o aumento da complexidade da relação passado/presente/futuro deveriam, então, inscreverem-se como finalidades da educação. [...]
>
> Como dizia Santo Agostinho, "Há três tempos: o presente do passado, o presente do presente e o presente do futuro".
>
> Por último, a relação com o futuro deve se encontrar revitalizada na medida em que o prosseguimento da hominização é, em si mesmo, tensão em direção a um futuro. Mas um futuro distinto do futuro ilusório do progresso garantido. Um futuro aleatório e incerto, mas aberto a inumeráveis possibilidades, em que podem se projetar as aspirações e as finalidades humanas sem que haja, no entanto, promessa de cumprimento. Apresentada nesses termos, a restauração do futuro é de importância principal e de extrema urgência para a humanidade.

---

[284] Loris Malaguzzi, *Seminario rivolto agli educatori svedesi* (gravação em áudio de 29 de maio de 1992), *op. cit.*

No projeto, as crianças acolhem a ideia longe de sentimentos egocêntricos, porque trabalham a serviço de uma ideia, desde o princípio, cooperativa. O projeto é um trajeto que começa, sabe-se aonde se deve chegar, mas se desconhece o itinerário e as formas da viagem.

Cada projeto é um contexto, um âmbito que dá um significado diferente ao que ali ocorre. Portanto, podemos falar de uma particularidade identitária em cada um dos projetos, que é preciso conhecer e resgatar. Um projeto sobre as sombras não é igual a um projeto sobre a cor, sobre o computador ou sobre a influência da televisão. Cada projeto "dita" suas leis, e a primeira coisa que os adultos tem a fazer é construir uma cultura o mais ampla possível sobre o tema-conteúdo de tal projeto, com o objetivo de amplificar, ao máximo, os umbrais de escuta possível, sem perder de vista que também há de ser ouvido o inesperado. Contudo, está-se mais disponível a escutar o imprevisto se existe uma cultura ampla que acolha as nuances do impensado e do óbvio.

Algumas palavras de José Antonio Marina (1994, p. 149, 156, 191) podem nos ajudar a entender melhor o sentido de um projeto desse ponto de vista:

> Entendo por projeto uma irrealidade pensada, na qual entrego o controle de minha conduta. Como todos os seres vivos, o homem está lançado em direção ao futuro, levado até ele pelo dinamismo da vida [...]. A inteligência permite (ao sujeito) inventar distintas possibilidades entre as quais escolher, distintos anteprojetos. Pois bem, o projeto é a possibilidade eleita [...].
>
> Uma vez entregue o controle ao projeto, este reorganiza toda a conduta [...]. Assim sucedem as coisas: meus projetos transfiguram minhas operações mentais, as quais transformam, enriquecem e ampliam a realidade, convertida em campo de jogo, em cenário

> de minha ação. Portanto, faço que meus projetos dependam da textura de minha inteligência e da contextura de meu mundo [...].
>
> O sujeito inteligente dirige sua conduta mediante projetos, e isso permite a ele ter acesso a uma liberdade criadora [...].
>
> É verdade que o projeto começa sendo um tema de busca indigente, talvez escolhido pelo acaso, mas é preciso explicar por que são enigmáticas as influências que esse pobre começo chega a dirigir, incitar e controlar a ação criadora [...].
>
> Esse complicado jogo de propósitos, imprecisões, certezas, preferências, cálculos e sentimentos é o processo criador. Trata-se de procurar alguns caminhos que nos conduzem a uma meta que o próprio caminho ajuda a definir.

Nesse caminho, o importante – para Malaguzzi – é que as crianças possam dar forma ao projeto. Nossa obrigação é seguir suas pistas, seus processos, suas pegadas.

> Essa atitude de aprender e reaprender com as crianças é a *linha* de nosso trabalho. Atuar de modo que as crianças não *tomem a forma* da experiência, mas, sim, que sejam elas as que *dão forma* à experiência. As duas janelas que devemos aproveitar na experiência são: de que maneira as crianças entram em ação e são capazes de desenvolver suas estratégias de pensamento e de ação; e como o objeto de aprendizagem responde a essa atuação infantil.[285]

Portanto, a escola não é somente um local onde se ensina por meio de projetos, mas, sim, um lugar em que se aprende. Crianças e adultos juntos. Crianças e adultos que percorrem um itinerário com curvas e bifurcações. O importante é não ter medo de se equivocar, de

[285] Loris Malaguzzi, "La storia, le idee, la cultura...", *op. cit.*, p. 89.

saber errar e, como dissemos, de aprender a aprender. Nesse processo Malaguzzi indica[286] – já tínhamos mencionado, mas, agora, retornamos a esse tema com novas nuances – que a aprendizagem por tentativa e erro popperiano[287] é uma ideia inadequada. Para Malaguzzi, os processos por tentativa e por erro são uma simplificação excessiva da complexa realidade. Não podemos admitir que a criança proceda por tentativa e erro em todos os momentos, nem em todos os contextos. A tentativa e o erro são vistos como dois extremos disjuntivos excessivamente intelectuais. Loris não admite que a aprendizagem oscile entre esses dois extremos. Ele defende uma maior complexidade e complementaridade entre os extremos. Uma complexidade que não aceita o controle de tudo, em que existem interferências e impregnações, que não podem ser explicados pelo vaivém dos termos – excessivamente condutistas – de tentativas e erros sucessivos.

O projeto é, dessa maneira, uma aventura que quer provar e descobrir as possibilidades complexas que existem nas competências infantis quando as crianças, trabalhando juntas em um projeto que precisa de tempo para adquirir a temperatura adequada, aprofundam-se em suas capacidades ainda desconhecidas e desenvolvem uma epistemologia da epistemologia. Desse modo, o mérito dos projetos das escolas de Reggio é o fato de – em muitas ocasiões, embora não necessariamente – serem projetos longos, que se desenvolvem em continuidade temporal e em uma descontinuidade de previsões. O tempo permite, sobretudo, respeitar com sabedoria que cada criança e o grupo possam entrar nas ideias e se reencontrarem – esteticamente – com estas. María Antonia Riera (1999, p. 570-571) nos ajuda a entender, em mais detalhes, o sentido do que queremos dizer e sua repercussão educativa:

[286] Loris Malaguzzi, *Conferenza a Pistoia*, *op. cit.*
[287] *Ibidem.*

> Gadamer (1996), referindo-se à experiência artística, destaca a importância de se reencontrar com a obra artística e o significado do termo "reconhecer". A possibilidade de realizar um projeto longo permitiu a meninos e meninas reconhecerem as experiências anteriores, entregarem-se de maneira profunda a algo, recuperarem suas recordações e decidirem quando e como transformar o projeto em outro.
>
> Isso nos leva a refletir sobre os tempos da escola e do quanto se adéquam aos tempos das crianças, assim como sobre a necessidade de incorporar experiências educativas que deem essa possibilidade de continuidade temporal dos projetos. Impõe-se um debate sobre o modo de tratar a organização do tempo na escola de Educação Infantil. Com muita frequência, o tempo das crianças não é o tempo da escola [...].

Os projetos longos permitem (Riera, 1999, p. 570-577), dessa forma, que as crianças se reencontrem, em sua experiência, com objetivos e com o grupo, de uma perspectiva temporal adequada.

Falamos de continuidade e descontinuidade dos projetos, e isso se dá, também, em razão de que, para Malaguzzi, as crianças são capazes de alternar diferentes interesses nos projetos, recuperar interferências inimagináveis e descarrilhar o trem da via imposta. Funcionam como um zapear, inter-relacionando diversos canais, pegando e mesclando ideias com uma velocidade difícil de seguir, em alguns momentos. São as novas potencialidades das crianças de agora, que a escola não pode esquecer, para não perder essas crianças de vista.

> Hoje, utiliza-se a metáfora de maneira estrondosa, e as crianças têm muitas possibilidades de pensar. E uma das coisas mais extraordinárias das crianças de hoje é que conseguem pensar, contemporaneamente, de maneira plural.

> Antes, pensava-se que as crianças apenas podiam fazer uma coisa por vez. Hoje, em contrapartida, existe uma capacidade de realizar atividades, de maneira simultânea, de forma complementar. São capazes de prestar atenção, de se concentrar e de pensar em várias coisas ao mesmo tempo. Se, por exemplo, você observar as crianças quando assistem à televisão, perceberá que não só conseguem apertar dois ou três botões de comando a distância, mas também assimilar tudo o que acontece em cada canal e, além disso, folhear um livro, brincar com uma boneca, com um trenzinho, ir e voltar, e serem capazes de reconstruir o que viram com uma pertinência lógica extraordinária.[288]

Essas são as potencialidades que Malaguzzi exige que sejam levadas em consideração na evolução dos projetos, do ponto de vista da criança.

Cada sessão do projeto que pode durar um tempo variável, mas respeitoso com as crianças:

> [...] não nasce do nada. Na verdade, nunca é uma proposta inicial; trata-se mais de um *feedback* pensado da análise da sessão precedente. Essa retroalimentação circular surge de um desejo por se aprofundar sobre determinado aspecto particular que não tenha ficado suficientemente explicado. Também pode surgir para repropor à própria criança algum processo que ela mesma abandonou [...]. Em suma, retroalimentamos para conseguirmos nos aprofundar em nossas interpretações do ponto de vista da criança, sem cair na armadilha de uma teorização rápida e superficial das constatações efetuadas. (Cabanellas e Hoyuelos, 1994, p. 40)

---

[288] Loris Malaguzzi, "La storia...", *op. cit.*, p. 105.

Carla Rinaldi[289] ampliou de maneira adequada essas ideias no projeto educativo e fala dele como uma estrutura que solicita fazer relações, perguntas e hipóteses, colocar problemas e criar situações de descoberta, de prazer, de investigação e de reciprocidade. Ademais, é um instrumento que favorece, provoca, organiza, conecta e colhe as relações e os dados da experiência e do ambiente. Trata-se de um instrumento, ou uma ferramenta, inacabado – e sempre incompleto –, que cria e rompe vínculos, capaz de propor e de aceitar modificações em seu percurso.

> Eis aqui por que se prefere abraçar os termos *projeto* e *projetação* para conter essa complexidade, para descrever a ação, ao mesmo tempo, múltipla, definida e indefinida que vamos realizar no diálogo entre crianças e adultos.
>
> A palavra *projeto* evoca a ideia de um percurso dinâmico, em movimento, sensível aos ritmos comunicativos, que contém dentro de si o sentido e o tempo da investigação, da procura da criança. O tempo de um projeto pode ser, pois, breve, médio, longo, contínuo e descontínuo, com pausas, abandonos e retomadas. A escrita de uma hipótese projetiva apenas pode existir se for vivida integramente como hipótese, e não como um "ter que ser", visto que não há apenas uma "escrita", mas, sim, múltiplas "escritas" [...].

[289] Carla Rinaldi, "La construzione del progetto educativo" ["A construção do projeto educativo", em tradução livre], em Carolyn Edwards, Lella Gandini e George Forman (ed.), *I cento linguaggi...*, *op. cit.*, p. 121-127. Também é interessante analisar outros trabalhos da autora sobre o tema: "La programmazione nell'asilo nido?" (não dispomos de mais informações), *op. cit.*; "Per un progetto educativo integrato" ["Por um projeto educacional integrado", em tradução livre] (não dispomos de mais informações); *I pensieri que sostengono l'azione educativa* ["Os pensamentos que sustentam a ação educativa", em tradução livre], Reggio Emilia, Centro Documentazione e Ricerca Educativa Nidi e Scuole dell'Infanzia [Centro de Documentação e Pesquisa Educativa das Creches e Escolas da Infância, em tradução livre], out. 1994; *La formazione in una scuola dell'educazione* ["A formação em uma escola de educação", em tradução livre], Reggio Emilia, Centro Documentazione e Ricerca Educativa Nidi e Scuole del'infanzia, out. 1997.

> Projetação também, como atitude do pensamento, como estratégia do fato de colocar em relação e de colocar em rede o casual, entendido como "o espaço dos outros", o espaço não terminado do eu, que, desse modo, completa-se pelo pensamento dos outros dentro do processo relacional. (Rinaldi, 1995, p. 125-126)

Foram desenvolvidas, até aqui, essas três estratégias (a pedagogia da escuta, a observação por meio de sondas de investigação-ação e a ideia de projeto ante a de programação) que, a nosso ver, contêm o primeiro princípio ético que, lembremo-nos, dizia assim: "A educação começa com a imagem da criança, uma imagem da criança que revela a indeterminação do ser humano".

A seguir, trataremos do segundo princípio – e de suas correspondentes estratégias – de caráter ético.

Princípio 2 de caráter ético

Educar significa incrementar o número de oportunidades possíveis

Esse é um princípio que Malaguzzi toma emprestado do imperativo ético que von Foerster nos propõe. Para Malaguzzi,[290] esse princípio deve estar sempre presente em nossas escolhas e em nossa forma de pensar e de fazer a escola. Para isso, é preciso uma instituição educacional capaz de acolher a diversidade das motivações

[290] Loris Malaguzzi e Sergio Spaggiari, *Participación en el 10º aniversario de las Escuelas Infantiles Municipales de Pamplona* ["Participação no 10º aniversário das Escolas Municipais da Infância de Pamplona", em tradução livre] (gravação em vídeo de 28 de maio de 1990); Loris Malaguzzi, *Incontri Pamplona. Si se tiran por la borda las potencialidades de los niños y de los hombres* ["Encontros em Pamplona. Se são postas de lado as potencialidades das crianças e dos homens", em tradução livre] (gravação em áudio de 28 de maio de 1990).

e dos interesses das diferentes crianças e famílias que comparecem à escola. Assim, a educação deve ter uma série de valores e atitudes instáveis e provisórios, que possam ser mudados quando não estiverem de acordo com a riqueza do pensamento da criança e com a complexidade das transformações contemporâneas.

Incrementar o número de oportunidades significa não hierarquizar em excesso as diversas possibilidades que a escola – como propostas – deve ofertar. O importante é uma diversidade de qualidade, que se sintonize com os desejos e os direitos de todas as crianças. É a imagem do mercado (Godall *et al.*, 2001, p. 84) de que tanto fala Malaguzzi, em que há diversos locais que as crianças podem acessar para trocar, pegar e deixar ideias.

> *Eliminamos a palavra ensino. Agora, iremos nos representar melhor à criança. É uma criança que não vive sozinha. Está em uma praça com muita gente. Na realidade da criança de hoje, ela está constantemente em uma praça. E, na praça, há de tudo. Mulheres que falam, homens que negociam, outros que passeiam com as crianças, e crianças que brincam sozinhas, animais... Em alguns momentos, faz sol. Em outros, chove. Às vezes, tem música. Outras vezes, a praça se transforma em uma espécie de mercado, com diversas barracas em que se vende de tudo: camisas, tecidos, coisas de cozinha etc. E cada pequena barraca vende algo diferente, e cada barraca fala uma língua diferente. E, quando alguém se aproxima de uma barraca, escolhe a linguagem que pertence àquela barraca. Também podemos pensar que a escola pode ser uma praça cheia de barracas, em que as crianças podem estar distribuídas com propostas diferentes: construções, desenhos etc. Crianças que falam, discutem ou brigam. Meninos e meninas, misturados ou não. As crianças passam as palavras em um grande tráfego de mãos, de objetos, de gestos, de propostas e de desejos. Os professores, então, dão voltas, propondo algo ou não...*[291]

[291] Loris Malaguzzi, *Seminario rivolto agli educatori svedesi* (transcrição de uma gravação em áudio realizada em 7 de maio de 1991), *op. cit.*

Queremos elucidar um aspecto. O fato de que tenha que se ofertar diversidade pode ser mal entendido como um "vale tudo". Comentaremos disso mais adiante, mas um dos riscos que a educação tem é cair no uso das modas ou no que Malaguzzi denominou pedagogia folclorista. Essa pedagogia incoerente, sem uma imagem clara da infância e à qual tudo serve, apenas oferece às crianças uma espécie de passeio turístico por diversas atividades. Malaguzzi se pergunta qual a complexidade dessas atividades, para que servem, quais estruturas e estratégias geram, e quais ocasiões possibilitam. Nem tudo vale. Apenas aquelas propostas pensadas com sentido e sensibilidade, observadas criticamente, permitem às crianças realizarem essa grandeza cognitiva da qual falamos antes. Portanto, incrementar o número de oportunidades não significa, em nenhum caso, variedade como mudança infundada. Em algumas situações, a possibilidade de permanecer sobre a mesma questão, mas com novos pontos de vista, implica aumentar as oportunidades educativas.

O real e o possível

Aumentar o número de oportunidades quer dizer, para o educador de Correggio, que as crianças e os homens podem ser colocados não apenas em uma realidade do real, mas, sim, em uma realidade do possível, na qual os imaginários das pessoas podem se tornar reais, se a escola estiver disposta a transformar sua própria organização para oferecer outros mundos inimaginados. Por isso, para Malaguzzi, incrementar o número de oportunidades significa pensar de um modo diferente – e crítico – daquele que as condições atuais impõem.

> A ideia de base dessa definição e organização, em termos de condicionalidade, é a de que o *possível* precede ao *real* e o compreende como caso particular e atual. (Ceruti, 1987, p. 14)

Portanto, o real é apenas uma das probabilidades do possível e, ao mesmo tempo, uma redução de suas possibilidades potenciais. É preciso pensar nas perspectivas desvinculadas do real. É o que também nos convida a fazer o filosofo francês Pierre Lévy (1997, p. 8), em sua sugestiva obra *Il virtuale* [*O virtual*, em tradução livre].

> Consiste na passagem do presente ao virtual, "em elevar a potência", a entidade considerada. A virtualização não é um escapismo (a transformação de uma realidade em uma conjunção das possibilidades), mas, sim, uma troca de identidade, um deslocamento do centro de gravidade ontológica do objeto em questão.

O virtual implica uma indeterminação no processo, ao se separar do aqui e do agora. No virtual, aparece uma problemática que colhe a alteridade.

> Apenas no real as coisas estão claramente demarcadas. A virtualização, a passagem ao problemático, o deslocamento do ser em direção à interrogação, isso se trata, necessariamente, de um novo questionamento da identidade clássica, pensada por meio de definições, de determinações, de exclusões, de inclusões e de terceiros excluídos. Por esse motivo, a virtualização sempre supõe uma heterogênese, transformar-se em outro, um processo de acolhida da alteridade. (Lévy, 1997, p. 15)

Essas ideias nos servem para interpretar o pensamento e a obra pedagógica de Loris Malaguzzi, porque este sempre se preocupou em abrir novas possibilidades, quando pareciam já não existir. Em diversas entrevistas realizadas, pessoas que trabalharam com ele nos transmitiram duas críticas e reiterativas suas: "E por que você faz assim? E se você tentasse fazer de outra maneira?". Essa maneira de atuar, sempre abrindo portas virtuais ou possíveis, como se tivesse um *hipertexto* infinito na mente, foi sua própria ética. Dizemos virtuais porque abriu campos de interpretação inéditos, gerando problemas novos e possíveis, que deram existência a possibilidades selecionadas como realizáveis.

> A realização outorga existência a determinadas possibilidades, em detrimento de outras. Os possíveis são os candidatos, não um campo problemático, e a realização é uma escolha ou uma seleção, antes de ser uma resolução inventiva de um problema. O bem virtual apresenta um problema, abre um campo de interpretação, de resolução ou de atualização, ao passo que um leque das possibilidades se presta apenas a uma realização exclusiva. (Lévy, 1997, p. 18)

Além disso, essa ideia mostra o presente das possibilidades como um prognóstico do futuro, não como uma garantia.

Esse princípio ético, como força, serve para que nos perguntemos que tipo de escola ou de educação é capaz de fazer todo o possível pelo desenvolvimento das potencialidades de todas as crianças, ou se existe um conformismo – insuportável para Loris –, no qual as oportunidades possíveis ficam ocultas nos vícios e nas rotinas de uma educação inadequada. Lembremo-nos de que, na última intervenção pública de Malaguzzi[292] – pouco antes de sua morte –, depois de ter visitado as escolas, ele destacou a importância de aproveitar o máximo de recursos que a escola oferece para possibilitar mais oportunidades, senão, disse, é necessário mudar a organização, para que essas circunstâncias ocorram. Essa é a ética de Malaguzzi, uma ética que nos une com esse habitante da fronteira de que Trías (2000) fala, um habitante no limite ético das possibilidades humanas.

---

292 Loris Malaguzzi, *Incontro con le istituzioni che hanno ospitato le delegazioni* ["Encontro com as instituições que acolheram as delegações", em tradução livre] (gravações em áudio de 27 de janeiro de 1994).

Para Malaguzzi, a criança vem dotada, desde o nascimento, com recursos suficientes para testar, corrigir, equivocar-se ou realizar *residências*. É, também, o que os antropólogos denominaram como *neotenia*, ou seja, nascemos muito cedo. E isso acontece porque a infância precisa do tempo das oportunidades para fazer a si própria.

> *Neotenia* significa, pois, "plasticidade ou disponibilidade juvenil" (os pedagogos falam de *educabilidade*), mas também implica uma trama de relações necessárias com outros seres humanos. A criança passa por duas gestações: a primeira, no útero materno, de acordo com determinismos biológicos, e, a segunda, na matriz social em que se cria [...]. A possibilidade de ser humano apenas se realiza de maneira efetiva por meio dos demais. (Savater, 1997, p. 24-25)

Segundo alguns estudos neurológicos, também podemos dizer que o ser humano sempre tem um *ás na manga*, do qual fala Rita Levi Montalcini (1999).

A diversidade

É obrigação ética da escola oferecer diversas oportunidades, que, como propostas diferenciadas, demandem interpretações possíveis que evitem cair em protocolos, receitas ou tópicos que fechem e monopolizem o mundo das possibilidades em uma única direção.

> Nossas crianças dispõem de muitas escolhas: têm lugares onde podem estar sozinhos, em pequeno ou grande grupo, com os educadores ou sem eles, no ateliê, no miniateliê, na grande praça, na sala de música e, se o clima permitir, nos espaços do pátio, rico em pequenas e grandes brincadeiras. Mas a opção de trabalhar em pequeno grupo (em que se pode crescer

> junto) é muito apreciada pelas crianças e, também, por nós. Então, a sala se transforma em um único espaço de barracas (de feira), cada uma com suas crianças, e todas com projetos e atividades diferentes. Aqui, podem realizar boas observações e investigações orgânicas sobre as aprendizagens cooperativas ou sobre o comércio e o mercado de ideias.[293]

A ideia de incrementar o número de oportunidades parte de outra premissa importante: se as crianças são diferentes, a escola deve partir do ponto de que não é possível – nem deve – igualar o que é diferente. Discriminar positivamente os interesses e as riquezas de cada ser humano é uma virtude da democracia e da educação. Malaguzzi parte da ideia, como já comentamos, de que todas as crianças são inteligentes (dentro de uma teoria – como narramos – que defende a inteligência como geral, não como tipologias distintas) e têm enormes capacidades.

> Uma coisa é ser diferente dentro de uma teoria que reafirma a natureza geral da inteligência sobre a qual também se pode encontrar inteligências particulares. Outra é pensar que os diferentes pertencem ao diverso porque são de inteligência de tipologia diversa. A questão é muito diferente.[294]

Entretanto, os interesses, desejos, campos e formas de atuação são diferentes em suas expressões.

> Atualmente, o tratamento da diversidade individual diz respeito a muitos estamentos: escola, família, juventude, políticos etc. No entanto, apresenta uma grande dificuldade, presta-se a uma considerável ambiguidade e deve ser analisado de muitos pontos de vista. O diverso não faz referência unicamente às diferenças

---

293 Loris Malaguzzi, "La storia, le idee...", *op. cit.*, p. 90.
294 Loris Malaguzzi, "La integración de la diversidad...", *op. cit.*, p. 6.

> de etnia, à diversidade de culturas entre populações com tradições, costumes, crenças muito diferentes, nem à diversidade que apresentam as pessoas com graves deficiências físicas ou psíquicas. Vamos ficar no âmbito da diversidade de cada indivíduo em relação aos demais, que permite fazer de cada qual um ser original, portanto, vamos ampliar o marco desse conceito até agora reservado às grandes diferenças.
>
> Na organização escolar, por exemplo, o que pretendemos? Fazer uma escola de crianças uniformes, para que, dela, nasça a diversidade? Isso é impossível. Ou pretendemos conseguir uma atenção pedagógica que dê resposta a cada criança em particular, oferecendo a oportunidade de ser diferente? Com frequência, na tentativa de formar crianças originais, acabamos trabalhando para crianças muito pouco diferentes e, com frequência, iguais.[295]

Cada criança encontra um contexto, um projeto, que dá sentido ao desenvolvimento de suas potencialidades. Essa ideia leva a pensar que nem todas as crianças devem realizar os mesmos currículos na escola. O oferecimento de oportunidades deve ser uma proposta orientativa, não normativa. De fato, na práxis das escolas de Reggio, diferentes crianças escolhem diferentes projetos. É justo e ético que assim seja. Pensar que, ao oferecer as mesmas atividades, todos têm as mesmas oportunidades é acreditar, de maneira ingênua e frívola, de olhos fechados, em um behaviorismo absorvente. Cada criança é um intérprete da realidade. Sua estrutura constrói uma realidade que, de forma objetiva, não existe para todos de maneira igual. O importante é que cada oferta seja de tal qualidade que a criança possa desenvolver – com tempo e possibilidades de aprofundamento – uma escuta de suas possibilidades diversas e originais, enquanto escuta (em múltiplas trocas) as potencialidades originais dos outros.

---

[295] *Ibidem*, p. 4.

Essas ideias de Malaguzzi nos lembram, em essência, das extraordinárias palavras de Martin Buber (1993, p. 60-61):

> O eu do termo básico "Eu-Tu" aparece como pessoa e chega a se tornar consciente como subjetividade (sem genitivo dependente).
>
> O ser individual aparece quando se contrasta diante de outros seres individuais.
>
> A pessoa aparece quando entra em relação com outras pessoas. Um é a forma espiritual de diferenciação de tipo natural; o outro, a de conexão de tipo natural [...].
>
> A finalidade da relação é sua própria essência, ou seja, o encontro com o Tu.

Nesse princípio falamos da importância, para Malaguzzi, de pensar mais além das ataduras do real para estabelecer uma viagem em direção ao possível. Um itinerário que acolha, com qualidade, as diferenças individuais, oferecendo possibilidades de atuação diferentes.

Vejamos, agora, por quais estratégias esse princípio atua.

As estratégias do princípio ético 2

Educar significa incrementar o número de oportunidades possíveis

Vamos desenvolver quatro estratégias básicas do princípio anterior:

- *Uma organização adequada das escolas.*
- *Os pequenos grupos.*
- *Os papéis do adulto.*
- *A distribuição ou partilha personalizada de responsabilidades.*

Primeira estratégia do princípio ético 2

Uma organização adequada das escolas

A nosso ver, essa é uma das grandes virtudes da obra pedagógica de Loris Malaguzzi. Se essa experiência tem perdurado ao longo do tempo, é porque existe uma forte organização que amarra a praticidade do próprio projeto, deixando poucas linhas soltas. Trata-se de uma organização que é uma escolha cultural forte.

> A lei diz que, se as coisas se tornam reais, também o são as consequências.
>
> A legislação, em outras palavras, quer dizer que – sobretudo na educação – são as coisas, os fatos e as experiências reais que dão corpo às ideias. E são as experiências reais que geram consequências, atos e respostas – igualmente reais –, que, por sua vez, sugerem e indicam as escolhas a serem tomadas. Dessa afirmação, retiramos duas considerações: a primeira é a que a organização do trabalho [...] pertence estruturalmente aos valores e às escolhas do projeto de formação e, portanto, é um elemento decisivo na qualidade, na finalidade das relações humanas e na realização do projeto; a segunda é que, no lugar no qual se conciliam os objetivos do projeto com a disponibilidade e as ofertas da organização do ambiente e do trabalho, produz-se o máximo de clareza, tanto do pensamento quanto da ação, favorecendo a interiorização.[296]

Já comentamos que Malaguzzi tinha uma grande facilidade para discernir qual organização prática era mais idônea para ser colocada em prática no próprio projeto educativo. Ele era muito consciente de que tal organização devia ser adequadamente regulamentada pela própria autoridade local.

---

[296] Loris Malaguzzi, "La storia, le idee...", *op. cit.*, p. 73-74.

A organização escolar é a que dota a escola e o projeto de uma identidade particular. Uma identidade que se desenvolve, na prática, graças às suas virtudes de uma organização que, como rede, possibilita seu desenvolvimento. Muitas experiências ou reformas fracassaram, ou estão fracassando, por falta de uma adequação organizativa à própria ideia. Malaguzzi soube conjugar, em sintonia, as ideias de um projeto com uma organização forte, que possibilitasse sua evolução. A organização – que não é neutra – já é uma escolha de conteúdo e das finalidades educativas.

> Então, o projeto se faz sistêmico, e sua organização concreta já é uma escolha de conteúdo do quadro teórico e científico, dos objetivos e das finalidades educativas.
>
> Essa tentativa de acoplar as bases organizativas do trabalho e as bases da projetação e da procura educativa é o que caracteriza e distingue nosso trabalho [...].
>
> A *organização*, banida ou depreciada pelas teorias educativas (mas não por parte de cada elemento da vida social e produtiva), volta como um elemento necessário, dinâmico e construtivo [...].
>
> Estamos na linha da famosa, e desprezada, declaração de Faure:[297] "O novo poderá ser de quem consiga reunir na escola a força da crítica, da participação democrática e da imaginação, com os requisitos organizativos e culturais, científicos e operativos".[298]

A organização é determinante para a consecução adequada do projeto. E, disso, Malaguzzi sabia muito bem. Não se pode defender, por exemplo, a necessidade de profissionais atualizados se, depois, deixa-se a formação ao voluntariado. Não se pode defender a importância de incrementar os pontos de vista ou da relação se

[297] N. do E.: referência a Sébastien Faure, pedagogo, escritor e anarquista francês.

[298] Loris Malaguzzi, "Elogio dell'organizzazione" ["Elogio à organização", em tradução livre], em AA.VV., *I cento linguaggi dei bambini*, *op. cit.*, p. 25.

não se rompe com a imagem de uma professora sozinha com um grupo de crianças. Mas vamos por partes.

Recordemo-nos de que as escolas de infância de Reggio Emilia abriram suas portas em 1963. A organização existente, então, era a de uma professora com um grupo de crianças, ajudada por uma assistente (de categoria inferior) para certas tarefas (em geral, as assistenciais). Além disso, existia a cozinha e as auxiliares de limpeza. Malaguzzi começou a experimentar diversas organizações mais coerentes com sua ideia de escola. E, assim, chegou à importantíssima data de 30 de maio de 1972, dia em que a prefeitura aprovou, por unanimidade, o *Regulamento para as Escolas Municipais da Infância*.[299]

Esse *Regulamento*, em cuja redação se notam as palavras de Malaguzzi, é um claríssimo exemplo de como dar forma organizativa ao próprio projeto. As palavras da responsável pela educação daquela época, Loretta Giaroni (1977, p. 324), são claras:

> Em particular, expressamos nosso reconhecimento ao doutor Loris Malaguzzi, por seu empenho e reconhecida competência na direção pedagógica de nossas escolas e por sua determinante contribuição na elaboração do regulamento.

As palavras de Malaguzzi ressaltam, também, a importância de tal norma. Um documento que declara – entre outras questões – a investigação educativa como método permanente, que organiza cada sala com uma dupla de profissionais de igual nível, que inclui horas não letivas para a preparação pedagógica e profissional, que recusa a figura hierárquica do diretor didático e que estabelece um projeto regulamentado de gestão social nas escolas.

---

[299] Municipio di Reggio Emilia. Sezione Scuole e Servizi Sociali, *Regolamento delle scuole comunali dell'infanzia* [Seção de Escolas e Serviços Sociais, "Regulamento para as Escolas Municipais da Infância", em tradução livre] (30 de maio de 1972).

No que se refere a Reggio, que é a cidade que nós conhecemos melhor, direi a você que a experiência foi longa, obstinada e gradual, e com um lúcido percurso de dez anos antes de chegar a 1972, ano em que, por meio de grandes consultas populares que duraram 8 meses e que afetaram a 24 pontos da "constituição" (na verdade, o Regulamento das leis municipais), definiu-se, de modo unitário e articulado, as dimensões e as finalidades institucionais. No Conselho Comunal, o voto foi unânime, já que, na verdade, as discussões se produziram antes.

Quais são as características essenciais?

Uma vontade declarada de ter como método permanente a busca pedagógica, de realizá-la com os educadores, o pessoal auxiliar de limpeza, as famílias, os cidadãos e o bairro [...].

Não se levou em conta a incivil, anticonstitucional e antipedagógica "proibição" em relação aos educadores do sexo masculino, e os resultados não poderiam ser melhores.

Reabilitou-se a figura dos educadores com um salário decoroso e com um trabalho semanal de 36 horas. Dispôs-se que, das 36 horas semanais, 2 horas estejam destinadas a reuniões de grupo e da escola para o estudo, a atualização contínua, as avaliações etc. Pela primeira vez na Itália, resgatou-se a figura dos auxiliares de limpeza, que estudam, atualizam-se e discutem em plano de igualdade com os educadores, posto que seu horário de trabalho e suas obrigações são exatamente iguais aos de seus "colegas".

Não foi levada em consideração a ideia remanescente de hierarquia: não há "dirigentes", não há "diretores didáticos"; existem 6 coordenadores (1 para 10 salas), cuja intervenção necessariamente se entrelaça – e, ao mesmo tempo, fica protegida de cair, embora seja de um modo não intencionado, em jogadas equivocadas ou incongruentes – com a dos membros dos Conselhos da Escola e da Cidade (formados por trabalhadores, pais

> e cidadãos), e o restante de organismos de descentralização administrativa, cultural e política da área.
>
> A cada 30 crianças, há 2 educadores, que trabalham juntos, a fim de acabar com a ideia, inumana e impossível, da figura de um educador que é deixado sozinho para viver seus problemas e com os esquemas individualistas e solitários que se derivam dele. Para os pequenos que, em suas famílias, não contam com as garantias educativas suficientes, há uma prolongação do horário diário até as 18h15 [...].
>
> Os Comitês de gestão – que nasceram e resistiram quando ninguém ou quase ninguém acreditava neles e cujos problemas você viveu em primeira pessoa – estão aí para dar testemunho tanto da potencial e real contribuição democrática, humana e cultural da escola como das dificuldades a serem enfrentadas e das que se têm para obter uma autonomia específica e original.[300]

Esses são alguns dos dados mais significativos que pudemos destacar de tal organização. Agora, gostaríamos de ressaltar algumas virtudes dessa, que fazem mais explícita a estratégia de incrementar o número de possibilidades (iremos vendo outras adiante).

a) O tamanho das escolas

Em primeiro lugar, ao visitar as escolas de Reggio, chama-nos a atenção o tamanho das escolas. E não é que seja apenas uma característica particular da experiência reggiana, visto que encontramos escolas pequenas em diversas cidades italianas, mas, ainda assim, não é um aspecto esquecível. O fato de que as escolas sejam pequenas significa que as instituições educativas são

---

[300] Loris Malaguzzi, "Risposte a domande proposte da un amico", *Esperienza. Periodico di Lavoro* ["Resposta a perguntas propostas por um amigo. Experiência. Trabalho periódico", em tradução livre], n. 2 (fev. 1975), p. 63-64.

acolhedoras e amáveis. Uma escola amável é, para Loris,[301] um lugar em que todos e todas – crianças, equipe e famílias – nos conhecem por nossos nomes. O anonimato é algo que Malaguzzi não suporta. Nessa escola, conhece-se e reconhece-se tanto a criança quanto os adultos. Para a criança, diz Loris, é muito importante que todos a chamemos pelo seu nome. As escolas grandes – pouco familiares – burocratizam-se e normativizam de maneira absurda. E a criança, como indivíduo, não existe: apenas existe como número. As escolas pequenas favorecem as importantes relações informais, deixando uma maior liberdade de entradas e de saídas aos pais, em horários mais flexíveis. Dessa maneira, a escola pequena é um âmbito que possibilita que as pessoas participem em maior medida no próprio projeto. É uma escola em que ninguém tem por que se sentir alheio. Uma escola amável é uma pequena comunidade educativa, um sistema de elementos interdependentes, em que todas as pessoas participam do mesmo projeto educativo, um projeto de investigação e de discussão permanente. Algo mais fácil de realizar – de maneira relacional – se a escola não for grande.

> Muitas pessoas que visitaram nossas escolas me confessam que existe, sempre, um sentimento de descoberta e de serenidade, e me perguntam como conseguimos manter, depois de tanto tempo, um estímulo, por sua vez, tão fresco e produtivo.
>
> O importante, respondo a elas, é o fato de querermos ir juntos nessa direção. E nos afastarmos o máximo possível de qualquer artificialidade e hipocrisia. É preciso encontrar uma aliança com as coisas, mas, também, na organização do trabalho [...].
>
> Os educadores trabalham em dupla e fazem os projetos com os colegas e com as famílias. Toda a equipe se reúne uma vez por semana para discutir

---

[301] Loris Malaguzzi, *Problemas, propuestas, experiencias para niños e instituciones infantiles en una época de grandes cambios. Encuentros en Pamplona* (gravação em vídeo de 8 de abril de 1986).

> e aprofundar ideias sobre o projeto, além de participar das mesmas reciclagens profissionais [...].
>
> Qualquer organização viva, dizem, identifica-se e expressa-se por meio de um processo cognitivo [...]. Pressupõe uma ajuda e um esforço contínuo para manter um estímulo adequado no trabalho e na investigação, uma boa profissionalidade metodológica e didática, uma boa colaboração interna e com as famílias, uma enorme confiança nas potencialidades e capacidades das crianças e, por último, uma grande disponibilidade para discutir e refletir [...].
>
> A escola é, na verdade, um organismo vivo, um sistema. Dizer que é um sistema significa colocar a ênfase sobre o dinamismo e a construtividade das relações e interações entre partes, de maneira que cada parte atue no organismo como totalidade, e vice-versa.[302, 303]

Uma escola pequena e amável, em sua riqueza formal e informal, oferece mais possibilidades de participação real dos indivíduos que compõem tal instituição.

b) A dupla educativa

Em contrapartida, deve-se destacar o importante assunto da dupla educativa (trio, no caso das creches). Trata-se de uma novidade absoluta na realidade italiana (e não apenas italiana), que o regulamento de 1972 sanciona. Para Malaguzzi, existe uma tristeza absoluta na pedagogia baseada em um grupo de crianças presas com uma única professora.

Tradicionalmente, e ainda hoje, a escola perpetuou a ideia de um professor-tutor com um grupo de crianças. Em geral, uma

---

[302] Loris Malaguzzi, "La storia, le idee...", *op. cit.*, p. 75-76.

[303] N.do. E.: as citações deste livro, originalmente, foram traduzidas do italiano para o espanhol pelo autor, Alfredo Hoyuelos. Já no livro *A estética no pensamento e na obra de Loris Malaguzzi*, as citações foram traduzidas diretamente do italiano para o português. Em alguns momentos, como este, as citações se repetem em ambos os livros, mas não estão exatamente iguais. Optamos por deixar dessa forma, por se tratar de maneiras diferentes de interpretar e de traduzir.

professora sozinha, que educa em solitude. Essa é uma situação trágica para a profissão: o fato de não poder compartilhar com ninguém as emoções e as ideias supõem a extraordinária tarefa de educar. Essa solidão, ou isolamento, leva, em muitos casos (cada vez mais), à síndrome do professor esgotado,[304] como diz Malaguzzi, e à depressão.

A dupla educativa desafia a ideia cultural de separação, de "pequenos reinos"[305] e de se fechar à privacidade. Ela rompe com a tradicional separação por especialistas:

> Muitos professores estão acomodados em seus costumes disciplinares. Estes, como dizia Courien, são como lobos que urinam para marcar seu território e mordem aqueles que adentram nele. Existe uma resistência obtusa, inclusive entre espíritos refinados. O desafio é invisível para eles [...]. O reino dos especialistas é o reino das ideias gerais mais vazias, e a mais vazia de todas é que não é preciso nenhuma ideia geral. (Morin, 2001, p. 139)

A dupla educativa rompe o território marcado para abranger a aventura da ambiguidade, do impreciso, valores de uma enorme importância educativa.

Malaguzzi comentava[306] que, em uma aula com uma só professora e um grupo de crianças, não se pode educar, apenas se pode fazer uma "pedagogia bucólica", em referência a um rebanho de

---

[304] N. do E.: "*profesor quemado*", no original. Como a síndrome de *burnout*, na qual o profissional fica psicologicamente exaurido ao extremo, em razão de um trabalho muito desgastante.

[305] N. do E.: "*reino de taifas*", no original. Refere-se a cada um dos pequenos reinos muçulmanos que faziam parte do Califado de Córdoba. A palavra "taifa" significa "bando", "facção".

[306] Loris Malaguzzi, *Problemas, propuestas, experiencias para niños e instituciones infantiles en una época de grandes cambios. Encuentros en Pamplona* ["Problemas propostas, experiências para crianças e instituições infantis em uma época de grandes mudanças. Encontros em Pamplona", em tradução livre] (gravação em vídeo de una intervenção realizada em 8 de abril de 1986).

ovelhas que devem ser contidas em um curral. A dupla educativa pressupõe uma provocação e uma ruptura cultural.

A ideia consiste em duas educadoras que compartilham a responsabilidade de um mesmo grupo de crianças. Duas educadoras de mesma categoria profissional e com as mesmas funções. Duas pessoas com dois pontos de vista diferentes em relação, trabalhando juntas. As oportunidades organizativas aumentam, em virtude da possibilidade de trabalhar com todo o grupo ou com pequenos grupos. Contudo, o importante é que cada criança e cada família construam uma relação humana diferente com cada educadora, e isso amplia as possibilidades de relação. Uma relação interativa e solidária, que as crianças percebem graças aos educativos acordos e desacordos das profissionais.

> A copresença dos educadores (e a experiência que há alguns anos está sendo realizada nas escolas municipais da infância de algumas cidades emilianas confirma amplamente) ainda é um elemento de notável *ruptura* cultural e psicológica, que revela as dificuldades e os limites de um ensino individual, separado, sem ajuda e sem comparações. Destaca as potencialidades de um trabalho educativo *realizado em comum*, tanto para os educadores quanto para as crianças, e que constitui o primeiro núcleo de uma organização do trabalho socialmente projetado, administrado e verificado.[307]

Cada pessoa, assim dissemos, tem uma imagem de infância. Porém, ainda mais do que isso, cada professora constrói – às vezes, de forma inconsciente – uma imagem diferente de cada criança. A relação em *dupla* convida a aumentar os pontos de vista e a não rotular a criança. Cada educador estabelece uma forma ou um estilo de relação e expectativas que ampliam a própria ideia da relação.

---

[307] Loris Malaguzzi, "Una occasione...", *op. cit.*, p. 20.

É impossível que apenas uma professora possa satisfazer todos e cada um dos direitos das crianças individualmente, respeitando seus ritmos de aprendizagem e fazendo-os encontrar um sentido afetivo na escola. Sabemos que não nos "conectamos" com todas as crianças da mesma maneira, e que as crianças (e suas famílias) também não o fazem conosco da mesma forma. Duas pessoas podem oferecer diferentes possibilidades de "vínculo afetivo" com maior facilidade.

A dupla educativa contribui com uma maior riqueza e complexidade ao grupo: mais modelos, mais conflitos sociocognitivos, mais ideias, mais percepções, mais estratégias etc.

Na base da ideia de dupla, evidentemente, está a questão ideológica de não conceber as crianças como um problema individual, mas, sim, como uma relação de trocas e de complementaridade, esta, que deve ocorrer em uma dupla que aprende a trabalhar de maneira conjunta, que quer sair da solidão e do tradicional mal-entendido em relação à autonomia e à liberdade didática.

> A presença conjunta (em um sentido mais amplo, a concepção de um trabalho cooperativo) que existia desde o princípio implicou uma ruptura consciente com o tradicional isolamento dos educadores que compreendem mal sua liberdade didática e, dessa maneira, legitimam sua solidão humana e, também, a profissional e a cultural.[308]

Trata-se de conceber intensamente a profissão de maneira social, pública e crítica, para, com sinceridade, estar disposto à crítica e ao confronto, valores de grande peso educativo, bem ao contrário da solidão e do isolamento pedagógico. Já em 1969, Malaguzzi promovia algumas reflexões importantes ao fazer uma crítica às *Orientações ministeriais*:

---

[308] Loris Malaguzzi, "La storia, le idee, la cultura...", *op. cit.*, p. 85.

> Um recente trabalho francês, que motivou, até mesmo, um congresso nacional de estudo, menciona que o trabalho isolado, o trabalho solitário do educador da escola de Educação Infantil ou de Ensino Fundamental é o único que se mantém de modo semelhante, entre a ampla série de trabalhos profissionais – cerca de 30 mil – que se oferecem ao indivíduo. O estudo francês focaliza todas as distorções, os conflitos psicológicos, os retrocessos e a agressividade que comporta esse modo inumano de trabalhar e que afeta a própria natureza da relação educador-aluno. E esse é o aspecto de decisiva importância que as orientações esquecem: a saúde (física, mental e psicológica) tem que ser defendida tal qual a das crianças. A boa disponibilidade do educador busca acabar com semelhante situação de penoso isolamento. Os trabalhos em equipe, o trabalho comunitário, o trabalho conjunto e a abertura do trabalho do educador às demandas e aos problemas do mundo civil constituem alguns pontos de referência essenciais. Trata-se de um modo alternativo de conceber a escola para que a figura da docente se veja preservada da autêntica devastação que implica sua solidão, e, nesse ponto, temos que dizer que, com frequência, não existe outra solução do problema senão contar (paradoxal e compreensivelmente) com as resistências que a própria equipe docente pode apresentar, em virtude de um longo e pesado condicionamento cultural.[309]

A ideia da dupla permite coordenar e estabelecer papéis de atuação complementares, de acordo com as situações, além de compartilhar ilusões, sorrisos, reflexões, discussões e emoções diante do grande desafio que é a educação, e que nasce de um projeto conjunto, sempre entre mais de uma pessoa.

---

[309] Loris Malaguzzi, "I nuovi orientamenti della scuola per l'infanzia" ["As novas diretrizes da escola da infância" em tradução livre], em AA.VV., *Convegno circondariale sulla scuola ed i nidi per l'infanzia* ["Convenção distrital sobre escolas da infância e creches", em tradução livre.], Rimini, Municipio di Rimini, 1969, p. 59.

A organização por duplas educativas permite uma observação mais detalhada dos acontecimentos, visto que, em algumas ocasiões, uma das pessoas – em turnos – pode ser *liberada* para realizar observações oportunas que levem a analisar e refletir sobre a própria prática educativa. Esse assunto consente experimentar e definir novos papéis de intervenção.

Apenas um adulto com um grupo de crianças é uma redução das possibilidades educativas do próprio grupo e da formação dos professores. Na relação intersubjetiva e interpessoal da dupla, são aprendidas estratégias de negociação: como resolver os conflitos, como entrar em consenso, como explicitar melhor as ideias, como justificar nossas escolhas educativas e nossos diferentes valores, o que as crianças apreciam, porque percebem no modo de atuar dos adultos e que, em alguns momentos, são modelos educativos *per se*.

> Para concluir, parece necessário saber que as crianças, embora livres por natureza, não aperfeiçoam a arte de chegar a ser amigas ou professoras entre si copiando modelos caídos do céu ou dos manuais.
>
> Elas adquirem e interpretam modelos de seus professores adultos, ou seja, de como estes sabem estar, trabalhar, discutir, pensar e investigar juntos.
>
> As capacidades observadoras e dedutivas das crianças sabem julgar muito bem os atos de coerência ou de falta de coerência dos adultos. A cooperação entre os educadores e as famílias é outro ponto importante, que reforça e dá confiança à cooperação entre as crianças.[310]

[310] Loris Malaguzzi, "Il visibile e l'invisibile nelle interazioni tra i bambini" ["O visível e o invisível na interação entre crianças", tradução livre], em *I piccolissimi del cinema muto*, Reggio Emilia: Reggio Children, 1996, p. 16.

A dupla educativa oferece uma maior flexibilidade organizativa de disponibilidade de propostas, de horários, de materiais e de relações. Um grande êxito para quem, desafiando o medo e a insegurança da profissão, quis testá-lo. Um trabalho de dupla que – para Malaguzzi – é apenas um elo a mais na grande cadeia do trabalho cooperativo que deve ser realizado na escola.

> De todo modo, lembro-me que a firmeza do modelo era tão forte que a proposta do trabalho em dupla, por si, livre de insuportáveis cargas de estresse, não encontrou fáceis adesões tão cedo. Mas, quem aceitou, logo descobriu suas vantagens, e estas foram tão visíveis que aniquilaram todas as reticências.
>
> O trabalho em dupla e, depois, o das duplas em grupo ofereceu muitos benefícios para crianças e adultos, tanto no âmbito educativo quanto no psicológico. Contudo, além disso, esse trabalho em dupla, que se introduziu pontualmente no projeto interacionista e socioconstrutivista (naquele momento não se falava nesses termos, mas, sim, de um projeto sistêmico de comunicação), constituiu o primeiro tijolo que, com outros, formou uma ponte que nos levava até a ideia de gestão social e de participação dos pais.[311]

Para Loris Malaguzzi, educar significa confrontar e discutir, não coincidir na forma de ver a criança. De fato, ele separava as pessoas que se davam excessivamente bem. Para o pedagogo, era importante discutir tudo com todos como condição circular de identidade.

Educar significa se abrir à crítica, estar disposto a se expor publicamente às considerações dos demais, a aprender a realizar críticas sobre o trabalho e a distinguir a crítica das pessoas.

---

[311] Loris Malaguzzi, "La storia...", 2, *op. cit.*, p. 85.

c) O pessoal auxiliar de limpeza e de cozinha

Outro elemento particularmente importante é o da busca de uma dignidade profissional para os auxiliares de limpeza e de cozinha. Essas pessoas são parte da comunidade escolar. Para Malaguzzi, é muito importante que essas figuras sejam participantes da vida educativa do centro. O *regulamento* de 1972 pareia horários (letivos e não letivos) de auxiliares, cozinheiros e educadores. O fato de que todo o pessoal participa das mesmas reuniões e das mesmas condições de formação aumenta as oportunidades educativas da escola. Para Loris, uma pessoa que limpe um escritório não faz a mesma coisa que outra que trabalhe em uma escola. Se ela trabalha nesse ambiente, as crianças a veem e entram em relação com ela. Tal relação, desejada e potencializada por Malaguzzi (por meio da entrada consciente dos auxiliares nas propostas das turmas), deve tomar parte do próprio projeto educativo para não ser incoerente. Os auxiliares oferecem, também, outros pontos de vista de diversas situações que incrementam o número de oportunidades possíveis nas decisões que todas as pessoas tomam no centro. As seguintes palavras de Malaguzzi indicam a capacidade de concreção de suas ideias:

> É preciso que a equipe auxiliar de limpeza adquira alguns níveis de participação mais altos nos problemas educativos e que saiba organizar, além de suas tarefas específicas, tempos de presença direta nos processos educativos, nas discussões e nas decisões que são tomadas na escola.
>
> É importante que essas pessoas deixem de lado atitudes de suposta inferioridade, de sentimentos de incapacidade e de submissão e que tomem consciência em relação a representar modelos educativos e pertencer ao coletivo de adultos, cujo esforço deve convergir sempre em direção a conseguir melhores experiências de vida à criança [...].

> Acreditamos que o coletivo dos adultos tem de refletir sobre a maneira de se ajudar reciprocamente e organizar um plano de relações entre os educadores e o pessoal auxiliar, propiciando a criação de momentos de copresença dentro das próprias salas.
>
> Os primeiros cinco dias de escola têm de se manifestar em registro de uma experiência do tipo que dissemos antes. É bom que a equipe auxiliar de limpeza (incluindo a cozinheira) abandone seus próprios lugares de trabalho e se junte com os educadores, a fim de confrontar os problemas de adaptação das crianças novas à escola e que tome parte nas primeiras discussões oficiais sobre a experiência que se realiza [...].
>
> Já existem esclarecedores exemplos [...] de como se pode criar e viver uma nova prática comunitária. Nesta escola, foram feitos esforços positivos para eliminar as hierarquias de papéis; em consequência, os educadores e os auxiliares de limpeza participam nas diversas atividades da escola e, ao final de cada trimestre, distribuem-se, em partes iguais e por decisão coletiva, os mesmos honorários das horas extraordinárias.[312]

Como podemos notar, na base, encontra-se a ideia comunista de trabalhar por uma causa ideológica comum, independentemente da função concreta laboral que cada pessoa realize.

d) A cozinha como emblema cultural do projeto pedagógico

Em todo esse reconhecimento, temos que ressaltar algo que, para Malaguzzi, era determinante da identidade das escolas de Reggio Emilia; uma identidade que dá mais riqueza e variedade de trocas: a cozinha, que é, para Loris, o símbolo emblemático e cultural de uma forma de escola diferente. Inclusive arquitetonicamente, a cozinha – em algumas construções reggianas – ocupa, de maneira privilegiada,

---

[312] Loris Malaguzzi, *Riassunto della relazione del Prof. Malaguzzi alla riunione del personale ausiliario del 29 agosto 1972* ["Resumo do relatório do Professor Malaguzzi na reunião com a equipe de auxiliares em 29 de agosto de 1972", em tradução livre]; não publicado.

o centro da escola. Mas o importante é que, destacando a cozinha, tiramo-la de sua clandestinidade e a dotamos de reconhecimento a cozinheiros e auxiliares. Isso repercute nas possibilidades (aumentadas) educativas do centro. Graças à cozinha e aos profissionais ligados a ela, as crianças têm a grande oportunidade de ver pessoas trabalharem e de conhecer mais processos de conhecimento (os da elaboração dos pratos), e não apenas os produtos finais. Trata-se de uma contribuição de vital importância para aumentar o número de relações possíveis que se dão nas aprendizagens, além de as crianças descobrirem um valor destacável: que todos os trabalhos são importantes e que não há por que valorizar, socialmente, uns mais do que outros.

> Normalmente, a cozinha está relegada. Sempre se encontra em porões, subterrâneos... de modo que não atente contra a "sacralidade" da educação. Mas, se for transportada ao centro da escola, não é que se dê a importância apenas à cozinha, mas, sim, que, por sua vez, torne-se relevante a categoria profissional de quem trabalha nesse local. Trata-se de reconquistar o lugar que corresponde a uma profissão que (de outro modo) se encontra marginalizada, para que ela possa tomar parte nos sistemas de comunicação.
>
> Caso contrário, pode acontecer de as crianças só conhecerem os pratos: o ensopado de vegetais, a carne, a fruta. Isso quer dizer que, de todos os processos desenvolvidos na cozinha, conhecem nada além do produto final, quando o que interessa são esses processos – e não somente com respeito à cozinha, mas, também, com respeito a todas as demais aprendizagens.
>
> Se a cozinha estiver no centro e, além disso, construirmos uma parede transparente de vidro, as famílias, de certo modo, terão um encontro muito agradável que destaca a cozinha e o trabalho que nela se realiza. As crianças verão durante o dia inteiro o que se passa dentro desse lugar. É muito importante que entendam

> e valorizem o que ocorre na cozinha e os profissionais que fazem todo esse processo acontecer.
>
> Deve-se insistir, ainda, nesse aspecto conflituoso e exemplar da organização espacial de toda a escola. A cozinha deixa, assim, de ser um serviço clandestino. Existem muitas escolas em que as crianças encontram, mais cedo ou mais tarde, uma ou duas pessoas que não conhecem. Trata-se de aparições imprevistas: o(a) cozinheiro(a) e os(as) auxiliares de cozinha. O que importa é que as crianças conheçam rapidamente a organização e a presença de todos os adultos, porque sua vida com eles será muito longa: não apenas dura da manhã até as 16 ou 18 horas, mas anos. Depois de conhecer e de se familiarizar tanto com os professores quanto com os auxiliares ou o pessoal da cozinha, a criança percebe que não fazemos nenhuma diferença ou, ao menos, a menor diferença possível.[313]

Na base dessa questão, está a concepção de que tudo o que ocorre no centro de educação, tudo o que a escola oferece deve ser educativo, sem separações hierárquicas entre algo [supostamente] mais educativo (por exemplo, propostas de pintura, números, trabalhos com o computador) e algo menos educativo (a comida, o banho, o sono). De fato, a equipe de educação participa das tarefas educativas do banho, da comida e do cochilo,[314] que são parte estrutural de suas funções educativas. É a ideia da não separação das funções educativas e o respeito à integridade ou à índole da criança e de sua experiência no âmbito educativo. Dar centralidade à cozinha tem muito a ver, nesse sentido, com o fato de criar um projeto de complementaridades e de ofertas múltiplas não disjuntivas.

---

[313] Loris Malaguzzi, em Alfredo Hoyuelos, "El proyecto pedagógico y organizativo de las escuelas infantiles de Reggio-Emilia. La cocina en el centro de la Escuela Infantil" ["O projeto pedagógico e organizativo das escolas de Educação Infantil de Reggio Emilia. A cozinha no centro da Escola de Educação Infantil", em tradução livre], *Itaca*, n. 5 (dez. 1989), p. 49-50.

[314] N. da T.: no original, a famosa "*siesta*".

Há uma antiga regra que delineia, em termos emblemáticos, a distribuição arquitetônica dos espaços e as funções interiores das edificações para o uso escolar e coletivo. É a distribuição primária, a que não cede e que separa, em esferas espaciais diferentes, a *área nobre* e *curial* da Escola de Educação Infantil, na qual acontecem as situações e as atividades chamadas educativas, e a *área comum-logística*, dos serviços da cozinha, despensa etc., na qual são satisfeitas as necessidades do corpo e da fome.

Em geral, a lei é inflexível: há o máximo de afastamento, de ocultação e de invisibilidade perceptiva. A cumplicidade existente entre a disciplina arquitetônica e a pedagógica fomenta a legislação, ao teorizar, quanto mais melhor, imagens bipartidas e hierarquizadas: "*aqui, a cabeça, lá, o corpo*"; aqui, o docente, lá, a cozinheira; aqui, os blocos lógicos de Dienes,[315] lá, as panelas, o fogo, os utensílios de cozinha; em termos psicanalíticos, "*aqui, o eu, lá, o não eu*".

A cozinheira e a equipe de cozinha saem do anonimato: têm uma cara e, sobretudo, um nome que, imediatamente, tornam-se populares.

De sua parte, as famílias percebem esse papel de um modo muito favorável. Suas preocupações sobre a alimentação das crianças, assim como seus anseios por informação, encontram os interlocutores precisos. A cozinheira e a equipe de cozinha sabem de muitas coisas: com frequência, tornam-se confidentes, conselheiros e consultores. Os encontros vespertinos com as famílias sobre os temas da comida das crianças (na instituição e em casa), tendo a cozinheira como interlocutora, constituem alguns momentos tão úteis e de êxito como os encontros com os educadores sobre os temas da aprendizagem e das metodologias educativas. A creche e a escola revelam uma organização mais ampla, mais coerente, e algumas finalidades se tornam mais homogêneas e mais bem dirigidas. É uma situação que aumenta a confiança de todos: das crianças, das famílias e da equipe escolar.[316]

---

[315] N do E.: peças em formato geométrico utilizadas para auxiliar a aprendizagem das crianças. São associadas ao matemático húngaro Zontán Pál Dienes.

[316] Loris Malaguzzi, "Emarginazione e centralità della cucina" ["Marginalização e centralidade da cozinha", em tradução livre], *Bambini*, ano II, n. 5 (maio 1986, p. 20-21).

e) Não aos diretores didáticos

Não é menos chamativa a ideia de eliminar da escola a figura, tão promovida na Itália (e em outros países), dos diretores didáticos ou de escola.

Conseguir suprimir essa figura do organograma das escolas é, na verdade, um golpe de vital importância para a organização delas. Não existem hierarquias e, dessa maneira, todos devem se tornar responsáveis, sem delegações, do próprio projeto. Todos são considerados participantes deste, e a equipe deve se dirigir – por turnos – e compartilhar todas as funções, todos os direitos e todos os deveres da equipe da escola. Dessa forma, o papel da *equipe*, em sua auto-organização e em sua autonomia, é vital para a consecução prática do projeto.

> O grupo não se caracteriza simplesmente pela soma de ideias individuais, ou de indivíduos, ou por ser um jogo entre um pensamento minoritário e outro majoritário. Longe disso, constitui uma nova forma de pensamento: é um coconstruir juntos em direção a uma interpretação comum de objetivos educativos. Cada professor tem, pois, direitos individuais, mas, também, direitos que correspondem ao grupo. O mais importante é poder trabalhar estreitamente com as crianças, os colegas e os pais, em nível prático e organizativo. Em nossa opinião, o desenvolvimento dos direitos, tanto do indivíduo quanto do grupo, pressupõe as dimensões seguintes. (Rinaldi, 1994, p. 47)
>
> O fato de discutir, de compartilhar e de colaborar (com os colegas, com as crianças e com as famílias), com base nas competências de cada um e de todos, contribui para definir um novo conceito de liberdade didática.
>
> É preciso passar de uma interpretação de liberdade didática, entendida como lugar de solidão (mas

> também lugar de poder do educador), a uma ideia de colegialidade, entendida não como um jogo de maiorias e minorias, mas, sim, como uma multiplicação de pontos de vista, de possibilidades interpretativas, de convergências e divergências e de construção de liberdade. (Rubizzi, 1995, p. 19-20)

Isso implica uma grande capacidade de organização e de decisão em primeira pessoa, um protagonismo individual para cada um dos membros da equipe, como se cada peça fosse necessária para completar um quebra-cabeça conjunto. Esse é o valor da autonomia e da liberdade didática, conforme Malaguzzi e a equipe das escolas de Reggio as entendem. Cada pessoa estabelece uma autoexigência de acordo com o grupo e o projeto. Além disso, as funções de cada trabalhador estão em uma relação interdependente com os organismos de gestão social próprios de cada escola.

> O número de tarefas, internas e externas, realizadas com clareza e uma a uma; a distribuição dos serviços, a fim de que as tarefas sejam realizadas de maneira adequada e pontual, e de que haja alguém responsável por elas; as relações e as interdependências entre os diversos setores envolvidos, não apenas como peculiaridade absolutamente necessária para dotar o objetivo geral de harmonia e de força, mas, também, para que cada um perceba que a solidariedade faz falta, representem os pontos de partida para seguir, com a concreção de um projeto coordenado e definido, assim como o processo de coesão do coletivo e o bom nível de eficiência da complexa organização que a Escola de Educação Infantil impõe.[317]

---

[317] Loris Malaguzzi, "Come organizzare e programmare l'ambiente educativo" ["Como organizar e programar o ambiente educativo", em tradução livre], em *Partecipazione e gestione sociale* ["Participação e gestão social", em tradução livre], Reggio Emilia: Municipio di Reggio Emilia, 1984, p. 46.

Toda a equipe, sem um *chefe* visível (se tiramos os que a própria dinâmica do grupo constrói), encontra-se em reuniões semanais para codecidir as questões organizativas e poder amplificar os pontos de vista sobre todas as questões que afetam a vida do centro educativo.

> Em que consistem as reuniões dos coletivos de trabalhadores?
>
> São encontros de em torno de duas horas, realizados toda semana [...] para analisar as observações, os problemas, as dúvidas, os erros, as disfunções, as correções e os aprofundamentos da experiência. O intuito é que, de maneira conjunta, aumente-se o conhecimento, as avaliações e as ponderações para fazer uma prática mais coerente. Trata-se de encontros que têm a qualidade de ir ao encalço das coisas, das situações e dos problemas, sem permitir consolidações ou distanciamentos perigosos que deformem suas dimensões.
>
> A capacidade de expor os argumentos oportunamente, com moderação, e de permitir que toda a equipe possa avaliá-los de diferentes pontos de vista [...] define e exalta o valor dessas reuniões.[318]

As diferentes funções[319] vêm, por conseguinte, organizadas e subdivididas (por turnos) para o bom funcionamento da instituição. Estas são algumas das funções: cuidado da gestão social; preparação das reuniões; organização de iniciativas culturais; organização do arquivo/da biblioteca; preparação de recursos audiovisuais; aquisição e revisão do material didático; cuidado de plantas e de animais; desenvolvimento das questões administrativas etc. Evidentemente, como vimos, para que tudo isso possa ser realizado, é preciso que, em cada escola, haja um número suficiente de pessoas que cumpram todas essas funções.

---

318 *Ibidem*, p. 49-50.

319 *Ibidem*, p. 50-54.

Essa organização, como vemos, rompe, de maneira consciente, com a figura do diretor didático ou dos inspetores (ao menos como está concebida na legislação e na prática), que são papéis de controle e de obediência nas escolas, ao mesmo tempo que geram um desentendimento, por parte dos professores, das tarefas organizativas e da administração. Os diretores didáticos são uma espécie de figuras instaladas pela administração para realizar um comando ou uma ordem hierárquica, o que Malaguzzi repudia. Realizam um papel sem autonomia e apenas estão a favor do vento que sopra. A figura do diretor didático, para Malaguzzi, não tem razão de ser. Vejamos suas palavras críticas a respeito desse tema.

> Os diretores didáticos.
>
> Hoje, estão na moda as classificações extremistas, simplificadoras. Cruéis.
>
> Por exemplo, *os "paus pra toda obra" e os "encostados"*:[320] os primeiros, onicompreensivos e oniscientes, e, os segundos, subcompreensivos, subscientes e subpotentes.
>
> Disso, deduz-se que os diretores didáticos são (e não por sua escolha nem vocação) tanto *"paus pra toda obra"* quanto *"encostados"*.
>
> São "paus pra toda obra", segundo os ventos ministeriais [...].
>
> Um servidor, uma hora extra, um poder adicionado, um "obedeço" sem competências nem preparações específicas e adequadas. E, no entanto, [...] em muitos lugares, veem-se redimidos quanto às reservas sobre seu empenho e sua inteligência, em relação às quais o Ministério, de forma egoísta, segue fazendo seus ajustes.[321]

---

[320] N. do E.: *todólogos* e *nadólogos*, no original.

[321] Loris Malaguzzi, "Direttore didattico: no, tu no!" ["Diretor didático: não, você não!", em tradução livre], *Bambini*, ano II, n. 2 (fev. 1986), p. 8.

Porém, autonomia e não hierarquização nas escolas não significa falta de coordenação. Assim, nasce a figura do pedagogista e da equipe didático-pedagógica. Trata-se de uma imagem que, ao longo da história, adquire diferentes conotações de acordo com as pessoas que desempenham essa função.

> Nesse marco, a equipe didático-pedagógica se concebe como grupo de trabalhadores que, eximindo-se de qualquer classe de função de inspeção e burocrática, colabora com os educadores, com os pais e com os cidadãos envolvidos na experiência escolar, a fim de coordená-la, verificá-la e desenvolvê-la de forma contínua.[322]

Evidentemente, ao longo dos anos, esse papel adquiriu novas competências, mas sem esquecer esse espírito inicial que dá sentido a ele. Simona Bonilauri e Tiziana Filippini (1995, p. 134-135) esclarecem essas funções que, em resumo, são as seguintes: perseguir uma integração entre os elementos sociais, educativos, técnicos e políticos; dar sentido teórico e conceitual às diferentes experiências que outros profissionais realizam na escola; coordenar e ministrar cursos de reciclagem e de formação para a equipe do centro educacional; assessorar na organização e na definição do projeto educativo; ajudar os educadores a refletirem sobre a própria prática educativa; criar e definir projetos de investigação concretos; orientar profissionais e famílias sobre as diferentes necessidades educativas especiais das crianças; promover a cultura da infância para reafirmar os direitos de meninos, de meninas, de famílias, da mulher e do homem; elaborar as linhas orientativas que sustentam a proposta educativa; coordenar as relações de gestão social; assessorar sobre o projeto de gestão e de participação com a comunidade social; promover trocas

---

[322] Loretta Giaroni, *Relazione dell'Assessore alla scuole e servizi sociali...*, *op. cit.*, p. 326.

culturais da escola com o território em que se localiza; assessorar, definir e organizar os ambientes da escola e da jornada de trabalho, além do calendário laboral; compor e organizar os diversos grupos de trabalho para tarefas concretas e específicas.

Segunda estratégia do princípio ético 2

Os pequenos grupos

A formação em pequenos grupos é algo de que, principalmente, as crianças gostam, e que ela realizam de modo natural como uma forma de se relacionar e de ampliar as próprias interações.

> Porém, as crianças gostam da opção de trabalhar em pequeno grupo (em que podem construir trajetos juntos), e nós também. Então, a sala se transforma em um único espaço de bancas de feira, cada uma com suas crianças e todas com projetos e atividades diferentes. É aqui em que podem atuar boas observações e investigações orgânicas sobre as aprendizagens cooperativas ou sobre o comércio e o mercado de ideias.
>
> Dissemos que se trata de um modelo com muitas opções que nós favorecemos e privilegiamos. Talvez isso ocorra porque vivemos em cidades que, tradicionalmente, têm praças e pórticos.[323] Um modelo no qual ainda se multiplicam os encontros, em que se fazem contratos, interações humanas, e que, duas vezes por semana, transforma-se em um mercado com cem barracas. É uma espécie de foro, do qual nos fala Bruner,[324] cuja reverberação é muito apropriada para se viver na escola.[325]

[323] N. do E.: recordando que se trata do contexto europeu, mais especificamente, do italiano.

[324] N. do E.: Jerome Bruner, psicólogo estadunidense cujos estudos se voltaram à psicologia cognitiva (incluindo as teorias de aprendizagem) e à psicologia educacional.

[325] Loris Malaguzzi, "La storia, le idee...", *op. cit.*, p. 90-91.

Dessa maneira, a formação em pequenos grupos para realizar projetos diversos, para a realização de diferentes propostas ou para jogar é uma das estratégias mais usadas nas escolas de Reggio.

> O valor designado ao trabalho em pequeno grupo é uma das dimensões organizativas mais ensaiadas. Um modelo muito desejado pelas crianças, que conclama, em grande medida, um ambiente comunicativo e relacional muito rico.[326]

A ideia do pequeno grupo, evidentemente, nasce de uma concepção filosófica de aceitação da ideia da pedagogia relacional. Uma pedagogia relacional que baseia seu projeto em criar uma escola com capacidade de se comunicar. Uma infância capaz de, como mencionamos ao falar de sua imagem, interagir de maneira construtiva, de cooperar e investigar conjuntamente e com vontade de abandonar os estados improdutivos de solidão.

> Esse posicionamento já é uma teoria que reclama muitos valores de nosso trabalho: as conotações interativas-construtivistas, a intensidade relacional dos atores, o espírito de cooperação, o esforço da procura individual e coletiva, a atenção pelos contextos, as consolidações afetivas e a aprendizagem dos processos bidirecionais das comunicações, ou seja, a aquisição maior de áreas cognoscitivas das políticas infantis [...].
>
> Tudo fica bem refletido em uma imagem diferente: crianças que já não estão sozinhas, que já não estão sozinhas em sua ação com as coisas inanimadas, que já não estão sozinhas em seu enfoque cognitivo e que já não estão sozinhas em suas autorregulações homeostáticas. Sem desdém pelos sentimentos e pelo não lógico, sem ambiguidade sobre os papéis da afetividade.[327]

---

[326] Loris Malaguzzi, *Una carta per tre diritti. Carta di presentazione del Diana*, *op. cit.*, p. 4.

[327] Loris Malaguzzi, "Per una pedagogia relazionale" ["Por uma pedagogia relacional", em tradução livre], *Bambini*, año VIII, n. 1 (jan. 1992), p. 6.

Portanto, Malaguzzi está muito interessado em saber como as crianças se comunicam e negociam, em pequeno grupo, o conhecimento, construindo ideias compartilhadas. Em uma intervenção em 1989, Malaguzzi já se perguntava importantes questões que giram em torno da faculdade de se relacionar e de se comunicar das crianças, um mistério que abriu grandes possibilidades de trabalho e de investigação em Reggio.

> Já não temos tempo, mas, se tivéssemos, poderia ser explicado de forma detalhada algo que os adultos não levam muito em consideração: Como as crianças se procuram? Procuram-se de verdade? Como chegam a se conhecer particularmente? Como conseguem conhecer outras crianças? Quais são as ambiguidades e as contradições que a criança vive quando presume ter conseguido certo nível cognoscitivo e, em contrapartida, tem que confrontar a imagem do amigo do dia anterior com a de hoje? E como as crianças conseguem comunicar? O que significa comunicar? A que tipo de artifícios recorrem as crianças quando comunicam? Quando são sinceras? [...]
>
> Em uma relação com o que foi exposto, deveria se tratar minuciosamente: O que as crianças esperam da interação com outras crianças? Qual é a linguagem interior das crianças, ou seja, a linguagem silenciosa? O que elas têm dentro de si e que acompanha as ações, os acordos e as relações com os adultos e com o faz de conta?
>
> E a última questão: talvez a imagem do projeto que devemos ter em mente nasce de algumas das coisas ditas aqui, sem se aprofundar o suficiente. É a imagem da dança, uma dança que cria. Os corpos das crianças devem aprender a bailar a valsa, o tango, o *rock*, o *folk*, o *flamenco*... Deve-se possibilitar uma grande área em que as crianças dancem estilos diferentes de comportamentos, de ritmos. Assim, conseguimos uma imagem do que talvez seja a comunicação das crianças. Devem

> aprender todas essas danças e todas as músicas, não apenas de um só tipo, como a dança clássica.
>
> As formas de vida das crianças são formas de dança a dois, a três, a quatro... e a vinte.[328]

A formação de pequenos grupos, por interesses, por propostas e por ofertas é algo que permite ampliar esse número de danças.

Na base de toda essa questão, evidentemente, está tudo o que comentamos referente às potencialidades que Malaguzzi atribui às crianças como sujeitos interativos desde o nascimento. Além disso, tem a ver com esse amplo tema que é a comunicação humana.

O pequeno grupo é um dos possíveis subsistemas comunicativos que a escola pode oferecer e favorecer. Mas, para que a comunicação se converta em competência e qualidade, é preciso – para Loris – que se dê a possibilidade de que o pequeno grupo tenha continuidade e participe em projetos longos, a fim de que os membros definam e redefinam seus papéis, descubram suas potencialidades e revelem suas complementaridades. Essa competência comunicativa está em estreita relação com o que Malaguzzi defendia como socioconstrutivismo.

> Nosso primeiro problema, hoje, é o de estarmos preocupados por outra vertente, aquela que – também em nível de estudo – supõe passar de um ponto de vista mais teórico, da psicolinguística à sociolinguística.
>
> Segundo problema: deve se apostar pela natureza os valores da competência comunicativa. Nós temos que partir de uma declaração de base sobre a natureza e sobre a imagem da criança. Nossa proposta consiste em aceitar a teoria socioconstrutivista, que é a única que propõe uma concepção criativa do conhecimento.[329]

---

[328] Loris Malaguzzi, en Alfredo Hoyuelos, "El proyecto pedagógico y organizativo...", *op. cit.*, p. 53.

[329] Loris Malaguzzi, *Comunicare tra i bambini...*, *op. cit.*

> A história contada tem o valor de um documento que valoriza a importância da experiência de um grupo de crianças, sua capacidade de criar e dominar, individual e conjuntamente, em particular, as situações, por meio de suas interações comunicativas.
>
> De um ponto de vista teórico, o documento se inscreve em uma concepção interacionista e socioconstrutivista do desenvolvimento.
>
> Nesse sentido, o desenvolvimento se imagina não como um empreendimento individual, mas, sim, como um processo de construção social.[330]

Portanto, para o pedagogo reggiano, a criança é um agente comunicativo capaz de interpretar e de negociar, em cada contexto comunicativo, os significados que precisa compartilhar para que a comunicação se mantenha, flua e se desenvolva; uma comunicação que vai mais além, como comentamos, do meramente linguístico.

> Está claro que, para poder comunicar, fazem falta os agentes comunicativos, mas o problema que precisamos enfocar agora é se a criança é um agente comunicativo. Está claro que sim, com toda a propriedade. Não é apenas um agente comunicativo, mas, também, um agente interpretativo (e, assim, estamos tornando mais complexa a acepção da comunicação e do diálogo).
>
> A criança é um agente negociador: negocia quando fala e quando recebe; por isso, poderíamos dizer que o contexto linguístico pode ser visto como explícito – e, desse modo, iríamos em direção a uma operação enganosa e simplificadora – e como extralinguístico, ou seja, tudo o que não pertence à voz, mas, sim, à comunicação.[331]

---

[330] Loris Malaguzzi, "Il visibile e l'invisibile nelle interazioni tra i bambini", em *I piccolissimi del cinema muto...*, *op. cit.*, p. 13.

[331] Loris Malaguzzi, *Comunicare tra i bambini*, *op. cit. Las edades de los niños y niñas están compredidas entre 5,5 y 6,2 años.* [As idades dos meninos e das meninas estão compreendidas entre 5 e 6 anos, em tradução livre.]

Portanto, no ato de comunicar, é preciso desenvolver uma pluralidade interpretativa que permita colocar em relação intersubjetiva diversos pontos de vista sobre um assunto, ou mover o próprio ponto de vista.

> Mas a questão principal é chegar a nos convencer da grande riqueza e da grande complexidade que a comunicação tem quando se realiza não apenas do ponto de vista da língua, mas, também, da sociabilidade, da capacidade de interpretar coisas, que podem ter uma pluralidade interpretativa, que permitem manter a subjetividade do próprio ponto de vista em relação ao que se sente, que nos permitem até duvidar de nosso ponto de vista ao nos comunicarmos (e não, ao contrário do que se pensa, como se nosso ponto de vista fosse um porto seguro, um ponto de partida absoluto).[332]

As crianças se dão conta, de maneira rápida e inteligente, das vantagens de brincar, de trabalhar, de pensar e de se emocionar com outros coetâneos. Evidenciam as virtudes e as possibilidades de compartilharem com os outros seus limites e suas potencialidades, de serem reconhecidas como vínculos no processo interativo. Nesse processo, descobrem novas potencialidades, que poderiam ficar submersas se não tivessem a possibilidade de se tornar interativas por meio de uma qualificada oferta de comunicação entre as crianças.

> As crianças percebem imediatamente que, quando falam com outra criança, utilizam certas sequências e certos objetivos, ou seja, a comunicação circula. No entanto, o problema se complica quando as crianças começam a se transferir comunicações muito mais elevadas do que as imediatas ("brinco com você", "sua mãe veio buscar você" etc.); ou seja, quando a comunicação se torna mais ambiciosa (e, provavelmente, isso é algo que a criança faz muito rápido) e se focaliza em

[332] *Ibidem.*

> uma transmissão de pensamentos complexos. Nesse caso, nota-se um desafio em relação a uma complexidade de construção léxica e sintática, e que a transmissão e a recepção do que se diz é uma operação difícil.
>
> Acredito que as crianças encontram muitos "jogos de xadrez" no percurso dessa experiência. Uma experiência comunicativa e, também, de escuta. Se a comunicação entre as crianças não chega a ser complexa, advertimos que estas apenas transmitem códigos pobres e imediatos. Têm, assim, que fazer um esforço.
>
> Nessa idade, a comunicação é muito rica em relação à transmissão de ideias, quase como se as crianças quisessem transferir a complexidade da linguagem comunicacional a uma linguagem por meio de símbolos.
>
> Ademais, quando as crianças trocam objetos entre si, não é um ato unívoco, mas uma complexidade interpretativa de significados e de atos em um passo, aparentemente, simples.[333]

A criança, portanto, para Malaguzzi, tem capacidades interativas de relação com o outro (coetâneo) tão importantes como a relação com o adulto.

> A interação entre as próprias crianças tem um valor fecundo que é particularmente importante às experiências dos primeiros anos de vida. É uma exigência, um desejo, uma necessidade vital que as crianças levam consigo e que têm que satisfazer por meio da predisposição a situações que favoreçam a interação.
>
> A interação das crianças em pequenos grupos – uma de suas possíveis dimensões – permite negociações e dinâmicas comunicativas mais frequentes, próximas e fáceis, e tão diferentes e importantes como as que possa oferecer a interação adulto-criança [...].
>
> A interação entre crianças põe em jogo condutas sociais, comunicativas e cognitivas. As variáveis

[333] *Ibidem.*

> dos conteúdos e das formas dos processos interativos serão as que perceberão a qualidade e a quantidade do desenvolvimento, assim como a modificação e a coordenação dos pontos de vista que levam a soluções nas quais, em contrapartida, as crianças que trabalham isoladamente não participam.[334]

A relação com os outros permite às crianças tomarem consciência de sua identidade, das igualdades e das diferenças, além da descoberta de novas curiosidades e teorias.

> Acredito que as crianças que estão com outras crianças são um grande bote salva-vidas, de novas possibilidades e disponibilidades em relação aos modelos tradicionais repetitivos. As crianças em pequeno grupo estabelecem uma relação particular que não faz parte do modelo de relação familiar, em que as relações são muito íntimas. É outra coisa.
>
> Outra questão é a de que a criança, que até esse momento interagira tanto com os adultos e com as coisas, pela primeira vez, começa a interagir com outras crianças e, por isso, há um deslocamento textual em sua posição e na das demais.
>
> A terceira consideração é a de que o pequeno grupo permite que a criança se dê conta de que suas ideias não coincidem com as dos outros e, portanto, descobre que tem as próprias ideias. Até esse momento, ela as havia utilizado sem saber que eram suas.
>
> Em consequência, nesse momento, a criança começa a descobrir que tem princípios, teorias etc. E descobre que os outros têm outros princípios e outras teorias [...].
>
> Por esse motivo, também no sentido da socialização, devem ser levadas em conta todas essas questões, de forma que se possa verificar ao observar as crianças, estas que, pela primeira vez, estão negociando coisas importantes.[335]

---

[334] Loris Malaguzzi, "Il visibile e l'invisibile nelle interazioni tra i bambini", *op. cit.*, p. 14.
[335] Loris Malaguzzi, "La storia, le idee, la cultura", *op. cit.*, p. 107-108.

O pequeno grupo de coetâneos é assim, como um módulo que tem grandes vantagens. Queremos ressaltar o conceito de coetâneos, porque Malaguzzi defende que os grupos devem ser homogêneos por idade.[336] Nesse caso, quase contraditoriamente, Malaguzzi parece subestimar dos estudos da psicologia evolutiva.

> Para que as trocas tenham, mais facilmente, um caráter cooperativo – segundo demonstraram muitas pesquisas –, é apropriado que as idades e os níveis de maturação e de desenvolvimento das crianças não difiram muito. Esse aspecto deve ser levado em consideração ao escolher projetos e oferecer propostas às crianças.[337]
>
> Deve haver uma maneira adequada que seja capaz de produzir intercâmbio, barganha, negociação, mas, ao mesmo tempo, não se devem produzir desequilíbrios desmedidos. Portanto, o melhor é que as crianças realizem experiências em todos os lugares, sempre e quando as diferenças entre as crianças não superarem certo limiar.[338]

Outras virtudes da interação comunicativa em um grupo de crianças é a ocasião em que se presume que gere conflitos sociocognitivos nascidos do confronto das diferenças entre ideias, ações, conjecturas e expectativas.

> Esses conflitos devem adicionar os méritos de uma transformação das situações individuais, especialmente no plano cognitivo e nas modalidades de aprendizagem, com frutíferos estímulos sobre o desenvolvimento. E, como não existem relações de autoridade ou de forte dependência, as crianças se mostram muito sensíveis para acolher os significados dos conflitos, para se deixar influenciar por sua atratividade e para

[336] Francesco Tonucci [psicopedagogo italiano] o criticou por essa opção.
[337] Loris Malaguzzi, "Il visibile e l'invisibile...", *op. cit.*, p. 15.
[338] Loris Malaguzzi, "La storia...", *op. cit.*, p. 110.

> apreciar as formas da aprendizagem reelaborativa e criativa baseada na descoberta.[339]
>
> Concordamos com Ilya Prigogine[340] quando ele fala de não menosprezar nunca o papel das flutuações e do aleatório (em oposição à linearidade cognitiva), elementos que também inferem no trabalho das crianças.[341]
>
> Os conflitos cognitivos não têm necessariamente que se solucionar por meio de uma batalha, mas, sim, por meio de um ato de amor, ou de um pacífico e sereno ato de hospitalidade e acolhida.[342]

Os diversos posicionamentos entre os membros do grupo geram, para Malaguzzi, diferenças e acordos cooperativos. Além disso, permite construções simbólicas de maiores riqueza e complexidade que as construções individuais ou feitas solitariamente.

Malaguzzi encoraja[343] a propiciar as estratégias organizativas que permitam às crianças formarem pequenos grupos. A fertilidade e os processos que se realizam com esse recurso são infinitos. Já com duas crianças, a situação se faz bastante complexa, porque se forma um processo, não apenas de alternâncias, mas, também, de troca de opções e de ideias, em que as crianças devem encontrar o sentido de estarem juntas. Permanecer juntas é uma conquista que precisam desenvolver sem pressa nem prontidão por parte do adulto. Com uma terceira criança, a situação muda. Adicionando outra pessoa, o cenário se diversifica mais: podem produzir alianças, amizades, confrontos e solidões. Elementos adequados para uma observação privilegiada por parte dos adultos que queiram ir à escola aprender.

---

[339] Loris Malaguzzi, "Il visibile e l'invisibile...", *op. cit.*, p. 15.

[340] N. do E.: químico russo que foi laureado com o Prêmio Nobel de Química em 1977. Pesquisava sobre irreversibilidade e sobre sistemas complexos e dissipativos.

[341] Loris Malaguzzi, "L'interazione dei bambini se lavorano in piccolo gruppo" ["A interação das crianças no trabalho com o pequeno grupo", em tradução livre], *Bambini*, ano VIII, n. 4 (abr. 1992), p. 5.

[342] Loris Malaguzzi, "La storia...", *op. cit.*, p. 110.

[343] Loris Malaguzzi, *Seminario rivolto agli educatori svedesi* (gravação em áudio de 29 de maio de 1992), *op. cit.*

> Para o adulto, abre-se uma janela desconhecida de observação e de descoberta dos diferentes modos de as crianças participarem, procederem e escolherem. Por esse motivo, é importante selecionar e qualificar as atividades seguindo, o máximo possível, as motivações e os interesses das crianças.[344]

Quando falamos de um pequeno grupo, estamos nos referindo à situação de dois, três, quatro (ou, em algumas ocasiões, até, no máximo, oito) crianças, cuja formação, já comentamos, pode variar de acordo com o próprio projeto concreto. Em algumas ocasiões, o grupo se forma por afinidades das crianças, em outras, por sexos, e outras, por enfoque de cada um dos projetos. O pequeno grupo é um módulo de grande eficácia comunicativa e educativa que Loris defende até às últimas consequências, por ser um contexto cultural que provoca "infinitas possibilidades".

> As atividades do pequeno grupo [...] são módulos altamente desejáveis e de grande eficácia comunicativa. Trata-se de uma tipologia organizativa mais adequada para desenvolver a pedagogia relacional [...].
>
> E a relação ainda tem outra prerrogativa: trata-se de um sistema que tem, virtualmente, capacidade autônoma para educar.
>
> A organização do trabalho de grupo é muito mais do que um simples instrumento funcional: é um contexto cultural que leva, em seu âmago, uma vitalidade e uma rede infinita de possibilidades. Por esse motivo, temos que fazer todo o possível para que essa forma de trabalho adentre na cultura das educadoras da Escola de Educação Infantil.[345]

---

[344] Loris Malaguzzi, "L'incremento delle reti comunicative", *Bambini*, ano VIII, n. 2 (fev. 1992), p. 5, *op. cit.*

[345] *Ibidem.*

Em outro famoso artigo, intitulado "A interação das crianças quando trabalham em pequenos grupos",[346] Malaguzzi expõe as virtudes dessa forma organizativa que, evidentemente, embora não seja a única na escola, assume o papel de provocar processos de mudança e de desenvolvimento importantes para a construção do conhecimento e da identidade do eu e do outro.

Além disso, o trabalho em pequeno grupo é, para o adulto, um sistema complexo de observação privilegiada, no qual se pode investigar como o conhecimento se constrói em agitação, complementaridade e reciprocidade, como ele adquire unidade, multiplicidade nas interações comunicativas de dependência, colaboração, amizade, afetividade ou amor.

A amizade ou o amor entre as crianças foi um tema que sempre fascinou Malaguzzi, que tratou de ressaltar, em diversos projetos,[347] esse aspecto tão humano, que vai muito além do âmbito escolar. De fato, em muitas experiências realizadas nas escolas de Reggio, podemos resgatar esse importante aspecto ao qual deram voz e acolhida em seu projeto educativo.

> Quando se é amigo?
>
> As crianças sugerem uma breve definição muito bonita: "Tornam-se amigos quando se dizem seus nomes". E isso quer dizer muito mais do que parece à primeira vista. Saber o nome do outro não é apenas uma denominação; é, ao mesmo tempo, seu corpo, seu gesto, sua voz, seu cabelo, seus olhos e suas atitudes.[348]

---

[346] Loris Malaguzzi, "L'interazione dei bambini se lavorano in piccolo gruppo", *Bambini*, ano VIII, n. 4 (abr. 1992), p. 4-5, *op. cit.*

[347] Recordemo-nos de *Tenerezza. Una storia di Laura e Daniele*, Reggio Emilia, Reggio Children, 1995, *op. cit.*, ou da história de amor entre Tomasso e Daniela, no projeto de *Scarpa e metro*, *op. cit.*

[348] Loris Malaguzzi, en Alfredo Hoyuelos, "El proyecto pedagógico...", *op. cit.*, p. 53.

Ressaltar a amizade e o amor entre as crianças – sua riqueza conflituosa – significa, para Loris, dar sentido à própria experiência educativa, que se conecta com um projeto de vida no qual é importante o amor. É uma emoção que foge de uma programação racional. Amizade e amor que as crianças devem ter, também, oportunidade de desenvolver tanto na escola quanto fora dela, para dar um sentido humano à sua existência. A legitimação por parte da instituição escolar desses processos, escutando-os na complexidade cultural, indica ir ao centro e ao fundo de uma experiência nada curricular. Se falamos da interação entre as crianças, a amizade e o amor são das expressões máximas de tal comunicação, que a escola deve acolher sem preconceitos.

Ainda lembramos o escândalo que produziram algumas palavras do próprio Loris quando, em 10 de julho de 1988, falou em Barcelona sobre esse tema e leu algumas das palavras obtidas das crianças. O escândalo expresso por meio de incredulidades, murmúrios, gritos, sorrisos irônicos, surpresas e olhares dos assistentes, que não piscavam. Malaguzzi falava de educação, mas não podia fazê-lo sem falar de paixão, de amor e de amizade, aspectos que fazem parte das preocupações e dos sentimentos das crianças. O melhor, agora nesse caso, é deixar a voz, transcrita e traduzida daquele momento emocionante, do próprio Malaguzzi:

> *Há alguns discursos que as crianças fizeram e registramos. Ao longo do ano, acontecem construções e destruições de diferentes amizades. Falamos de muitos níveis de interação. Existe, também, a interação da amizade e a do amor. É importante observar como as crianças se entendem com os olhos. O tema da amizade é um tema muito forte para a crianças. É um tema que poderemos confrontar. E podemos perguntar às crianças sobre o que é a amizade. Podemos perguntar a elas quais são seus amigos, seu amigo preferido. Há*

amizades fiéis e longas, e amizades que duram pouco. Há amizades interessantes. Deve ser feita uma espécie de caixa, como uma estrutura de caixas, com o nome, seu símbolo, sua fotografia, e a criança sabe qual é sua caixa, e as crianças aprendem qual é a caixa de cada um, como se fosse uma colmeia.[349] *Com isso, inventamos o mercado do amor, da amizade, da comunicação. E nos certificamos de que as crianças encontrem surpresas nas caixas das outras crianças. Podem encontrar balas ou chocolates, um prego, um papel, uma flor, um desenho, uma carta que não se lê, mas é uma carta. É algo que não custa muito, mas que produz muitas interações [...].*

Com essas caixas, nascem os amores verdadeiros com tudo o que pode estar dentro, com tradições, abandonos e paixões. Tudo isso ocorre no mundo infantil, e não devemos nos escandalizar. A televisão pode dar muitas informações e modelos. E, pela primeira vez, em um discurso que leremos, emerge a teoria do amante. O que quer dizer que as crianças são amantes muito precoces. Nisso, conta, para as meninas, a aparência física, ser bonita, estar em dia com a moda, ter o cabelo comprido, ou tiaras na cabeça, com flores. Se uma menina chega com perfume à escola, este se transforma em uma espécie de gás mágico amoroso [...].

Os encontros mais amorosos chegam aos lugares mais higiênicos: no banheiro, longe do controle dos adultos.

Há, também, amores imaginários que contam, e é que na vida se brinca muito com o papel de Dom Quixote e Sancho Pança, como na história dos moinhos de vento.

Agora, quero ler a vocês algumas dessas experiências amorosas que colhemos quando conquistamos a confiança das crianças, para que nos possam contar:

História de Marco

Julia e eu estamos apaixonados desde os 3 anos. Eu gosto dela porque ela é muito inteligente e porque é muito bonita. Quando os dois tínhamos três anos, eu disse a ela: vamos fingir que você teve um filho.

---

349 Refere-se à experiência de "Messaggi" ["Mensagem", em tradução livre] publicada em AA.VV, *I cento linguaggi dei bambini*, p. 173-179, *op. cit.*

Ela me disse que não, mas que podíamos seguir sendo parceiros, namorados.

Quando alguém está mais perto de uma namorada, mais unido a ela, um amigo pode dizer: "Agora, não gosto de você, vou deixar você". Uma namorada pode dizer isso, mas é mais difícil, porque ela gosta mais de você.

Talvez seja amor o que sinto pela minha namorada. Preciso vê-la muitas vezes. Mas também posso trocá-la, se encontrar uma mais inteligente. Mas, nesse momento, quem tenho na cabeça é a Julia. Mas, e se a mulher não ama tanto o homem quanto o homem ama ela, o que se pode fazer?

Agora, sempre ela me diz que me ama. Ela me faz gestos de amor, ela me abraça, ela me beija, mas eu faço mais. Nós nos damos as mãos e estamos muito juntos.

Com Alejandro (um amigo), tenho uma boa relação, mas um homem não se pode casar com outro homem, embora eu o ame muito.[350] *Sempre considerei que ele fosse um bom amigo; também me dou bem com o Julio.*

Você ama seus amigos, mas um pouco menos do que sua namorada.

A fidelidade é uma coisa que é dos mais velhos, quando é quase a hora de se casar.

História de Julia

O amor pode ser encontrado até nos mais novos. Se uma menina gostar do rosto de um menino, ele pode chegar a ser seu namorado, se eles se amam.

Se você gosta de um homem, pode pegá-lo para ser seu namorado. Se não gosta dele, pode ser apenas seu amigo, e você pode ter uma relação de amizade.

As crianças pequenas também podem fazer o amor.

Se você encontra um menino que não combina com você, você o deixa como amigo.

História de Samuel

Aos 3 anos, quando estava na turma de 4 anos, tive uma primeira namorada, mas, agora, minha namorada é

[350] N. do E.: destaca-se que este texto é de 1988.

Elena. Eu queria me casar com Julia (a do outro amigo), mas eu me caso só com a que me ama. O melhor é não se casar com ninguém, porque o primeiro ano que ela não trabalha, vou ter que mantê-la.

São sempre as mulheres as que têm que decidir com quem querem se casar.

Eu gosto da Julia, mas ela não me ama, porque eu falo muito. Um dia, minha mãe disse à mãe dela que eu era bonito, mas que ela quer se casar com Marco, porque eu falo muito. E ela disse que, senão, o Marco vai se desesperar e se jogar da varanda. Mas, se não estivesse com o Marco, ela teria se apaixonado por mim. E eu sei que ela me ama, mas não pode dizer ao Marco, porque ela tem medo de que ele se suicide.

É melhor que eu deixe que o Marco se case com a Julia. Eu serei o amante... É melhor, sim, que eu seja o amante, porque, se eu me casar com a Julia, o Marco vai ser o amante... É melhor que eu seja o amante, porque o amante é mais forte do que o marido, e eu sou mais forte do que o Marco.

O amante só vai algumas vezes vê-la, e, então, eu poderei jogar xadrez com o Marco.

Eu e Andrea somos amigos. Não estamos apaixonados, mas somos amigos. Começamos a ser amigos quando tínhamos 3 anos. E eu sempre fui amigo dele, desde o primeiro dia. Dissemos o nosso nome e começamos a dar uma volta pela escola, porque não a tínhamos visto inteira.

Quando percebi que ele colaborava comigo, que me ajudava a fazer construções, nós nos tornamos amigos. Apesar de que, algumas vezes, ele tenha me abandonado. E quando nós brigávamos, eu dizia a ele que não era mais seu amigo.

Quando Andrea me traía e ia brincar com outros, eu ficava bravo e batia nele. Então, ele se fazia de tonto e fingia que não sabia por que eu estava batendo nele. Então, dizia: "Por quê? Eu só queria pregar uma peça em você". É verdade. Foi apenas por um momento, porque ele sempre me foi fiel.

Se alguém tem um amigo, tem alguém com quem brincar, e a amizade é muito mais forte.[351]

[351] Loris Malaguzzi, *Incontri Barcelona* (gravação em áudio de 10 de julho de 1988).

Terceira estratégia do princípio ético 2

Os papéis do adulto

A definição e o ajuste dos papéis que o adulto desempenha devem pressupor, também, um incremento das oportunidades educativas da escola.

Falamos, conscientemente, de adulto, e não apenas de professor ou de educador. Dessa declaração inicial, podemos distinguir quatro planos complementares sobre os quais, segundo acreditamos, Malaguzzi definiu o papel do adulto.

a) Plano sociopolítico

O perfil do adulto (trabalhadores das escolas, pais ou mães) implica o desenvolvimento de um papel de caráter sociopolítico. O projeto educativo de Loris Malaguzzi é, também, político. Por esse motivo, as pessoas que *vivem* nele não podem permanecer neutras: devem se envolver ideologicamente em uma experiência de acordo com essas características. A crença de neutralidade dá ao professorado a ilogicidade de afastar os problemas sociais e políticos. Os trabalhadores das escolas e os educadores, em particular, não podem conceber sua profissão apenas do ponto de vista didático, mas, sim, da perspectiva de possibilitar transformação social.

> Todos esses temores são legítimos e inevitáveis para realizar uma profissão que não pode se dar ao luxo de pensar pequeno e esquecer que a primeira escolha consiste em repudiar uma escola que fala e atua apenas pela prestação de serviço, renunciando sua função crítica e reformadora. Isso é o que a salva de ser ou de se converter apenas em um melancólico executor.[352]

[352] Loris Malaguzzi, "La storia...", *op. cit.*, p. 87.

Isso pressupõe, ao mesmo tempo, afastar da profissão a ideia de que não se pode incidir na transformação cultural da sociedade, de que é impossível (Torres, 1989). É uma ideia, como queiram, marxista da profissão, mas é a base do perfil profissional que Malaguzzi quer para os trabalhadores das escolas e para os pais, as mães e os cidadãos (também trabalhadores) que têm participação na escola.

> Portanto, o de ser caracterizados não como "corpos separados", como genéricas "experiências educativas", mas, sim, como membros fundamentais daquele movimento de ideias e de lutas que conquistou o serviço educativo [...] e que, baseando-se em tal conquista, quer outorgar aos fatos uma grande renovação social [...] aberta ao exterior, e não apenas como um momento de experiência didática, mas, sim, um instrumento de confrontação com as forças políticas e sociais – os cidadãos – emanada de uma escolha justa, que tem que ser confirmada e mais bem aprofundada.[353]

Por isso, nesse sentido, o papel do adulto está inscrito em um projeto geral de participação e de gestão social conjunta com as famílias e os cidadãos.

b) Plano relacional e cultural

Malaguzzi acredita em um perfil de trabalhador com uma grande cultura e autonomia interativa. Autonomia, porque considera que são os educadores e os trabalhadores de cada escola aqueles que devem elaborar seus próprios projetos de trabalho. E interação, porque devem ser capazes de se confrontarem e de dialogarem com

[353] Loris Malaguzzi, *Prime considerazioni generali sui corsi effettuati o in fase di svolgimento per l'año 1972-1973* ["Primeiras considerações gerais sobre os cursos realizados ou em andamento para o ano letivo 1972-1973", em tradução livre] (maio 1973).

outros membros da estrutura escolar e social: outros trabalhadores membros do *Conselho escolar* ou membros da *Equipe de coordenação pedagógica* ou cidadãos.

> Os direitos dos educadores e dos trabalhadores de cada escola a contribuir na elaboração e no aprofundamento dos marcos conceituais que definem conteúdos, finalidades e práticas da educação, por meio de confrontos abertos entre eles, com os membros da coordenação pedagógica e os conselhos de gestão social [...].
>
> Por parte dos educadores, de cada um deles, esses direitos são uma condição para exaltar o diálogo e o confronto das ideias, das experiências e do poder, e, assim, enriquecer os instrumentos de avaliação e de juízo pessoal.[354]

Portanto, para Loris, os educadores devem poder contribuir para elaborar seu próprio currículo, dando sentido aos conteúdos e às finalidades didáticas, fazendo escolhas profissionais que se baseiam em sua sensibilidade, em sua experiência e em sua cultura. Trata-se de uma nova forma de entender sua liberdade didática que está ligada à discussão, à colaboração e à colegialidade, entendida como multiplicação de pontos de vista que dão possibilidades interpretativas que nascem de convergências, de divergências e de coconstruções de campos de liberdade, que, para que adquirirem verdadeiro sentido, devem ser confrontados com as famílias.

Malaguzzi[355] diz que não podemos cogitar dar crédito – como fazemos – à criança uma capacidade de caminhar sozinha, de explorar

---

[354] Loris Malaguzzi, "I diritti degli insegnanti" ["Os direitos dos professores, em tradução livre], em AA.VV., *Una carta per tre diritti*, Reggio Emilia: Comune di Reggio Emilia, 1995, p. 16.

[355] Loris Malaguzzi, *Incontro con il prof. Malaguzzi. Nuove tendenze culturali* (gravação em áudio de 27 de junho de 1988), *op. cit.*

seu próprio caminho, sem dar ao educador essa capacidade. É nessa sintonia em que se movem as melhores possibilidades da educação. O adulto precisa acreditar em sua própria cultura e construir – em cooperação – seu próprio currículo, de forma crítica.

Por isso, Malaguzzi é defensor das correntes que evitam gerar uma dependência do professorado em relação aos técnicos educativos, que são os que, às vezes, com conceitos e palavras estranhas, constroem os programas, criando nos professores um complexo de inferioridade (Álvarez-Uría, 1992; Varela Fernández, 1991).

Aumentar a autonomia dos professores e das professoras implica romper dicotomias: entre aqueles que analisam o sistema educativo e aqueles que vivem cotidianamente (Arenas, 1991); entre se a escola fomenta a mudança social ou se é uma reprodutora social; entre investigadores e investigados; entre acadêmicos e educadores (Contreras, 1991); entre teóricos e práticos; entre retórica e realidade (Zufiaurre, 1994); entre reflexivos e executivos; entre o que e como mudar e o para que mudar (Fullan, 1986); entre realidade objetiva e significado subjetivo (Zufiaurre, 1995); entre assessores técnicos e professores. Essa desejável autonomia se desenvolve se a escola entra em um plano cultural amplo, e não apenas de especialização psicológica ou pedagógica.

A autonomia, para Loris, está ligada à liberdade e ao desejo da liberdade. Mas a liberdade dá medo. É preciso que o educador tenha uma grande formação cultural ampla para ser mais livre e educar na liberdade.

> Nesse ambiente de liberdade e de responsabilidade, a autonomia profissional do professor poderá se manifestar plenamente, com base, desde o princípio, na própria experiência pessoal. (Sancho, 1993, p. 64)

Malaguzzi não quer educadores que apenas reproduzam – por dedução – um controle social (Blanco, 1993), em que o professorado, não emancipado, seja um mero técnico de uma cultura aprendida e que deve se encarregar de transmitir algo, negando ou silenciando culturas não hegemônicas (Torres, 1993).

Para Malaguzzi, o educador é um sujeito competente, no qual se pode confiar, ao serem dados os meios necessários, para que construa culturalmente sua própria profissão em relação com a ampla trama cultural em que vive e desenvolve seu trabalho. Para Loris, o melhor educador é aquele que tem mais curiosidade cultural.[356]

> Isso não elimina o fato de que, de nossa parte, exista uma espécie de núcleo inflexível, que vem de teorias e de experiências da educação ativa que, historicamente, falam de uma criança, de um educador, de uma escola, de uma família ou de uma comunidade produtores de uma cultura e de uma sociedade propícia, ativa e criativa, que sabem conectar os valores da dimensão individual com os da dimensão social.[357]

Portanto, educadores competentes conscientes de que essa competência se constrói com o próprio trabalho.

> A escola precisa de educadores competentes e, ao mesmo tempo, conscientes de que a competência não é um dado adquirido de uma vez por todas, mas que se constrói e *se acumula pouco a pouco*, e que se encontra estimulada e sustentada pela curiosidade e pela capacidade de escuta, de reflexão e de confronto crítico.[358]

---

[356] Vea Vecchi e Laura Rubizzi, *Sobre la relación adulto-niño* (entrevista realizada em outubro de 1995).

[357] Loris Malaguzzi, "La storia...", *op. cit.*, p. 88.

[358] Laura Rubizzi, "I diritti degli insegnanti", en AA.VV., *Una carta per tre diritti*, p. 18, *op. cit.*

Competência que significa; para o pedagogo reggiano,[359] algo que não se adquire de uma vez por todas, mas que se constrói aos poucos e se desenvolve pela curiosidade, pela capacidade de escuta, de reflexão, de confronto crítico e pela formação profissional continuada. É a imagem de um educador que procura, de maneira contínua, um profissionalismo competente, em sintonia com os direitos das crianças e das famílias.

Por isso, Loris acredita, sinceramente, que os processos de inovação e de reforma não podem vir "de cima", pois isso gera um deslocamento de responsabilidade em direção aos especialistas (Schubert, 1986), o que impede o professorado desenvolver a autêntica autonomia necessária para inovar.

A formação do professorado

Nesse processo e perfil profissional que estamos definindo, é fundamental, para o educador reggiano, a formação dos trabalhadores, esta que, como comentamos, não é voluntária.[360] Isso, porque Loris acredita que a criança tem o direito de ser educada por um pessoal adequadamente reciclado e atualizado por meio de diversos cursos de formação de ampla importância cultural.

> A formação profissional, entendida como um processo permanente, representa, certamente, um dos direitos mais citados e mais complicados de se realizar; e, ao mesmo tempo, um dos mais negligenciados na escola tradicional.
>
> Do mesmo modo, é um direito dos educadores poder colaborar na determinação e na realização da atualização das iniciativas culturais e dos problemas relacionados com a organização do ambiente e do tempo de trabalho. (Rubizzi, 1995, p. 18)

[359] Loris Malaguzzi, *Partecipazione* ["Partipação", em tradução livre] (transcrição de uma conferência realizada em 20 de outubro de 1993).

[360] Cada trabalhador dispõe de 45 horas anuais para formação, estabelecidas por convênio laboral.

Assim, a formação deve ser produzida e construída da própria prática de trabalho. É por meio dela que se decide o futuro da educação. É nesse âmbito em que a experiência adquire sentido e relevância educativa de transformação social. Essa preponderância, já comentada, do prático ante o teórico, forma o pensamento e a obra pedagógica de Loris em relação ao perfil de alguns profissionais, que deseja que sejam reflexivos, na prática e com base nela. Nisso, as teorias adquirem sentido: nessa tensão dialógica e constante com a práxis.

> Quando começamos a refletir sobre os problemas da teoria e da prática educativa, pode ser que não terminemos nunca. Já é difícil iniciar. Em suma, concordo com as opiniões de Wilfred Carr.[361]
>
> De acordo com Carr, deve-se evitar discutir de maneira exagerada sobre as questões teóricas, já que se corre o risco de privá-las de seu caráter prático. Na realidade, uma teoria apenas pode ser legitimada se reconhece que os problemas a se enfrentar nascem e podem ser solucionados por quem pratica a educação.
>
> Portanto, é competência da teoria ajudar os educadores a compreender, de maneira eficaz, a natureza de seus problemas. Nesse sentido, a prática se transforma em um interlocutor necessário e decisivo para o êxito da teoria.
>
> Nessa mesma linha (e em outras) está David Hawkins, quando escreve que "o conhecimento dos práticos é significativamente mais profundo que o conhecimento contido em muitos investigadores acadêmicos" e que, portanto, o educador tem que ser tratado "não como objeto de estudo, mas como um intérprete dos fenômenos educativos".[362]

---

[361] N. do E.: professor de Filosofia da Educação na Universidade de Sheffild, no Reino Unido.

[362] Loris Malaguzzi, "La storia...", *op. cit.*, p. 88-89.

Tendo isso em vista, para o educador de Correggio, é importante uma *reabilitação* do trabalho prático dos educadores. Uma prática nunca solitária, que trata de incrementar o número de pontos de vista possíveis. É com base nessa prática que o educador constrói sua cultura educativa.

Nessa reabilitação, entra, também, um reconhecimento ao papel do educador. Um educador que, por meio das marcas que deixa na cultura, constrói o sentido de sua profissão.

> A educadora não pode trabalhar sem sentido, sem protagonismo [...], executora e pensadora de projetos e de programas [...].
>
> O valor, o sentido mais alto, mais extraordinário, está nessa procura de *sentido* e de significados que une adultos e crianças. (Rinaldi, p. 18)

c) Plano de investigação: o educador como investigador permanente

A construção de projetos de investigação (no sentido de que falamos anteriormente, de promover ou valorizar a observação) é parte constituinte do perfil do educador que Malaguzzi trata de definir e colocar em prática. Por meio da atuação investigadora, como forma de procura permanente, o educador desenvolve seu profissionalismo.

Malaguzzi[363] comenta que é importante que o educador aprenda a escutar as crianças e seja capaz, ao observar, de propor interpretações diferentes e múltiplas do que seus olhos revelam. Essa é a forma de se autoqualificar no próprio campo de trabalho.

Como observador participante, não é possível evitar de se encontrar dentro, em alguns aspectos, da situação que observa. Por

---

[363] Loris Malaguzzi, *Relazione d'apertura. Modelli e congetture teorico e pratiche nella educazione dei bambini* ["Relatório de abertura. Modelos e conjecturas teórico-práticas na educação das crianças", em tradução livre] (11 de novembro de 1993).

isso, muito além de suas capacidades de distanciamento e de autocontrole e de sua consciência sobre uma responsabilidade cada vez maior, seus conceitos têm que permanecer abertos e, possivelmente, reformulados, para motivar sua relevância e sua pertinência.[364]

A dúvida e a insegurança

Essa qualificação não conhece, com certeza, todos os caminhos, apenas o itinerário da investigação. O caminho – resolve Loris –[365] não pretende dar segurança ao adulto, mas, sim, colocá-lo, como a criança, em dúvida permanente. Contudo, para que o professor possa se indagar de maneira adequada, é preciso que tenha uma grande cultura. Uma pessoa com mais cultura – já dizíamos – pode se indagar com maiores relação, conexão e circularidade com a criança.

> Devemos definir o papel do adulto não como transmissor, mas como criador de relações, não apenas entre as coisas, mas, também, entre as ideias e com o entorno. É como se tivéssemos que criar o típico tráfego de Nova York na escola. Nós, os professores, devemos nos ver como pesquisadores capazes de pensar e de produzir um autêntico currículo, produzido com todas as crianças.
>
> O que costumamos fazer é impor o tempo do adulto ao tempo das crianças, e isso nega a possibilidade de que as crianças possam trabalhar com seus próprios recursos.[366]

Trata-se de conseguir uma atitude profissional, mas não por meio de indicações e de normas aos professores. Isso os impediria

---

[364] Loris Malaguzzi, "Il che fare degli adulti" ["O fazer dos adultos", em tradução livre], *Le fontane*, Reggio Emilia: Reggio Children, 1995, p. 19.

[365] Loris Malaguzzi, *Incontro con il prof. Malaguzzi. Nuove tendenze culturali*, *op. cit.*

[366] Loris Malaguzzi, "Your Image...", *op. cit.*, p. 56.

de procurar por si mesmos. Para Loris, os caminhos da investigação desejáveis são situações problemáticas para que os educadores afinem sua capacidade de reflexão e de observação, para que descubram perguntas, para que ativem ao máximo sua curiosidade e aumentem – quantitativa e qualitativamente – sua cultura, para que não aconteçam apenas as coisas que esperam ou que sabem explicar de forma simplificada. Trata-se de uma crença na qualificação profissional por meio da procura de problemas discutíveis, e não por meio de dar indicações seguras e certas que morrem em um circuito fechado.

Malaguzzi acredita na pesquisa e na exploração do mundo infantil para a descoberta e a construção de ideias, mas acredita que esse é o caminho de formação e de trabalho dos próprios educadores. As capacidades que reconhecemos nas crianças também devem ser reconhecidas – de forma assimétrica – nos adultos. Assimetria, porque a cultura da infância é diferente da cultura do adulto. É uma questão difícil em um mundo educativo que, quase sempre, preocupou-se em dar a segurança ao professor de que tinha que ensinar por meio de diversas programações didáticas. A própria experiência educativa, sem revisão, reflexão e investigação constantes, pode ser, para Malaguzzi, oportunidas para uma qualificação profissional que não leve a vícios, a atitudes e a estereótipos contrários ao próprio projeto educativo. Torna-se necessária uma constante reflexão sobre a experiência. A organização deve permitir que essa desejável reflexão ocorra cotidianamente na escola. Uma reflexão que possa modificar paradigmas e teorias, para não cair em uma repetição mecânica de ações sem sentido. A tábua de salvação é considerar a profissão como um âmbito constante de pesquisa.

É importante que o educador considere sua profissão como uma aventura para tirar as atuações educativas de uma possível banalidade. É preciso que o professor mantenha essa tensão que dá qualidade ao próprio trabalho. É a forma de dar à profissão a consciência e a intencionalidade que levam a conseguir uma desejável dimensão cultural. O adulto deve ser consciente, dentro dessa dimensão cultural, de suas escolhas, que não são neutras. É preciso – repete Loris –[367] fazer escolhas pessoais e coletivas, e saber defendê-las encontrando as motivações que levaram a essas escolhas. É preciso saber defender o enfoque escolhido, diante de uma pluralidade de possíveis. Para fazer essa escolha, é imprescindível saber valorizar o plural e não cair em alternativas desnecessárias (ou isso, ou o outro) não complementares e, ao mesmo tempo, saber que nem toda escolha é lícita.

O que faz o educador permanecer nesse desejável estado de alerta para não ser devorado pela rotina da experiência é a investigação constante, que deve ser intersubjetiva, que trata de aprender do *frescor* das crianças como são os caminhos de sua aprendizagem e como germinam os processos epistemológicos. Se a criança se dá conta de que está sendo observada (e a criança sabe distinguir esse tipo especial de olhar) com interesse, por um adulto que não a julga, que respeita suas ideias e hipóteses, ela se vê estimulada a seguir procurando e investigando com maior profundidade. É capaz de rever seu próprio caminho, de voltar atrás e de reconstruir seu itinerário. Esse caminho, entre outras coisas, é o que provoca a alegria de trabalhar com as crianças. Não é possível educar sem se divertir. E essa diversão vem provocada pelo próprio recurso da investigação. Diversão e alegria que sintonizam com as que demonstram as crianças quando exploram e investigam. É, no fundo, o direito a viver com prazer e diversão a própria condição do trabalho e da vida.

---

[367] *Ibidem.*

> O papel do adulto consiste, sobretudo, em saber escutar, observar e entender as estratégias que as crianças utilizam durante as situações de aprendizagem. Para nós, o educador desempenha o papel do que oferece ocasiões. É muito importante que a criança não o veja como um juiz, mas como um recurso ao qual se pode recorrer quando se precisa [...]. As expectativas em relação às crianças têm de ser muito variadas e flexíveis. É preciso ser capaz de se deslumbrar e de se divertir – como elas próprias fazem com frequência. (Filippini, 1995, p. 246)

A investigação é algo comum que crianças e adultos compartilham. É o melhor presente que a escola pode oferecer aos maiores e aos menores, crianças e adultos, que aprendem porque, assimetricamente, têm o mesmo desejam: aprender com curiosidade, investigando e explorando, enquanto dão sentido a seu ofício de viver.

Loris[368] comenta que, na investigação, o educador se vê obrigado a inovar, a ampliar o mundo das oportunidades que tinham sido fechadas por certezas anteriores. As relações se alargam na busca de novas relações. O que decide é a cultura e o profissionalismo dos adultos de se considerar investigadores perenes. Essa é a maior dádiva que as crianças podem viver na escola: um adulto que não prescreve um caminho, mas, sim, que procura – porque não sabe – suas veredas com as crianças. Para Malaguzzi, é importante que toda a organização da escola vá nesse sentido e favoreça projetos concretos de investigação com pequenos grupos de crianças, dedicando horas conjuntas (dentro e fora do horário letivo) para refletir e investigar esse objetivo fundamental.

---

[368] Loris Malaguzzi, *Relazione d'apertura. Modelli e congetture teorico e pratiche nella educazione dei bambini* (11 de novembro de 1993), *op. cit.*

> Precisamos de educadores com asas que possam voar sobre infinitas flores possíveis, e que, depois, estando juntos, produzam o mel. E essa é uma aventura extraordinariamente linda e apaixonante para as crianças que veem os adultos dessa forma. Crianças que descobrem uma educação realizada mais por meio de exemplos do que uma educação doutrinada.
>
> Não podemos seguir prisioneiros dos textos de pedagogia ou de psicologia. Temos a necessidade de uma cultura mais ampla e diversa que possa emergir da própria investigação e das leituras de outros livros não ortodoxos.[369]

A incerteza

É, portanto, a concepção de uma profissão incômoda e problemática, mas viva. Viva, porque procura constantemente, nas incertezas, o sentido do educar a cada dia. Dessa maneira, aparece a imagem de um educador inédito, capaz de se deslumbrar com as descobertas – fruto de sua própria investigação – inimagináveis da própria criança.

> Se, de vez em quando, os educadores atuam com maior intencionalidade e com métodos mais adequados, o material que surge transcende as necessidades do momento. As operações podem ser registradas e documentadas. Em algumas ocasiões, transformam-se em objeto de aprofundamento cotidiano com um interesse geral, outras, também, transformam-se em discursos que têm sua própria legitimidade e seu próprio interesse cultural.
>
> Essas também são as lições que nos oferecem [Lawrence] Stenhouse,[370] [Kurt] Lewin,[371] [Wilfred] Carr e as experiências belgas e francesas.

[369] *Ibidem.*

[370] N. do E.: educador britânico que defendia o papel dos docentes na educação investigativa e na formação de currículo escolar.

[371] N. do E.: psicólogo alemão considerado um dos expoentes da psicologia social, organizacional e aplicada.

> Há educadores que falam do prazer, do regozijo, dos fenômenos novos e de uma profissão mais inédita e mais rica. Falam de novas motivações, de novos pontos de vista, da gênese pluridimensional dos processos, de novas formas de autorregulação e de reorganização, de melhorias metodológicas e relacionais, e de estímulos para estudar mais e manusear melhor os conhecimentos das matérias [...]. Devem ser capazes, sobretudo, de recuperar – com as crianças – um deslumbramento que, talvez, tinham perdido.
>
> Dessa maneira, consegue-se conhecer melhor as crianças e fazer julgamentos mais humildes. Crianças mais abertas aos desafios, mais capazes de trabalhar com os coetâneos em situações e contextos desconhecidos, e que são mais obstinadas, porque são capazes de expressar o que têm em mente.[372]

d) Plano relacional didático

Estamos nos referindo tanto à disposição, por parte do adulto, a situações de aprendizagem como à própria intervenção interpessoal do adulto-educador com as crianças.

No entanto, antes de entrar nesses temas, é importante que falemos do significado geral que tem, para Malaguzzi, a relação entre a criança e o adulto. Para Loris[373] (falamos de algumas ideias de 1982), as relações com as crianças, seu tipo e sua qualidade, devem se centrar no problema da estrutura das relações que impõe e cultura contemporânea e as condições laborais do próprio trabalho. Os tempos e a relação com o trabalho marcam – para um Malaguzzi de ideias de inspiração marxista – as formas de relação com a criança.

---

[372] Loris Malaguzzi, "La storia...", *op. cit.*, p. 90.

[373] Loris Malaguzzi, "Conversazione su rapporto tra adulto e bambino" ["Conversa sobre a relação entre adulto e criança", em tradução livre], em *Il rapporto adulto-bambino* ["A relação adulto-criança", em tradução livre]. Reggio Emilia: Scuola comunale dell'Infanzia Diana, novembre 1982, p. 35-60. *Vide* também Loris Malaguzzi, *Entrevista a Loris Malaguzzi sobre rapporto adulto-bambino* ["Entrevista a Loris Malaguzzi sobre a relação adulto-criança", em tradução livre] (gravações em áudio).

Essas formas de relação têm a ver com a concepção existencial que o adulto tem de si próprio e de seu papel na vida sociocultural.

> E, então, com o termo *trabalho*, também se assume o sentido da existência geral do indivíduo, do homem, da mulher, da dupla e da família, e desse modo se colhe uma imagem mais completa e se compreende melhor o quão difícil e complexa é a relação com a criança.
>
> A qualidade do trabalho e a qualidade da vida são, certamente, um fato de grande importância e as relações com nossas crianças estão, em grande parte, condicionadas pelo tipo e pela qualidade das respostas que encontramos para nós e para os demais no que se refere aos problemas da vida.[374]

A riqueza de diálogos

Todavia, existem, ressalta Loris, outros tempos que não são apenas os do trabalho. Existe o tempo da família, uma família que confronta grandes problemas e temas em grande solidão e isolamento. A escola – como instituição sociocultural – permite ampliar o mundo das relações e mediar, também, as relações dos adultos com as crianças, que se tornam mais complexas e solidárias em um projeto desse tipo.

> É verdade que as crianças estão praticamente destinadas a uma situação como estas: são pequenas, têm a necessidade de crescer, não podem crescer sozinhas, precisam de ajuda, precisam apresentar perguntas e obter respostas, têm direitos para expressar, e, também, têm atitudes para conciliar e para encaixar, linguagens para refinar e relações para construir [...].
>
> Essa é uma das pressões que a organização social faz em relação à família, ou seja, descarrega sobre a família uma quantidade de tarefas, de problemas e de tensões que ela não é capaz de resolver, e a obriga, de certa maneira, a viver as contradições em um estado de isolamento.[375]

---

374 *Ibidem*, p. 36.

375 *Ibidem*, p. 37, 42.

Devemos partir da convicção, comenta o pedagogo reggiano, de que as relações adulto-criança ocorrem em um contexto que dá significado à própria relação, e que cada tipo de relação – que cada pessoa constrói com cada criança – não é absoluta. É importante a qualidade da relação que se cria tanto na experiência familiar quanto na extrafamiliar. Nenhum lugar concentra a educação da criança. A criança espera que, entre a escola e a família, ampliem-se o número e a qualidade das relações, algo que repercute positivamente nas relações que se criam entre adultos e crianças, já que existem mais modelos, mais confrontos e mais diálogos. Em suma, uma maior riqueza dialógica.

> Hoje, parece difícil estabelecer relações, contato e comunicação. Todos temos, de certo modo, um pouco de pressa, e a criança é a que sempre espera que, tanto na escola quanto na família, haja mais tempo para uma comunicação muito mais personalizada, muito mais individualizada e muito mais fecunda.[376]

A segurança afetiva

O importante é a significativa qualidade de uma relação que perdura muito além dos espaços e tempos específicos. Um tipo de relação afetiva que se transforma em um ponto de referência e de segurança, que não deve ser repressiva e que permita à criança se afastar do adulto com a mesma segurança que precisa se aproximar dele. A criança precisa de pontos de referência seguros; quando os têm, pode se soltar. Isso também acontece com o adulto.

Dessa forma, o adulto deve ser um verdadeiro interlocutor da criança, porque é capaz de interpretar adequadamente e compreender seus sentimentos. E a criança também aprende essa lição e atua nela. A relação se preenche de afetividade pelo fato de a

[376] *Ibidem*, p. 39.

criança e o adulto descobrirem que podem viajar sempre juntos, sem ambos estarem presentes. A criança, social e interativa desde o nascimento, é capaz de estabelecer grandes relações sistêmicas, e não apenas diádicas.[377]

> Quero dizer que é possível estar longe, mas, ao mesmo tempo, muito perto se a criança estiver unida a seus pais pela memória. E isso também ocorre quando há uma distância que, durante um tempo, afasta-os de alguma maneira.
>
> Efetivamente, é possível estar muito perto estando longe, e estar muito longe estando perto [...].
>
> Opino que tudo se decide no âmbito da capacidade, tanto de uma parte quanto da outra, para sermos sempre interlocutores atentos. Sermos interlocutores quer dizer sermos capazes de interpretar os sentimentos do outro e de interpretar, ao mesmo tempo, nossos sentimentos, de forma que possa haver sintonia.
>
> A criança precisa de referências. Quero dizer que, quanto mais a família educar a criança para que esta se afaste dela, mais a criança se aproximará da sua família e se unirá a ela.
>
> Nossa tarefa é educar as crianças para que se afastem de nós, inclusive tendo a capacidade de manter o máximo contato também quando estão perto da gente.
>
> Há famílias que subjugam as crianças, pensando que, desse modo, construirão um envolvimento de referência tão forte que as próprias crianças, quando tiverem amadurecido, certamente se afastarão.
>
> Em compensação, muitas vezes acontece precisamente o contrário. Portanto, deve-se estar muito perto das crianças, a fim de prepará-las para que se afastem de nós.
>
> Isso significa que se deve permitir que cada um de nós pertença a uma comunidade e se sinta, desse modo, vinculado a um grupo – também no que se refere ao

[377] N. do E.: referente a díade, isto é, par.

> âmbito afetivo – mas, ao mesmo tempo, que se deve ser capaz de não perder o calor afetivo e o valor da afetividade no momento em que nos afastamos [...].
>
> De outra perspectiva, também acontece isso conosco, adultos. Quando estamos em uma cidade nova, nossa única preocupação, uma das primeiras preocupações, é estabelecer um ponto de referência (seja a casa de um amigo, seja a de algum parente, seja o hotel), e, assim, movemo-nos com maior segurança e soltura.[378]

A relação com cada adulto forma um subsistema com suas próprias normas. É um contexto de significado diferente ao de outro contexto e, até mesmo, contraditório. Porém, isso é uma riqueza, e pressupõe uma flexibilidade para a criança que aprende, muito cedo, que as regras interativas expiram fora do âmbito no qual foram criadas e que é o que dá validade a elas. Os comportamentos unívocos, além de não desejáveis, são impossíveis de conseguir.

> Acredito que essa deva ser uma dessas situações em que nós não podemos vencer totalmente, ou seja, a situação natural é viver em um mundo no qual as contradições são uma evidência permanente e dificultam nosso caminho. A terra não é uma planície fácil e ilimitada. Quero dizer que, com frequência, também nossa vida é uma vida feita de situações que não são iguais, nem fáceis, nem livres de obstáculos.
>
> O problema está em nos equiparmos e em equiparmos as crianças para viver uma vida desigual, com uma capacidade adequada de autodeterminação e de autocontrole [...].
>
> Então, o problema dos problemas se encontra em ser capaz de viver experiências diferentes e, também, de manter uma relação estreita entre experiência e experiência. Isso implica a capacidade de intervir

---

[378] *Ibidem*, p. 43-44, 47-48.

> entre uma experiência e outra, uma capacidade crítica por parte da criança, para saber que, em uma situação, terá certo comportamento, mas que, em outra, necessariamente terá outro, e, em outra situação diferente, agirá de maneira distinta. Isso significa que essa flexibilidade do comportamento da criança é igual a que se adverte no dos adultos.[379]

Para Malaguzzi, a presença de um adulto disponível é importante, seja em casa, seja na escola. É de igual importância que, na relação que a criança estabelece com o adulto, este não frustre seus interesses, suas demandas e seus direitos. Se isso ocorrer, a criança procurará outros tipos de relações que supram a qualidade dessa interação desejada. Assim, busca experiências fora da vida familiar e escolar, por exemplo, com os meios de comunicação, que oferecem sugestões fascinantes, mas perigosas se a criança vivê-las em solidão. Se a criança se habituar a ver no adulto uma figura distante, não disponível ao diálogo e à relação, o adulto perderá estima, autoridade, confidencialidade, confiança e familiaridade. Isso provoca que a criança busque novos vínculos que supram esse rompimento interativo.

> Pode acontecer que a criança dirija e situe suas perguntas, seus interesses, suas dúvidas, suas expectativas fora da experiência familiar, mas também pode fazer isso exatamente no que se refere ao âmbito escolar, sempre que um ou outro não consigam satisfazem plenamente às suas necessidades.
>
> Os "*mass media*"[380] intervêm com uma finalidade nunca vista e, portanto, têm a capacidade de suprir tanto a presença dos pais quanto a da escola com uma oferta de sugestões muito fascinantes, mas também extremamente perigosas, porque são vividas, em solidão, por parte da criança.

[379] *Ibidem*, p. 49-50.

[380] N. do E.: "meios de comunicação social" ou "meios de massa".

> Eu acredito que a criança pode se acostumar, de modo negativo, a deixar de ver no adulto uma figura com a qual pode falar, e, então, pode acontecer uma perda de consideração, de confidencialidade e de familiaridade em relação ao adulto e, por parte da criança, uma perigosa generalização, em que, se o adulto com o qual ela vive diretamente sua experiência for alguém que não sabe escutar, é provável que a criança perca o desejo de confiar nele.
>
> Se, à medida que se evidencia que o adulto vê sua imagem de um modo pobre, perde-se a confiança nele, então, a necessidade da criança de viver experiências conjuntas com o adulto diminuirá; em contrapartida, a convivência com o adulto é uma necessidade e um direito biológico e cultural.[381]

A imagem que o adulto oferece à criança

Depois dessa declaração geral do que significa para Malaguzzi o assunto da relação adulto-criança, com toda sua complexidade, podemos nos aprofundar de maneira mais concreta sobre o papel didático do educador.

Para que essa relação seja vivida com autenticidade e para que o adulto não acredite que é onipotente e um modelo ideal, é melhor a disponibilidade de uma pessoa que não sabe e que faz buscas, porque quer encontrar sentido no que faz.

De certa maneira, a criança tem necessidade, segundo Loris,[382] de encontrar um adulto vulnerável e humano. Esse reconhecimento da humildade concede uma grande segurança ao adulto, além de evitar intervenções categorizadas, fechadas e determinantes, separadas de toda criação individual, algo que é importante para a criança e para o adulto. É importante, assim, que o educador

---

[381] *Ibidem*, p. 40.

[382] Loris Malaguzzi, *Relazione d'apertura. Modelli*, *op. cit.*

declare sua subjetividade, seu ponto de vista e que a criança o reconheça como uma opinião criticável, não como *a verdade*. Trata-se da ideia, pouco usual, de um professor que não se disfarça diante da aparência de uma *neutralidade democrática*, que, no fundo – como Malaguzzi corrobora – é o mascaramento de uma incapacidade e de uma insegurança profissional. A luta interna para ser um modelo a ser imitado pelos alunos que existiu na educação tradicional pode fazer o professor e a professora colocarem uma máscara que impeça sua própria identidade de aflorar (Hargreaves, 1993). Porém, se não mostram sua identidade, ocultada por um suposto perfeccionismo, não podem encontrar sua autonomia. A autonomia da qual falávamos tem a ver com o encontro, a aceitação e a comunicabilidade da própria identidade. Dessa maneira, a criança encontra a possibilidade de desenvolver a confiança básica para poder construir seu próprio caminho.

Um dos primeiros papéis didáticos do adulto consiste em dispor de uma série de propostas múltiplas (em sintonia com as características espaço-ambientais), pensadas e organizadas (com materiais relacionalmente adequados), de maneira que as crianças possam escolher entre as diversas ofertas, de forma "que as atividades sejam numerosas, como o teclado de um piano, e, em cada uma delas, é preciso atuar com alguma das infinitas versões da inteligência quando essas atividades abrangirem uma infinidade de coisas".[383] Dessa maneira, o educador se transforma em um provedor de situações de aprendizagem[384] e, fundamentalmente, observa como propor melhor para aprender. Nessa situação, comenta Loris, o educador se transforma em uma espécie de crupiê de um cassino:

[383] Loris Malaguzzi, "La storia, le idee...", *op. cit.*, p. 86.

[384] Loris Malaguzzi, *Seminario rivolto agli educatori svedesi* (7 de maio de 1991), *op. cit.*

> Não sei se vocês frequentam os cassinos, nos quais se aposta dinheiro. Há jogadores que se aproximam de diversas mesas procurando fortuna, ganhar. E quando acaba o dinheiro, pedem mais.
>
> Agora, apaguem essa imagem e imaginem que as crianças são clientes de um cassino, que estão em muitas mesas e tentam produzir, ganhar e aprender. Quando terminam de jogar, de trabalhar, ou estão cansadas, vão ao adulto e dizem: "*Você me dá outras fichas?*". Às vezes, são elas que pedem fichas brancas, vermelhas etc., de acordo com a mesa na qual jogam. Outras, o adulto pode dizer a elas: "*Experimente jogar com as fichas verdes*". O adulto, em particular, é um crupiê que oferece às crianças situações novas, de jogo e de trabalho.[385]

O adulto não é alguém que ensina. Ele é um mediador, que organiza e coordena as propostas, que aceita os convites que chegam das crianças. Dessa maneira, modifica-se, substancialmente, o estilo de educar. Para Loris, educar significa que o adulto respeita – com sabedoria dialógica – os tempos das crianças e as tornam donas subjetivas de seus momentos e de seus ritmos. Dessa forma, com paciência, as crianças podem prolongar o tempo, pará-lo ou fazê-lo voltar.

> Sim. A bola se move constantemente. Às vezes, as crianças a jogam, e, outras, nós mesmos. O que queremos é que o adulto intervenha o mínimo possível e, se puder, que não intervenha. O adulto deve propiciar, em troca, situações que facilitem o trabalho das crianças. Ele deve ser capaz de escutar muito e de realizar "reconhecimentos" em relação ao que aconteceu, tratando de manter a motivação das crianças o mais alta possível.[386]

---

[385] *Ibidem.*

[386] Loris Malaguzzi, "La storia...", *op. cit.*, p. 101.

O não intervencionismo

Portanto, Malaguzzi acredita, inicialmente, no não intervencionismo, nessa máxima, tantas vezes repetida de "não ensinar, nunca, nada às crianças que não possam aprender por si mesmas".[387] Nessa aprendizagem autônoma, as crianças encontram conflitos e, embora Malaguzzi falasse de não intervir, quando via uma criança em dificuldade, potencializava a colaboração para ajudá-la a sair do atoleiro. Vea Vecchi[388] comenta que Malaguzzi defendia o não intervencionismo, mas que, depois, em situações concretas, pela sua grande ternura e humanidade, não suportava ver uma criança frustrada se não conseguia resolver uma situação. Para Loris, a criança sempre tem que sair vencedora das situações, ela não deve se sentir abandonada em nenhum momento. E é nesse ponto que o adulto deve saber intervir, colhendo as ideias das crianças como propostas de ajuda a elas próprias. Posteriormente, voltaremos a tratar dessa ideia. Agora, vamos falar um pouco mais do adulto como provedor de situações de aprendizagem sem intervenções interpessoais concretas (sabendo que a presença do adulto já é considerada uma intervenção).

> O profissionalismo e a cultura dos adultos se movem e atuam dentro dessas fronteiras. Os adultos são mediadores ativos da coadaptação entre as crianças e a sociedade, tendo a sociedade uma visão crítica que leva a discernir as assonâncias e as dissonâncias relacionadas com as tarefas, os valores e os objetivos da Educação Infantil.
>
> Devem ser mais criadores de contextos que propiciem aprendizagem do que de atos ou de situações de transmissão de conteúdos, os quais transitam sobre

[387] *Ibidem*, p. 86.

[388] Vea Vecchi, *Sobre la investigación y el rol del adulto* ["Sobre a investigação e o papel do adulto", em tradução livre] (entrevista realizada em 22 de maio de 1997).

> a passividade das crianças, que, por sua vez, devem estar seguras de que aprender o máximo possível por si mesmas é seu direito prioritário.[389]

A diversidade na proposta

Essas situações diversas devem ser suficientemente complexas e problemáticas para que a criança possa aprofundar seu conhecimento, indo muito além da mera superfície.

> Assim, minha opinião é a de que a criança sempre nos pergunta sobre problemas, ou seja, não nos pergunta nunca apenas pelas informações, e nós também temos que ser capazes de dar problemas à criança.
>
> Na verdade, não damos às crianças problemas, mas, sim, respostas definitivas, excessivas e substitutivas.
>
> É preciso estarmos muito atentos, porque a criança tem um papel específico, ou seja, a criança é capaz de investigar por sua conta muitas das verdades ou diversas das sensações que está procurando. Isso significa que a criança é uma exploradora e, como tal, deve ser respeitada.[390]

Por esse motivo, em alguns dos projetos de Reggio, podemos notar um problema intrínseco a eles. Essa problemática se converte em um desafio que impele as crianças a confrontarem uma realidade conflitiva. Assim nasceram, por exemplo, o projeto da sombra (ambígua e problemática por natureza), o da organização de um campeonato de salto em distância, o do retrato do leão, o do arco-íris e o do desenho de uma mesa para que um carpinteiro a construísse.[391]

---

[389] Loris Malaguzzi, *Una carta per tre diritti. Carta di presentazione del Diana*, *op. cit.*, p. 11.

[390] Loris Malaguzzi, "Conversazione con Loris Malaguzzi sul rapporto tra adulto e bambino", *op. cit.*, p. 57.

[391] Ver o catálogo da exposição *I cento linguaggi dei bambini*, *op. cit.*

Nessa geração ou construção de situações de aprendizagem, o adulto deve aprender a esperar. A presença ativa do adulto deve transmitir visivelmente o acalento que implica confiar nos recursos das crianças, depositar confiança nelas. E, isso, as crianças percebem e entendem.

> Nossa tarefa é construir situações educativas para propor às crianças pela manhã. Às vezes, dá certo improvisar, mas devemos planejar o projeto. Pode ser um projeto que abranja um período de dias, de semanas ou, até mesmo, de meses. Temos que produzir situações nas quais as crianças aprendam por si mesmas, nas quais possam se aproveitar, de maneira autônoma, de seu próprio conhecimento e de seus próprios recursos, nas quais garantimos que a intervenção do adulto seja a menor possível. Não queremos ensinar as crianças algo que elas possam aprender por si mesmas. Não queremos proporcionar a elas ideias que não possam ter por si mesmas. O que queremos fazer é ativar nas crianças o desejo, a vontade e o grande prazer que proporciona o fato de serem as autores de sua própria aprendizagem.
>
> Temos de saber como reconhecer uma nova presença e como esperar a criança. Isso é algo que se aprende, não é automático. Com frequência, temos de agir contra nossa própria pressa para trabalhar do nosso jeito. Descobriremos que nossa presença, que deve ser visível e acalentadora, permite-nos tentar entrar na criança e no que faz.[392]

Situações problemáticas

Nessa disposição de situações problemáticas de aprendizagem, a criança pode desenvolver sua capacidade crítica, o que significa potencializar nela o sentido da curiosidade permanente, o

[392] Loris Malaguzzi, "Your Image...", *op. cit.*, p. 55.

sentido de se interrogar e de perguntar. São os famosos *por que* e *para que* epistemológicos infantis. Diante dessas perguntas, o adulto deve atuar com a mesma seriedade epistemológica, sem diminuir nunca as capacidades que a criança tem para se questionar quanto ao sentido do mundo.

> Temos que conceder à criança muito crédito em relação à sua capacidade e à sua compreensão, porque, na verdade, temos que responder, sem sufocar com exaustividade e com muita seriedade, a todos os problemas que ela apresenta.
>
> Isso significa responder do modo mais exaustivo possível, encorajando nela, talvez, alguns poderes também superiores àqueles que tem na realidade. É um perigo diminuir a capacidade da criança; mais do que isso: é algo insustentável.[393]

Manter o problema vivo

Por isso, um papel importante do adulto é manter os problemas borbulhando, sem fornecer de imediato respostas que simplifiquem a riqueza que o próprio problema apresenta, ou seja, as respostas do adulto devem gerar novos problemas e solicitar à criança novas dúvidas e novos projetos. Dessa maneira, são construídas relações capazes de gerar novas relações, mais complexas e ricas.

> Além disso, o papel do adulto se desenvolve nas seguintes direções: durante a leitura de um livro, encontraremos adultos que respeitam a necessidade das crianças de autogerar perguntas e dúvidas e que as estimulam a reexaminar e a relacionar as escolhas que se produzem no percurso dos acontecimentos.
>
> É uma atitude que tende a animar as crianças aos processos de reflexão sobre o sentido do que fazem,

---

[393] Loris Malaguzzi, "Conversazione con Loris Malaguzzi sul rapporto tra adulto e bambino", *op. cit.*, p. 58.

> em vez de se limitar a ocupá-las em uma série de atividades. Isso permite que elas deem um sentido ao que fazem, e não apenas para recordar alguma coisa. (Forman, 1995, p. 9)

> Por isso, é preciso escapar dessa espessa camada de conformismo e de passividade, fazendo um esforço que nos ajude a sentir a ânsia de pensar e de planejar. Talvez possamos não ser conscientes de tudo em relação ao que, para nós, significa projetar, mas podemos ter certeza de que se tiramos a capacidade da criança, a possibilidade e a alegria de fazer, ela morrerá.
>
> A criança morre se tirarmos dela a alegria de se questionar, de pedir, de perguntar e de explorar; ela morre se não sente que o adulto está próximo dela para ver quanta força, quanta energia, quanta inteligência, quanta criatividade, quanta capacidade e quanta criatividade já existe em sua cultura.[394]

Como, quando e para que intervém o educador

Nesse caso, a pergunta pode servir para intervir sem sufocar a aprendizagem autônoma das crianças. Essa dúvida, como já comentamos, foi uma espécie de lacuna, de segredo ou de reconhecimento que Malaguzzi apenas considerou fazer, explicitamente, a partir dos anos 1990. Demorou bastante tempo para falar disso porque, para Loris, era prioritário demonstrar, como o fez, que as crianças têm grandes capacidades autoconstrutoras. Mas voltemos à demanda (ou à trilogia de perguntas) que nos insta: como, quando e para que intervir? Malaguzzi afirmava que apenas deve ser feito quando a gasolina das crianças estiver na reserva.[395]

---

[394] Loris Malaguzzi, em Carla Rinaldi, "Malaguzzi e le insegnanti" ["Malaguzzi e os professores", em tradução livre], em *Nostalgia del futuro* ["Nostalgia do futuro", em tradução livre], *op. cit.*, p. 198.

[395] Citado por Cristina Ruiz, "Las actitudes de la educadora en la pedagogía de Loris Malaguzzi" ["As atitudes da educadora na pedagogia de Loris Malaguzzi", em tradução livre], em *Los cien lenguajes de Loris Malaguzzi* ["As cem linguagens de Loris Malaguzzi", em tradução livre] (4 de maio de 1994).

> Apenas quando se debilitam ou se esgotam os recursos, as forças intelectuais e as motivações das crianças (em relação ao que, com frequência – mais do que se acredita –, há uma certa cumplicidade por parte dos adultos), os educadores se sentem preparados para encontrar e dosar as direções e as qualidades de sua intervenção.[396]

Isso é algo que se aprende com a prática, na relação com as crianças (experimentando e se equivocando) e na reflexão conjunta.

Malaguzzi enfatiza que, na intervenção, nunca devemos perder de vista a crença de que as crianças são capazes de conduzir um projeto. Na evolução desse projeto, é importante ajudá-las, para que reflitam sobre seus diferentes pontos de vista ou opiniões conflitantes. Ademais, podemos ajudá-las para que permaneçam fiéis aos objetivos do próprio projeto, que saibam explicitar seus pensamentos com clareza, a não ter medo de se equivocar, e ao prazer (e vantagens) de negociar as ideias.

Provocar a consciência infantil

> No processo, pode ser importante que o adulto realize um trabalho contínuo e descontínuo de síntese,[397] solicitando a cada criança – por meio de uma mediação contingente e pertinente – a exposição subjetiva de suas ideias para que o grupo de crianças se torne consciente das diferentes formas de focalizar os problemas. Lembremos, nesse contexto, o projeto de "A cidade e a chuva",[398] em que o adulto colhe diversas teorias das crianças sobre o fato de como "cai água do céu".

[396] Loris Malaguzzi, "Il che fare degli adulti", em *Le fontane*, *op. cit.*, p. 19-23.

[397] Lembremo-nos das intervenções em *Scarpa e metro*, *op. cit.*

[398] Em *I cento linguaggi dei bambini*, *op. cit.*, p. 78-87.

> Ao longo do projeto, o educador se comporta como se fosse "a memória" do grupo e discute o resultado do trabalho com as crianças, baseando-se em toda a documentação recolhida. Isso permite às crianças reexaminarem sistematicamente seus sentimentos e os dos demais, lembrarem-se das próprias percepções, observações e reflexões, reinterpretando-as de um modo mais profundo [...].
>
> Esses "nós cruciais" não são mais que simples momentos de confusão e desacordo. Trata-se, em suma, de momentos de desequilíbrio cognitivo que contêm a possibilidade de analisar novas hipóteses e de confrontar novas ideias. A tarefa do educador é, portanto, sentir essas "dificuldades", tentar conduzi-las ao centro da atenção para reflexões posteriores ou utilizá-las como pontos de partida para as propostas do dia seguinte.[399]

O importante é que o adulto não arraste as crianças para o seu terreno, que, de certa forma, mantenha uma desejável, e quase impossível, "neutralidade", para não dar razão a algumas crianças em detrimento de outra, porque, desse modo, o problema acaba se fechando, da mesma maneira que se fecham as possibilidades e os recursos das crianças para fazerem um trajeto mais longo.

> Em um conceito essencial, sua tarefa consiste em preservar, tanto quanto possível, a neutralidade do discurso dos processos que as crianças idealizaram e colocaram em prática, convencido de que elas têm recursos para ir mais longe do que se acredita. E agir de modo que as crianças expressem o melhor de seus recursos e as máximas interiorização e reorganização dos significados das experiências que realizam. Desse modo, a realização do projeto manterá suas promessas e seus objetivos de desenvolvimento da personalidade. (Edwards, 1995, p. 247)

---

[399] Carolyn Edwards, "Il complesso ruolo...", *op. cit.*, p. 247.

Para Malaguzzi, a intervenção é, utilizando as ideias de Vygotsky e de Bruner, um empréstimo de seu conhecimento e de sua consciência, um empréstimo que devem sempre estar dispostos a devolver, que não é gratuito; trata-se de uma exigência forte às crianças que descobrem no adulto uma pessoa disponível, porém séria e não facilmente conformista. Nessa ideia de *empréstimo*, existe uma forte ideia democrática, que pressupõe um pacto social e negociado com as crianças que envolve uma grande reciprocidade. Não é a ideia de doar algo porque as crianças – incapazes – precisem de ajuda e se deve socorrê-las, mas, sim, um empréstimo que tem a ver com uma consideração de uma criança muito capaz de devolver com interesses o que, em determinado momento, emprestamos a elas.

As seguintes palavras falam da consideração cultural e do prestígio social que Malaguzzi considera para a profissão – de educador –, da qual se sente orgulhoso:

> *Não sei se nesse "me ajude para que eu faça sozinho" é possível entender qual é a dimensão do compromisso, a força e a sensibilidade que se pede ao adulto. Não é a eliminação do adulto, mas sua transformação em um adulto educador que saiba propor situações de aprendizagem, de trabalho e de experiências, antes de dar soluções às experiências. Entre nós, agora, circula uma imagem do educador parecida a de um diretor de palco, em que suas funções seriam similares a este. Mas essa imagem não é a de que mais gostamos. Na educação, ou seja, na formação recíproca, precisamos de interlocutores e de educadores. Um educador tem que saber ser um maravilhoso transformador, que, certas vezes, também possa ser o diretor de palco, que, outras vezes, seja o roteirista, que seja a cortina e o cenário, e que também em outras seja o ponto;*[400] *que seja doce e que se aborreça, que seja o eletricista,*

[400] N. da T.: pessoa que recorda aos atores suas falas quando estes se esquecem.

o iluminador, que seja até o público: o público que olha, que, às vezes, aplaude, que, outras, permanece mudo e emocionado, e que, algumas vezes, julga com indiferença ou ceticismo, mas que também aplaude com entusiasmo.

Precisamos de uma espécie de direção que consiga juntar a comédia clássica, a que os atores aprendem de memória, com nossa comédia de arte, na qual os atores improvisam sem a necessidade de ter o roteiro em mãos. Como se compreenderá, trata-se de uma pessoa, de uma figura, que, agora, não existe, mas que poderia existir, e, muitas vezes, em situações que, precisamente, não são tão "solenes" como as da escola.

Precisamos de uma escola que viva. Dentro dela, há tantas flores, tantos caminhos, tantas vozes, tantas mãos que se movem, que constroem, que dançam, que indicam, que destacam...! Tem que ser um grande laboratório, no qual se faça as coisas que se sabe, mas, sobretudo, no qual se espere as coisas que não se sabe.[401]

Mas (e, com isso, acabamos com a exposição dessa estratégia) não podemos nos esquecer de que Malaguzzi sabe que também a criança pode aprender "apesar do adulto". Uma criança potente e dotada, como a de Loris, é alguém que tem a capacidade e o desejo de percorrer caminhos por sua conta, aprender sozinha sem ser, sempre e necessariamente, acompanhada. Essa ideia nos fere, porque queremos controlar tudo e queremos pensar que nossa profissão serve para algo, mas devemos aprender que a aprendizagem pode se qualificar quando não nos propomos a ensinar.

E há outra espécie de fenômeno; pensamos que, quando nos sentimos satisfeitos depois de ter passado um dia trabalhando com as crianças, acreditamos ter passado à outra parte uma espécie de pílula [...], sem ter analisado e avaliado suficientemente o que acontece enquanto a criança se afasta de nós.

[401] Loris Malaguzzi, *Relazione introduttiva del Prof. Loris Malaguzzi al seminario "Modelli e prospettive..."*, *op. cit.*

Eu acredito que a criança constrói suas representações quando sente que o adulto, por fim, está tão "distraído" que permite que ela pense o que quiser. Entenderam? [...].

Uma coisa que nem sempre percebemos é que, talvez, não tenhamos suficientemente incorporado o fato de que a criança produz muitas coisas, embora nós acreditemos que não há nada que possamos fazer com ela.

Nós poderíamos estar inertes, engessados ou em letargia, e, ainda assim, acredito que a criança seguiria evoluindo e se desenvolvendo independentemente de nós. Isso quer dizer que, como quer que seja, a criança avança [...].

Isso não significa que nossa presença como adultos seja insignificante. Não, nossa presença tem significado, mas apenas se seguimos os caminhos certos. O fato de percorrer caminhos pouco significativos não produz nada [...]. Isso reivindica nossa atenção sobre o fato de que nós também podemos trabalhar muito com as crianças e, no entanto, não produzir nada. Esse é o terrível risco que nos desespera, no entanto, faz parte de uma matéria que não conseguimos dominar e governar até o final [...]. Acredito que podemos confirmar muitas situações, mas, muitas outras, não.

Atuamos em uma situação de dificuldade objetiva, porque o conhecimento da criança é absolutamente impróprio e inadequado [...]. Os obstetras trabalham para salvar, conforme possível, uma criança aos 5 meses de gestação (que ainda não está completa) e, mediante uma série de intervenções, conseguem completar alguém que ainda é biologicamente incompleta, ao passo que é extremamente mais difícil trabalhar como educador sobre a suposta imaterialidade, sobre o efêmero, sobre a parte flexível e instável da criança (que espera, de algum modo, receber uma forma).[402]

[402] Loris Malaguzzi, *Serata di presentazione della mostra ai Consigli di Gestione* (transcrição de 12 de fevereiro de 1990), *op. cit.*

Quarta estratégia do princípio ético 2

A distribuição ou partilha personalizada de responsabilidades

Nas páginas anteriores, vimos como a organização das escolas possibilita uma série de condições de trabalho que permitem a qualquer trabalhador desempenhar os diversos papéis que definimos.

> A garantia das condições do trabalho diário:
>
> As condições de trabalho aludidas aqui são as que permitem a prática de escutar, de observar e de realizar investigação e documentação, o que é essencial para uma autêntica interação com as crianças, individualmente e em um grupo. Isso não é apenas uma questão de organização, mas, também, uma questão ética.
>
> a) Em relação ao entorno: significa um espaço que seja muito pensado e, também, agradável, em que alguém possa atuar adequadamente com as crianças.
>
> b) Implica uma relação criança-adulto que permita estabelecer com as crianças e entre as crianças, com o tempo, autênticas relações e experiências compartilhadas, ou seja, criar juntos narrativas completas, em vez de episódios breves.
>
> c) Requere dois professores presentes, ao mesmo tempo, com o mesmo grupo de crianças, trabalhando em longo prazo – ou seja, durante todo o dia, a semana, o ano, e, inclusive, ao longo de vários anos – *sempre juntos*. Em nossa experiência, são necessários dois professores trabalhando juntos em cada aula, para poder observar e interpretar, de distintos pontos de vista, os processos ativos que as crianças empregam para construir conhecimento. Também são necessários dois professores para documentar tais processos, interpretá-los e utilizá-los como pistas, a fim de determinar o passo seguinte do projeto.[403]

[403] Rinaldi, C.: "Staff Development in Reggio Emilia" ["Desenvolvimento de equipe em Reggio Emilia", em tradução livre], em Katz, L. y Cesarone, B., *Reflections on the Reggio Emilia Approach* ["Reflexões sobre a abordagem em Reggio Emilia", em tradução livre], Bérgamo, Junior, 1994, p. 48.

Dessa forma, a experiência foi sendo construída, ao longo da história, com a contribuição subjetiva e intersubjetiva de muitas pessoas (trabalhadores das escolas, famílias, políticos, cidadãos...). Seria injusto dizer que todo o mérito da experiência de Reggio é de Loris Malaguzzi. São muitas as pessoas que, com sua marca, colaboraram na construção do projeto e *construíram* o pensamento e a obra pedagógica de Loris Malaguzzi, ao passo que este contribuía com suas intuições e suas ideias a essas pessoas e à própria experiência. Podemos falar de uma coconstrução, recíproca. Inclusive, algumas das ideias e das intuições do próprio Malaguzzi seguiram desenvolvidas e aprofundadas depois de sua morte. E esse é seu melhor legado. Reggio Emilia é, acima de tudo, uma experiência viva que se move sem parar e que investiga, sem cessar, novos caminhos educativos. É um mérito de diversas pessoas.

> Sem dúvida, Malaguzzi (como é chamado universalmente) é o gênio que guia Reggio. Ele dedicou sua vida à construção e ao encorajamento da comunidade educativa. Uma comunidade de centenas de trabalhadores com diferentes características e especialização cultural que, durante décadas, trabalharam com os pais, com a prefeitura e com milhares de crianças, a fim de realizar um projeto de alta qualidade inovadora.
>
> A extraordinária vitalidade da experiência de Reggio é explicada por meio de suas raízes na cidade e da solidariedade ativa dos cidadãos e das famílias, transformados em coprotagonistas do projeto educativo e cultural.[404]

Até mesmo Malaguzzi não pôde se aprofundar em todos os campos da experiência e delegou ou soube delegar – embora

[404] Howard Gardner, "Prefazione" ["Prefácio", em tradução livre], em Carolyn Edwards, Lella Gandini e George Forman (ed.), *I cento linguaggi...*, *op. cit.*, p. 15.

ele gostasse de ter tudo sob seu controle – essas áreas a pessoas de grande confiança. Um claro exemplo é o da creche (0-3 anos). Loris, como vimos, foi um grande defensor ideológico dessa instituição educativa, mas deixou a parte didática nas mãos de outros membros da Equipe didático-pedagógica e, em particular, desde o princípio, da figura de Carla Rinaldi, que contribuiu e desenvolveu, nesse sentido (e em outros), um importante trabalho para dar visibilidade à criança pequena.

Da mesma maneira, Malaguzzi usou outra estratégia muito sutil para aumentar as possibilidades da própria experiência. Loris tinha a habilidade de descobrir psicologicamente as riquezas e as potencialidades de cada pessoa, em adultos e em crianças. Assim, podemos dizer que realizou diferentes projetos com diferentes profissionais. E, inclusive, visitando as escolas de Reggio, podemos perceber – já na visibilidade do ambiente – o estilo e o espírito particular das pessoas que o vivem e o habitam. De igual forma, nos distintos projetos que, ao longo do percurso, Malaguzzi coordenou ou assessorou, podemos revelar diferenças entre escolas ou entre pessoas. E isso é de enormes valor e inteligência. Malaguzzi discriminou positivamente as possibilidades de cada pessoa, para que, a esse respeito, aflorassem as diferenças, os direitos, as responsabilidades subjetivas e o protagonismo – também individual – que tanto reivindicava.

Podemos dizer que soube criar condições de trabalho adequadas e universais – como vimos – para qualquer trabalhador de Reggio, mas soube, também, fazer grandes diferenças entre as pessoas, as que, por disponibilidade, vontade, capacidades diferentes, compromisso intelectual, social ou político, podiam dar mais de si e as de que soube exigir mais. De fato, na experiência de Reggio, podemos identificar – justamente –, por nome, algumas das pessoas que fizeram, e estão fazendo, do projeto de Reggio seu projeto de vida. A elas, Malaguzzi e Reggio Emilia também devem agradecer o que essa experiência é na atualidade.

Malaguzzi teve a virtude de fazer essas diferenças e de exigir – ao mesmo tempo que emprestava seu conhecimento e sua consciência – mais de determinadas pessoas. Isso possibilitou que ele fizesse projetos distintos, favorecidos, entre outras coisas, por uma organização que permitia (e ainda possibilita), precisamente, estabelecer as diferenças que, na verdade, existem e que, longe de unificar em direção a uma homogeneidade desdenhável, é preciso exaltar. Dessa maneira, a organização permitiu realizar diversas *horas extraordinárias* por diferentes pessoas, para ter, mais adiante, alguns projetos, os quais, de forma objetiva, não podiam ser realizados com o tempo designado, igual para todos. Essas horas, depois pagas ou recuperadas em dias laborais (além das muitas dadas voluntariamente), conseguiram resgatar e identificar algumas pessoas que deram e estão dando tudo – com paixão – por uma experiência na qual – como dizem – os dias comemorativos não existem.

Essa inteligente estratégia é, sem dúvida, uma das virtudes do projeto reggiano, de sua riqueza e de seu êxito internacionalmente reconhecido.

> Porém, o transplante da experiência não será fácil. Reggio ocupa um ângulo bastante singular no mundo, um lugar rico em recursos materiais e humanos que pode se gabar, há quase um milênio, de ter um elevado senso cívico. As escolas têm sua própria história de mutias décadas, inspirada por um gênio carismático como Malaguzzi, e dão-se ao luxo de contar com uma equipe fortemente motivada que, em muitos casos, percorreu (ou, melhor, fez) por inteiro tal história. Contudo, o desafio mais notável para os que aspiram a imitá-las vem representado pelo fato de que os membros da equipe de Reggio vivem para seu trabalho, dedicando à escola muitas horas de seu tempo

> livre e, também, trabalhando, com entusiasmo, aos fins de semana ou durante o verão.[405] Talvez nem todos tenham se "casado" com o trabalho, mas todos o aceitam sem se importar com os notáveis sacrifícios pessoais que ele implica. (Gardner, 1999, p. 94)

Nessas páginas, falamos de quatro estratégias (uma organização adequada das escolas, os pequenos grupos, os papéis do adulto e a distribuição ou partilha personalizada de responsabilidades) que, de nosso ponto de vista, atuam como o segundo princípio ético, que – lembremo-nos – enunciávamos da seguinte forma: *Educar significa incrementar o número de oportunidades possíveis.*

Passemos, agora, ao terceiro e último princípio de caráter ético, com suas correspondentes estratégias.

Princípio 3 de caráter ético

A criança é um sujeito de direitos históricos e culturais

Aceitamos como conceito de direito a faculdade natural do homem para fazer de forma legítima o que conduz aos fins de sua vida, mas, ao mesmo tempo, esse é um conceito impreciso.

> Não seria assim se soubéssemos, com precisão, quais são esses fins da vida do homem aos quais se refere a definição. Entretanto, nesse ponto, temos que reconhecer que esses fins dependem extraordinariamente do momento histórico, das condições de vida social e do nível de desenvolvimento das forças de produção – no sentido que Marx (1859) dava a esse termo –, que, por sua vez, determinam o nível e o tipo de vida social. (Delval, 1994, p. 15)

[405] N. da T.: lembrando que o autor se refere ao período de férias.

A humanidade demorou muito tempo para reconhecer a infância como independente do adulto e custou mais ainda para começar a reconhecer seus direitos. Temos que nos remeter a 1923 (Cots, 1998) para encontrar a primeira carta de Declaração dos Direitos das Crianças. Em 1924, a Sociedade das Nações a adotou como sua Carta dos Direitos da Infância. Depois, veio a Declaração de Genebra e, posteriormente, em 1959, a Declaração Universal dos Direitos da Criança, das Nações Unidas, com alguns direitos não vinculativos a nenhum país. Mais uma vez, teve-se que se esperar até 20 de novembro de 1989 para que aparecesse a proclamação da Convenção sobre os Direitos da Criança.

Malaguzzi, mais partidário de reconhecer os direitos na prática cultural, social e educativa do que nas grandes declarações, está mais próximo das ideias expostas pelas crianças do que as que tais declarações realizam.

Agora, vejamos o que dizem meninos e meninas para sair desse impasse, quando em Reggio Emilia pedem a eles que falem de seus direitos.

> Definição do direito (por meninas entre 4 e 5 anos):
>
> Nós temos direito de brincar, mas não somos obrigadas. Direito quer dizer que se pode fazer uma coisa.
>
> Aqueles que decidem são o prefeito e os italianos.
>
> As crianças escutam os direitos de seus papais. As crianças escutam os direitos das crianças. Os papais têm que escutar os direitos das crianças.

> Definição do direito (por meninos entre 4 e 5 anos):
>
> Os deveres são as coisas que têm ser feitas. Os direitos são as coisas que temos de ter.
>
> O direito é um pouco como a lei.
>
> O direito a fazer.
>
> Tem que ter o direito, senão, a pessoa fica mal.[406]

[406] *In viaggio coi diritti delle bambine e dei bambini*, Reggio Emilia: Reggio Children, 1995, p. 16-17, *op. cit.*

O direito da infância – segundo os pequenos – entra sempre em uma condição de escuta recíproca entre crianças e crianças, e entre crianças e adultos. Ademais, é algo consubstancial à criança, já que, de outra maneira, não daria certo. O direito, além disso, é uma riqueza em potencial: pode ser usada ou não. Mas, para se ter e ostentar um direito, ele deve ser *reconhecido* pelos outros, pela lei. As crianças também identificam o direito com o fazer ou, melhor, com o poder fazer algo, e isso significa que estão legitimadas e são consideradas para realizar suas ideias, seus pensamentos etc., os quais não há por que coincidir com os dos adultos. Trata-se de um conceito de direito ligado ao pleno reconhecimento de responsabilidades importantes. E as crianças sabem distinguir entre o direito e o dever como uma obrigação, embora também saibam que a reflexão sobre os direitos não pode desviar uma reflexão sobre a ideia de deveres.

Para Malaguzzi, a cultura adulta deve, de forma constante, perguntar-se o que faz pelas crianças, o que está deixando de fazer e quanto às traições que o mundo adulto aplica à infância cada vez que não reconhece seus direitos e suas potencialidades, e não oferece os recursos e os meios adequados para que essas riquezas se expressem.

> *Pensaremos juntos no que temos feito e no que não temos feito por e para as crianças.*
>
> *Também trataremos de entender as razões pelas quais um fenômeno desse tipo não está somente atrás de nós, mas, também, e ainda, à nossa frente.*
>
> *Sairemos do golfo com o barco e, talvez, com uma maior consciência sobre os direitos das crianças. Não bastam os direitos concedidos pela ONU [Organização das Nações Unidas] ou pela Unesco [Organização das Nações Unidas para a Educação, a Ciência e a Cultura]: as crianças não têm necessidade de um presente generoso, de um prêmio.*[407]

[407] Loris Malaguzzi, *Discorso di ringraziamento del Prof. Loris Malaguzzi...*, *op. cit.*

O que, para Malaguzzi, é insuportável[408] é que os direitos das crianças sejam uma espécie de concessão caritativa ou benevolente em direção a uma infância *desvalida*.

É interessante retroceder, um momento, no tempo para refletir como Malaguzzi começou a falar dos direitos da infância e poder analisar a gênese dessas ideias. Durante a década de 1960, algumas prefeituras organizavam algumas *Colônias* de férias de verão para as crianças. Naquele momento, tratava-se de instituições absolutamente assistenciais e de caridade. Malaguzzi, diretor de algumas dessas colônias, quis mudar – e conseguiu – esse conceito. Eis aqui, a nosso ver, a origem da consciência do direito – e, em particular, do direito à educação – em Loris Malaguzzi.

> Deve-se privar a colônia, tanto litorânea quanto de montanha, de seus velhos e tradicionais conceitos de beneficência, de patronato, de lugar de atenção eminentemente médica.
>
> Esse tipo de colônia que, de modo substancial, beneficiava-se de uma genérica assistência médica e das propriedades terapêuticas dos elementos naturais, teorizava com o desconhecimento de uma parte importante das perguntas e das necessidades vitais da criança, uma pedagogia abandonista e insuficiente, que já não tem uma dimensão socialmente válida no marco da vida e das exigências contemporâneas.[409]

Em outro texto de 1969, também encontramos, nas palavras de Loris Malaguzzi, uma clara exaltação dos direitos da infância. Alguns direitos, sobretudo, ligados a fazer tomar consciência das

[408] Loris Malaguzzi e Peter Moss, *I diritti dell'infanzia* ["Os direitos da infância", em tradução livre] (gravação em áudio de 2 de junho de 1989); Loris Malaguzzi *et al.*, *I diritti dell'infanzia* (gravação em áudio de 3 de junho de 1989).

[409] Loris Malaguzzi, *Nuovi orientamenti per la riorganizzazione dei servizi sociali delle colonie marine e montane* ["Novas diretrizes para a reorganização dos serviços sociais em colônias litorâneas e de montanha", em tradução livre] (1963).

violências, das marginalizações e da falta de uma urbanização habitável que a criança sofre na sociedade e na cidade. Uma escolha de caráter ético que deve iluminar, segundo Loris, outros problemas que afetam o homem e a mulher. Portanto, podemos deduzir uma clara filosofia de base: a centralidade dos direitos da infância é o elemento fundamental para uma mudança, uma transformação ou uma liberação social ou política do ser humano. Dos diversos direitos, para Loris, é fundamental o chamado de, naquele momento, *o direito de estudar* (hoje, falaríamos de um direito à educação), que deve possibilitar escolarizar, com qualidade, todas as crianças cujas famílias o desejem. Esse direito inalienável permite dar um novo *status* à infância na sociedade.

> Já não a defesa, mas a exaltação dos direitos da infância deve adquirir uma *centralidade absoluta*, acabando com ou corrigindo a impassível tessitura da cidade (esta, no sentido emblemático), que, com frequência, ou quase sempre, marginaliza, destrói e violenta a criança, degradando-a, também, a um objeto de consumo; que comprime a família em espaços cada vez menores; que corrói a família com reais e falsas necessidades existenciais, até submetê-la a esforços desmedidos, se ela quer se oferecer – pela parte que compete a ela – como centro de mediação e formação da "criança" [...].
>
> Busca, ainda, nossa hipótese – na dimensão do homem – as possíveis alterações e as possíveis injustiças que este pode sofrer nos primeiros e decisivos anos de sua vida, ou seja, verificar se todos advertimos sobre as violências, os transtornos e os abandonos a que a "criança" pode ser vítima hoje, e sobre o chamado que surge em termos de a reconhecer e de permitiir que ela viva integralmente sua vida.
>
> Nossa hipótese é a de que apenas uma sociedade que se construa sobre a primordialidade dos direitos à

> infância será uma sociedade que reconquista a humanidade do homem e que se coloque ao serviço de seu valor e de sua emancipação.
>
> Todos os demais problemas, o trabalho do homem e da mulher (que devem ser considerados juntos, e não artificialmente separados), suas relações, seu tempo livre, seu ser como cidadão e educador, suas realizações, os serviços sociais de que precisam, o jeito da escola e da cidade têm que se contemplar e se ordenar à luz dessa escolha [...].
>
> Essa conquista, a *do direito real ao estudo*, pode chegar a ser – e todos temos consciência disso – uma das mais revolucionárias e fecundas de nosso tempo; ou nasce como realidade e como problema no âmbito da escola da infância, ou seguirá como uma absurda, injusta e inumana discriminação.[410]

Esse direito ao "estudo" inclui, para Malaguzzi, o direito a aprender e a receber uma educação digna, capaz de conseguir que as crianças – na família, na escola e na cidade – possam ser consideradas como sujeitos sobre os quais se faça uma mudança de concepção cultural.

Naqueles tempos, ainda, o conceito de direito não estava muito desconectado do conceito de necessidade, e Malaguzzi constrói os direitos com base nas necessidades infantis. Em um interessante documento de 1975,[411] vemos como o conceito de direito/necessidade aparece mesclado nas ideias de Loris. Contudo, o importante desse excerto é que o pedagogo reggiano começa a

[410] Loris Malaguzzi, "Relazione" ["Relatório", em tradução livre], em *Incontro con i cittadini per una presenza democratica nella gestione e nella conquista di una moderna scuola dell'infanzia per tutti i bambini* ["Encontro com os cidadãos para uma participação democrática na gestão e na conquista de uma escola da infância moderna para todas as crianças", em tradução livre], Módena: Comune di Modena, 1969, p. 26-27, 31.

[411] Loris Malaguzzi, *Per una discussione sull'uso e la progettazione della scuola dell'infanzia* ["Por uma discussão do uso e da projetação da escola da infância", em tradução livre] (mar. 1975).

definir e a explicitar uma série de direitos fundamentais (algo com que continuaria trabalhando durante toda a sua vida).

Em primeiro lugar, cita o direito de ter uma relação segura e positiva tanto com os coetâneos quanto com os adultos. Para isso, é preciso possibilitar uma série de trocas e de experiências com o ambiente e com os materiais. Além disso, para satisfazer esse direito, Malaguzzi fala de um número adequado de crianças e de trabalhadores, suficientemente qualificados.

O segundo direito do qual fala é o de se dispor de um espaço de ação suficiente. Um espaço qualificado, no qual a criança possa construir ativamente suas experiências.

Posteriormente, declara a importância do direito a [se] sujar, para que a criança se sinta livre de entrar na experiência, encontre o gosto pelo fazer e, dessa maneira, seja a ela reconhecido o direito ao erro.

> *O direito a [se] sujar*, que, finalmente e, de um modo concreto, a criança libera pelo meio da experiência, desinibe-a, outroga a ela o gosto de fazer, reconhece o direito ao erro e ao aperfeiçoamento de sua maneira de atuar e, sobretudo, a poder abranger o campo de escolha das atividades.[412]

Com esse direito, aparece o direito ao barulho e ao silêncio, o direito de estar com os outros, de estar sozinho ou com poucas crianças. Para isso, é importante lembrar o princípio anterior, referente ao fato de sempre aumentar o número de oportunidades, o que parece ter sido uma máxima muito presente em Malaguzzi ao longo dos anos.

Outros direitos importantes nesse momento, para Malaguzzi, são o de comer e de dormir em condições adequadas. São direitos

[412] *Ibidem*, p. 9.

que nascem do reconhecimento humano de Malaguzzi de considerar a criança na integridade de suas necessidades psicológicas, afetivas, emocionais, intelectuais e biológicas. Um direito que deve modificar toda a estrutura arquitetônica das escolas.

Para Malaguzzi, o direito consiste em algo que deve ser o ponto central da adequação de um projeto educativo às características das crianças que, para ele, devem deixar de estar presas e modeladas pelos desejos e pelas formas que os adultos impõem a elas. Portanto, a criança é tomada como um sujeito ao qual deve se respeitar vital e integralmente. Dessa maneira, as crianças têm o direito de participar dos assuntos dos adultos e modificar sua forma de ver o mundo.

Essa escolha, essa tomada de posição é necessária para encontrar uma compatibilidade que permita privilegiar os recursos e os direitos das crianças. Privilegiar os direitos da infância não significa consenti-los compassivamente. Consentir algo significa erradicar um direito vital. É importante atribuir à criança seus direitos e suas potencialidades sem diferenças de classe social, de proveniência, de cultura, muito além das diferenças individuais.[413] Essa é uma responsabilidade ética e pública, que leva em consideração a complexidade do processo de educar sem aplicar simplificações escolares. E, aqui, a organização não é um elemento neutro: é preciso garantir o máximo de compatibilidade viável entre os vínculos das crianças e os do ambiente. É preciso encontrar a tipologia organizativa adequada,[414] que permita sua concretização; trata-se de algo decisivo.

---

413 Para aprofundar esta ideia, *vide* Pierre Lévy, 1996.

414 Sobre a organização escolar idealizada por Malaguzzi para realizar coerentemente essas ideias, basta se recordar da ideia da inclusão do ateliê e da figura do atelierista, da dupla educativa em cada classe, da participação ativa das auxiliares e das cozinheiras na vida educacional, e de toda a ideia da participação e da gestão social nas instituições educativas.

A escola não pode ser uma organização que apenas cubra a urgência das necessidades básicas, em uma espécie de concepção universal da Educação Infantil como assistencialismo. É uma questão política que Malaguzzi, internacionalmente, critica. E a crítica se dá porque as instituições criadas são, na opinião dele, pobres, feitas para uma criança sem recursos, uma criança desacreditada, uma tábula rasa, que oferece pouco e à qual, em consequência, não é preciso fornecer muito para que se entretenha. Contra isso, Malaguzzi brigaria durante toda a sua vida.

Nessa ideia de dar o máximo às crianças, porque elas têm direito a isso, Malaguzzi repudia todas essas posturas caritativas contra uma imagem de criança que deve ser protegida constantemente dos perigos que a espreitam em uma sociedade atroz. Essa é uma concepção que Malaguzzi despreza. Vejamos algumas palavras significativas a respeito dos "telefones azuis",[415] de socorro para as crianças, que começaram a se propagar na Itália, ao final dos anos 1980:

> Como vocês, eu soube da instalação em Bolonha de um telefone azul. E, pelos jornais, sei que funciona. Não sei como. Nem sei quais efeitos produz. Nem sei a que se propõe.
>
> Não sei – diante da gravidade do fenômeno da violência no âmbito da infância – se um telefone..., porque não é mais do que um telefone. Um objeto que faz o que faz. Um objeto até surrealista e metafísico. Um símbolo preocupado e impotente, que torna chamativa a assimetria entre o drama e a comédia.

[415] N. do E.: trata-se de uma entidade sem fins lucrativos para defesa dos direitos da infância, tendo sido reconhecida pela ONU anos após sua criação. Segundo o *site* da organização, seu intuito é possibilitar a denúncia de abusos e maus-tratos sofridos por crianças e adolescentes, mediante ligação ao número fornecido. Foi fundada na Bolonha, capital da região da Emília-Romana, na qual o município de Reggio Emilia está localizado.

> Se logo o telefone azul se transformar em um depósito de polêmicas – como ouvi dizer – contra as instituições infantis, descritas como demoníacas e como máquinas trituradoras de crianças, bem, terá de se começar a pensar em quais fantasmas estúpidos e funestos se movem dentro e por detrás desse instrumento. Estamos na Arca de Noé, e não há necessidade de se dizer mais nada.
>
> A multiplicação dos pães e dos peixes foi boa. Mas Deus nos livre da multiplicação dos telefones azuis, especialmente dos azuis![416]

É a partir da década de 1990 que Malaguzzi se aprofundaria com força ideológica e com reflexão filosófica no tema dos direitos da criança, aspectos que ficaram documentados no legado de *Uma carta para três direitos*.[417]

Nesse documento, Malaguzzi julga que as crianças devem ser consideradas detentoras e produtoras de cultura, que hão de ter o pleno poder de ser reconhecidas como sujeitos que ostentam direitos individuais, jurídicos e sociais. E, portanto, as crianças não apenas devem ser consideradas, mas, sim, reconhecidas, o que dá maior potencialidade a uma criança com individualidade própria e com direito a se relacionar para completar sua autonomia.

As crianças, portanto, para Malaguzzi, não são destinatárias ou objeto de necessidades, mas, sim, sujeitos com direitos.

> Quase sempre se identifica uma criança com mais necessidades de carinho, de custódia, de proteção e de cuidado do que de direitos.
>
> Uma criança objeto de uma ação educativa e receptora de atenção, mas quase nunca um sujeito de direitos. (Bonilauri, 1995, p. 8-9)

---

[416] Loris Malaguzzi, "I telefoni dell'Arca di Noè" ["Os telefones da Arca de Noé", em tradução livre], *Bambini*, ano IV, n. 2 (fev. 1988), p. 6-7.

[417] AA.VV., *Una carta per tre diritti*, *op. cit.*

Por isso, a criança – repetimos – passa de maneira explícita de ser um *objeto* de necessidades, que deve ser preenchido como se fosse um copo vazio, a ser reconhecida como sujeito de direitos, e, portanto, de exigências legais. Um sujeito incomodado com a capacidade de modificar nossas normas e nossas leis (embora não vote). O direito, para Malaguzzi,[418] pode conter a necessidade, mas a necessidade não leva ao direito. O reconhecimento dos direitos proporciona uma visão ética otimista e solidária da criança. Uma criança produtora de experiências, de teorias, de amizades e de erros, e não apenas consumidora desses aspectos. Uma criança protagonista de sua aventura de crescimento. Se apenas fosse consumidora, seria um ser sofredor e oprimido, algo que Malaguzzi repudia totalmente. O reconhecimento da criança como sujeito portador de direitos leva ao reconhecimento de sua identidade e de sua capacidade. Trata-se de um sujeito incomodado, inconformista, que exige mudanças e transformações importantes nas leis que a afetam e, sobretudo, na política educativa, que não é neutra em relação a esses direitos. Sua identidade se torna partícipe de relações e de comunicações múltiplas que formam o direito da criança de participar, no sentido de ser parte fundamental de algo, em uma relação do sistema de relações com os coetâneos, com os adultos, com as ideias, com as coisas e com os acontecimentos sociais.

O reconhecimento dos direitos da criança significa a declaração de sua extraordinária riqueza, que deve ser garantida e não ocultada por uma educação inadequada: "riqueza, força e criatividade extraordinárias, que não podem se ver negadas nem desiludidas sem provocar sofrimentos e carências, com frequência, irreversíveis".[419]

---

[418] Loris Malaguzzi, *Incontri Barcelona* (gravação em áudio de 10 de julho de 1989).
[419] AA.VV., *Una carta per tre diritti, op. cit.*

Entretanto, esse direito das crianças de desenvolver todas as suas potencialidades (suas cem linguagens) significa que os adultos devem – eticamente – privilegiar as formas autônomas de aprender das crianças, criando confiança e esperança em sua forma de conhecer, de construir cultura, e na maneira de contagiar a nossa.

> Uma prova de confiança, de esperança e de aprofundamento cognoscitivo da maturação e das lógicas internas das crianças: pronta para descobrir os buracos negros de nossa ignorância e pronta para colher todos os sinais, sobretudo, os novos, capazes de nos surpreender e de desenhar uma realidade de meninos e meninas que reclamam seu direito de serem considerados, por sua vez, sujeitos de direitos individuais e coletivos.[420]

Malaguzzi declara, nessa carta, o direito de que as crianças possam construir e coconstruir seu conhecimento, ou seja, sua cultura. Portanto, o direito de estabelecer suas pautas concretas de atuação, suas crenças, seus valores, seus símbolos imaginários e suas próprias formas de relação por meio de negociação e de confronto social, não em um processo de enfrentamento, mas, sim, de compatibilidade. A criança participante da cultura é, além disso, reconhecida como criadora de cultura.

Essa cultura, ligada à construção do conhecimento, sobre a qual já comentamos, significa um respeito aos processos de construção dos significados compartilhados e dos mundos possíveis, sem determinar, como no darwinismo, apenas os mais aptos. É reconhecer, nas palavras de Varela (1990), a capacidade inteligente de ingressar em um mundo compartilhado.

---

[420] Loris Malaguzzi, Marina Castagnetti, Laura Rubizzi e Vea Vecchi, "In viaggio coi diritti delle bambini e dei bambini", em *In viaggio...*, *op. cit.*, p. 9.

> O conhecimento é um processo de busca, de construção de sentidos compartilhados e provisórios, de mundos possíveis, não necessariamente verdadeiros, não necessariamente iguais.
>
> A busca e a cultura dos serviços educativos produziram algumas outras mudanças de perspectiva que ainda não estão plenamente acolhidas nos âmbitos da Educação Infantil e que se encontram claramente expressas na Carta dos direitos:
>
> - superação da contraposição entre individualidade e sociabilidade, termos historicamente vividos como opostos, contrapostos e inconciliáveis, o que dá uma visão da educação como campo de conflito entre a natureza e a cultura;
> - individualização da interação recíproca como característica fundadora e lugar de origem, tanto dos processos de formação da identidade quanto dos processos de formação do saber;
> - descoberta do outro como condição necessária para o próprio crescimento [...].
>
> A Carta dos direitos utiliza algumas categorias mais aglutinantes e introduz algumas palavras de clara reconciliação: diálogo, participação, tolerância, reciprocidade... Nesses termos, reside a força detonadora da Carta que, substancialmente, propõe uma nova ética da convivência. (Bonilauri, 1995, p. 11-2)

A ideia da construção do conhecimento e da identidade nos levam a fazer emergir esse direito, tão reivindicado por Malaguzzi, da subjetividade, esta como respeito do indivíduo, das diferenças e, também, de gênero.

> Temos falado de meninos e meninas porque, efetivamente, são portadores de concepções e pensamentos diferentes, provavelmente derivados de representações e de culturas, sensivelmente distantes, de si próprios e dos outros.[421]

[421] Loris Malaguzzi e Marina Castagnetti, *op. cit.*, p. 9.

Subjetividade como o direito de ser diferente, sem ser marginalizado ou separado dos cânones. Nesse respeito recíproco, a subjetividade se transforma em intersubjetividade. Dessa maneira, produz-se uma mudança epistemológica da filosofia da consciência à teoria comunicativa (Ursúa, 1993, p. 201), que significa que o sujeito tem que se entender com outros sujeitos sobre o significado do conhecimento e da ação com os objetos. Nesse sentido, essa carta respira um ar ecossistêmico no que se refere às ideias que se tornam complementares, em um processo de solidariedade e de integração do diferente como próprio:

> [...] ininterruptos processos de diferenciação e de integração com o outro para si e para as outras culturas.
>
> Direitos como desejo, como "posso fazer" e "não posso" ou "não devo fazer", como razão, como possessão legítima, como relação com o mundo de um ser que percebe e flutua entre a autonomia, a dependência, a liberdade e a relação, não disposto, no entanto, a tolerar um desconhecimento de suas subjetividades.[422]

Essa *Carta*, como vimos, lança uma grande aura de humanidade em dois principais motivos. O primeiro, porque, no significado de *direito*, inclui-se o conceito de acolhida ou adoção do diferente, das outras culturas, etnias e religiões. Essa amplitude, sem dar pleno poder a determinada postura, sem a impor, é um direito que as crianças procuram. O segundo, porque reconhece nas crianças uma diversidade que o adulto precisa – também como direito – para cumprir sua própria e inacabada humanidade. Escutando e compreendendo as crianças, como o fizeram Malaguzzi e seus colaboradores, aparecem as surpresas que suas ideias nos provocam – como voz –, que exigem ter direito de cidadania nas propostas e nas esperanças de um projeto

---

[422] *Ibidem*, p. 10.

de futuro que não poderemos construir sem elas e sem gerar injustiças, não apenas contra as crianças, mas contra toda a humanidade.

> De nossa parte, temos que dizer que as crianças nos ensinaram muitas coisas das quais não sabíamos e nos fizeram tomar consciência de quão pequena é a caixa de nossas ferramentas.
>
> O que mais nos impressionou é o sentido de justiça, de equidade, de maturidade social, de bom senso, de responsabilidade e de solidariedade que surge, como explosão, nos pensamentos e nos conceitos das crianças de nosso tempo.
>
> As crianças têm o direito de que as entendam e as respeitem mais pelo que valem.[423]

No desenvolvimento desse terceiro princípio de caráter ético, procuramos revelar o significado que, para Malaguzzi, tem o conceito de direitos da infância, uma ideia que tem a ver com o respeito e a consideração da criança como sujeito cultural e político.

Vejamos, agora, as estratégias concretas que atuam nesse princípio.

As estratégias do princípio ético 3

A criança é um sujeito de direitos históricos e culturais

Vamos desenvolver três estratégias fundamentais:

- *A defesa dos direitos das crianças, dos educadores, das famílias e das mulheres.*
- *A identidade da escola e da Educação Infantil.*
- *O desenvolvimento dos direitos da infância, tomando emprestada a voz de suas cem linguagens.*

---

[423] Loris Malaguzzi *et al.*, "In viaggio...", *op. cit.*, p. 10.

Primeira estratégia do princípio ético 3

A defesa dos direitos das crianças, dos educadores, das famílias e das mulheres

Malaguzzi destaca a impossibilidade de defender os direitos das crianças sem defender, ao mesmo tempo, os direitos dos educadores, das famílias e das mulheres.

Já comentamos como Malaguzzi dizia que não se pode falar da criança sem falar do homem, que o crédito que se dá à criança também tem que se conceder, de maneira recíproca e assimétrica, ao homem e à mulher. Contudo, falar dessa questão, no mundo educativo, significa fazer referência, sobretudo, aos educadores e às famílias, que são os grupos relacionais com os quais a criança primordialmente interage. Por esse motivo, Loris pensa que os direitos da infância não podem ser respeitados sem uma adequada defesa dos direitos dos educadores e das famílias. Portanto, a *Carta* da qual falamos revela uma *Carta para três direitos*: os direitos das crianças, os direitos dos educadores e os direitos das famílias.

O importante, agora, nesta estratégia, é entender a interdependência sistêmica que, para Malaguzzi, têm os três direitos, os quais são três reconhecimentos subjetivos e intersubjetivos de sujeitos históricos codependentes.

> Mas até que a organização do trabalho da cidade não esteja feita para o homem, a escola e os serviços sociais não estão feitos para as crianças. Enquanto isso, a batalha pela humanização da vida deve ser travada dentro e fora da instituição educativa.[424]

---

[424] Loris Malaguzzi, "Una occasione da non perdere" ["Uma oportunidade que não se pode perder", em tradução livre], *Riforma della scuola*, n. 12 (dez. 1978), p. 19.

Vamos por partes. Por um lado, Loris sabia muito bem que a imagem e os direitos da infância estão ligados aos direitos, sobretudo, da mulher. Por esse motivo, a experiência reggiana se encontra tão vinculada às lutas sociais e culturais dos movimentos e das lutas feministas. Por outro, Malaguzzi tinha consciência da inferioridade de prestígio e de consideração que a mulher tem nas diferentes culturas atuais e a falta de reconhecimento que, historicamente, tem sofrido.

Em quase todos os países, comenta,[425] também nos denominados desenvolvidos, as famílias são um substituto de instituições públicas que não existem. As famílias e, em particular, as mulheres suprem essas instituições educativas inexistentes. Esse assunto é muito evidente, por exemplo, em relação à falta de vagas escolares para meninos e meninas em idade de Educação Infantil. Assim, a mulher se vê obrigada a realizar uma dupla jornada: fora e em casa, principalmente atendendo a filhos e filhas pequenos. Esse fato é mais problemático com as mudanças sociais da família e com o aumento de separações e de divórcios. Nesses casos, sobretudo, as mães se veem obrigadas a ter uma sobrecarga de funções.

Desse modo, em diferentes culturas e países, pelas condições sociais ou pelas interpretações psicológicas (há quem diga que a defesa da importância afetiva do binômio mãe-filho é uma questão política e econômica antes da psicológica, e que essa declaração está, de maneira intencional, postulada com o objetivo de manter a mulher em casa, cuidando dos filhos, para evitar que ocupe vagas no mercado de trabalho ou aumente as estatísticas do desemprego), a mulher e o maternal estão ligados à criança, e ambas as imagens (infância e mulher) e ambos os reconhecimentos estão, inevitavelmente, unidos. Ainda devemos nos lembrar de que Malaguzzi

[425] Loris Malaguzzi, *Incontri Barcelona* (gravação em áudio de 4 de julho de 1988).

(conforme uma das muitas conversas mantidas com ele) acreditava que a esposa do então recém-eleito presidente dos Estados Unidos, Hillary Clinton,[426] por sua capacidade e influência na política norte-americana, conseguisse elevar a imagem e o reconhecimento das mulheres de todo o mundo.

Por isso, para Loris,[427] é importante desenvolver, com o reconhecimento dos direitos da infância, uma declaração dos direitos da mulher. E, ao mesmo tempo, é preciso analisar e refletir sobre as diferentes mudanças na estrutura e na organização das famílias e dos lares em que as crianças vivem. Famílias diferentes, por causa da diminuição dos matrimônios, do aumento nos divórcios e das novas formas de convivência. Hoje, de acordo com Inés Alberdi (1999), podemos falar de uma família indecisa – dominada pelas dúvidas –, narcisista – por seu estilo de vida –, precária – pelas crescentes rupturas –, e democrática – pelo respeito a todos os seus membros dentro do lar. Atualmente, a estrutura, o tipo e a organização das famílias e dos lares estão mudando de forma vertiginosa. A proliferação de famílias monoparentais (de cada 11 famílias monoparentais, 10 são comandadas por mães solo), de maus-tratos, das uniões estáveis, da aparição de *pais* e *mães* diferentes dos biológicos, do aumento da esperança de vida, da baixa natalidade, da mudança das formas de convivência, da redução do tamanho dos lares etc. leva a conceber novas necessidades e, sobretudo, novos direitos. Direitos que devem ser levados em conta, segundo Loris, pelas instituições

---

[426] N. do E.: cabe lembrar que, além de esposa de Bill Clinton (o qual sofreu um processo de *impeachment* em razão de seu caso extraconjugal com Monica Lewinsky, ocorrido dentro da Casa Branca, algo que não causou o divórcio do casal), Hillary foi candidata à presidência dos EUA em 2016, tendo perdido a disputa para Donald Trump. Ademais, Hillary foi senadora e secretária de Estado.

[427] *Ibidem*; e Loris Malaguzzi e Sergio Spaggiari, *Participación en el 10º aniversário de las Escuelas Infantiles Municipales de Pamplona* (gravação em vídeo de 28 de maio de 1990).

educativas, no momento de reconhecer e de formular os direitos da infância.

Malaguzzi também sabe que o prestígio e os direitos da infância estão ligados ao prestígio da própria profissão. Uma profissão que, no que tange à Educação Infantil, está, praticamente – em todo o mundo –, monopolizada por mulheres (as estatísticas trazem 97% de profissionais do sexo feminino). O pedagogo reggiano sabe que uma imagem pobre de criança, com poucos direitos e pouco prestígio, corresponde à imagem social, cultural e política de uma professora parcamente formada (lembremo-nos de que, na Itália, a Educação Infantil é uma das possíveis ofertas da educação secundária), com pouco prestígio e com pouco salário. E recordemo-nos de que, inclusive, existia a figura do assistente[428] (até 1978), de categoria inferior que a do *educador*, que tinha a função de

> acompanhar as crianças ao ônibus escolar, supervisionar a entrada e a saída das crianças, observá-las durante as refeições e as visitas médicas, ajudá-las na utilização dos serviços sanitários e "colaborar" com a educadora, mas sem "substituí-la" nunca.[429]

O *regulamento* reggiano de 1972 (Municipio di Reggio nell'Emilia, 1972) antecipa a lei italiana nº 463, de 9 de agosto de 1978 (Gazzetta Ufficiale Della Repubblica Italiana, 1978), que, de uma vez por todas, elimina a figura da assistente e do *educador adjunto*, uma figura cujo papel desvaloriza as próprias possibilidades educativas da escola e do direito das crianças a serem educadas com dignidade. Por esse motivo, àquela altura, Malaguzzi comemora o advento de tal lei.

> Efetivamente, pelas boas ou pelas más [razões], caíram muitas aberrações da anterior 444, em nome

[428] N. do E.: no Brasil, em algumas instituições de ensino, esse papel é desempenhado pelo inspetor de alunos e pelo agente escolar.
[429] Loris Malaguzzi, "Una occasione...", *op. cit.*, p. 19.

> de incríveis atitudes de teorizações e de poderes político-pedagógicos, como o papel da assistente (destinada ao corpo) e o da educadora adjunta (humilhada como suplente, exaltada como executiva e degradada como secretária).[430]

Por esse motivo, também, a prefeitura de Reggio Emilia reconhece paridade salarial às educadoras de 0-3 e às de 3-6. A legislação italiana, nesse sentido, atribui uma categoria inferior às educadoras das escolas de 0-3 anos, em relação às das de 3-6 anos, e, com base nesse critério, chega o auxílio econômico nacional às prefeituras. Por decisão própria, o município de Reggio Emilia, coerente com a política social e educativa que defende, complementa tal orçamento, para estabelecer os mesmos salários. Como estratégia de reconhecimento para a profissão, é algo de vital importância.

Pelos mesmos motivos de base, antecipando-se à lei destacada de 9 de agosto de 1978, e desafiando a lei 444 de 1969, o regulamento de 1972 (resistindo a alguns processos judiciais) traz o veto nacional contra o fato de o educador homem fazer parte da profissão. A entrada do educador homem, além de ser o reconhecimento de um direito constitucional, possibilita uma afirmação de prestígio da própria profissão. Não porque as mulheres não tenham extraordinárias capacidades para realizar um trabalho educativo adequado, mas, sim, porque Malaguzzi pensava que a sociedade não valorizava da mesma maneira o trabalho e as profissões realizadas por homens e por mulheres.

> Referimo-nos à lei sobre a igualdade dos direitos homem/mulher que, formulada e apresentada em outro lugar, arrastou consigo, vencendo todas as velhas resistências oficiais e não oficiais, também o mundo da escola de Educação Infantil, legitimando a entrada do educador homem.[431]

---

[430] *Ibidem.*

[431] *Ibidem.*

> O problema que você suscita é um problema que na realidade está em um mundo que já está construído, porque é um mundo já designado. Designado por casualidade? Não. Não é por acaso que está designado ao mundo feminino. A grande mudança virá no dia em que a educação da criança seja considerada tão importante, ao menos, como as outras etapas educativas. Esse dia permitirá que a educação da criança seja uma profissão que se aplique ao mundo masculino. Portanto, acredito que mulheres e homens têm de trabalhar juntos pela educação da criança. Esse será um grande dia, porque terá significado um grande passo para a frente.[432]

Nesse caso, é preciso, além disso – para o pedagogista reggiano – conseguir que a própria profissão adquira prestígio. Contudo, é provável que isso aconteça quando a profissão adquirir sentido para os próprios professores. Um sentido humano, e não apenas didático. Um sentido igual ao que as crianças procuram. Um sentido que também seja procurado com a cumplicidade das famílias. Uma valorização que evita deserções no campo profissional.

> Até há alguns anos, diversas leis proibiam que um educador homem pudesse ensinar crianças. Eram leis de enorme estupidez, que nós, com cuidado, transgredíamos energicamente, sem que as ameaças nem as circulares do Ministro da Educação conseguissem nos assustar. Hoje, já não existe tal proibição. Porém, existem outras razões que tornam difícil, quiçá impossível, recrutar docentes homens para as escolas de Educação Infantil. Esse significativo (anômalo) fato se agrava porque, em alguns países da Europa (e de outros continentes), já é difícil recrutar educadoras mulheres para as escolas de infância; algumas, assim que conseguem, abandonam o trabalho.

[432] Loris Malaguzzi, em Carlo Barsotti, *op. cit.*

> Existem muitos motivos que podem explicar esse fenômeno. Mas o que se paga, e o que as crianças pagam, é, em suma, a perda de dignidade da escola, dos educadores e de toda a cultura da infância.[433]

A desvalorização da imagem social do professor e da professora, associada à sua desconsideração social (Esteve, 1991), provoca um desânimo e um nível de autoestima muito baixo, o que faz o professorado não acreditar em suas próprias possibilidades. Isso torna a categoria insegura e dependente dos chamados especialistas educacionais. Por esse motivo, Malaguzzi tratou de aumentar o prestígio dos educadores construindo um perfil de profissional, que é o que temos explicado, um profissional que encontra sentido em sua formação no próprio trabalho. Um papel primário com o qual Malaguzzi, como já comentamos, foi exigente, não por acreditar, como algumas correntes de pensamento dizem, que a escola é culpada de todos os males da sociedade, mas, sim, porque tem em alta estima o prestígio do trabalho das educadoras, das quais, para não depreciá-las, exige elevada qualidade e dedicação profissional.

> O fio de Ariadne[434] como metáfora do adulto, fundamentalmente um papel desenvolvido pelas educadoras em geral, e pelas de Reggio em particular, para dar orientação, sentido e valor à experiência das

[433] Loris Malaguzzi, "La storia, le idee...", *op. cit.*, p. 86.

[434] N. da T.: na mitologia grega, conta-se que Ariadne deu um novelo de fio de ouro a Teseu, que iria enfrentar o Minotauro em um labirinto. O animal, a cada ano, alimentava-se de jovens como tributo e era impossível, uma vez no labirinto, conseguir sair. Após derrotar o Minotauro, Teseu conseguiu encontrar o caminho seguindo o fio de ouro até a saída. Ainda hoje, o fio de Ariadne é muito citado nas esferas da filosofia, da ciência, da espiritualidade etc. Ele é diretamente vinculado ao símbolo do labirinto, visto como a imagem com a qual é tecida a teia que guia o homem em sua jornada interior, ajudando-o a desenredar o caminho labiríntico percorrido em busca do autoconhecimento. O termo também é, muitas vezes, usado para descrever a resolução de um problema em que se podem usar diversas maneiras óbvias, por meio de uma aplicação exaustiva da lógica por todos os meios possíveis.

> escolas e das crianças. Educadoras como as que constroem e constituem as redes e as conexões, a trama das relações, para transformá-las em interações e comunicações significativas.
>
> Educadores que, na maioria das vezes são mulheres, orgulhosa e generosamente, mulheres [...].
>
> Um papel (o do educador) de grande protagonismo e de grande *respeito*.
>
> Um respeito não dirigido formalmente ao "papel", segundo uma iconografia clássica que vê o educador como respeitável por natureza. Trata-se de um papel que foi, pouco a pouco, desmoronando para dar lugar a um perfil profissional não muito apreciado e com baixa autoestima [...].
>
> A definição de sua identidade profissional não se produz, portanto, em termos abstratos, mas dentro do contexto, ou seja, em relação com os colegas, com os pais e, sobretudo, com as crianças. (Rinaldi, 1998, p. 198)

Segunda estratégia do princípio ético 3

A identidade da escola e da Educação Infantil

Se falamos da identidade da criança no pensamento e na obra pedagógica de Loris Malaguzzi, devemos falar, agora, de uma identidade correspondente de escola de Educação Infantil.

Para Malaguzzi, a escola de Educação Infantil é, por sua vez, um serviço social e educativo. Social, porque deve levar em conta, ao mesmo tempo, os direitos das crianças, os dos educadores e os das famílias. Pais e mães têm direito a trabalhar e, portanto, a poder contar com adequados serviços para a infância, que sejam compatíveis com sua organização laboral.[435] Trata-se de um direito comum

[435] Loris Malaguzzi, "Una occasione...", *op. cit.*, p. 19.

a crianças e a adultos. Por conseguinte, Loris acredita que é preciso ter disponíveis serviços ou instituições educativas que possam educar adequadamente as crianças e atendê-las, na ausência de pais e mães trabalhadores. Não significa que todas as crianças devam permanecer excessivas horas em instituições. Malaguzzi acreditava que a criança precisa, para seu desenvolvimento adequado, permanecer um tempo significativo com sua família; para o educador, o problema não deve ser simplificado, mas, sim, tratado de forma sistêmica e global, levando em consideração a diversidade das situações, das necessidades e dos direitos que se cria em um mundo laboral tão diversificado e ao que não se pode aplicar soluções unívocas. Dessa perspectiva, é importante conciliar o mundo social, o laboral e o educativo com a necessidade de ócio e de tempo livre dos pais e, principalmente, das mães, que devem continuar se cultivando como pessoas, além de progenitoras.

Em contrapartida, as instituições públicas – como as escolas de Educação Infantil – estão debaixo das demandas das famílias.[436] E esses serviços não podem ser vistos apenas como uma consequência social da incorporação da mulher ao trabalho, mas, sim, como o dever social de potencializar o trabalho feminino.

Tudo isso quer dizer que os serviços educacionais, sobretudo os dedicados à primeira infância, têm, sob o plano político, uma função de contenção – real ou virtual – e de controle sobre a possível demanda. De fato, é uma demanda irreal, contida pelos altos preços que os usuários devem pagar pelo uso desses serviços, ou porque são inadequados, do ponto de vista educativo.

Nesse contexto, os serviços educativos para a infância não servem apenas para fomentar o trabalho feminino e a sua própria

---

[436] Loris Malaguzzi, *Incontri Barcelona* (gravação em áudio de 4 de julho de 1988), *op. cit.*

formação como um bem social. Devem ser contextos educativos complementares à educação familiar, que ajudem a desenvolver capacidades e potencialidades do ser humano desde o seu nascimento.

Durante os primeiros anos de vida, estabelecem-se as bases da personalidade, da inteligência, das emoções e das atitudes sociais dos seres humanos. Nesse momento da vida, é quando se configuram a maioria das células cerebrais e das conexões neuronais. Para que esse acontecimento se consolide, são necessárias uma alimentação e uma saúde adequada. No entanto, não apenas isso. Muitas pesquisas de grande prestígio revelaram o quão também é importante que meninos e meninas disponham – desde o nascimento – de um tipo de interação social e de um ambiente adequado e competente de aprendizagem, que os ajude a desenvolver as enormes potencialidades com as quais chegam ao mundo.

Como afirma José Rivero (1998), aquelas crianças que desfrutam de uma interação estimulante com os demais – além dos brinquedos e de uma boa nutrição – mostram um melhor desenvolvimento das funções do cérebro aos 15 anos de idade.[437] Outro importante estudo, desenvolvido nos Estados Unidos (Myers, 1998), revela como pessoas, provenientes de um bairro de baixa renda, que receberam uma educação adequada desde pequenas conseguiram – aos 27 anos de idade – um nível de escolarização significativamente superior, salários mais altos e uma menor dependência dos serviços sociais do que os jovens que não tinham tido a oportunidade de acudir a esses centros educativos durante os primeiros anos.

[437] Citado por José Rivero (1998). Estudo de Carnegie Corporation of New York em 1994: *Starting Points: Meeting the Need of Youngest Children* ["Pontos de partida: conhecendo a necessidade das crianças mais novas", em tradução livre] (*vide* Aparna Mehrotra, 1998).

O relatório à Unesco da Comissão Internacional sobre Educação para o Século XXI (popularmente conhecido como Relatório Delors, 1996), destaca a importância da educação na primeira infância, afirmando que

> [...] pôde ser comprovado que as crianças que recebem uma educação destinada especialmente à primeira infância estão, favoravelmente, mais dispostas à escola, e é menos provável que a abandonem de forma prematura, em relação àqueles que não tiveram essa possibilidade.[438]

Outros trabalhos realizados em nove países (Myers, 1998) demonstram que uma nutrição adequada, uma boa saúde, o amor, o afeto e o cuidado corporal são importantes, mas insuficientes para um desenvolvimento adequado do ser humano. Algo mais faz falta; esse "algo mais" é a educação.

A educação pressupõe a sabedoria de *conduzir para fora*, de maneira equilibrada e sem falsas precocidades, as capacidades de meninos e de meninas desde o seu nascimento, riquezas que, cada vez mais, surpreendem educadores, psicólogos, pedagogos e pesquisadores. Portanto, é uma prioridade que os países e as comunidades locais pensem em projetos de educação que assegurem o futuro de todas essas potencialidades das quais falamos.

Chegou o momento de romper com os estereótipos sociais e de fazer ciência da educação desde as primeiras idades, assim como desenvolver todas as capacidades infantis por meio de projetos pedagógicos. É a partir desse ponto que a Educação Infantil deve buscar sua identidade.

Existe outro tópico – basicamente político, comenta Loris –[439] que afirma que a Educação Infantil e, sobretudo, os serviços

[438] Jacques Delors, *La educación encierra un tesoro*, Madrid, Santillana, 1996, p. 127.
[439] Loris Malaguzzi, *Barcelona* (gravação em áudio de 4 de julho de 1988), *op. cit.*

educativos para a primeira e a segunda infância são muito caros. Quase se fala de um desperdício orçamentário. A Educação Infantil constitui a base de todo o sistema educacional. Um investimento adequado nessas primeiras idades ajuda a prevenir problemas posteriores, quando já é muito difícil intervir e se torna inevitável gastar muito mais dinheiro: fracasso escolar, inadequação social, vícios etc. Fala-se de um desperdício econômico, mas o que dizer do gasto universitário? E do desperdício econômico e pouco eficaz do uso dos recursos existentes? Malaguzzi fala de um desperdício econômico e das potencialidades humanas quando não se investe de forma adequada na educação ou quando se fala de estabelecer uma série de requisitos mínimos. E esse é um verdadeiro desperdício financeiro, porque é um investimento que não respeita nem os direitos da infância, nem suas potencialidades.

> Além disso, acontece que, quando alguém tem a preocupação – admirável – de introduzir qualidade nos serviços infantis, logo se pensa na individualização dos indicadores de qualidade para melhorar os benefícios educacionais. Assim, comete-se, impunemente, um erro imperdoável. Limitam-se a apontar os padrões mínimos, os parâmetros elementais, abaixo dos quais não é decente cair, solicitando unicamente satisfazer as normas mínimas aceitáveis dos "serviços".
>
> E, isso, por quê?
>
> Porque existe a opinião geral de que "as crianças se contentam com pouco".
>
> Eu acredito que esse enfoque precisa ser mudado, embora tenha se revelado útil para as situações mais desfavoráveis, e que chegou a hora de reivindicar para as crianças a satisfação plena de seus direitos, para que seja dado às crianças pequenas, por fim, a oportunidade de ter o que merecem: o melhor. (Spaggiari, 1998, p. 21)

A Educação Infantil não pode ser vista apenas como uma demanda individual ou uma necessidade social. Uma ideia como essa repercute negativamente na imagem da infância. Essa questão leva, de maneira inconsciente, a simplificar e a reduzir as potencialidades infantis. Como comentamos, é preciso passar de uma infância das necessidades a uma infância dos direitos, que, pelas atuações práticas, não leve a desvalorizar os recursos e as potencialidades de meninos e de meninas desde o nascimento. Isso reivindica uma ética da qualidade dos serviços para a infância. Nesse ponto, é oportuno – destacava Malaguzzi –[440] lembrar as palavras de Peter Moss (professor de Atenção para a Primeira Infância no Instituto da Universidade de Educação de Londres e ex-coordenador da Rede de Atenção para a Infância da Comissão Europeia): *os governos cuidam mais da qualidade dos detergentes do que da qualidade das escolas*. Esse ponto se conecta com a ambiguidade do termo *qualidade* na Educação Infantil, um termo que deve ser confrontado com base em uma complexidade de parâmetros e, em especial, olhando para as diferentes experiências nacionais e internacionais de qualidade reconhecida.[441]

Apesar dos diversos avanços científicos, psicológicos e pedagógicos, a imagem da criança de Educação Infantil – ratifica Malaguzzi – é uma imagem pobre. Uma imagem encarecida de caráter político e ideológico. E assim interessa que seja, porque, por

---

[440] *Ibidem*.

[441] Peter Moss, "Más allá de la cuestión de calidad" ["Muito além da questão de qualidade", em tradução livre], *Infancia*, n. 55 (maio/jun. 1999), p. 32-37; Gunilla Dahlberg, Peter Moss e Alan Pence, *Beyond Quality in Early Childhood Education and Care* ["Além da qualidade na educação e cuidado na primeira infância", em tradução livre], Londres: Falmer Press, 1999; Peter Moss e Alan Pence (ed.), *Valuing Quality in Early Childhood Services* ["Valorizando a qualidade nos serviços de primeira infância", em tradução livre], Londres: Paul Chapman Publishing, e New York: Teachers College Press; Gunilla Dahlberg, Peter Moss e Alan Pence, *Més enllà de la qualitat. Perspectives postmodernes* ["Além da qualidade. Perspectivas pós-modernas", em tradução livre], Temes d'infància ["Temas da infância", em tradução livre], Barcelona, 1999.

meio de uma imagem exígua do menino ou da menina, pode se oferecer uma escola pobre, com poucos recursos e com profissionais de baixa formação.

É preciso recuperar ideologicamente um tipo de Educação Infantil que valorize a cultura da infância, sua forma de ver o mundo, que não seja manipulada pelos desejos e pelos problemas do mundo adulto de conduzir meninos e meninas em direção a modelos pobres e preestabelecidos. Um tipo de educação que escute os direitos da infância e participe deles.

A fim de encontrar uma identidade aos serviços educativos para a infância, Malaguzzi também fala de alguns riscos nos quais a Educação Infantil pode cair, com o risco de perder sua própria identidade, diferentemente de outras etapas educativas:

a) O *assistencialismo*. Em outras palavras, oferecer às crianças uma instituição unicamente materno-assistencial de cuidados, com foco em cobrir as necessidades básicas de meninos e de meninas, sem nenhuma preocupação no que tange ao âmbito educacional. As crianças são largadas em berçários. Contra o assistencialismo, Malaguzzi não economizou nenhuma crítica, nenhum impropério. Para ele, é uma espécie de câncer, que deve ser eliminado da sociedade. Já falamos das primeiras experiências nas *colônias de férias*, nas quais Malaguzzi trabalhou para fazê-las emergir, também, dos modelos assistenciais nos quais estavam imersas. E, desde o início da experiência nas escolas, Malaguzzi quis consolidar um modelo com base na experimentação e na investigação "científicas", como uma forma de exaltar o não assistencial. O assistencialismo, para Loris, é um desperdício econômico e cultural, que deve ser eliminado pela raiz.

> A lógica do não assistencialismo é a que permite acabar com tudo o que se encontra dentro de uma concepção subalterna e classista da educação, do educador, da criança e da família. A concepção assistencialista se vê confirmada pontualmente por uma literatura apologética[442] do retórico, por uma prática baseada no socorro e na suplência, e pelo fato de que circula uma imagem pobre da criança, sem que se tenha nem a consciência nem os instrumentos culturais necessários para mudá-la e resgatá-la.
>
> Sair do assistencial significa, sobretudo, exaltar a cultura e a ciência baseada nos fatos e contemplar, com uma preocupação lúcida, essas formas irracionais de "contracultura" que evocam mais as experiências intimistas e obscuras do que as vinculadas à consciência e à práxis objetiva. E, também, incrementar a comparação com as culturas e com as ciências de nosso tempo, dar lugar à ciência na educação, tirar da frente cultos inúteis do passado e passar de uma experimentação elitista e privilegiada a uma experimentação de massas capaz de revitalizar milhares de jovens docentes e as potencialidades, parcialmente desperdiçadas, de milhões de crianças e de jovens.[443]

O perigo do assistencialismo é que é um modelo onipresente, que contenta rapidamente as famílias e a sociedade quando as crianças são pequenas, e que faz os políticos lavarem as mãos, porque esses serviços, no fundo, são considerados, sim, de relevância política. Subjacente a tudo isso, há uma desconsideração em relação aos direitos da infância, esta que, quanto menor, mais destaca sua etimologia (*infans,āntis*: "que não fala").

---

[442] N. da T.: defesa persistente de uma doutrina, teoria ou ideia.

[443] Loris Malaguzzi, *Contenuti e finalità...*, *op. cit.*, p. 29-30.

> Para o velho marco assistencial, com seus aparelhos clientelistas e suas milhares de entidades inúteis, que desperdiçam bilhões, não está realmente desmontado, e seu destino está ligado à capacidade do corpo político [...].
>
> Os serviços sociais educativos às crianças, às famílias, à população não adquiriram ainda, sabemos muito bem, o direito de serem inscritos nas listas das *vozes produtivas*, as listas que a *moral* e *a economia mercantil* costumam declarar sagradas e intocáveis. Sabemos os riscos que correm e de que modo se viram deslocados, especialmente nos tópicos emergenciais e nos momentos de "vacas magras".[444]

Todavia, deve-se levar em conta que a educação se opõe, por natureza e função, ao *assistencialismo*. Assiste-se ao pobre, ao necessitado, ou se dá auxílio. Oferece-se caridade diante de uma chamada de socorro. É o mínimo que se quer dar para tranquilizar nossa consciência. E é porque o assistencial parte, contrariamente à concepção educativa, de uma imagem de infância pobre de recursos, que, pelo fato de ser menor (e quanto "*ainda menor*", mais fraco), pode e deve contentar-se com pouco, com o mínimo.

> Sabemos dessas coisas porque, de forma contínua [...], deve-se submetê-las a um rigor mais avançado e discriminante: o da *qualidade* dos serviços, da disponibilidade para projetar sua função à frente, para assumir até o final um papel de delicada responsabilidade. E para representar um dos muitos possíveis focos de dinâmica social em que os problemas não apenas sejam vividos,

[444] Loris Malaguzzi, "Tre questioni più una sui servizi sociali e educativi" 1 ["Três questões mais uma sobre serviços sociais e educativos", em tradução livre], *Zerosei*, ano 2, n. 11/12. (jun. 1978), p. 10-11; *vide* também Loris Malaguzzi, "Le grandi manovre della giungla assistenziale" ["As grandes manobras da selva assistencial", em tradução livre], *Zerosei*, ano 3, n. 1 (set. 1978), p. 6-7.

> mas, também, indagados, e em que a solidariedade e a participação sejam desenvolvidas.
>
> Um *discurso de compromisso* e de *investimento cultural*. Caso contrário, também os serviços acabam esgotando-se, frustrando-se, praticam um assistencialismo inerte e improdutivo e correm o risco de passar ao outro lado.[445]

O *assistencialismo* nos situa diante de uma criança – tábula rasa – repleta de necessidades que devem ser satisfeitas. E, com base nessas carências, são montadas instituições (e as consequentes *profissionais* menos formadas ou sem formação, e que recebem salários mais baixos) que tratam de cobrir os cuidados básicos a meninos e meninas. São os chamados "berçários",[446] que são depósitos nos quais os pequenos são deixados regularmente para serem atendidos enquanto seus pais trabalham.

O *assistencialismo* oferece o mínimo àqueles que, na verdade, deveriam receber o máximo: implica um desperdício econômico e cultural, porque despreza a perfectibilidade educativa do ser humano. Conforme comentamos, esse assistencialismo deve ser eliminado pela raiz.

O *assistencialismo* vê, inevitavelmente, a criança como um sujeito sem direitos. Trata-se, tão somente, de um sujeito cheio de atenções e de cuidados, mas esvaziado de direitos, de riquezas a expressar. O *assistencialismo* improdutivo se encerra em si próprio. Tudo acaba ali. Não há nada além. Ele é um emblema da falta de consideração e de respeito contra toda a humanidade.

---

445 Loris Malaguzzi, "Fuori i nidi dalla pedagogia sommersa" ["Abaixo as creches da pedagogia submersa", em tradução livre], *Zerosei*, ano 4, n. 2 (out. 1979), p. 2.

446 N. do E.: recorda-se de que se trata da realidade e da terminologia europeia, mais especificamente, da Itália e de Reggio Emilia.

Mas por que se fala do assistencialismo quando se refere aos serviços para meninos e meninas de 0 a 3 anos, e não em idades posteriores? Porque existem – ao menos – três ideias populares que induzem ao erro. Estas são as ideias e as respostas educativas a cada uma delas:

1. A primeira é confundir o educacional com o acadêmico ou instrutivo (com as tradicionais disciplinas escolares). Nessa hipótese, entende-se – exclusivamente – por educação saber matemática, ler e escrever, desenhar, montar quebra-cabeças etc., ao passo que o cuidado corporal, dar de comer, limpar a criança, corresponderiam a uma concepção meramente assistencial. Nada mais errado. Nessas idades, controlar os esfíncteres, aprender a comer juntos, lavar-se etc. são propostas que, realizadas com intencionalidade e consciência, são privilegiadamente educativas. As crianças exigem e têm direito de ser educadas em todas suas atuações vitais por profissionais titulados e formados da maneira adequada para educar a qualquer momento do dia.
2. A segunda é considerar que os horários e os calendários amplos implicam uma concepção mais assistencial. Meninos e meninas não separam os momentos educativos dos não educativos: qualquer momento do dia, da semana ou do ano é educativo, se há organização por profissionais adequados, com materiais idôneos e com boas proporções. Receber uma criança e sua família, oferecer possibilidades e recursos variados, iniciar relações e amizades não são ações que dependem de horários nem de estações, mas, sim, têm mais a ver com considerar o serviço como uma oportunidade educativa para os meninos e as meninas.

A escola de Educação Infantil deve flexibilizar sua organização para tornar as circunstâncias familiares compatíveis com as laborais, o que não quer dizer – repetimos – que as crianças devam permanecer um tempo excessivo na instituição educativa, pois têm, também, direito a estar com seu pai e sua mãe. Contudo, essa função não é *assistencial*; é uma função social da escola. O educacional deve incluir o social e fugir da indigência do assistencialismo.

3. A terceira ideia, ainda vigente apesar dos avanços científicos, tem a ver com a consideração que as crianças tão pequenas deveriam estar com sua mãe (a melhor pessoa com quem poderiam estar, assim se pensa). A crença popular, que fez eco em certo tipo de psicologia e de política, acredita que, se esses meninos e meninas têm a má sorte de ter uma mãe que trabalha fora de casa, o melhor é que sejam atendidos, com muito afeto, em centros e por pessoas que possam assistir a essas crianças "desamparadas"; acredita que isso, essa assistência, é o mais importante (mais adiante, falaremos dessa questão ao tratarmos do risco do maternalismo). Muitas pesquisas mostraram – com rigor – as diversas vantagens que meninos e meninas têm ao frequentarem centros educacionais (que também são contextos socioafetivos) que complementem – e não incompatibilizem – a importante educação e o carinho familiar. As Escolas de Educação Infantil, além disso, mostraram-se eficazes ao permitirem a integração e a socialização das famílias, e de uma ajuda vital para que não se sentissem sozinhas na importante tarefa de educar seus filhos e filhas, havendo um grande sentimento

de solidariedade. Também não podemos nos esquecer de que nem todos os contextos familiares são adequados para o desenvolvimento de meninos e meninas (infelizmente, ainda não se erradicou os maus-tratos físicos e psicológicos contra as crianças). Os centros educacionais possibilitam – para essas crianças – contextos afetivamente seguros para poderem crescer e âmbitos com estímulos suficientes para poderem se desenvolver em harmonia.

Meninos e meninas não precisam de caridade nem de generosidade (por meio de projetos assistenciais) de ninguém, mas, sim, que se pleiteie que, como cidadãos e cidadãs, a sociedade os reconheça como sujeitos portadores de direitos, entre eles, à educação desde o nascimento. O reconhecimento desse direito é um imperativo democrático.

b) O que Malaguzzi batizou como uma *pedagogia pediátrica*, preocupada apenas com a saúde física de meninos e de meninas. Muitas vezes, torna-se incompatível a função sanitária com a função educativa. É preciso dar identidade educativa a essas instituições, sem cair no risco de que se transformem em centros de saúde. Malaguzzi costumava dizer que "onde se faz pediatria não se pode realizar pedagogia". De fato, uma das questões que mais surpreende do extenso organograma das escolas reggianas é que não existe a figura do pediatra. Sábio Malaguzzi. Isso não quer dizer que não exista um controle higiênico e de saúde das escolas, mas, sim, que são aspectos sempre olhados pela complexidade de um ponto de vista pedagógico. O ponto de vista pediátrico costuma ser o de alguém que vê, em qualquer canto da escola, riscos e perigos contínuos: risco de contágio, perigo de ficar doente, risco de bater, perigo de se machucar... Para Malaguzzi a pedagogia, por definição, é risco. E este, em uma medida justa e educativa, deve fazer parte da vida. Vida da qual não deve se proteger – salvo o que indique o senso comum – as crianças.

c) O risco do qual Malaguzzi chamava a *pedagogia de enfermaria*, referindo-se sobretudo a essa pedagogia terapêutica ou psicologicista, que parece apenas ver nas crianças anomalias, distúrbios, desvios, deficiências e *handicaps*, elementos diagnosticáveis principalmente por meio dos testes que Malaguzzi tanto odiava, com a consequente intervenção, a fim de "normalizar" a criança. Conforme mencionado, para Loris, não existe o *handicap*, mas, sim, o respeito a uma diversidade no que tange às grandes riquezas e potencialidades que todas as crianças do mundo têm a expressar, o grande respeito que a escola deve ter ao acolher essas diferenças e essas potencialidades. De certo modo, nesse sentido, Malaguzzi nos lembra das obras de Sacks (1987, 1997) e de Cyrulnik (2002). Esses autores, como Malaguzzi, partem de um grande respeito às diferenças individuais de cada ser humano e, com base nisso, de que cada um possa expressar essa riqueza em todo o seu potencial. Não admitem, eticamente, considerar qualquer criança como deficiente e intentam descobrir as riquezas subjetivas de todo ser humano, sem acomodá-lo em cânones impostos de algo externo a ele.

d) O *instrucionismo*. Malaguzzi repudia essa imagem de escola que, para justificar seu profissionalismo, introduz as crianças em um mundo de instruções e de programações curriculares, que as ensinam por meio de métodos e meios inadequados e pouco criativos (leia-se programações e cartões), conteúdos e objetivos dedutiva e tecnicamente marcados. Esse risco pode ser, em alguns casos, pior do que o do assistencialismo, porque entorpece o desenvolvimento de meninos e meninas. O adulto acaba sendo o que impõe os objetivos, os conteúdos e as atividades, sem levar em consideração a cultura da infância, seus interesses e suas expectativas. Esse instrucionismo apenas entretém ou adestra as crianças, mas não as educa. Malaguzzi, como vimos, mostrou-se contrário[447] a esse tipo de educação apenas instrucionista, que procura a produtividade de um ponto de vista orgulhoso e prepotente, que estabelece disjunções tabeladas, simplificadas nas próprias programações. Nesse ponto, Malaguzzi discrepou, com elegância, das correntes defensoras do instrucionismo italiano e, em especial, de alguns docentes da Universidade de Bolonha.

> Sempre corremos o risco de cair em uma espécie de disjunção contínua e obsessiva, e eu acho que também hoje, talvez, até o amigo [Franco] Frabboni[448] e eu caiamos nela involuntariamente, mas essa disjunção sempre está tão segura de si, tão absolutista, tão totalitária e com tantas preocupações... Eu acho que é um dos

[447] Loris Malaguzzi e Sergio Spaggiari, *Participación en el 10º aniversario de las Escuelas Infantiles municipales de Pamplona*, *op. cit.*

[448] N. do E.: importante pedagogo italiano, professor emérito da Universidade de Bolonha, cujo trabalho permeou fundamentos teóricos e empíricos da educação.

> mais repugnantes frutos da cultura italiana mais antiga, não apenas daquela pedagogia que nos faz pagar um alto preço, vital, não apenas na chave pedagógica, mas, também, nas outras chaves disciplinares [...].
>
> Eu gostaria de voltar a mencionar, de certo modo, os temas da teoria da complexidade, apenas de sugeri-los como temas sobre os quais se deve refletir, sem cair, de jeito nenhum, em misticismos nem em adorações novas, mas, sim, para eliminar as situações que tornam o nosso trabalho mais problemático e mais difícil. Para que a programação e a planificação não sejam instrumentos que garantam nossa insegurança interior, acredito que é preciso aderir, também, a instrumentos e ideias desse tipo.
>
> Vale a pena fazer essa adesão, se a programação e a planificação curricular não significarem preestabelecer os pontos de chegada [...].
>
> Por isso, também em respeito ao próprio léxico científico, a palavra *ciência* evoca espectros de excessiva adoração de tempos passados, e, hoje, poderia, inclusive, sugerir uma controversa e suspeita conduta.[449]

e) A *antecipação*. Esse risco é, em parte, consequência do anterior. Com ele, entendemos a inconveniente possibilidade de que a Educação Infantil se transforme em uma preparação para a educação primária.[450] Nesse caso, a Educação Infantil seria um *trailer* do que viria depois. Perderia seu próprio tempo e seu próprio espaço. Submeteria-se aos desígnios, ao parecer melhor, da educação posterior que, literalmente, aniquilaria as diferenças significativas e identificatórias que devem existir na Educação Infantil. Não

[449] Loris Malaguzzi, "Intervento" ["Intervenção", em tradução livre], em Lino Rossi (ed.), *Infanzia: educazione e complessità* ["Infância: educação e complexidade", em tradução livre.], Bolonia, Franco Angeli, 1988, p. 128-9.

[450] N. do E.: no Brasil, seria o equivalente ao Ensino Fundamental I.

é uma casualidade que as salas de Educação Infantil, nas escolas primárias, estejam localizadas física e psicologicamente abaixo das salas de educação primária.

> A lógica do não preparatório é o aviso de um símbolo de fidelidade e de continuidade que não tem (ou que tem cada vez menos) sentido em relação ao usual, ao persistente e ao tradicional, ainda mais se tudo isso revelar o injusto, o superado, o fracassado.
>
> Perguntar – em termos mais velados ou menos velados – se as instituições infantis basearam seu modelo no da escola primária é silenciar os problemas urgentes e, além disso, um paradoxo lógico, pedagógico e político. Lógico, porque o que vem depois é o que, de todo modo, tem que seguir o que vem antes, e pedagógico e político, porque o modelo da escola primária e de toda a educação básica – que, até agora, viu-se bem a salvo, até demais, das críticas e das demandas de reformas que insistem em vir, sabe-se lá por que, apenas até aqui – delineia-se contraditório, não apenas em relação às necessidades endógenas de renovação, que já não suportam outros tempos, mas, sim, ao projeto que estamos projetando.
>
> A lógica do não preparatório quer descobrir uma vontade para revisar, de maneira contínua, o estado dos fatos, sobretudo, para mudá-los, e a urgência de uma carga de contribuições originais a se ponderar.[451]

São palavras de 1975, nas quais ainda não tinham aparecido com força todas as teorias da complexidade. Malaguzzi, que, nesse momento, fala *demais* de continuidade, posteriormente falará muito mais de descontinuidade. Já veremos.

No fim da década de 1970 e início da de 1980, e, também, durante vários anos depois disso, na Itália, houve muitas correntes

[451] Loris Malaguzzi, *Contenuti e finalità dell'educazione...*, *op. cit.*, p. 30-1.

políticas e ideológicas que queriam antecipar a escola obrigatória para os 5 anos, rompendo com a tradição da Educação Infantil de 0 a 6 anos, que alguns municípios estavam desenvolvendo com força e com identidade, entre eles, o de Reggio Emilia. Nesse momento – e, agora, também se encontra à luz do âmbito político – desatou-se uma batalha social, política, parlamentar e cultural pró e contra tal medida. Não é preciso dizer que, para Loris, essa antecipação parecia uma aberração. Em diferentes fóruns e, sobretudo, por meio das revistas que o pedagogo reggiano coordenou, lançou-se mão de muitas polêmicas para provocar uma transformação social de tais pretensões partidárias e parlamentárias contra o que foi conhecido, naquele momento, como a "*primina*".[452]

> A escola da infância não é nem a escola preliminar, nem a de *cognitio inferior*,[453] nem a que vem antes da alfabetização cultural que marcaria a data da escola primária.[454]

f) A *precocidade* ou a *estimulação precoce*. Malaguzzi[455] conta que Jean Piaget foi ministrar uma conferência nos Estados Unidos e que, depois de ter apresentado sua teoria epistemológica baseada nos diversos estágios, um assistente levantou a mão, levantou-se e fez uma pergunta referente à possibilidade de antecipar e ensinar certos tópicos às crianças, para acelerar seu desenvolvimento e sua aprendizagem. Piaget respondeu com uma frase tão inteligente como célebre na América:

---

[452] N. do E.: escola primária.

[453] N. do E.: expressão em latim que significa "conhecimento inferior".

[454] Loris Malaguzzi, "Progettare l'uso del pensiero" ["Projeto do uso do pensamento", em tradução livre], *Riforma della scuola*, n. 11 (out. 1986), p. 30.

[455] Loris Malaguzzi, *Seminario rivolto agli educatori svedesi* (gravação em áudio de 28 de maio de 1992), *op. cit.*

"*É um problema somente americano*". Os estadunidenses (não todos), em sua pretensão de serem os melhores, os juízes do mundo e os dominadores do progresso, pretendem culturalmente demonstrar que podem acelerar a aprendizagem em relação aos tempos das crianças. Malaguzzi critica, com ironia, muitos livros de Glenn Doman,[456] que idealizou um método para ensinar a ler aos 2 anos ou para tornar a criança mais inteligente. Essa ideia de *precocidade*, aponta Malaguzzi, expandiu-se – como uma doença contagiosa – da América e dos países de cultura anglo-saxã ao Japão, e está começando a ter repercussão em alguns âmbitos europeus, que veem nela não apenas uma forma de desenvolver as potencialidades da crianças, como também um meio para transformá-la em um produto para vender seus "espetaculares" métodos. Malaguzzi afirma que isso é algo perigosíssimo, porque "empurra" a criança, roubando dela os tempos que a natureza e a infância concederam, em direção a uma série de aprendizagens – meramente instrumentais –, que são as que as famílias, de maneira injusta, solicitam para, em alguns casos, tentar destacar seus filhos de uma forma espetacular. Essa visão apenas instrumental da infância trata de treinar ou de adestrar a criança.

[456] N. do E.: fisioterapeuta que, com o psicólogo educacional Carl Delacato, fundou os Institutes for the Achievement of Human Potential ("Insitutos para o Desenvolvimento do Potencial Humano", em tradução livre), para tratar crianças afetadas por traumatismos cranioencefálicos. Eles seguiam a teoria da recapitulação, considerada obsoleta por diversas áreas e estudiosos. Doman publicou diversos livros cujo público-alvo eram os pais de crianças sem nenhum histórico de trauma. Os temas dessas obras permeavam um suposto desevolvimento mais acelerado de habilidades adquiríveis, como a leitura, o cálculo, a natação etc.

> *[...] fazendo-a aprender, com 6 meses, as diferenças de uma palavra escrita em quatro línguas. Mas é tudo fachada, dentro da criança nada fica. O importante é entrar dentro da casa, descobrir as riquezas que estão dentro da criança. Então, posso descobrir uma dimensão muito mais complexa, mais rica, mais capacitada para expressar dimensões diversas, originais, inéditas, não preparadas de antemão. Para isso, é importante respeitar a qualidade dos tempos e dos ritmos da criança, de cada criança.*[457]

Para se aprofundar nessa ideia e nessa crítica, Malaguzzi propõe[458] a distinção entre competência e habilidade. A habilidade, para o educador de Correggio, é apenas o domínio de conseguir algo por meio de algo; ressalta os resultados visíveis. A competência é algo muito mais profundo, mais extenso; consiste em saber fazer regras, em aprender a aprender, sendo o resultado de uma abstração em nível estrutural; fixa-se nos processos de aprendizagem, indo à sua raiz metacognitiva.

Critica os métodos de estímulo precoce porque apenas trabalham habilidades estúpidas: fazer torres de tantos andares, distinguir o nome de figuras geométricas etc. As crianças se transformam em animais de circo. O sentido de seu fazer e atuar no mundo é o que distingue fundamentalmente competência e habilidade. A infância, nos métodos de estímulo precoce – disfarçados de cognitivismo, mas com o coração behaviorista –, pressupõe uma forma violenta de proselitismo que deseja obter a aprovação das famílias, conquistando-as de uma perspectiva mercantilista e de produto. Uma ideia da infância consumista e produtora de cartões, de cadernos, de materiais escolares, mas não de processos. Acreditamos que é conveniente expor algumas palavras de Malaguzzi, longas, mas importantes, para tratar de compreender, em essência, o seu ponto de vista:

---

457 *Ibidem*.

458 *Ibidem*.

Ajudemo-nos por meio de um exemplo da poesia Zen. Há um verso que fala da árvore. Leio para vocês: "As árvores mostram a forma corporal dos ventos". Trata-se de um pensamento extraordinário. Um pensamento como esse jamais ocorreria no Ocidente, porque o pensamento ocidental está equivocadamente convencido de que o pensamento é, quase que com exclusividade, lógico-matemático. Não ocorreu a nenhum de nós dar forma ao vento. Interessa-nos se o vento é forte, quente ou frio. Mas, agora, nós propomos outra imagem: O vento pode ter forma? Os orientais encontram essa metáfora estupenda. Quando você vê, da orla, que a superfície do mar se agita e inclina a água, talvez nós apenas meçamos a força do vento, mas não nos damos conta de que essa é a forma que o vento tem. É verdade que o vento tem corpo, mas isso não interessa a ninguém. O vento é algo que pode nos incomodar, algo de que gostamos, ou algo que pode nos descabelar. Mas vocês devem saber que o vento tem corpo, uma vida. Mas a quem interessa? A lógica não nos levaria a essa ideia. É preciso uma metalógica, outra lógica, a menos valorizada e apreciada na educação.

Eu trouxe essa imagem porque, lendo algo de algumas crianças de 4 ou 5 anos, descobri coisas que se aproximam dessa ideia de poesia milenar que fala de que "as árvores têm a forma corporal do vento". Há uma criança que, sobre as árvores, diz: "A árvore tem a voz do vento". É uma expressão dificilmente transferível em nossa cultura. Apenas as crianças conseguem dar voz ao vento. Nós dizemos que faz ruído, mas não damos a ele uma voz. E é porque acreditamos que um pensamento desse tipo confirma que o conhecimento parte de nós como prioridade. É uma criação da criança. E a criatividade é um recurso que a criança tem. Isso quer dizer que, ao nos darmos conta, não assumimos as formas e os significados que vêm até nós do que é externo. Não somos imitadores de algo imposto de fora. E, assim, defendemos o axioma[459] de que cada criança é uma personagem criativa.

Não há nenhuma imagem externa que possa assimilar a árvore à voz do vento. Não é uma identidade externa.

[459] N. do E.: premissa tão verdadeira que não precisa de demonstração.

Se verificarmos isso a fundo, vocês verão que estamos tentando tratar dos negócios da criança. O que nos importa se a criança sabe 30 ou 300 palavras, ou que faça imitações? Tudo o que faz crescer a passividade da criança é algo infame. Deve-se lutar contra o conformismo que o tédio, a tristeza, a melancolia implicam.

Mas, se vocês permitirem, quero continuar lendo mais coisas sobre a árvore, para entender quanta energia criativa as crianças têm dentro de si e como podem fazer uma fusão entre uma criatura humana e outra que pertence à natureza. Se eu seguir a direção das crianças, isso me suscitará imediatamente outro problema, como o do animismo.[460] *Espero que vocês não o tenham perdido. Vocês deveriam pensar que todas as coisas têm linguagens e falam. Se vocês leem diversos livros de psicologia, por exemplo, os do grande Piaget, o animismo é visto como erro, como uma inabilidade da criança, e parece que a lógica é o único valor da sociedade ocidental.*

O fato de que crianças de 1 ano ou de 1 ano e meio coloquem a uma lanterna acesa no bolso é uma mensagem de tristeza para os lógicos. Mas voltemos às árvores.

Há crianças que sabem tomar distâncias irônicas em relação à árvore. E a ironia é um ato difícil, que não é atribuído à criança. A ironia nasce de um desapego da palavra, do pensamento. Uma criança diz: "As árvores nascem da chuva, não nascem com o leite e os bicoitos". Esse pensamento é extraordinário, porque a criança se desconecta, pega uma parte de sua vida e de sua experiência, e a conecta na árvore, ao crescer da árvore.

Outra criança, por exemplo, atende mais aos valores linguísticos. Em uma conversa sobre se a árvore é masculina ou feminina, diz: "Árvore é masculino. Eu nunca ouvi dizerem 'árvora'!".

Por sua vez, outra criança faz uma metáfora sobre a árvore no outono: "As folhas secam e, quando você vai com os pés, fazem 'crac crac crac'!". Essa metáfora foi retirada de uma situação [...].

---

[460] N. do E.: crença de que seres inanimados, animais, plantas etc. têm objetivos e interesses, ou seja, características humanas.

E quais são as árvores mais afortunadas? Essa é uma pergunta que as crianças se fazem. Para as crianças, as árvores mais sortudas "são os pinheiros, porque podem ser árvores de Natal". E uma menina adiciona: "porque também levam os anjos". Teria que discutir muito sobre o egocentrismo e sobre o animismo, que são estereótipos que os adultos ou educadores têm. Seria melhor que o adulto pensasse mais em seu egocentrismo do que no das crianças. O egocentrismo pode ser fruto da picaretagem da vida, de um vício na vida ou de uma relação difícil com a vida.

"Se uma criança pensa na árvore, a árvore pensa na criança. É preciso querê-la como amiga." Esse é o pensamento de uma criança que estimula um pacto de amizade com a árvore. É o máximo da negação do egocentrismo: se você pensa na árvore, esta pensa em você.

Essas são apenas algumas das capacidades de pensamento e das palavras das crianças. Porém, deve-se ter em mente que a palavra não indica uma coisa, não diz uma coisa.

Por convenção, dizemos "margarida", e há um significado. Mas, quando eu digo "margarida", há cem margaridas em minha cabeça: margaridas em um prado, uma só, no cabelo de uma menina, em um tapete, em um quadro, perto de uma papoula ou do trigo, em uma casa. E, além de todas essas margaridas, há outras que não podem ser expressadas por meio de palavras [...]. Há uma junção de sensações, de lembranças. E a margarida se transforma em um aglutinante histórico de sensações, de emoções e de percepções. Pode ser a protagonista de um romance. E essa é a operação que temos que fazer para ajudar as crianças a construírem seu conhecimento. Temos que ajudar as crianças a construírem imagens e palavras que não estão no dicionário. Devemos saber que o dicionário apenas é a centésima parte de uma realidade mais complexa. No entanto, o que ocorre é que as coisas que não se encontram no dicionário dificilmente são valorizadas na escola, porque não se atribui um valor quantificável a elas.[461]

[461] *Ibidem*.

Portanto, para Malaguzzi não interessa, como querem os métodos de estímulo precoce, que a criança saiba o nome de muitas flores e que possa distinguir, trivialmente, uma margarida de uma papoula. O que interessa a Loris é resgatar o sentido profundo dos significados das coisas que existem para a criança e que estão dentro dela esperando para serem solicitadas, a fim de saírem por meio de uma escuta culturalmente disponível. Mais uma vez, reproduzimos algumas de suas palavras em relação à experiência de algumas crianças da creche (0-3 anos) Rodari, que fizeram uma experiência com peixes:[462]

> Dizem que o mundo estreitou. Mas, na verdade, continua sendo muito amplo e distante.
>
> Se nós estamos aqui para enaltecer uma história de peixes e crianças, uma história humilde, que pulsa normalmente (e, talvez, por isso não seja visível para todos), em outro lugar, na Filadélfia – e a essas horas – um personagem inquietante e famoso, que se chama Glenn Doman, está realizando um desfile de prestígio para ensinar as mamães como se multiplica a inteligência das crianças.
>
> E, nele, desfilam, engatinhando, crianças de 7 meses que são capazes de escolher a cartolina com a palavra "*laranja*" em língua inglesa, depois, a palavra escrita em hebraico, e, depois, o ideograma japonês que designa a mamãe. E, também, pequenos de 2 anos que tocam violino e sabem relacionar quadros famosos com seus autores.
>
> O que faremos com nossas crianças, que não sabem inglês, nem hebraico, nem japonês, nem sabem tocar violino, nem usam os refletores parabólicos de Doman para ponderar sobre sua capacidade?
>
> Ficamos com nossas crianças queridas.
>
> O mundo é realmente amplo. Contudo, o mundo das crianças é, com frequência, curto e insuportável.[463]

---

[462] *I piccolissimi del cinema muto, op. cit.*

[463] *Ibidem*, p. 12.

g) As *atividades-vitrine.* Trata-se dessa série de ofertas que algumas escolas privadas oferecem para atrair clientes. Malaguzzi foi contrário a essas atividades com o único objetivo de serem mercantilistas, mas não construtivas.

h) O *maternalismo.* Ao considerar que a Educação Infantil, sobretudo a 0-3, deve substituir (já comentamos ao falar do risco do assistencialismo) a mãe ausente, falamos de um tipo de instituição que carrega sua função na relação afetiva de pessoa adulta-criança para evitar os traumas de uma separação precoce. Os meninos e as meninas, interativos e sociais desde o nascimento, aceitam as mudanças e distinguem as funções e as identidades das diferentes pessoas. É preciso atender à afetividade, mas não como um fim em si mesma, mas como motor, como mencionado, para um trajeto mais longo.

i) A *pedagogia da charcutaria.*[464] Com esse nome, Malaguzzi se refere a essa pedagogia por áreas de desenvolvimento, que divide a criança, fazendo-a perder sua unidade. Esse risco nos leva à carência de uma imagem indissolúvel da criança. Assim, há professoras que pensam que uma criança é diferente quando faz um quebra-cabeça, quando trabalha com barro, quando vai ao banheiro ou quando come. As crianças, diz Loris, não distinguem entre momentos educativos e não educativos. Os momentos de sono, banho e comida, entre outros, são situações de privilegiado caráter formativo. Tudo o que acontece na escola de Educação Infantil

[464] N. do E.: no contexto em espanhol, o estabelecimento em que são vendidos frios e embutidos de carne ou miúdos de porco. Em português, sua acepção também abrange a denominação do preparo destes produtos.

é de caráter educativo. Não devemos considerar tempos e espaços de educação privilegiada.

> A tese de uma cultura e de uma pedagogia que dividem, hierarquizam, autorizam ou negam [...] os modos, as qualidades e os espaços dos encontros e das conexões das experiências da criança com a multiforme natureza [...].
>
> Um objetivo [...] é destacar, com força, a necessidade de uma recomposição real dos reconhecimentos, dos processos e dos valores de formação da criança, de seu saber e de sua cultura [...]. Nessa tese, está implícita uma resposta decisiva à necessidade da criança de se sentir inteira. Para a criança, e, também, para o adulto, sentir-se inteiro é uma necessidade biológica e cultural: um estado vital de bem-estar.[465]

j) A *falsa separação de caráter social e educativo* das instituições. Por tudo o que foi destacado anteriormente, as instituições de Educação Infantil não podem separar sua função social e educativa. Têm que oferecer uma organização que possibilite o desenvolvimento das funções sociais (de atenção a meninos e meninas cujos pais e mães trabalham) e educativas. Sem a separação de profissionais nem de horários. Essa é a organização, como vimos, das escolas municipais da infância de Reggio Emilia.

k) O *risco da falsa continuidade e das macroescolas*. Existe a crença na sociedade, comenta Malaguzzi, de que o processo educativo deve ser linear e cumulativo; de que se deve ensinar coisas agora para que as crianças estejam preparadas depois; de que a evolução e o currículo

---

[465] Loris Malaguzzi, "Commentari" ["Comentários", em tradução livre], em *I cento linguaggi...*, *op. cit.*, p. 32.

escolar são contínuos. Diversas pesquisas demonstraram que os processos de conhecimento – como os processos evolutivos filogenéticos da espécie humana – são descontínuos, em saltos, caóticos. O fato de que meninos e meninas procedam de forma ordenada apenas satisfaz à comodidade das pessoas adultas, mas é algo antinatural. Por isso, a Educação Infantil não pode perder sua identidade educativa, transformando-se em uma preparação curricular que continuará no primário. Se meninos e meninas expressarem suas riquezas e suas potencialidades, os saltos ocorrerão sem problemas. Malaguzzi comenta que a criança consegue uma espécie de acordeão com uma abundância de registros[466] e que, depois, segundo as circunstâncias e os contextos da vida, saberá qual canção tocar e como.

Como dissemos, Malaguzzi ama as escolas pequenas, *familiares*. Para ele, é extraordinário que meninos e meninas possam mudar de lugar, de espaço e de escola: isso é a vida. Essa ideia favorece, além disso, as escolas pequenas como comunidades educativas, nas quais todos os meninos e todas as meninas conhecem todos os espaços e recebem um cuidado individual e nominal por parte de todas as pessoas do centro (professores, auxiliares de limpeza, cozinheiros). Esse clima favorece as riquezas diante dos monstros (assim deve vê-los um menino ou uma menina) escolares, e é preciso para estabelecer uma atitude de segurança e de confiança nos meninos e meninas, e um senso amplo de participação formal e informal nas famílias.

[466] N. do E.: na música, cada uma das subdivisões do intervalo entre a nota mais grave e a mais aguda de um instrumento ou da voz.

> Falar de continuidade, no momento, é algo além de uma hipótese formal e inconstante, admitindo que continuidade não queira dizer uma linha reta, que sempre está serena, nem que o que virá esteja escrito no que veio antes. A escola de Educação Infantil é um lugar privilegiado de busca e de mudança em torno de uma criança, de uma escola, de um educador, de uma expectativa, de uma família ou de um costume que, de modo muito sutil, exigem novas hipóteses.[467]

l) O *folclorismo*. Ou seja, cair nas modas passageiras. Ir atrás para abraçar, diante da insegurança dos vaivéns da profissão, as últimas modas pedagógicas que, normalmente, são promovidas pelas editoras, com base em interesses comerciais. A criança, em razão de declarados ou ocultos interesses comerciais, perde sua identidade e se transforma em um ser ser nominalmente anônimo. Ademais, a educação perde igualmente seu sentido ao perder sua identidade e se transforma em uma recompilação de "promoções a bom preço". A escola também se torna anônima; não tem um documento de identidade que defina seu projeto. E, havendo anonimato ou, pior, falta de identidade, aparece uma cultura que Malaguzzi define como *folclorista*, na qual parece que tudo pode ser feito, sem levar em conta os direitos das crianças, estes que são frágeis e vulneráveis.

Ficaram expostos alguns dos riscos que, segundo Malaguzzi, fazem a Educação Infantil perder a identidade. É imprescindível, para Loris, encontrar soluções que escolarizem meninos e meninas, mas em situações dignas, em instituições de qualidade, não de qualquer forma.

---

[467] Loris Malaguzzi, "Proggettare l'uso del pensiero" ["Projetar o uso do pensamento", em tradução livre], *Riforma della scuola*, n. 11 (out. 1986), p. 30.

Malaguzzi trata de remediar, de maneira coerente, os direitos das crianças. Para isso, é preciso – e assim o fez – conhecer adequadamente as potencialidades das crianças e de sua cultura; caso contrário, comenta, podemos cair nas incoerências de projetar situações inadequadas, violentas, injustas e discriminatórias em relação às capacidades infantis. A procura de uma identidade para a Educação Infantil, para as escolas de Educação Infantil, tem a ver com estabelecer uma reflexão adequada e reduzir as distâncias entre a teoria e a prática. Implica uma grande responsabilidade cultural, sabendo que a cultura não vem nem antes nem depois da criança, mas com ela. É preciso perguntar-se mais uma vez, e sem descanso – propõe o pedagogo reggiano –, que tipo de educação queremos e que imagem temos da infância.

Terceira estratégia do princípio ético 3

O desenvolvimento dos direitos da infância, tomando emprestada a voz de suas cem linguagens

A terceira e última estratégia que vamos desenvolver neste terceiro princípio ético poderia ser definida da seguinte maneira: para desenvolver os direitos da infância, é preciso tomar emprestada a voz de suas cem linguagens. E essa é a grande obra de Malaguzzi. Nas páginas anteriores, ao falar do papel do adulto, dizíamos que este, retomando as sugestões de Bruner e de Vygotsky, realiza um empréstimo de conhecimento e de consciência. Loris Malaguzzi e Reggio Emilia, na defesa dos direitos da infância, tomam emprestada a voz das crianças para fazê-la ser ouvida, uma voz que, como metáfora, significa as cem linguagens.

As cem linguagens das crianças (anteriomente, *Se o olho salta o muro*) é o título das duas exposições que, hoje, estão dando a volta ao mundo. A exposição não apenas fala das crianças por meio dos textos e das imagens das diferentes seções. O mais importante é que as crianças são protagonistas, em primeira pessoa, de sua história. Relatos que não compõem, de maneira retórica, a história da pedagogia como se ensina nas universidades. São narrações documentadas, que contam a história da educação possível de algumas crianças, de alguns adultos sensíveis e de uma cidade. Lugares e âmbitos que ressaltam os direitos das crianças, dos trabalhadores e das famílias.

Quando ouvimos dizer que Malaguzzi não escreveu nada, pensamos na ignorância que supõe reduzir o conceito de escrita aos signos arbitrários deixados sobre um papel. A grande obra de Malaguzzi, sua autêntica escrita pedagógica, está – também – nas milhares de imagens e de palavras emprestadas das crianças e que ele (com seus colegas) selecionou, organizou e compôs, com sentido. As metáforas visuais contidas[468] em "A importância de se ver e de se sentir", "A cor entre as mãos", "Sombralidade", "O parque de diversões para os pássaros" etc., pressupõem uma forma poética de escutar e de fazer a infância falar de uma forma inédita.

> *Os títulos são linguagens extremamente sinópticas, são esclarecedores. São, de algum modo, teses estritas, mas que, se lidas em contexto, são capazes de introduzir o problema do significado [...]. A leitura dos títulos pode ser uma leitura de ordem metafórica, porque o que nós lançamos como mensagem, de certa forma, é metafórico (são títulos declarativos, quase telegramas).*[469]

Existe uma sintonia entre as cem linguagens das crianças e as cem escutas dos adultos. Para ouvir as vozes da infância, é preciso escutar, como comentamos.[470] Encontramos uma extraordinária

---

[468] *Vide* Loris Malaguzzi *et al.*, *I cento linguaggi...*, *op. cit.*

[469] Loris Malaguzzi, *I cento linguaggi dei bambini. Serata di presentazione della mostra ai Consigli di Gestione* (transcrição de uma intervenção realizada em 12 de fevereiro de 1990), *op. cit.*

[470] N. da T.: é interessante salientar que, em espanhol, existe muitas vezes uma diferença entre as palavras *oír* e *escuchar*. *Oír* é a faculdade de perceber os sons. *Escuchar* é prestar atenção no que se ouve. Assim, o primeiro está muito mais ligado ao ato, à ação, e o segundo, ao seu significado, contexto.

declaração autobiográfica, na qual Malaguzzi fala de sua descoberta da escuta:

> Há uma crescente convicção em mim, adquirida e justificada por uma série de experiências realizadas com as crianças, que me faz dizer que realmente perdemos muitos anos e que, talvez, ainda estejamos perdendo muitos mais no que se refere a adotar atitudes para *escutar* a criança. Que *não é* a escuta de uma criatura pura, que *não é* a escuta de uma criatura angelical e idealista, mas, sim, a escuta de uma *unidade da espécie cultural e história*, como assim demonstram todos os trabalhos de pesquisa realizados sobre esse tema. Se você for capaz de brincar com as crianças, elas o levarão infinitamente mais longe do que você jamais teria imaginado.
>
> Isso foi o que aprendi. E eu gostaria de dizer a vocês que aprendi muito tarde. Talvez, eu pensasse de outra forma. Entretanto, acredito que, se minhas palavras têm algum sentido, é porque, nesses últimos anos, foram se consolidando por meio de experiências que são factíveis e verificáveis em qualquer lugar, e porque, com atitudes de respeito, de escuta atenta e amável, de auxílio, mas nunca de substituição, as crianças conseguem percorrer itinerários e superar áreas que já não têm especificidade, que já não contam, de certo modo, com uma datação de espaço e de cultura, pois, na verdade, tudo é um fluxo altamente composto e complexo.
>
> Bem, acredito ter ajudado essa espécie – e isso pode ser visto –, ou seja, a crianças que conseguem chegar muito longe, superar obstáculos e problemas que nenhum de nós teria imaginado, serem capazes de trair tanto a velha crença como os novos achados psicológicos que apresentam a imagem da criança.[471]

---

[471] Loris Malaguzzi, "Intervento", em Lino Rossi (ed.), *Infanzia...*, *op. cit.*, p. 130.

Malaguzzi disse que descobriu muitíssimo tarde as vantagens de escutar as crianças. Por sorte, ainda teve tempo não apenas de escutá-las, mas, também, de criar os meios para que o mundo, os cinco continentes, pudessem escutá-las. Por esse motivo, a exposição é um manifesto a favor dos direitos da infância, muito além das culturas particulares. É um fórum internacional de reconhecimento dos direitos e das potencialidades de qualquer local em que haja uma criança. As crianças das escolas municipais da infância de Reggio Emilia, com seu nome e sua identidade, são um símbolo de todas as crianças, indo além de cada etnia e de cada contexto particular. São crianças reconhecíveis em seus gestos, porque têm um rosto que fala cem linguagens, mas são portadoras de uma cultura inédita para os adultos. Essa ideia sugestiva é a que atrai a milhares e milhares de visitantes às exposições que percorrem o mundo.

Loris Malaguzzi realiza uma viagem com as crianças, uma viagem com seus direitos. Um trajeto, como diz, muito mais longo do que a última parada prevista. O trem da exposição percorre esse trajeto a nenhum lugar e a todos. E Loris passeia em cada vagão e nos diz, como Don Juan: "Esqueçam suas ideias, suas palavras, e olhem essas crianças que falam diferente, mas que pedem para ser compreendidas por sua diferença".

> É um pouco como uma semiologia que trata de descobrir cem sinais potentes e vitais que as crianças da escola de Educação Infantil enviam ao mundo dos adultos, para que esse mundo aprenda a não decepcioná-las, aprenda a entender quais são os códigos de suas próprias linguagens, que transformam em uma paixão muito forte de viver e de conhecer.
>
> Os olhos, as mãos, os gestos, os sorrisos, os silêncios são expressões de crianças que não escrevem em chinês. Escrevem como nós, unificando as geometrias externas e internas, para extrair e aplicar sentido e pensamento.

> Sentido e pensamento não destinados – sempre que tiverem os auxílios certos – a girar e voltar a girar como aquela mosca na garrafa da qual fala Guy de Maupassant.[472] Estão, em contrapartida, destinados a perseguir e alcançar, como nas infatigáveis brincadeiras das crianças, cenários que mudam continuamente: matéria, forma, volumes, expectativas e desejos, filhos do real, do factível e do imaginário.[473]

Malaguzzi[474] comenta que a exposição não fala apenas de crianças e de adultos.

> Aqui, há crianças e adultos que procuram o prazer de brincarem, de trabalharem, de falarem, de pensarem e de inventarem juntos. Empenhados em aprender como o ser e as relações das coisas e os homens podem se procurar de novo, fazer que sejam melhores e aproveitá-los de um modo sincero.
>
> A exposição tenta contar uma parte dessa convivência.[475]

Há muito o que falar sobre essas crianças e esses adultos. É uma ocasião para refletir sobre as potencialidades e os direitos da infância em diversos lugares do planeta. É como uma parada cultural para discutir, com as ideias das crianças, o destino do homem, o sentido do futuro. Implica uma sedução para discutir, confrontar e dialogar, verbos dos quais a educação sempre está muito carente.

---

472 N. do E.: escritor francês oitocentista representante do Naturalismo que é famoso pelos seus contos. O trecho a que se refere Malaguzzi está contido em seu livro de narrativa de viagem, intitulado *Sur l'eau*, de 1888, em formato de diário, em que o autor faz diversas digressões e reflexões. Reproduz-se, a seguir, o trecho, em tradução livre: "O pensamento do homem é imóvel. Quando os limites precisos, próximos, intransponíveis são alcançados, o pensamento gira como um cavalo no circo, como uma mosca na garrafa fechada, voando até as paredes, nas quais sempre colide".

473 Loris Malaguzzi, em Isabel Cabanellas e Alfredo Hoyuelos, *Mensajes entre líneas*, Pamplona: Patronato Municipal de Escuelas Infantiles, 1994, p. 9.

474 Loris Malaguzzi, *Inaugurazione mostra "L'occhio se salta il muro"*, *op. cit.*

475 Loris Malaguzzi, "Commentari", *op. cit.*, p. 32.

A linguagem verbal, a linguagem plástica e a linguagem da imagem fotográfica ou audiovisual que a exposição propõe são apenas a simbologia da pluralidade de linguagens que as crianças *falam*. É uma espécie de transgressão da *Torre de Babel*, em que se falam muitas línguas distintas, mas que, no fundo, todos conseguem entender a mesma coisa. Dessa maneira, a comunicação se multiplica e se descentraliza (muito antes de se usar a internet), diversifica-se, e as mensagens das crianças navegam, como nas redes de informática, virtualmente por esse "*Terceiro entorno*",[476] do qual fala Javier Echeverría (1999) ou Manuel Castells em *La galaxia internet*[477] (2001), mas invadindo conscientemente os outros dois: o campo e a cidade. É, assim, a imagem de uma grande solidariedade, de muitas linguagens e de muitas vozes, que as crianças reivindicam ser ouvidas, e às quais Malaguzzi, com muito respeito, empresta suas palavras interpretativas.

> Requisitamos admiração para estarmos dispostos a ver e a imaginar melhor a natureza, a qualidade e a riqueza dos processos, a multiplicidade das intervenções e das contribuições (o olho, o ouvido, a observação, a intencionalidade, a memória, a corporeidade, o pensamento, a tatilidade, a conceitualização, a simbologia, a fantasia, a emoção, a sociabilidade e, depois, a tenacidade, a expectativa, o desejo etc.) que viajaram juntos nos projetos e nos objetivos intencionais, e para medirmos, sobretudo, as capacidades que as crianças têm para fazer frente às pressões dos modelos e das sugestões do entorno físico e social, e para defender seus próprios espaços de liberdade de expressão, de crítica e de satisfação pessoal.[478]

[476] N. da T.: *Tercer entorno*, no original em espanhol.

[477] N. da T.: "A galáxia internet", em tradução livre.

[478] Loris Malaguzzi, "L'educazione dei cento linguaggi dei bambini" ["A educação das cem linguagens das crianças", em tradução livre], *Zerosei*, ano 8, n. 4-5 (dez. 1983), p. 7.

A exposição, mais do que respostas ao mundo educativo, propõe cem perguntas, cem dúvidas, cem hipóteses, cem teses para os cem direitos da infância. Cem formas de sair de uma imagem pobre e simplificada de infância, por meio de projetos concretos que são a declaração em testemunho de uma finalidade ética.

> *Nossa exposição equivale, de certo modo, a uma declaração pública de intenções, a uma declaração projetiva: um projeto dentro de uma finalidade. Poderíamos dizer, talvez, que, mais do que um projeto, é um fato declarado: estamos mostrando uma experiência e, por meio da experiência, um projeto e um objetivo; o objetivo está dentro do projeto, e o projeto, dentro do projeto. [...] A experiência é, substancialmente, a articulação de uma série de proposições filosóficas, éticas, políticas e pedagógicas que nos acompanharam.*[479]

As cem linguagens das crianças, colhidas na exposição – implícitas, explícitas ou narradas –, têm a virtude de conseguir que escutemos e vejamos o mundo um pouco, como diz [Francesco] Tonucci, "com olhos de criança". A criança, vista por Malaguzzi e por Reggio Emilia, é inteligente, exigente, incomodada, tenaz, sempre "ruminante", inconformista, perturbadora da ordem estabelecida e revolucionária. As palavras das crianças colhidas na exposição são, apenas, o exemplo de uma provocação, que também contém cem linguagens.

> *Acima de tudo, o que queremos dizer por meio da exposição é: "Olhem para essa criança, olhem para esses educadores. Olhem para as palavras que saem da boca da criança, tentem ler os pensamentos que saem da cabeça da criança. Experimentem pensar, tentar imaginar quais são os atos, as relações e as equidades que a criança está pedindo, está desejando, está querendo nesse momento". Se conseguirmos nos fazer essas perguntas, produzir-se-á em nós um estranhamento que, certamente, poderá nos causar, até mesmo, um grande mal-estar.*[480]

[479] Loris Malaguzzi, *I cento linguaggi dei bambini. Serata di presentazione della mostra ai consigli di gestione* (transcrição de uma intervenção realizada em 12 de fevereiro de 1990), *op. cit.*
[480] *Ibidem.*

A metáfora das cem linguagens é o voo, com os pés no chão, em direção ao futuro humano do provável e do possível, se a cultura e a escola respeitarem os direitos da infância.

Nestas páginas, falamos de três estratégias (a defesa dos direitos das crianças, dos educadores, das famílias e das mulheres; a identidade da escola e da Educação Infantil; e o desenvolvimento dos direitos da infância, tomando emprestada a voz de suas cem linguagens) que, a nosso ver, formam o terceiro princípio ético que, recordamos, definimos da seguinte maneira: *A criança é um sujeito de direitos históricos e culturais.*

Com isso, estão expostos os três princípios de caráter ético que detectamos no pensamento e na obra pedagógica de Loris Malaguzzi, com o desenvolvimento de suas correspondentes estratégias.

Uma ética cujo objetivo é recuperar a cultura da infância, para que se mescle e forme parte da cultura do homem e da mulher. Uma cultura (Badillo, 1998, p. 37) que "tem uma maneira particular de entender e de categorizar a realidade". Uma cultura que contém seu próprio território, suas crenças particulares, seus valores e suas regras, suas linguagens e seus rituais, seus próprios ritmos; elementos que devem ser respeitados e valorizados como processos e produtos culturais.

4.

ALGUMAS CONSIDERAÇÕES FINAIS PARA COMEÇAR[1]

Movimento contínuo e circularidade entre escuta e respeito

Para a concepção ética de Loris Malaguzzi, a variabilidade ou a mudança são elementos invariáveis. A mudança não é entendida como uma transição de um estado a outro, mas como um estado permanente da existência do ser humano; não como a permanência de ideias preestabelecidas, mas como a capacidade de

[1] Algumas dessas ideias foram publicadas em Alfredo Hoyuelos (2001), p. 52-57.

mudar os modos de atuação em virtude da essencial variabilidade do ser humano. Uma das lições de Malaguzzi é não se deixar capturar em nenhuma jaula, mesmo se ela for de ouro. Não ser escravo de nenhum tesouro é um dos maiores ensinamentos que pudemos aprender com ele. Loris tinha uma grande capacidade para reconhecer as novidades e saber resolvê-las com ideias já existentes. Procurava sempre o diálogo da escola com a cultura contemporânea (não é ao acaso que tenha sido a primeira experiência na Educação Infantil italiana a utilizar a linguagem Logo[2] e os computadores nas escolas). Malaguzzi sempre ensinou que as escolas devem estar em contínuo movimento, em contínua evolução com a capacidade de transgredir a si próprias, sem nunca se trair, sabendo acolher os desafios da sociedade e de cada nova criança, a cada momento.

Mas, então, não há valores distinguíveis em seu pensamento e em sua obra? Acreditamos que sim, embora sejam relativos. Trabalhar com crianças implica, inicialmente, duas ideias: estar, de maneira constante, projetando e ter confiança no futuro. É o desejo de ver as crianças com um olhar que não apenas vislumbre o que elas são, mas, também, o que podem chegar a ser. Tudo isso está unido – circularmente – à fascinação e ao deslumbramento que se pressupõe ao trabalhar com as crianças, compartilhando sua curiosidade.

Há outras constantes essenciais na pedagogia malaguzziana que descobrimos em nossa indagação: a relação entre escuta e respeito. Dois conceitos complementares, unidos de forma irremediável na pedagogia de Malaguzzi. Não é possível escutar sem respeitar, e não é possível respeitar alguém sem escutá-lo.

---

[2] N. do E.: trata-se de uma linguagem de programação informática destinada ao âmbito da educação. Por ser voltada prioritariamente a pessoas que estão tendo contato pela primeira vez com esse tipo de tecnologia (crianças, por exemplo, que costumam ser o público-alvo dessa ferramenta construtivista), traz elementos lúdicos, como o cursor, que é representado por uma tartaruga.

A obra do pedagogo reggiano repousa, em grande medida, sobre a capacidade de saber escutar as crianças sem julgá-las antecipadamente. Talvez não haja nada mais difícil.

Escutar e observar sem julgar é a maneira mais idônea para conhecer as capacidades infantis e revelar uma imagem menos retórica da infância. Trata-se de uma escuta que se qualifica na observação desinteressada das nuances sensíveis próprias da originalidade da aprendizagem das crianças e dos conteúdos daquilo que se aprende. A escuta, para Loris, é essa tensão necessária e imprescindível a quem, com curiosidade, quer aprender não por moda, mas, sim, para entrar em crise e modificar seus hábitos e seus costumes didáticos. É a escuta de quem deseja ver o milagre de como surge ou emerge o conhecimento longe de um processo padronizado. A escuta é um ato de civilização e de cultura útil para entender sobre o conhecimento, é uma forma de aprendizagem permanente. Somente é possível desenvolver essa capacidade se soubermos nos interrogar de forma adequada. É difícil saber se fazer perguntas, porém, é mais complicado saber propor as demandas ou as questões pertinentes e oportunas que ajudem a indagar na direção justa.

Esse processo dota de dignidade tanto os educadores quanto as crianças. Não há nada mais digno para um professor do que se sentir aluno. E não há nada mais digno para a criança do que se sentir escutada e apreciada sem ser julgada.

Contudo, para Loris, a escuta não pode se transformar em uma moda ou mero detalhe. Significa, como responsabilidade ética, estarmos dispostos a transformar a prática educativa por meio da própria escuta.

A outra face da moeda da escuta é o respeito. Respeito à diversidade, à multiculturalidade, à cultura da infância, ao direito a decidir e de mudar o percurso dos acontecimentos. Malaguzzi odiava o behaviorismo e não gostava do cognitivismo racionalista. Não acreditava na rigidez intelectual e instrutiva das programações curriculares que seguem mais os objetivos impostos do que os interesses e a cultura da infância.

Por isso, podemos dizer que, para ele, o respeito devia ser ao tempo da infância. Amostra disso é que também não gostava dos métodos de estímulo precoce, que intencionam uma ostentação dos aprendizados nascidos de um amestramento, violentando o ritmo da natureza da aprendizagem. Malaguzzi tinha a virtude de saber esperar e respeitar os tempos da maturação e do desenvolvimento com uma grande sabedoria dialógica e cultural.

Uma pedagogia ética: a criança como reveladora do ser humano

A pedagogia de Malaguzzi é ética. Uma ética mais próxima da sabedoria do que da razão. Uma ética que está unida à compreensão – intuitiva e natural – do que significa "o bom" para a infância, para os homens e para as mulheres. É uma ética interdependente, que respeita a trama da vida. Uma ética que inclui a possibilidade de falhar e que elimina qualquer pretensão dogmática do conhecimento.

Acreditamos que a ética de Malaguzzi está baseada na firme convicção de que a indeterminação do ser humano revela a incerteza de seu próprio desenvolvimento. É, portanto, injusto encurralá-lo com definições e práticas redutivas, com programações, com profecias messiânicas ou com expectativas unidirecionais. Não admitia – amante da incerteza e da complexidade – nem a linearidade dos estágios psicológicos nem a definição da criança por parâmetros negativos ou por incapacidades. Criticou a teoria do progresso linear (em uma única direção), capitalista, racional e tecnológico, que deixa poucas portas de saída ou de escolha. Soube, como ninguém, correr o risco de acreditar em uma criança repleta de potencialidades e de capacidades que não podem ser determinadas nem ética, nem política, nem pedagógica, nem religiosamente. Não aceitou nunca o pecado original do homem. Para Loris, a infância é a aventura das possibilidades imprevisíveis, a incompletude aberta às mudanças permanentes. A infância era, para ele, importante, mas nunca determinante. Tudo pode ser, sempre, diferente, basta acreditar profundamente nisso. Poderia ser outra de suas inexoráveis "lições de moral". Quando falamos de ensino, em Malaguzzi, nunca podemos concebê-lo como assistencialismo, papo-furado ou mero discurso teórico.

Assim, demonstrou, durante toda a sua vida, ser mais um amante das escolas de qualidade do que da escolarização indiscriminada, em relação à quantidade de crianças. Confirmou que a qualidade pode surgir da quantidade, mas não ao contrário. Foi defensor da qualidade como ponto inicial de toda a experiência e soube negociar muitos aspectos, mas entendia que requisitos mínimos que identificavam seu projeto eram inegociáveis: a cozinha nas escolas, a dupla educativa, o ateliê e o atelierista, a participação da sociedade, a formação permanente do professorado, a investigação, a documentação etc. Mínimos com os quais se pode dar o máximo. Tudo nele é atuação.

Uma pedagogia que engloba a criança em sua dimensão biológica e cultural

A pedagogia de Loris é cultural, porque foi capaz, por ações cotidianas, de estabelecer uma conexão entre a educação, a ciência, a filosofia e a epistemologia. Soube propor uma imersão da escola na história, nos fatos políticos, científicos, econômicos e humanos, instituindo com eles uma negociação aberta. Sempre com uma aplicação social e política, sem considerar o homem nem patrão nem dominador do universo, unindo as ciências do homem com as ciências da natureza, a filosofia analítica (conceitual e próxima das ciências naturais) com a chamada continental (mais próxima das ciências humanas).

Nós, que visitamos Reggio Emilia ou que convivemos com as crianças, as famílias, os administradores e os profissionais encontramos uma experiência mais educativa do que pedagógica: uma proposta cultural enraizada na cidade, que se move dentro e fora das escolas municipais da infância, permeando o território ou os limites imprecisos das instituições educativas. Uma cultura que é capaz de estabelecer um diálogo com as famílias e com os cidadãos. É o sonho de todo educador compromissado: que o trabalho profissional repercuta e construa um diálogo político e social. Para Loris, a criança, em sua interação contínua com o mundo das pessoas e das coisas, procura, como nós, um sentido relacional ao que faz, ao mesmo tempo que dá um significado e um sentido a si própria. O problema pedagógico, para o educador de Correggio, é ver como podemos ajudar as crianças a encontrar o sentido no que fazem.

Nesse sentido, podemos afirmar, com base em nossa investigação, que a pedagogia de Loris é, também, biológica, porque respeita e defende os processos de maturação do indivíduo, de sua química e das potencialidades neurológicas inimagináveis do cérebro humano. Malaguzzi cria uma relação e uma sinfonia entre o biológico, o educativo e o afetivo.

São aspectos que Malaguzzi reconhece serem importantes para reconstruir esse marco de sentido vital do qual falamos. O emocional sempre esteve presente nas teorias e nas práticas de

Malaguzzi, mas é, em particular, ao final de sua vida que concede uma magnitude vital a esse aspecto. Desde o princípio, em seu pensamento, podemos distinguir a ideia das cem linguagens, o construtivismo do conhecimento, sua capacidade interativa e de imediata socialização, mas encontramos menos ideias sobre o aspecto emocional da criança, o qual recupera, em uma contínua busca por qualidade.

Uma pedagogia participante da aventura do conhecer

Sua pedagogia é participante porque acredita – como a tradição ensinou a ele – que é na força da comunidade em que se encontra o destino incerto e vindouro do ser humano. Porque, para Loris, participar significa sentir-se protagonista dos acontecimentos presentes e futuros e responsável por eles.

A pedagogia de Malaguzzi tem a virtude de formular novos problemas para cada tempo e lugar, e de saber arriscar com experiências vitais longe da "segurança" da escola. O leão de pedra, a cidade e a chuva, o salto em distância, o parque de diversões para os pássaros, o espelho d'água, a exploração em uma caverna etc., são alguns dos projetos que identificam sua maneira de pensar. Loris tinha essa capacidade criativa (que alguns comentam) de saber transferir as aprendizagens de uns contextos a outros e de reconhecer que aprender implica errar. O valor do erro como estratégia educativa, para as crianças e para os adultos, é uma de suas crenças mais fortes. A escola é um lugar de aprendizagem para todos. O fato de que as educadores e os educadores – como pretendia Malaguzzi – iam à escola com o objetivo primordial de aprender com vontade e com curiosidade dá à experiência sempre um caráter, ao mesmo tempo, de frescor e de perenidade.

Uma pedagogia relacional, sistêmica e construtiva: muito além dos limites

Sua pedagogia é relacional e sistêmica por ser capaz de ver as relações antes dos termos relacionados. Um sistema que não apenas está aberto ao ambiente que o acolhe, mas, sim, que se trata de uma organização e de uma estrutura – dinâmica e flexível – capaz de gerar em si mesma uma relação constante com o mundo. Um sistema que dispersa seus limites, ultrapassando a fronteira fictícia do interior e do exterior, do dentro e do fora.

Sua pedagogia é construtiva por sua crença de que é o sujeito aquele que – com os demais e em democracia – cria, de forma laica, sua própria cultura, sua própria epistemologia, sua forma de ver o mundo, com a convicção de que apenas é uma visão parcial que deve esperar outras perspectivas possíveis.

Malaguzzi era um grande descobridor de essencialidades. Conseguia – como grande criador que era – enfocar e desfocar constantemente a realidade, para obter novas visões dos acontecimentos, quase até o limite, mas sempre – política, ética e esteticamente – sabia o rumo adequado do barco. Muitas de suas palavras ou de suas propostas podiam desorientar, mas ele sabia em todo momento onde estava o Norte em sua bússola. Seu interesse era não reduzir as interpretações a um único significado. Essa era sua fantasia ética. Suas palavras e seus gestos se transformavam, magicamente, em narrativas que enfeitiçavam os ouvintes, que os faziam duvidar de qualquer verdade. Chama a atenção a forma como Malaguzzi fala das crianças. Suas palavras, ou melhor, suas imagens fogem dos cânones tópicos ou comuns da pedagogia. Na ambiguidade da poesia ou das metáforas, encontra a maneira de poder expressar suas ideias sobre as crianças. Nesse refúgio, sente-se mais livre e vê fluir as potencialidades das crianças, longe dos espartilhos batidos da conversa furada pedagógica.

Seus comentários sempre seduziam pelo risco superinterpretativo, mas dotavam de imensa qualidade e, principalmente, de imensa consciência as atuações da criança, que retirava do precipício da absurda banalidade que elimina o deslumbramento. E é porque Loris via que os demais estavam cegos, mas sempre com um limite hermenêutico: o da própria comprovação prática contínua de suas hipóteses, que primava por confrontar, também, com as crianças e com seus colaboradores. É o valor da reciprocidade, da intersubjetividade e das trocas gerativas, que ele tanto colocou em prática, além de tudo, com as diversas delegações internacionais (como as juízas privilegiadas que são), estas que avaliaram uma experiência que transborda rigor, credibilidade e confiança. E, disso, Malaguzzi soube melhor do que ninguém.

E, para começar...

Para Loris Malaguzzi, trabalhar com as crianças significa reconhecer que existe um projeto, não uma programação que submete as crianças a determinismos genéticos ou ambientais. Essa ideia preenche a educação de um otimismo rigoroso, longe das nostalgias idílicas, divinas ou românticas. Significa espera e esperança no futuro. Um tempo para construir, no qual o ser humano se sinta protagonista real da própria existência e das transformações políticas e sociáveis, das quais não é espectador. Sem futuro, não é possível nutrir esperança nenhuma. Falamos de um futuro incerto, repleto de possíveis. E isso é o que a criança procura, algo que, no fim, nós desejamos, embora tenhamos esquecido: aumentar nossas possibilidades, seguindo esse *fio de Ariadne* que nos projeta, desde nossas raízes, ao futuro. A esperança é, para Loris, essa luz difusa que ilumina a espera. Espera e esperança são dois conceitos que se autodefinem. Duas ideias que podem colorir a educação do futuro, se acreditarmos, firmemente e com base na prática, nas possibilidades ignoradas das crianças, e se não as trairmos, para não trairmos a nós mesmos.

> *Sem o futuro, você não pode alimentar nenhuma esperança, e a criança sabe disso. As crianças, como nós, precisam viver ao lado de uma trajetória física, de certo modo, material e imaterial, da qual devem ter a segurança de poder realizar no dia seguinte. Contudo, essa trajetória que vai em direção ao futuro reivindica autenticidade e consciência efetiva de um futuro disponível para todos.*
>
> *Devemos perceber que, hoje, o futuro é muito difícil de se ver e de se pensar, mas, se tirarmos o futuro de nós e se o roubarmos das crianças; se tirarmos uma esperança de redenção, uma esperança de fazer melhor, para conseguir algo melhor, de ser mais feliz do que hoje; se renunciarmos a essa projeção da vida, de alguma forma, mutilaremos algo que pertence às crianças e ao adulto. Será necessário ver como, e se é factível, alimentar na criança a permanência de um fio de esperança, mesmo diante de situações difíceis.*
>
> *Há um momento extraordinário que encontramos em Wittgenstein,[3] quando escreve que conheceu uma menina muito pequena, com quem teve uma longa conversa (e, portanto, ele a conhecia perfeitamente). Um dia, a menina se aproximou dele e disse: "Sabe? Eu espero que...". Era a primeira vez que ela usava a palavra "espero...", "esperança", e o escritor diz que isso o perturbou pelo resto de sua vida. Qual é o significado profundo de uma menina que, pela primeira vez, diz "Eu espero que..."? Quando é que a esperança entra como uma luz na vida de uma criança, e por quê? Se vemos o futuro como medida, como linha, como espaço, como tempo, então, finalmente sentimos que sempre tivemos uma urgente e enorme necessidade de todas essas coisas.*[4]

---

[3] N. do E.: referente a Ludwig Wittgenstein, filósofo austro-britânico, cujo trabalho envolvia a filosofia da mente, da matemática e da linguagem.

[4] Loris Malaguzzi, novembro de 1993.

REFERÊNCIAS

AA.VV.: *I cento linguaggi dei bambini*, Reggio Emilia, Comune di Reggio Emilia, 1987.

AA.VV.: *Le intelligenze si trovano usandole*, Bergamo, Juvenilia, 1990. (Traducción castellana: *Las escuelas infantiles de Reggio Emilia. La inteligencia se construye usándola*, Madrid, Morata, 1995.)

AA.VV.: *Tutto ha un'ombra meno le formiche*, Reggio Emilia, Comune di Reggio Emilia, 1990.

AA.VV.: *Una carta per tre diritti*, Reggio Emilia, Comune di Reggio Emilia, 1995.

AA.VV.: *In viaggio coi diritti delle bambine e dei bambini*, Reggio Emilia, Reggio Children, 1995.

AA.VV.: *Le fontane*, Reggio Emilia, Reggio Children, 1995.

AA.VV.: *Tenerezza*, Reggio Children, 1995.

AA.VV.:*I piccolissimi del cinema muto*, Reggio Emilia, Reggio Children, 1996.

AA.VV.: *I cento linguaggi dei bambini*, Reggio Emilia, Comune di Reggio Emilia, 1996.

AA.VV.: *Scarpa e metro*, Reggio Emilia, Reggio Children, 1997.

Abbagnano, N. y Visalberghi, A.: *Historia de la pedagogía*, Madrid, FCE, 1986.

Álvarez-Uría, F.: "Microfísica de la escuela", *Cuadernos de Pedagogía*, n. 203 (mayo 1992), p. 55-59.

Arenas, C., "Culturas y pedagogías", *Cuadernos de Pedagogía*, n. 201 (mayo 1991), p. 51-54.

ARENDT, H.: *La condición humana*, Barcelona, Paidós, 1993.

ARIÈS, Ph.: *El niño y la vida familiar en el Antiguo Régimen*, Madrid, Taurus, 1987.

BADILLO, I.: "La cultura de la infancia", *Anthropologica*, 1, 1998, p. 17-50.

BÁRCENA, F. y MÈLICH, J.C.: *La educación como acontecimiento ético*, Barcelona, Paidós, 2000.

BARSOTTI, C.: *L'uomo di Reggio Emilia* (film), 1994.

BATESON, G.: *Mente e natura*, Milán, Adelphi, 1984.

BATESON, G.: *Pasos hacia una ecología de la mente*, Buenos Aires, Carlos Lohlé, 1985.

BERGER, P. y LUCKMANN, T.: *La construcción social de la realidad*, Madrid, Amorrortu, 1986.

BILBENY, N.: *La revolución en la ética*, Barcelona, Anagrama, 1997.

BINET, A.: *L'étude experimental de l'Intelligence*, París, A. Costes, 1922.

BLANCO, N., "La cultura institucional de la enseñanza", *Cuadernos de Pedagogía*, n. 213 (abril 1993), p. 66-71.

BONILAURI, S.: "I diritti dei bambini", en AA.VV., *Una carta per tre diritti*, Reggio Emilia, Comune di Reggio Emilia, 1995, p. 7-15.

BONILAURI, S. y FILIPPINI, T.: "Il ruolo del pedagogista", en EDWARDS, C. y otros, *I cento linguaggi dei bambini*, Pedrengo, Junior, 1995, p. 129-135.

BORING, E.C.: *Sensation and Perception in the History of Experimental Psychology*, Appleton-Century, 1942.

BUBER, M.: *Yo y Tú*, Madrid, Caparrós, 1984.

CABANELLAS, I.: "Loris Malaguzzi. Los cien lenguajes del niño", *Itaca*, n. 1 (febrero 1988), p. 16-17.

CABANELLAS, I., y HOYUELOS, A.: *Mensajes entre líneas. Diálogos entre la forma y la materia*, Pamplona, Patronato Municipal de Escuelas Infantiles de Pamplona, 1994.

CABANELLAS, I., y HOYUELOS, A.: *Momentos. Cantos entre balbuceos*, Pamplona, Universidad Pública de Navarra, 1998.

CAPRA, F.: *El tao de la física*, Málaga, Sirio, 1996.

CAPRA, F.: *La trama de la vida*, Barcelona, Anagrama, 1998.

CARROLL, L.: *Alicia en el país de las maravillas*, Madrid, Alianza, 1979.

CASAS, F.: *Infancia: perspectivas psicosociales*, Barcelona, Paidós, 2002.

CASTAGNETTI, M.: "Scienza o magia?", *Bambini*, año IV, n. 10 (octubre 1988), p. 26-65.

CASTELLS, M.: *La Galaxia Internet*, Madrid, Areté, 2001.

CATTELL, R.B.: *El análisis científico de la personalidad*, Barcelona, Fontanella, 1972.

CATTELL, R.B.: Cuestionario de Personalidad, Madrid, TEA, 1978.

CERUTI, M.: "La hybris dell'onniscienza e la sfida della complessità", en BOCCHI. G. y CERUTI, M., *La sfida della complessità*, Milán, Feltrinelli, 1985.

CERUTI, M.: *Il vincolo e la possibilità*, Milán, Feltrinelli, 1986.

CERUTI, M.: *La danza che crea*, Milán, Feltrinelli, 1994.

CERUTI, M.: *Evoluzione e conoscenza*, Roma, Laterza, 1996.

CONTRERAS, J.: "El sentido educativo de la investigación", *Cuadernos de Pedagogía*, n. 196 (octubre 1991), p. 61-67.

COTS, J.: "Los derechos humanos de las niñas y de los niños", *Infancia*, n. 50 (julio-agosto 1998), p. 35-41.

CYRULNIK, B.: *Los patitos feos: la resiliencia: una infancia infeliz no determina la vida*, Barcelona, Gedisa, 2002.

DAHLBERG, G.: "Tutto è origine e tutto è pericoloso: alcune riflessioni sull'esperienza di Reggio Emilia", en MANTOVANI, S. (dir.), *Nostalgia del futuro*, Lama San Giustino, Junior, 1998, p. 140-148.

DAHLBERG, G.; MOSS, P. y PENCE, A.: *Beyond quality in Early Childhood education and care*, Londres, Falmer Press, 1999.

DAHLBERG, G.; MOSS, P. y PENCE, A.: *Més enllà dela qualitat. Perspectives postmodernes*, Temes d'infància, Rosa Sensat, 1999.

DARWIN, C.: *El origen de las especies*, Madrid, Biblioteca Edaf, 1985.

DELORS, J.: *La educación encierra un tesoro*, Madrid, Santillana, 1996, p.127.

DELVAL, J.: "Algunas reflexiones sobre los derechos de los niños", *Infancia y Sociedad*, n. 27/28 (1994), p. 13-41.

DEWEY, J.: *Natura e condotta dell'uomo, Introduzione alla psicologia sociale*, Florencia, La Nuova Italia, 1958, p. 190-191.

DEWEY, J.: *Democracia y educación: una introducción a la filosofía de la educación*, Madrid, Morata, 1995.

DI TROCCHIO, F.: *Las mentiras de la ciencia*, Madrid, Alianza, 1995.

DOISE, W.: "El desarrollo social de la inteligencia", en MUGNY, G., y PÉREZ, J.A., *Psicología del desarrollo cognitivo*, Barcelona, Anthropos, 1988, p. 47-64.

DRI, P.: *Serendippo*, Roma, Riuniti, 1994.

ECO, U.: *Los límites de la interpretación*, Barcelona, Lumen, 1998.

ECHEVERRÍA, J.: *Los señores del aire: telépolis y el tercer entorno*, Barcelona, Destino, 1999.

EDELMAN, G.: *Il presente ricordato*, Milán, Rizzoli, 1991.

EDELMAN, G.: *Sulla materia della mente*, Milán, Adelphi, 1995.

EDELMAN, G.Y Tononi, G., *El universo de la conciencia*, Barcelona, Crítica, 2002.

EDWARDS, C.: "Il complesso ruolo dell'insegnante: partner, supporto e guida", en EDWARDS, C., GANDINI, L. y FORMAN, G., *I Cento linguaggi dei bambini*, Pedrengo, Junior, 1995, p. 245-252.

EDWARDS, C., GANDINI, L. y FORMAN, G.: *I Cento linguaggi dei bambini*, Pedrengo, Junior, 1995.

ESTEVE, J.M.: "Los profesores ante la reforma", *Cuadernos de Pedagogía*, n. 190 (marzo 1991), p. 54-58.

FERRATER Y MORA, J.: *Diccionario de Filosofía*, Madrid, Alianza, 1990.

FICHTNER, B.: *Enseñar y aprender. Un diálogo con el futuro: la aproximación de Vigotski*, Barcelona, Octaedro-Rosa Sensat, 2002.

FORMAN, G.: "Il Luna Park degli uccellini e delle fontane", en AA.VV., *Le fontane*, Reggio Emilia, Reggio Children, 1995.

FORMAN, G. y GANDINI, L.: *The Long Jump: A video Analises of small group projects in early education practice in Reggio Emilia, Italy. A long term project at the Diana Scholl in Reggio Emilia*. Performanetics, 19, The Hollow, Amherst MA01002, 1991.

FORNASA, W.: "La inmaculada evaluación", *Infancia*, 52 (noviembre-diciembre, 1998), p. 5-11.

FORNASA, W. y BARBETTA, P.: "Programmazione e caos", *Bambini*, año IV, n. 9 (septiembre 1988), p. 14-24.

FORNASA, W., TANZI, V. y VANNI, A.: "Programmazione versus progettazione", *Bambini*, año V, n. 3 (marzo 1989), p. 16-23.

FRABBONI, F., "Loris Malaguzzi profeta di una scuola materna dallo stile sperimentale", en MANTOVANI, S. (dir.), *Nostalgia del futuro*, Lama San Giustino, Junior, mayo de 1998, p. 149-156.

FREINET, C.: *Los métodos naturales*, Barcelona, Fontanella, 1979.

FREINET, C.: *Técnicas Freinet de la escuela moderna*, Madrid, Siglo XXI, 1982.

FULLAN, M.: *The meaning of educational changes*, Ontario, Oise Press, 1986.

GADAMER, H.G.: *La actualidad de lo bello*, Barcelona, Paidós, 1996.

GANDINI, L.: "Uno spazio che riflette una cultura dell'infanzia", en EDWARDS, C., GANDINI, L. y FORMAN, G., *I cento linguaggi dei bambini*, Pedrengo, Junior, 1995, p. 235-244.

GARDNER, H.: "Prefazione", en EDWARDS, C., GANDINI, L. y FORMAN, G., *I Cento linguaggi dei bambini*, Pedrengo, Junior, 1995, p. 15-17.

GARDNER, H.: *La nueva ciencia de la mente*, Barcelona, Paidós, 1988.

GARDNER, H.: *Sapere per comprendere*, Milán, Feltrinelli, 1999, p. 88-110.

Gazzetta Ufficiale Della Repubblica Italiana. Legge 18 marzo 1968, n. 444. *Ordinamento della scuola materna statale.* Roma: 1968.

Gazzetta Ufficiale Della Repubblica Italiana. *Legge del 9 agosto 1978*, n. 463. Roma: 1978.

Gervilla Castillo, E.: *Axiología educativa*, Granada, TAT, 1988.

Giaroni, L.: *Relazione sul nuovo regolamento per le scuole comunali dell'infanzia e nuova pianta organica*, Reggio Emilia, Comune di Reggio Emilia, 1972.

Giddens, A.: "La reconstrucción de la sociedad en un mundo en proceso de cambio", en *Teorías para una nueva sociedad*, Madrid, Cuadernos de la Fundación M. Botín, 1, p. 67-92.

Gimeno Sacristán, J. y Pérez Gómez, A.: *Comprender y transformar la enseñanza*, Madrid, Morata, 1992.

Godall, T. y otros, "Un mercado de ideas", *Cuadernos de Pedagogía*, 307 (noviembre 2001), p. 84.

Goleman, D.: *Inteligencia emocional*, Barcelona, Kairós, 1996.

Gómez, C.: *Doce textos fundamentales de la Ética del siglo XX*, Madrid, Alianza, 2002.

Grimelli, L.: "Lui aveva questo carisma", en Lorenzi, O., Borghi, E. y Canovi, A., *Una storia presente. L'esperienza delle scuole comunali dell'infanzia a Reggio Emilia*, Reggio Emilia, Reggio Children, 2001, p. 149-150.

Guilford, J.P.: *The analysis of intelligence*, Nueva York, Mc Graw Hill, 1971.

Guilford, J.P.: *La naturaleza de la inteligencia humana*, Buenos Aires, Paidós, 1977.

Guilford y otros: *Creatividad y educación*, Barcelona, Paidós, 1994.

Hargreaves, A.: "La reforma curricular y el maestro", *Cuadernos de Pedagogía*, n. 211 (febrero 1993), p. 50-54.

Horn, J.L.: "The aging of human abilities", en Wolman, B.B., *Handbook of developmental psychology*, Prentice-Hall, Englewood-Cliffs, 1982.

Hoyuelos, A.: "El proyecto pedagógico y organizativo de las Escuelas Infantiles de Reggio Emilia (primera parte)", *Itaca* n. 5 (diciembre 1989), p. 47-53.

Hoyuelos, A.: "Loris Malaguzzi. Pensamiento y obra pedagógica", *Cuadernos de Pedagogía*, 307 (noviembre 2001), p. 52-57.

Inhelder, B.; Sinclair, H. y Bovet, M.: *Apprendimento e strutture della conoscenza*, Turín, Loescher, 1975.

Johnson, M.: *Curriculum y educación*, Paidós, Buenos Aires, 1979.

Kaye, K.: *La vida mental y social del bebé*, Barcelona, Paidós, 1986.

László, E.: *La gran bifurcación*, Barcelona, Gedisa, 1990.

Leirman, W.: *La educación como respuesta a las problemáticas sociales*, I Congreso de Educadores Especializados, Pamplona, 1987.

LEVI-STRAUSS, C.: *El pensamiento salvaje*, México, Fondo de Cultura Económica, 1984.

LÉVY, P.: *L'intelligenza collettiva*, Milán, Feltrinelli, 1996.

LÉVY, P.: *Il virtuale*, Milán, Raffaello Cortina, 1997.

MALAGUZZI, L.: "L'alto prezzo degli atti mancati", *Zerosei*, p. 4-5.

MALAGUZZI, L.: "La prima scuola del bambino handicappato", en PIOLI, A. (dir.), *Educazione degli handicappati*, Milán, Franco Angeli, p. 99-112.

MALAGUZZI, L.: "A mezzo settembre", *La Verità*, Reggio Emilia, 10 de febrero de 1946.

MALAGUZZI, L.: "L'utilizzazione pedagogica del pensiero di Jean Piaget", *Riforma della Scuola*, n. 12 (dicembre 1966), p. 25-30.

MALAGUZZI, L.: "Incontro con i cittadini per una persenza democratica nella gestione e nella conquista di una moderna scuola dell'infanzia per tutti i bambini", *Incontro con i cittadini*, Modena, Comune di Modena – Servicios culturales, 24 de mayo de 1969, p. 60-64.

MALAGUZZI, L.: "I nuovi orientamenti della scuola per l'infanzia", *Convegno circondariale sulla scuola ed i nidi per l'infanzia*, Rimini, Municipio di Rimini, 8 de noviembre de 1969, p. 54-61.

MALAGUZZI, L.: "I telefoni dell'Arca di Noè", *Bambini*, ano IV, n. 2 (fev. 1988), p. 6-7.

MALAGUZZI, L.: "Perchè Robinson e Pinocchio", en *Piani di lavoro su Pinocchio e Robinson*, Reggio Emilia, Scuole materne del comune di Reggio Emilia, 1969.

MALAGUZZI, L.: "Una nuova sperimentazione", en MALAGUZZI, L. (dir.), *Esperienze per una nuova scuola dell'infanzia*, Actas del seminario de estudio celebrado en Reggio Emilia (marzo 1971), Roma, Riuniti, Roma, 1971, p. 173-180.

MALAGUZZI, L.: "Risposte a domande proposte da un amico", *Esperienza, Idee fatti delle scuole comunali dell'infanzi e dei nidi, Periodico di Lavoro* n. 2, Reggio Emilia, Comune di Reggio Emilia, febrero 1975, p. 62-67.

MALAGUZZI, L.: *Per una discussione sull'uso e la progettazione della scuola dell'infanzia*, Reggio Emilia, Comitati Scuola e Città, marzo 1975.

MALAGUZZI, L.: *Contenuti e finalità dell'educazione del bambino nell'esperienza emiliana, Relazione al Convegno Regionale su "Il bambino oggetto e fonte di diritto nella famiglia e nella società"*, Bolonia, abril 1975, p. 21-22, Reggio Emilia, Comitati Scuola e Città, 1975.

MALAGUZZI, L.: *I bambini handicappati, Avvio di esperienze negli Aisli Nido Comunali e nelle Scuole Comunali dell'Infanzia di Reggio Emilia*, Reggio Emilia, Comitati Scuola e Città dei Nidi e delle Scuole Comunali dell'Infanzia, marzo 1976.

Malaguzzi, L.: "Tre questioni più una sui servizi sociali e educativi", *Zerosei*, año 2, n. 11/12 (junio 1978), p. 10-11.

Malaguzzi, L.: "Le grandi manovre della giungla assistenziale", *Zerosei*, año 3, n. 1 (septiembre 1978), p. 6-7.

Malaguzzi, L.: "Una occasione da no perdere", *Riforma della scuola* (diciembre 1978), p. 18-20.

Malaguzzi, L.:"Se le educatrici si mettono a scavare nel mestiere", *Zerosei*, año 3, n. 9 (abril 1979), p. 26.

Malaguzzi, L.: "Fuori i nidi dalla pedagogia sommersa", *Zerosei*, año 4, n. 2 (octubre 1979), p. 2-3.

Malaguzzi, L.: "La storia incompiuta degli asili nido a dieci anni dalla legge 1044", *Zerosei*, año 6, n. 1 (septiembre 1981), p. 9-15.

Malaguzzi, L.:"Premessa, Io chi siamo", Reggio Emilia, en *Forma*, 1982, p. 7-13.

Malaguzzi, L.: "Conversazione su rapporto tra adulto e bambino", en *Il rapporto adulto-bambino*, Reggio Emilia, Scuola Comunale dell'infanzia "Diana", noviembre 1982, p. 35-60.

Malaguzzi, L.: "Tutto in bilico sul fronte della scuola e degli handicappati", *Zerosei*, año 7, n. 7 (febrero 1983), p. 4-5.

Malaguzzi, L.:"Ritornano test e testisti per 'testare' i bambini di 5 anni", *Zerosei*, año 7, n. 8 (marzo 1983), p. 6.

Malaguzzi, L.: "L'educazione dei cento linguaggi dei bambini", *Zerosei*, año 8, n. 4/5 (diciembre 1983), p. 4-7.

Malaguzzi, L.:"Come organizzare e programmare l'ambiente educativo", en AA.VV., *Partecipazione e gestione sociale*, Reggio Emilia, Muncipio di Reggio Emilia, 1984.

Malaguzzi, L.: "Per una pedagogia della visione", en *Convegno di lavoro. Esperienze e problemi. Modelli e congetture teorico-pratiche nell'educazione dei bambini*, Reggio Emilia, Comune di Reggio Emilia, mayo 1985, p. 1-12.

Malaguzzi, L.: "Da Reggio Emilia una proposta di convenzione", *Bambini*, año I, n. 12 (diciembre 1985), p. 24-27.

Malaguzzi, L.: "L'infanzia e il bambino tra realtà, pregiudizi sociali e scienza", en *Il bambino e la scienza*, 1986, Firenze, La Nuova Italia, p. 84-101.

Malaguzzi, L.: "Direttore didattico: no, tu no!", *Bambini*, año II, n. 2 (febrero 1986), p. 8.

Malaguzzi, L.:"Emarginazione e centralità della cucina", *Bambini*, año II, n. 5 (mayo 1986), p. 20-21.

Malaguzzi, L.:"Progettare l'uso del pensiero", *Riforma della Scuola* (octubre 1986), p. 29-31.

Malaguzzi, L.: *I cento linguaggi dei bambini*, Módena, Copotip, 1987.

Malaguzzi, L.: "Opinioni sull'altalena", *Bambini*, año III, n. 6 (junio 1987), p. 4-5.

Malaguzzi, L.: "Intervento", en Rossi, L., *Infanzia: educazione e complessità*, Milán, Franco Angeli, 1988, p. 127-130.

Malaguzzi, L.: "Teste ben fatte piuttosto che piene", *Bambini*, año V, n. 2 (febrero 1989), p. 6-7.

Malaguzzi, L.: "L'ombra e il pallottoliere dei bambini", en *Tutto ha un'ombra meno le formiche*, Reggio Emilia, Comune di Reggio Emilia, 1990, p. 24-28.

Malaguzzi, L.: "Storia di pesci coi bambini del cinema muto", en *I piccolissimi del cinema muto*, Reggio Emilia, Coi bambini a Reggio Emilia, 1991, p. 10-13.

Malaguzzi, L.: "La integración de la diversidad. Contexto social en que se produce", *Infancia*, n. 6 (marzo-abril 1991), p. 4-8.

Malaguzzi, L.: "Scusate, entri pure cipputi", *Bambini*, año VII, n. 1 (enero 1991).

Malaguzzi, L.: "Sugli stili e sulle differenze", *Bambini*, año VII, n. 8 (octubre 1991), p. 6-7.

Malaguzzi, L.: "L'incremento delle reti comunicative", *Bambini*, año VIII, n. 2 (febrero 1992), p. 5.

Malaguzzi, L.: "L'interazione dei bambini si lavorano in piccolo grupo", *Bambini*, año VIII, n. 4 (abril 1992), p. 4-5.

Malaguzzi, L.: "Per una pedagogia relazionale", *Bambini*, año VIII, n. 1 (enero 1992), p. 6.

Malaguzzi, L.: "Della insopportabilità della intolleranza e della sofferenza", *Bambini*, año IX, n. 2 (febrero 1993), p. 4-5.

Malaguzzi, L.: "Una carta per tre diritti", *Bambini*, año IX, n. 3 (marzo 1993), p. 6-7.

Malaguzzi, L.: "C'è chi siede e chi si alza", *Bambini*, año IX, n. 10 (octubre 1993), p. 4.

Malaguzzi, L.: "Opiniones", en Cabanellas, I. y Hoyuelos, A., *Mensajes entre líneas*, Pamplona, Patronato Municipal Escuelas Infantiles, Pamplona, 1994, p. 9.

Malaguzzi, L.: "Your Image of the Child, Where Teaching Begins", *Child Care Information Exchange*, marzo-abril, 1994, p. 52-61.

Malaguzzi, L.: "Listening to Children, A tribute to Loris Malaguzzi", *Young Children* (julio 1994).

Malaguzzi, L.: *In viaggio coi diritti delle bambine e dei bambini*, Reggio Emilia, Reggio Children, marzo 1995.

MALAGUZZI, L.: "Il che fare deli adulti", en AA.VV., *Le fontane*, Reggio Emilia, Reggio Children, 1995, p. 19-23.

MALAGUZZI, L.: "La storia, le idee, la cultura", en EDWARDS, C. y otros, *I cento linguaggi dei bambini*, Bérgamo, Junior, febrero 1995. (Traducción castellana: MALAGUZZI, L., *La educación infantil en Reggio Emilia*, Barcelona, Octadedro-Rosa Sensat, 2001.)

MALAGUZZI, L.:"L'idea del Luna Park degli uccelini e delle fontane", in *Le fontane*, Reggio Emilia, Reggio Children, 1995, p. 11-13.

MALAGUZZI, L.: "I diritti degli insegnanti", en AA.VV., *Una carta per tre diritti*, Reggio Emilia, Comune di Reggio Emilia, 1995, p. 16.

MALAGUZZI, L.:"Storia di pesci coi bambini del cinema muto", en *I piccolissimi del ciema muto*, Reggio Emilia, Reggio Children, 1996.

MALAGUZZI, L.: "Elogio dell'organizzazione", en AA.VV., *I cento linguaggi dei bambini*, Correggio, Reggio Children, 1996, p. 25.

MALAGUZZI, L.: "Discurso de agradecimiento en la ceremonia de entrega del Premio Khol en Chicago", *Cuadernos de Pedagogía*, 307 (noviembre 2001), p. 56.

MALAGUZZI, L.: Seminario di studio per gli amici svedesi. Modelli teorici e pratici nell'educazione dei bambini. Giocare con l'arcobaleno (6-10 maggio 1991).

MALAGUZZI, L.; IANNUCELLI, C.; MONTANINI, M., y FORMICA, C.: "L'influenza dell'ambiente sul grado di maturità sociale nell'età evolutiva. Esperienze con la Scala di Maturità Sociale di Doll", *Rivista Bimestrale di Psichiatria Psicologia Pedagogia Assistenza Infanzia Anormale* (1958), Roma, 1958, p. 457-468.

MALAGUZZI, L. y otros: *L'arcobaleno: scienza o magia?* (1996), p. 43-45.

MALAGUZZI, L. y otros: *Note collaterali alla Mostra L'occhio se salta il muro. Ipotesi per una didattica visiva*, Reggio Emilia, Comune di Reggio Emilia, mayo 1981.

MALAGUZZI, L. y otros: "Come organizzare e programmare l'ambiente educativo", *Zerosei*, año 6, n. 3 (noviembre 1981), p. 22-27.

MALAGUZZI, L. y otros: *I cento linguaggi dei bambini*, Reggio Children, Reggio Emilia, 1996.

MALAGUZZI, L. y otros: *Scarpa e metro*, Reggio Emilia, Reggio Children, 1997.

MANCIAUX, M. (comp.): *La resiliencia: resistir y rehacerse*, Barcelona, Gedisa, 2003.

MANTOVANI, S.: "Incontri, confronti, dissensi, nostalgie", en *Nostalgia del futuro*, Lama San Giustino, Junior, mayo 1998a, p. 3-12.

MANTOVANI, S. (dir): *Nostalgia del futuro*, Bérgamo, Junior, 1998b.

Marín Ibáñez, R.: "Valores y fines", en AA.VV., *Filosofía de la educación hoy*, Madrid, Dykinson, 1989.

Marina, J.A.: *Teoría de la inteligencia creadora*, Barcelona, Anagrama, 1994.

Marina, J.A.: *El vuelo de la inteligencia*, Barcelona, Plaza & Janés, 2000.

Marrone, M.: *La teoría del apego. Un enfoque actual*, Madrid, Psimática, 2001.

Maturana, H.: "La ciencia y la vida cotidiana: la ontología de las explicaciones científicas", en Watzlawick, P. y Krieg, P., *El ojo del observador*, Barcelona, Gedisa, 1994.

Maturana, H.: *La realidad: ¿objetiva o construida? I. Fundamentos biológicos de la realidad. II. Fundamentos biológicos del conocimiento*, Barcelona, Anthropos, 1997.

Maturana, H.: *¿Qué queremos de la educación*? (http://www.sabernet.d/quequeremos.pdf).

Maturana, H. y Varela, F.: *L'albero della conoscenza*, Milán, Garzanti, 1987.

Maturana, H. y Varela, F.: *Autopoiesi e cognizione*, Marsilio, 1992.

Montalcini, R.L.: *Elogio de la imperfección*, Barcelona, Ediciones B, 1999.

Montalcini, R.L.: *El as en la manga*, Barcelona, Crítica, 1999.

Morin, E.: *El método. La vida de la vida*, Madrid, Cátedra, 1983.

Morin, E.: "Le vie della complessità", en Bocchi, G. y Ceruti, M., *La sfida della complessità*, Milán, Feltrinelli, 1985.

Morin, E.: *El método. El conocimiento del conocimiento*, Madrid, Cátedra, 1988.

Morin, E.: *Introducción al pensamiento complejo*, Barcelona, Gedisa, 1994.

Morin, E.: *Los siete saberes necesarios para la educación del futuro*, Barcelona, Paidós, 2001.

Morin, E.: *La mente bien ordenada*, Barcelona, Seix Barral, 2001.

Morin, E.: "¿Una segunda mundialización?", en *Desafíos de la mundialización*, Madrid, Cuadernos de la fundación M. Botín, 2002, p. 25-40.

Morin, E.; Roger, E. y Domingo, R.: *Educar en la era planetaria. El pensamiento complejo como método de aprendizaje en el error y la incertidumbre humana*, Salamanca, Unesco-Universidad de Valladolid, 2002.

Moss, P.: "Más allá de la cuestión de la calidad", *Infancia* 55 (mayo-junio, 1999), p. 32-37.

Moss, P. y Pence, A. (eds.): *Valuing Quality in Early Childhood Services*, Londres, Paul Chapman Publishing and New York Teachers College Press, 1999.

Mugny, G. y Pérez, J.A. (eds.): *Psicología social del desarrollo cognitivo*, Barcelona, Anthropos, 1988.

Municipio di Reggio nell'Emilia. Assessoratto alle Scuole e Servizi Sociali. Ufficcio Scuole Comunali dell'infanzia e Nidi. *Regolamento delle Scuole Comunali dell'infanzia* (30 mayo 1972).

MYERS, R.: "La educación temprana y la pobreza", en *PNUD, Educación. La agenda del siglo XXI. Hacia un desarrollo humano*, Santafé de Bogotá, Tercer Mundo Editores, 1998.

NEISSER, U.: *Procesos cognitivos y realidad*, Madrid, Marova, 1981.

PEIRCE, C.: *La ciencia de la semiótica*, Buenos Aires, Nueva Visión, 1986.

PEIRCE, C.: *Obra lógico-semiótica*, Madrid, Taurus Comunicación, 1987.

PENN, H.: *Comparing Nurseries: Staff and Children in Italy and the UK*, Paul Chapman Publishing, 1997.

PERRET-CLERMONT, A. N. y MUGNY, G.: "A modo de conclusión: efectos sociológicos y procesos didácticos", en MUGNY, G., y PÉREZ, J. A., *Psicología del desarrollo cognitivo*, Barcelona, Anthropos, 1988, p. 325-336.

PIAGET, J.: *Seis estudios de psicología*, Barcelona, Seix Barral, 1981.

PIAGET, J. y GARCÍA, R.: *Hacia una lógica de las significaciones*, México, Gedisa, 1989.

POPPER, K.R.: *Conocimiento objetivo, Un enfoque evolucionista*, Madrid, Tecnos, 1974.

POPPER, K.R.: *Búsqueda sin término*, Madrid, Tecnos, 1977.

POPPER, K.R.: *El universo abierto, Un argumento a favor del indeterminismo*, Madrid, Tecnos, 1986.

POSTMAN, N.: *La desaparición de la niñez*, Barcelona, Círculo de Lectores, 1988.

RAGAN, W.B.: *El curriculum en la escuela primaria*, Buenos Aires, El Ateneo, 1967.

RAMOS, T.: "El juego", *Infancia*, 77 (enero-febrero, 2003), p. 4-10.

RIERA, M.A.: *Análisis de situaciones de enseñanza/aprendizaje en la primera infancia desde una perspectiva interaccionista* (tesis doctoral), Palma de Mallorca, 1999.

RINALDI, C.: "La programmazione nell'asilo nido?".

RINALDI, C.: "Per un progetto educativo integrato".

RINALDI, C.: *I pensieri que sostengono l'azione educativa*, Reggio Emilia, Centro Documentazione e Ricerca Educativa Nidi e Scuole dell'Infanzia, octubre 1994.

RINALDI, C.: "Staff Development in Reggio Emilia", en KATZ, L. y CESARONE, B., *Reflections on the Reggio Emilia Approach*, Bérgamo, Junior, 1994, p. 47-50.

RINALDI, C.: "La infancia en una sociedad que cambia", en *Congreso de Infancia. Volumen II. Políticas y acciones educativas*, Barcelona, Rosa Sensat, 1995.

RINALDI, C.: "La construzione del progetto educativo", en EDWARDS, C. y otros, *I cento linguaggi dei bambini*, Pedrengo, Junior, 1995, p. 121-127.

RINALDI, C.: La formazione in una scuola dell'educazione, Reggio Emilia, Centro Documentazione e Ricerca Educativa Nidi e Scuole del'infanzia, octubre 1997.

RINALDI, C.: "Malaguzzi e le insegnanti", en MANTOVANI, S. (dir.), *Nostalgia del futuro*, Lama San Giustino, Junior, mayo 1998, p. 197-200.

RINALDI, C.: "L'ambiente per l'infanzia", en CEPPI, G. y ZINI, M., *Bambini, spazi, relazioni, Metaprogetto di ambiente per l'infanzia*, Módena, Reggio Emilia, 1998, p. 114-120.

RIVERO, J.: "La educación infantil en el siglo XXI", *Boletín*, 47 (diciembre 1998).

RIVIÈRE, A.: *La piscología de Vygotski*, Madrid, Visor, 1985.

ROSSI, L.: *Infanzia: educazione e complessità*, Bolonia, Franco Angeli, 1988.

RUBIZZI, L.: "I diritti degli insegnanti", en AA.VV., *Una carta per tre diritti*, Reggio Emilia, Comune di Reggio Emilia, 1995, p. 17-21.

SACKS, O.: *El hombre que confundió a su mujer con un sombrero*, Barcelona, Muchnik Editores S. A., 1987.

SACKS, O.: *Un antropólogo en Marte*, Barcelona, Anagrama, 1997.

SANCHO, J.M.ª: "Grandes discursos, pequeñas diferencias", *Cuadernos de Pedagogía*, n. 215 (junio 1993), p. 63-68.

SAVATER, F.: *El valor de educar*, Barcelona, Ariel, 1997.

SAVIO, D.: "Il co-costruzionismo e l'idea di bambino di Loris Malaguzzi", *Bambini*, año XII, n. 6 (junio 1996), p. 13-15.

SCHUBERT, H.W.: *Curriculum, perspective, paradigm and possibility*, Nueva York, MacMillan Publishing Co, 1986.

SCUOLA DIANA: "Le intelligenze si trovano usandole", *Bambini*, año III, n. 6 (junio 1987), p. 50-66.

SEBEOK, T.A., y UMIKER-SEBEOK, J.: *Sherlock Holmes y Charles S. Peirce, El método de la investigación*, Barcelona, Paidós, 1987.

SHAFFER, H. R.: *El contexto sociofamiliar en la educación*, Barcelona, Associaciò de Mestres Rosa Sensat, 1993.

SPAGGIARI, S.: "La gestione sociale", en EDWARDS, C. y otros, *I cento linguaggi dei bambini*, Pedrengo, Junior, 1995, p. 113-119.

SPAGGIARI, S.: "Loris Malaguzzi e i bambini a testa in su", en MANTOVANI, S. (dir.), *Nostalgia del futuro*, Lama San Giustino, Junior, mayo 1998, p. 18-21.

SPEARMAN, C.: "Teory of general factor", *Brittish J. Psychol*, 36, 1946, p. 117-131.

STAMBACK, M. y otros: *Los bebés entre ellos*, Barcelona, Gedisa, 1994.

STENHOUSE, L.: *La investigación como base de la enseñanza.* Madrid: Morata, 1987.

STENHOUSE, L.: *Investigación y desarrollo del currículum*, Madrid, Morata, 1984.

TERMAN, L.M.: *Medida de la inteligencia*, Madrid, Espasa Calpe, 1975.

THORNDIKE, R.L. y HAGEN, E.: *Tests y técnicas de medición en psicología y educación*, México, Trillas, 1975.

THURSTONE, L.: *Manual del test de Aptitudes primarias (PMA)*, Madrid, TEA, 1968.

TORRES, J.: "El currículum globalizado o integrado y la enseñanza reflexiva", *Cuadernos de Pedagogía*, n. 172 (julio/agosto, 1989), p. 8-13.

TORRES, J.: "Las culturas negadas y silenciadas en el curriculum", *Cuadernos de Pedagogía*, n. 217 (septiembre 1993), p. 60-66.

TREVARTHEN, C.: "Los motivos primordiales para entenderse y para cooperar", en PERINAT, A., *La comunicación preverbal*, Barcelona, Avesta, 1986, p. 143-181.

TRÍAS, E.: *Ética y condición humana*, Barcelona, Península, 2000.

TRÍAS, E.: "Propuesta para el siglo XXI: pensamiento crítico y reflexión sobre la *humana conditio*", *Desafíos de la Mundialización*, Madrid, Cuadernos de la fundación M. Botín, 2002, p. 157-176.

UNESCO: *Declaración Universal de los Derechos Humanos*, 1948.

UNESCO: *Política, legislación y administración escolar*, 1972.

URSÚA, N.: *Cerebro y conocimiento: un enfoque evolucionista*, Barcelona, Anthropos, 1993.

VARELA, F.J.: *Conocer*, Barcelona, Gedisa, 1990.

VARELA, F.J.; THOMPSON, E. y ROSCH, E.: *De cuerpo presente*, Barcelona, Gedisa, 1992.

VARELA FERNÁNDEZ, J.: "El triunfo de las pedagogías psicológicas", *Cuadernos de Pedagogía*, n. 198 (diciembre 1991), p. 56-59.

VECCHI, V.: "L'atelier nella scuola dell'infanzia: una avventura bella e interessante", en EDWARDS, C. y otros, *I cento linguaggi dei bambini*, Pedrengo, Junior, 1995, p. 137-141.

VERNON, P.E.: *Inteligencia y entorno cultural*, Madrid, Marova, 1980.

VIGOTSKI, L.S.: *Psicología del arte*, Barcelona, Barral, 1970.

VIGOTSKI, L.S.: *El desarrollo de los procesos psicológicos superiores*, Barcelona, Crítica, 1979.

VON FOERSTER, H.: *Sistemi che osservano*, Roma, Astrolabio, 1987.

ZUFIAURRE, B.: *Aproximación al curriculum*, Pamplona, UPNA, 1991.

ZUFIAURRE, B.: *Proceso y contradicciones de la Reforma Educativa 1982-1994*, Barcelona, Icaria, 1994.

ZUFIAURRE, B.: "Educación, sistema productivo y postindustrialización", *Cuadernos de Pedagogía*, n. 232 (enero 1995), p. 73-79.

Sobre o Livro
Formato: 14 x 21 cm
Mancha: 9,7 x 16 cm
Papel: Offset 90g
nº páginas: 408
1ª edição: 2021

Equipe de Realização
Assistência editorial
Liris Tribuzzi

Edição de texto
Gerson Silva (Supervisão de revisão)
Roberta Heringer de Souza Villar (Preparação do original e copidesque)
Fernanda Fonseca (Revisão)

Editoração eletrônica
Évelin Kovaliauskas Custódia (Capa, projeto gráfico e diagramação)

Impressão
Lis Gráfica